Daniel Marguerat
Jesus aus Nazaret

T V Z

Daniel Marguerat

Jesus aus Nazaret
Heimatloser, Heiler, Poet des Gottesreichs

Aus dem Französischen
von Elisabeth Mainberger-Ruh

TVZ
Theologischer Verlag Zürich

Die französische Originalausgabe ist unter dem Titel «Vie et destin de Jésus de Nazareth» erschienen. © Editions du Seuil, 2019

Publiziert mit freundlicher Unterstützung der Schweizerischen Reformationsstiftung, der Société Académique Vaudoise, der Faculté de théologie et de sciences des religions de l'Université de Lausanne und der Evangelisch-reformierten Landeskirche des Kantons Zürich.

Der Theologische Verlag Zürich wird vom Bundesamt für Kultur für die Jahre 2021–2024 unterstützt.

Bibliografische Informationen der Deutschen Nationalbibliothek
Die Deutsche Nationalbibliothek verzeichnet diese Publikation in der Deutschen Nationalbibliografie; detaillierte bibliografische Daten sind im Internet über http://dnb.dnb.de abrufbar.

Umschlaggestaltung
Simone Ackermann, Zürich
Unter Verwendung des Bilds «Sneezing Jesus Daily Audio Bible – Jesus Silhouette Clip Art» und eines Scans von Papyrus 66, der ältesten erhaltenen Abschrift eines Evangeliums (Joh 1–14 vollständig, Rest fragmentarisch), um 200 n. Chr., Bibliotheca Bodmeriana bei Genf

Satz
Claudia Wild, Konstanz

Druck
CPI books GmbH, Leck

ISBN 978-3-290-18370-7 (Print)
ISBN 978-3-290-18371-4 (E-Book: PDF)
© 2022 Theologischer Verlag Zürich AG
www.tvz-verlag.ch

Alle Rechte, auch die des auszugsweisen Nachdrucks, der fotografischen und audiovisuellen Wiedergabe, der elektronischen Erfassung sowie der Übersetzung, bleiben vorbehalten.

Für Jacques Schlosser,
emeritierter Professor der Universität Strassburg,
den Exegeten und Freund,
der der heiligen Schrift ebenso treu ist wie seiner Kirche,
Autor von «Jésus de Nazareth» (1999).

Inhalt

Vorwort 9
Vorwort zur deutschen Ausgabe 13

Erster Teil
Die Anfänge

Kapitel 1
Was wissen wir über Jesus? 17

Kapitel 2
Ein Kind ohne Vater? 45

Kapitel 3
In der Schule des Täufers 69

Zweiter Teil
Das Leben des Nazareners

Kapitel 4
Der Heiler 91

Kapitel 5
Der Poet des Gottesreichs 111

Kapitel 6
Der Meister der Weisheit 133

Kapitel 7
Seine Freunde, seine Konkurrenten 157

Kapitel 8
Jesus und seine Berufung 183

Kapitel 9
Sterben in Jerusalem 205

Dritter Teil
Jesus nach Jesus

Kapitel 10
Auferstanden! 237

Kapitel 11
Der apokryphe Jesus 253

Kapitel 12
Jesus aus der Sicht des Judentums 275

Kapitel 13
Jesus im Islam 295

Nachwort 313
Dank 317
Literatur 319

Vorwort

Die Faszination für Jesus aus Nazaret ist heute vielleicht grösser denn je. Das Christentum des 21. Jahrhunderts wirkt ermüdet, dessen Gründerfigur hingegen zieht die Aufmerksamkeit von Historikern, Schriftstellerinnen, Filmemachern immer stärker auf sich. Weshalb dieses lebhafte und nie gestillte Interesse für den Mann aus Nazaret? Ist in den letzten zwei Jahrtausenden nicht bereits alles über ihn gesagt, geschrieben, diskutiert und gepredigt worden? Die Suche nach dem «wahren Jesus» hat ganz unterschiedliche Ergebnisse hervorgebracht: den revolutionären Jesus, den Hippie Jesus, den Rabbi Jesus, den Propheten Jesus, den Philosophen Jesus … Welchem Porträt soll man Glauben schenken? Nach zweitausend Jahren ist das Rätsel Jesus noch immer ungelöst.

Dieses Buch nimmt sich der Aufgabe einmal mehr an und legt dem Leser, der Leserin ein Porträt des Jesus der Geschichte vor. Ein nicht ganz einfaches Unterfangen, wenn seriös betrieben. Denn das Christentum lebt von einer in der Welt der Religionen einzigartigen Besonderheit: Der Herr, auf den es sich beruft, gehört einer anderen Religion an, dem Judentum, das er niemals verlassen wollte. Mit seinem Wirken wollte Jesus den Glauben Israels reformieren, und dem Scheitern dieser Reform verdankt das Christentum seine Entstehung. Die Jesus-Bewegung, anfänglich eine Sekte messianischer Juden, wurde nach und nach gedrängt, sich in eine eigenständige religiöse Gruppierung zu verwandeln. Heute wissen wir, dass dieser Prozess lang und schmerzlich war und in den verschiedenen Regionen des Römischen Reiches unterschiedlich verlief. Dass er mindestens vier Jahrhunderte dauerte und die nährenden Bande mit der jüdischen Kultur nicht mit einem Schlag gekappt wurden. In den Schriften, die von Jesus zeugen, finden sich die leidvollen Spuren des heftigen Konflikts, der Christen und Mutterreligion entzweite.

Weshalb sich heute dieser Aufgabe erneut stellen?

Ein erster Grund: Wir verfügen über neue Quellen. Die archäologischen Forschungen der letzten Jahrzehnte in Israel haben Bauwerke und Objekte zutage gefördert, die uns ein präziseres Bild vom Alltag im ersten Jahrhundert vermitteln. Die Erforschung der ausserkanonischen christlichen Texte hat Auftrieb bekommen; die ans Licht gekommenen apokryphen Evangelien geben Aufschluss über verkannte, im Neuen Testament nicht berücksichtigte Aspekte von Jesus. Das Studium der antiken jüdischen Historiker, in erster Linie des Flavius Josephus, eröffnet den Zugang zu Informationen aus erster Hand über das Judentum zur Zeit Jesu. Schliesslich wissen wir mehr als früher über die Welt von Jesus.

Ein zweiter Grund: Anhand von Fragen, die sich frühere Generationen nicht stellten, kommt die Forschung voran. Wie lebte man in der palästinischen Gesellschaft des 1. Jahrhunderts, wenn man einen Vater hatte, der – so scheint es – nicht der leibliche Vater war? Hatte Jesus einen spirituellen Meister? War er nicht ebenso sehr Dichter wie Prophet? Weshalb vollzog er derart viele Heilungen und Exorzismen nach Art der Schamanen? Worin bestand seine Originalität im Vergleich zu den Rabbis seiner Zeit? Weshalb begab er sich am Ende seines Lebens nach Jerusalem?

Um in solchen Fragen weiterzukommen, arbeitet der Historiker mit Indizien, nach der Art einer Polizeiuntersuchung. Um das Leben des Nazareners zu rekonstruieren, gilt es, hinter die antiken Zeugnisse zurückzugehen, das Dunkel zu durchdringen und zu erahnen, wer er war und wie ihn seine Zeitgenossen wahrnahmen. Zweifellos hinterliess Jesu Wirken einen nachhaltigen Eindruck, und die christliche Erinnerung bewahrt die Spuren dieses Wirkens. Bei deren Analyse kann es weder einfache noch unmittelbare Antworten geben. Denn es ist Aufgabe des Historikers, in den auf uns gekommenen Zeugnissen antiker Autoren die historischen Fakten freizulegen, werden diese doch nicht selten geschönt oder verschwiegen. Weiter hat der Historiker abweichende oder gar widersprüchliche Informationen zu vergleichen. Meist stammen solche Zeugnisse von christlichen, von ihrem Glauben erfüllten Autoren. Gefordert ist mithin kritische Distanz.

Dieses Buch will der Leserin, dem Leser keineswegs vorspiegeln, es stelle den «wahren Jesus» dar. Unsere Auffassung von Geschichte hat sich gewandelt. Wir sind uns der Grenzen jeder historischen Studie bewusst. Objektivität in der Geschichte ist als das zu betrachten, was sie ist: ein intellektuelles Phantasma. Stärker als früher ist uns klar, dass jede Beschreibung der Vergangenheit eine Rekonstruktion ist und dass auch die objektivste Prüfung der uns zugänglichen Quellen vom Blick der oder des Prüfenden beeinflusst ist. Der Anspruch, den «wahren Jesus» darzustellen, sei den Amateurhistorikern und der Kiosk-Literatur überlassen. Einen «möglichen», wahrscheinlichen, ja glaubhaften Jesus darstellen – das vermag ich. Einen Jesus darstellen, dessen Porträt durch strikte Quellenanalyse überprüft worden ist – das strebe ich an. Eine

Untersuchung durchführen, die vor unvorhergesehenen oder unliebsamen Antworten nicht zurückschreckt – diesen Anspruch habe ich. Mehr aber nicht.

Heute verbietet sich ein ehrlicher Historiker absolute Gewissheiten. Die Ehrlichkeit gebietet auch, dass klar gesagt wird, dass der Autor dieser Zeilen ein Gläubiger ist, ja gar ein christlicher Theologe. Doch richtig ist auch, dass der Glaube des Autors zwar dessen Interesse für die Person Jesu erklären mag, dass seine historische Suche aber nicht in dem gefangen ist, was die christliche Dogmatik seit zwei Jahrtausenden aufeinandergeschichtet hat, um über den Christus des Glaubens Rechenschaft abzulegen.

Man hört, die Forschung über den Jesus der Geschichte stelle eine Gefahr für den christlichen Glauben dar. Die Arbeit der Historiker untergrabe unnötigerweise die Grundlagen eines zwei Jahrtausende alten Glaubens. Stimmt das? Unzweifelhaft können einige Ergebnisse der Geschichtsforschung verwirren. Wenn klar wird, dass der Mann aus Nazaret niemals die ihm von den Evangelien verliehenen Titel (Messias, Sohn Gottes) für sich beansprucht hat, dann muss man leer schlucken. Wenn man erfährt, dass Jesus einen spirituellen Mentor gehabt hat, dann bekommt ein traditionelles Bild Risse. Zwar entspricht das in meinen Forschungen herausgearbeitete Porträt nicht einer naiven Klischeevorstellung. Aber die Suche nach dem Jesus der Geschichte stellt nicht alles infrage. Vielmehr verleiht sie der Menschlichkeit des Nazareners Tiefe. Sie verabschiedet einen immer wieder heraufbeschworenen Jesus, um eine wenig bekannte, faszinierende Figur zu entdecken. Die Resultate dieser Suche zwingen dazu, die Erinnerung an die Anfänge zu überdenken, nicht aber zu zerstören.

Geschichtsarbeit erstickt den Glauben nicht; sie ist beteiligt an dessen Verständnis und dessen Strukturierung – und das ist kein geringer Dienst, den sie ihm erweist. Seit jeher ist historisches Wissen das intellektuelle Gegengift gegen Fundamentalismus. Meine Hoffnung ist, dass die Leserin, der Leser nach der Lektüre dieses Buchs besser versteht, weshalb die Gestalt des Jesus aus Nazaret die Menschheit – sei sie gläubig oder nicht – nach wie vor fasziniert.

Das Buch besteht aus drei Teilen. Der erste («Die Anfänge») beschreibt die zur Verfügung stehenden Quellen und erklärt, wie sie genutzt werden können. Anschliessend wird das Rätsel der Geburt Jesu thematisiert, zuletzt der Einfluss seines spirituellen Meisters, Johannes' des Täufers.

Der zweite Teil («Das Leben des Nazareners») gilt Jesus dem Heiler, dem Poeten des Gottesreichs und dem Weisheitslehrer. Wir machen

Bekanntschaft mit seinen Freunden und seinen Konkurrenten, wir lernen, welches Bewusstsein seiner Berufung er hatte und weshalb er in Jerusalem gestorben ist. Dabei geht es darum, in diesen verschiedenen Facetten der Figur herauszufinden, wo das Zentrum von Jesu Berufung, sozusagen der harte Kern, liegt und was seinem Wirken Kohärenz verleiht. Bei jedem Schritt werde ich zu zeigen versuchen, inwiefern Jesus ein Mensch seiner Zeit ist, eingebettet in das palästinische Judentum der Zwanziger- und Dreissigerjahre, und inwiefern er einmalig und unvergleichlich ist.

Der dritte Teil («Jesus nach Jesus») untersucht, wie der Glaube an die Auferstehung zu einer Relektüre des Lebens Jesu nach dessen Tod geführt hat; sich mit der Historizität der Osterereignisse auseinanderzusetzen, birgt einige Überraschungen. Zum Abschluss geht es um das Schicksal Jesu in den drei grossen monotheistischen Religionen (Christentum, Judentum, Islam).

Und noch einige Hinweise zur Lektüre:

Ich habe darauf verzichtet, Schritt für Schritt zu vermerken, mit wem ich einverstanden bin oder eben nicht. Meinen Forschungskollegen und -kolleginnen, denen ich so viel verdanke, werden mir verzeihen. Eine Gesamtbibliografie verweist die Lesenden auf Standardwerke. Hinweise auf meine (allzu lange) Bibliografie finden sich nur spärlich.

Die Evangelientexte, die ich verwendet habe, um das Bild des Jesus der Geschichte zu erstellen, wurden vorgängig auf ihre historische Vertrauenswürdigkeit überprüft und für meine Rekonstruktion für gut befunden. Es wäre mühsam gewesen, jedes Mal das komplexe Dossier der historischen Kritik aufzuschlagen. Die Leserin, der Leser wird für diese Vorentscheidungen vor dem Schreiben Verständnis aufbringen.

In der deutschen Ausgabe werden die Bibeltexte in der Regel nach der *Zürcher Bibel* von 2007 zitiert. Entsprechend wurden auch die Abkürzungen der Bibeltexte übernommen (Mt für Matthäus usw.).

Und nun, vertiefen wir uns ins erste Kapitel «Was wissen wir über Jesus?». Dieses mag etwas technisch erscheinen. Wer sofort ins eigentliche Thema einsteigen will, der kann direkt zu Kapitel 2 gehen und sich das Kapitel später vornehmen.

Daniel Marguerat
Écublens, Dezember 2018

Vorwort zur deutschen Ausgabe

Schon viele Autoren haben dem deutschsprachigen Publikum ihre Rekonstruktion des historischen Jesus präsentiert – dies nochmals zu tun ist eine wahre Herausforderung. Seit dem 19. Jahrhundert ist das Interesse der deutschsprachigen Exegeten und Historiker an der Figur des Jesus aus Nazaret ungebrochen. Mein zuerst auf Französisch erschienenes Jesusbuch wurde bereits in mehrere Sprachen übersetzt. Was hat mich bewogen, dieses Buch zu schreiben?

Erstens hat sich das Interesse für den historischen Jesus in den letzten dreissig Jahren verändert. Das Thema spricht heute nicht mehr nur Gläubige, sondern ein breiteres Publikum an: Leserinnen und Leser fragen nach dem Sinn und Ziel des Lebens, nach Hoffnung, und sie wollen sich mit dieser bedeutenden Gestalt der universalen Spiritualität auseinandersetzen. Jesus «gehört» inzwischen allen. Mit ihren Werken hatten meine Vorgänger oft Theologinnen und Theologen, Wissenschaftler und Wissenschaftlerinnen im Blick – dieses Buch aber hat den Anspruch, allgemeinverständlich zu sein. Das will nicht heissen, dass die Fragestellungen vereinfacht werden, sondern dass die Thematik auch ohne theologische Vorkenntnisse zugänglich ist. Und um die Lektüre nicht zusätzlich zu erschweren, habe ich mich bemüht, die Zahl der Anmerkungen zu reduzieren.

Zweitens werden in meiner Darstellung neuere Forschungsentwicklungen berücksichtigt: nicht nur die Wiederentdeckung der fundamentalen Zugehörigkeit Jesu zum palästinischen Judentum seiner Zeit (seit Sanders), sondern auch die Religionssoziologie (Horsley, Crossan, Theissen) und der Beitrag der jüdischen Gelehrten (Chilton, Vermes, Boyarin). Und neuere archäologische Ausgrabungen liefern wertvolle Informationen über die Welt, in der Jesus gelebt hat.

Drittens scheint es mir unmöglich, das Leben des Jesus aus Nazaret zu rekonstruieren, ohne die spätere Rezeptionsgeschichte beizuziehen. Deshalb wird im dritten Teil des Buchs die Wirkungsgeschichte der Geschichte Jesu in den christlichen Apokryphen, im Judentum und im

Islam skizziert. Nicht zuletzt wird auch die Frage der Auferstehung nicht ausgeblendet.

Dieses Jesusbuch ist das Werk eines Forschers, der Historiker und Theologe zugleich ist. Als Historiker bin ich nicht an jene christologischen Formeln gebunden, die erarbeitet wurden, um die Figur Jesus zu deuten. Als Theologe wiederum bin ich empfänglich für die Vision von Gott und Mensch, die der Mann aus Nazaret in Sprache gefasst hat.

Mein Dank geht an den Theologischen Verlag Zürich, den Lektor Tobias Meihofer und an Frau Lisa Briner, die sich für die Publikation des Werkes auf Deutsch eingesetzt hat, insbesondere aber an die Übersetzerin, Frau Elisabeth Mainberger-Ruh für die Übertragung des Buchs ins Deutsche. Für die deutsche Ausgabe wurden die Fussnoten angepasst.

Daniel Marguerat
Écublens, Ostern 2022

Erster Teil
Die Anfänge

Kapitel 1
Was wissen wir über Jesus?

Geschichte wird auf der Grundlage von Dokumenten geschrieben. Sie ist, so die Definition von Marc Bloch, eine «Erkenntnis mittels Spuren».[1] Welche Spuren hat Jesus aus Nazaret hinterlassen? Da er selbst nichts geschrieben hat, stammen alle uns zur Verfügung stehenden Dokumente von Drittpersonen. Seit den 1950er Jahren haben sich die Spuren, an denen die Forschung über den historischen Jesus arbeitet, beträchtlich vermehrt: Das (klassische) Inventar der neutestamentlichen Evangelien wird ergänzt durch das Zeugnis der ausserkanonischen Schriften, die Texte des antiken Judentums sowie die archäologischen Funde in Palästina. Heute sehen sich Forscher und Forscherinnen nicht mit einer Knappheit, sondern mit einer Fülle von Spuren konfrontiert – und der Aufgabe, deren historische Vertrauenswürdigkeit festzustellen. Doch bevor ich eine Bestandsaufnahme dieser Spuren erstelle und deren Verlässlichkeit prüfen werde, gehe ich der Frage nach dem Alter der historischen Zeugnisse nach.

Hat Jesus existiert?

In seinem 2017 erschienenen Werk *Décadence* hat sich der Philosoph Michel Onfray die «Jesus-Mythos-Theorie» zu eigen gemacht: Jesus hat nicht existiert.[2] Die Geschichte des Lebens Jesu schöpfe aus der persischen und mesopotamischen Mythologie; sein Tod und seine Auferstehung seien dem Schicksal von Baal, Marduk, Attis, Osiris oder Adonis nachempfunden. So seien also die Evangelien reine Fiktion und das Christentum auf diesem Schwindel aufgebaut.

---

1 Bloch, Marc, Apologie der Geschichtswissenschaft oder der Beruf des Historikers. Aus dem Französischen von Wolfram Bayer, Stuttgart 2002, 63.
2 Onfray, Michel, Niedergang. Aufstieg und Fall der abendländischen Kultur – von Jesus bis Bin Laden. Aus dem Französischen von Stephanie Singh und Enrico Heinemann, München 2018, 47–70.

Die These ist nicht neu. Vertreten haben sie schon im ausgehenden 18. Jahrhundert zwei Philosophen (Volney und Dupuis), doch ihr berühmtester Verfechter im 19. Jahrhundert war Bruno Bauer,[3] ein Berliner Philosoph und Theologe (1809–1882). Bauer spricht den Evangelien jeglichen geschichtlichen Wert ab und verweist beschwörend darauf, dass Jesus bei den nichtchristlichen Schriftstellern des 1. Jahrhunderts keinerlei Erwähnung findet. Im Übrigen, so fügt er hinzu, erzähle auch der Apostel Paulus kaum etwas über ihn, gehe vielmehr von der Existenz Jesu aus, ohne sie je zu beweisen. Nachdem Bauer wegen seiner Ideen von der Universität Berlin entlassen worden war, nahm einer seiner Studenten seine Lehre in die eigenen Werke auf: Karl Marx. Zu Beginn des 20. Jahrhunderts inspirierte ein anderer deutscher Philosoph, Arthur Drews, Wladimir Iljitsch Lenin. So hat das sowjetische Regime in seiner Propaganda Bauers und Drews' Theorien über den christlichen Schwindel verbreitet. In jüngerer Zeit haben George A. Wells (1975) und Robert M. Price (2011) diesen Theorien neuen Auftrieb verliehen.[4]

Die These vom imaginierten Jesus lässt sich nicht einfach vom Tisch wischen. Es gilt, sie zu verifizieren und ihre Argumente zu prüfen: Stimmt es, dass Jesus im 1. Jahrhundert nur von Christen erwähnt wird? Lässt sich die historische Vertrauenswürdigkeit der Evangelien beweisen? Was wusste Paulus über Jesus? Liefert uns die Archäologie Informationen? Eine Überprüfung der ältesten Spuren von Jesus erweist sich als unumgänglich.

Die zeitlich nächstgelegenen Dokumente

Wer die John Rylands Library in Manchester besucht, kann ein im Halbdunkel ausgestelltes Handschriftenfragment bewundern: den Papyrus P52. Das beidseitig griechisch beschriebene Fragment wird um das Jahr 125 datiert und enthält einige Worte aus dem Johannesevangelium (Joh 18,31–33.37 f.). Es handelt sich um das älteste bekannte Manuskript des Neuen Testaments. Die Niederschrift des Johannesevangeliums wird auf die Jahre 90 bis 95 datiert, denn es erwähnt den Ausschluss der Christen aus der Synagoge, eine erst in den 80er Jahren ergriffene Massnahme

---

3   Bauer, Bruno, Kritik der Evangelien und Geschichte ihres Ursprungs, Aalen 1983. Zur Geschichte der Jesus-Mythos-Theorie: Ehrman, Bart D., Did Jesus Exist? The Historical Argument for Jesus of Nazareth, New York 2013, 14–34.
4   Wells, George A., Did Jesus Exist?, Amherst (NY) 1975; Price, Robert M., The Christ-Myth Theory and Its Problems, Cranford (NJ) 2011.

(Joh 9,22; 12,42; 16,2). Das bedeutet, dass zwischen der Redaktion des Evangeliums und seiner Kopie im Manchester-Fragment nur rund dreissig Jahre liegen. Für die Antike ist ein derart geringer Zeitabstand zwischen einem Werk und seiner Kopie beispiellos. Aus dem 3. Jahrhundert bekannt sind sechzehn Papyri mit Evangelienfragmenten in Paris, Philadelphia, London, Glasgow, Dublin und Barcelona. Das älteste vollständige Evangelium (Johannes) datiert aus dem Jahr 200; es befindet sich in der Bibliotheca Bodmeriana bei Genf. Ab dem 4. Jahrhundert werden solche kompletten Evangeliumstexte häufiger.

Eine derartige Fülle von Manuskripten und dermassen frühe Zeugnisse sind einmalig in der antiken Literatur. Dazu ein Vergleich: Das älteste uns zugängliche, vollständige Manuskript des in der griechischen Welt stark verbreiteten Werks von Homer (*Ilias* und *Odyssee*) stammt aus dem 9. Jahrhundert n. Chr., mithin sechzehn Jahrhunderte nach der angenommenen Niederschrift. Die *Poetik* des Philosophen Aristoteles wiederum ist uns aus drei alten Manuskripten bekannt; das früheste ist eine arabische Übersetzung des Textes aus dem 10. Jahrhundert, also vierzehn Jahrhunderte nach dessen Niederschrift durch Aristoteles. Gleiches gilt für alle bedeutenden Schriftsteller des antiken Griechenland.

Die grossen Meister der hebräischen Tradition wiederum (die Rabbis Hillel, Shammai, Gamaliel und Aqiba), die vor oder zur Zeit Jesu lebten, sind uns aus der Mischna bekannt, deren Redaktion frühestens um das Jahr 200 erfolgte. Die Ausnahme ist Rabbi Gamaliel, der im 1. Jahrhundert von Flavius Josephus (*Vita,* 190 f.) und in der Apostelgeschichte (Apg 5,34) erwähnt wird. Das Leben Jesu (Jesus ist im Jahr 30 n. Chr. verstorben) hingegen wird in den vier Evangelien erzählt, deren Niederschrift zwischen 65 (Markus) und 95 (Johannes) erfolgte. Wir verfügen nicht über ein eigenhändig geschriebenes Evangelium, aber das gilt für sämtliche Texte der Antike: Die Manuskripte der Autoren sind verloren, so sie denn ihre Texte selbst kopiert haben; das Kopieren auf Papyrus war nämlich ein Beruf, den nur die Kopisten beherrschten.

Über keine Figur der Antike sind wir mithin so früh und so umfassend informiert wie über Jesus aus Nazaret – mit einer Ausnahme. Man könnte Julius Cäsar nennen, der seine Memoiren verfasste, die Nikolaos von Damaskus schon früh erwähnt. Doch der Einzige, der – was die Fülle und das frühe Auftreten schriftlicher Zeugnisse betrifft – mit Jesus konkurrieren kann, ist Alexander der Grosse, der 323 v. u. Z. in Babylon verstorben ist. Zwanzig Jahre nach dem Tod dieser grossartigen Persönlichkeit kursierten bereits vier Biografien, verfasst von Kallisthenos, dem Neffen des Aristoteles, von Onesikritos, Nearchos und Ptolemaios, einem von Alexanders Generälen. Weitere *Viten* Alexanders folgten.

Doch, so liesse sich einwenden, dass Jesus von christlichen Autoren bezeugt wird, räumt die Zweifel an seiner Existenz nicht aus. Haben auch Nichtchristen über ihn geschrieben?[5]

Rom: Die «heillose Schwärmerei» der Christen

Seitens der römischen Geschichtsschreiber ist die Ernte tatsächlich mager. Bei drei Autoren gibt es flüchtige Erwähnungen. In seinen um 115 bis 118 entstandenen *Annalen* zeichnet Cornelius Tacitus die Geschichte Roms von Augustus bis Nero nach. Dort schreibt er im Zusammenhang mit dem Brand von Rom im Jahr 64 über die Christen, Nero habe sie der Schandtat beschuldigt und viele von ihnen seien hingerichtet worden. Zwar kritisiert Tacitus die ungerechtfertigte Anschuldigung Neros, doch auch das Christentum schont er nicht und bezichtigt es des Hasses auf das Menschengeschlecht *(odium humani generis)*. Über die Christen berichtet er: «Ihr Namensgeber, Christus, war unter der Regierung des Tiberius durch den Prokurator Pontius Pilatus hingerichtet worden. Für kurze Zeit war jene heillose Schwärmerei *(exitiabilis superstitio)* dadurch unterdrückt, brach aber aufs Neue aus, nicht allein in Judäa, von wo das Unheil ausgegangen war, sondern auch in der Hauptstadt [...]» *(Annalen* 15,44). Zu beachten ist, dass Tacitus die Hinrichtung Jesu historisch situiert und noch vor dem Kreuz die Bewegung eines Jesus erwähnt, die durch dessen Tod vorerst gebremst worden sei, dann aber wieder an Stärke gewonnen habe.

Der Ausdruck «neuer und bösartiger Aberglaube» *(superstitio)* geht auf Gaius Suetonius Tranquillus (Sueton) in seinen um 120 verfassten *Kaiserviten* zurück. Im Zusammenhang mit Kaiser Claudius schreibt er: «Die Juden, die von Chrestus aufgehetzt wurden und fortwährend Unruhen erregten, vertrieb er [Claudius] aus Rom» (Claudius, 25,4). Der Name Chrestus (im eigentlichen Wortsinn «nützlich») war bekannt und wurde Sklaven gegeben. Es wäre mithin möglich, dass Sueton einen Aufrührer

---

5 Zusammenstellung und Analyse der nichtchristlichen Quellen über Jesus namentlich bei Meier, John P., Un certain Juif, Jesus. Les données de l'histoire I: Les sources, les origines, les dates (Lectio divina), Paris 2004, 47–70; Fabris, Rinaldo, Gesù il «Nazareno». Indagine storica, Assisi 2011, 108–129; Ehrman, Did Jesus Exist? (s. Anm. 3), 35–68; Markschies, Christoph / Schröter, Jens (Hg.), Antike christliche Apokryphen in deutscher Übersetzung. I. Band, Evangelien und Verwandtes, Tübingen [7]2012, 209–218; Schröter, Jens / Jacobi, Christine (Hg.), Jesus Handbuch, Tübingen 2017, 159–171.

dieses Namens nennt.⁶ Die wahrscheinlichste Erklärung aber ist, Sueton habe irrtümlicherweise *Chrestus* statt *Christus* geschrieben. Die von Sueton erwähnte Vertreibung wird von Historikern auf das Jahr 49 datiert; sie galt den jüdischen Synagogen der Hauptstadt, in denen ein Konflikt zwischen Juden und Judenchristen ausgebrochen war. Die Christen der *superstitio* zu bezichtigen, bedeutete seitens eines Römers den Vorwurf, sie würden eine neue, intolerante und subversive Religion verbreiten. Die Ablehnung des Kaiserkults und jeglichen Synkretismus sowie der Fanatismus der frisch Konvertierten missfiel in höchstem Masse.

Plinius der Jüngere, Gouverneur der Provinz Pontus et Bithynia, seinerseits berichtete in einem zwischen 111 und 113 an Kaiser Trajan gerichteten Schreiben, die Christen hätten ihm versichert, «dass sie immer an einem festgesetzten Tag vor Sonnenaufgang zusammenkamen, Christus wie einem Gott *(Christo quasi deo)* ein Lied darbrachten [...]» (*Briefe* X, 96, 7).

Der Tod des weisen Königs

Zu diesen drei römischen Geschichtsschreibern kommen zwei Autoren aus der syrischen Welt hinzu. Mara bar (Sohn des) Serapion, ein in Rom gefangener stoischer Philosoph, sandte seinem Sohn einen in Syriakisch gehaltenen Brief, worin er ihn ermutigt, Vorbildern an Weisheit nachzueifern. Das nicht präziser zu datierende Schreiben stammt aus dem 2. Jahrhundert. Oft würden die Weisen verfolgt, schreibt Mara bar Serapion seinem Sohn, doch ihre Botschaft überlebe sie. Was hatten die Athener davon, dass sie Sokrates töteten, oder die Leute von Samos, dass sie Pythagoras verbrannten. Er fährt fort und erwähnt einen dritten Weisen:

> Was hatten die Juden davon, dass sie ihren weisen König hingerichtet haben? Von jener Zeit an wurde ihnen das Reich weggenommen. Denn Gott verschaffte diesen drei Weisen gerechte Rache: Die Athener starben vor Hunger, die Samier wurden vom Meer überwältigt, die Juden wurden umgebracht, aus ihrem Reich vertrieben und leben nun in der Zerstreuung. Sokrates ist nicht tot, er lebt weiter durch Platon. Pythagoras ist nicht tot, er

---

6   Diese Erklärung (*Chrestos* sei ein Name, der häufig Sklaven gegeben wurde und nicht Jesus bezeichne) hat kürzlich Steve Manson vertreten, in: Schröter/Jakobi (Hg.), Jesus Handbuch (s. Anm. 5), 161 f. Das Problem: Der Name *Chrestos* ist auf den jüdischen Grabstelen des 1. Jh. nicht bezeugt.

lebt in der Herastatue weiter. Der weise König ist nicht tot. Er lebt in den neuen Gesetzen, die er gegeben hat, weiter. (17. Brief)

Der Name des «weisen Königs» wird nicht genannt, aber die Indizien deuten auf Jesus: Das Ende des jüdischen Reiches evoziert die Eroberung Jerusalems durch die römischen Legionen im Jahr 70 und die Verschleppung der überlebenden jüdischen Kämpfer. Die Deutung, die Zerstörung des Jerusalemer Tempels sei eine Strafe Gottes, ist bei Juden (2. Baruch 79,2; *b*Taanit 29a) wie bei Christen (Mt 22,7; 23,38) präsent. Mara ist kein Christ, sonst hätte er sich über Jesus deutlicher geäussert. Doch er nimmt ihn in die Reihe der grossen Weisen auf und glaubt, dank seiner «neuen Gesetze», des Evangeliums, lebe Jesus weiter.

Der zweite und letzte zu zitierende Autor der syrischen Welt ist Lukian von Samosata, ein in Anatolien geborener Rhetor. In seiner kurz nach 165 verfassten Abhandlung *De morte Peregrini* erzählt er die Geschichte des Peregrinus. Dieser wird, nachdem er den Vater getötet hat, aus seiner Geburtsstadt verbannt und konvertiert zum Christentum, bevor er sich für die kynische Philosophie und die politische Revolution entscheidet. In den Paragrafen 11–13 spricht er in ironischem Ton über die Christen in Palästina. Diese würden «nämlich noch heute göttliche Verehrung dem bekannten Magier [erweisen], der in Palästina gekreuzigt worden, weil er diese neuen Mysterien in die Welt eingeführt hatte». Und sie hätten «sich zur Anbetung jenes gekreuzigten Sophisten bekannt [...] und [lebten] nach dessen Vorschriften [...]. Daher verachten sie alle äusseren Güter ohne Unterschied und besitzen sie gemeinschaftlich [...]». Das Verb *anaskolopizo* steht für kreuzigen, eine wenig bekannte und derart grausame Hinrichtungsart, dass in der Antike nur ungern darüber gesprochen wurde.

Welche Schlüsse sind aus den Aussagen der drei Römer und der beiden Syrer zu ziehen? Keiner von ihnen stellt die geschichtliche Existenz des Jesus aus Nazaret infrage. Sie urteilen eher über die Christen, deren Glauben sie wahrgenommen haben. Aber sie sprechen Jesus eine Weisheit und das Lehren eines Lebenswandels zu, den seine Anhänger befolgen. In ihren Kategorien ist Christus eine Gottheit dieser New-Age-Religion.

Kurz, «Jesus» war für die griechisch-römischen Geschichtsschreiber des 1. und 2. Jahrhunderts kein Thema. Oder, wie es John P. Meier treffend formuliert, er war «nur ein Piepen auf dem Radarschirm».[7] Nicht

---

7   Meier, Un certain Juif, Jesus I (s. Anm. 5), 17.

die Nichtexistenz Jesu ist die offensichtlichste Erklärung, denn auch kein jüdischer Rabbi in Palästina wird von diesen Historikern zitiert, sondern deren Desinteresse an Leben und Hinrichtung eines unbedeutenden Rabbi in einer unbedeutenden Provinz des Reiches. Manch anderen wurde zu jener Zeit das gleiche Schicksal zuteil. Die griechisch-römische Historiografie feiert die Generäle und ihre Schlachten, die Kaiser und ihre Politik. Bedeutsam ist gerade, dass die Jesus-Bewegung deren Interesse (und Verachtung) bis zu jenem Moment nicht weckt, da sie die gesellschaftliche Ordnung zu stören droht.

Josephus oder die Tugend des Verrats

Gleichwohl gibt es im 1. Jahrhundert ein nichtchristliches Zeugnis über Jesus. Es stammt von einem griechischen, 37 in Jerusalem geborenen Historiker aus priesterlichem Geschlecht: Flavius Josephus. Er führte ein bewegtes Leben. Schon früh schloss er sich der pharisäischen Bewegung an und wurde nach dem Ausbruch des Aufstands im Jahr 66 einer ihrer Anführer. Von den Römern gefangengenommen, sagte er voraus, dass Vespasian Kaiser würde, wandte sich gegen seine Zeitgenossen und rief sie dazu auf, sich zu ergeben. Nachdem sich seine Vorhersage erfüllt hatte, machte ihn Kaiser Vespasian zu seinem Schützling. Aus Dankbarkeit übernahm Josephus den Namen der neuen kaiserlichen Familie: Flavius.

In Rom widmete sich Josephus dem Schreiben. Zu seinen Werken gehören: *Geschichte des jüdischen Krieges (Bellum Judaicum)*, ein Bericht über den Aufstand von 66 bis 73 gegen die Römer und seinem für Israel verheerenden Ausgang, und *Jüdische Altertümer (Antiquitates Judaicae)*, eine zwanzigbändige Geschichte Israels von der Schaffung der Welt bis ins 1. Jahrhundert. Im imposanten letztgenannten Werk versucht er den jüdischen Glauben der lateinischen Welt zu erklären. Doch die jüdische Tradition vergisst seinen Verrat nicht; sie ignoriert seine Schriften. Bewahrt wurden diese in der Antike und im Mittelalter von christlichen Kopisten, die an diesem jüdischen Geschichtsfresko interessiert waren. Dies umso mehr, als die in den Jahren 93/94 publizierten *Jüdischen Altertümer* zwei Bezüge auf Jesus enthalten.

Der erste ist ein beiläufiger Hinweis. Josephus erklärt, vor dem Ausbruch des Jüdischen Krieges – wir schreiben das Jahr 62 – hätten der Hohe Priester Hannas und der Hohe Rat (die oberste religiöse Instanz) Jakobus, den Bruder Jesu, zum Tode verurteilt: «Er versammelte daher den Hohen Rat zum Gericht und stellte vor dasselbe den Bruder des

Jesus, der Christus genannt wird [...]» (XX, 9, 1). Ein Christ hätte eher von Jakobus, dem «Bruder des Herrn», gesprochen, so wie er im Neuen Testament stets genannt wird. Diese wie beiläufig gemachte Erwähnung von Jesus im Stil des Josephus' stammt sicher aus dessen Hand.

Das gilt nicht für die zweite, deutlich längere Textstelle, das *Testimonium Flavianum*, «Zeugnis» des Flavius. Dieser mehrzeilige Text enthält ein Miniporträt von Jesus (XVIII, 3, 3), eingefügt in einen langen Bericht über die Übergriffe des Pilatus in Judäa und vor der Präsentation «Johannes' des Täufers» (XVIII, 5, 2). Seit dem 16. Jahrhundert bestehen Zweifel an der Echtheit des Textes: Verfassten christliche Kopisten das Textstück in apologetischer Absicht? So, wie es daherkommt, enthält es sicherlich christliche Züge. Doch die früher vertretene These, es handele sich um einen späteren Einschub, wird kaum noch verfochten. Alle greifbaren griechischen Manuskripte und deren Übersetzungen ins Lateinische enthalten diese Textstelle. Vom christlichen Geschichtsschreiber Eusebius von Cäsarea wird sie in seiner *Kirchengeschichte (Historia Ecclesiastica)* (I, 11, 7 f.) und in seiner *Demonstratio Evangelica* (III, 3, 105 f.) zitiert. Ihr Stil ist entschieden «josephinisch»: Ein christlicher Fälscher hätte Jesus nicht als «weisen Mann» bezeichnet. Wie lässt sich diese Mischung aus christlichen und josephinischen Zügen erklären, wenn nicht dadurch, dass der Text des Josephus von eifrigen Kopisten mit Glossen versehen und ausgeschmückt worden ist? Nachstehend diese Textstelle, mit den, entsprechend dem Vorschlag von John P. Meier, kursiv markierten christlichen Zusätzen:

> Um diese Zeit lebte Jesus, ein weiser Mensch, *wenn man ihn überhaupt einen Menschen nennen darf.* Er war nämlich der Vollbringer ganz unglaublicher Taten und der Lehrer aller Menschen, die mit Freuden die Wahrheit aufnahmen. So zog er viele Juden und auch viele Heiden an sich. *Er war der Christus.* Und obgleich ihn Pilatus auf Betreiben der Vornehmsten unseres Volkes zum Kreuzestod verurteilte, wurden doch seine früheren Anhänger ihm nicht untreu. *Denn er erschien ihnen am dritten Tage wieder lebend, wie gottgesandte Propheten dies und tausend andere wunderbare Dinge von ihm vorherverkündigt hatten.* Und noch bis auf den heutigen Tag besteht das Volk der Christen, die sich nach ihm nennen, fort. (*Jüdische Altertümer*, XVIII, 3, 3)[8]

---

8   Vgl. auch Theissen, Gerd / Merz, Annette, Der historische Jesus. Ein Lehrbuch, Göttingen ⁴2011, 75–82, hier 75 (griechisches Original und Übersetzung).

Ohne diese Zusätze entspricht der Text der Version des melkitischen Bischofs Agapios von Herapolis, die er in seiner 941 auf Arabisch geschriebenen Weltgeschichte *(Kitab al-'Unwan)* präsentiert. In einer aufwendigen Studie arbeitet Serge Bardet den vier Jahrhunderte dauernden Disput über die Echtheit des *Testimonium Flavianum* auf und kommt zum Schluss, eine christliche Erdichtung sei höchst unwahrscheinlich und bedinge «ein Imitationstalent, das in der Antike nicht seinesgleichen hat». Ein zusätzliches Argument: Der Text, in dem sich Josephus mit Johannes dem Täufer befasst, ist wesentlich länger und lobender als derjenige über Jesus – ein christlicher Schriftsteller hätte es besser gemacht. Bereinigt wirkt sein Text «wie das Zeugnis eines Juden über eine Gruppe von Juden, die zwar am Rande stehen, aber in seine Beschreibung des Judentums integriert sind».[9]

Lässt sich eruieren, wann der Originaltext mit christlichen Formeln gespickt wurde? Dazu gibt es zwei zeitliche Eckpunkte: Eusebius von Cäsarea (4. Jh.) gibt den Text mit den Zusätzen wieder, während Origenes (3. Jh.) sie nicht kennt, erklärt er doch, dass Josephus «Jesus nicht als Messias anerkennt» *(Gegen Celsus,* 1, 47). Die Zusätze sind mithin im genannten Zeitraum eingeflossen.

Hervorzuheben ist, dass Josephus' Blick auf Jesus positiv ist; Weisheit und Wahrheitssuche entsprechen der Ethik des jüdischen Historikers. Offensichtlich hat er, in Rom schreibend, die Existenz von christlichen Gemeinden vor Augen. Deshalb kann er nicht nur bezeugen, dass diese «bis auf den heutigen Tag» überlebt haben, sondern auch bekräftigen, dass Jesus «viele Juden und auch viele Heiden» für seine Sache gewinnen konnte. Dieser Erfolg bei den Nichtjuden, der in den Evangelien bestritten wird, lässt sich hingegen in Rom verifizieren.

«Er hat Israel verführt und abtrünnig gemacht»

Die rabbinischen Schriften wurden, wie bereits erwähnt, nicht vor dem Jahr 200 (in der Mischna) schriftlich fixiert, obwohl sie ältere Traditionen wiedergeben. Doch nicht dieser zeitliche Abstand erklärt, weshalb sie Jesus fast vollständig verschweigen. Im Jerusalemer Talmud (5. Jh.) und im Babylonischen Talmud (7. Jh.) wird Jesus nur etwa fünfzehnmal und noch dazu meist flüchtig erwähnt. Im eskalierenden religiösen Konflikt zwischen Kirche und Synagoge zogen es die jüdischen Gelehr-

---

9   Bardet, Serge, Le *Testimonium Flavianum,* Paris 2002, 229.

ten vor, den Namen ihres Gegners zu verschweigen. In Kapitel 12 (S. 287–291) werden wir uns deutlich späteren Texten zuwenden, den *Toledot Jeschu*.

Doch ein Text verdient unsere Beachtung. Er präsentiert sich als eine *Baraita*, das heisst eine zeitgenössische Tradition der Mischna, könnte aber später entstanden sein:

> Am Vorabend des Passahfestes hängte man Jeschu. Vierzig Tage vorher hatte der Herold ausgerufen: Er wird zur Steinigung hinausgeführt, weil er Zauberei getrieben und Israel verführt und abtrünnig gemacht hat; wer etwas zu seiner Verteidigung zu sagen hat, der komme und sage es. Da aber nichts zu seiner Verteidigung vorgebracht wurde, so hängt man ihn am Vorabend des Passahfestes. (Traktat *b*Sanhedrin 43a)*

Die Steinigung ist das den falschen Propheten vorbehaltene Schicksal. Aus den beiden jüdischen Texten geht hervor, dass die Existenz Jesu nicht infrage gestellt wird, dass die jüdische Verantwortung für die Anschuldigung, die zur Hinrichtung führte, nicht verneint wird und dass Jesu Tätigkeit als Heiler bezeugt, aber als Zauberei qualifiziert wird.

Paulus, der erste Zeuge

Doch wenden wir uns nun den christlichen Quellen zu. Zeitlich vor den Evangelien gibt es deren zwei.

Die erste ist die zwischen 50 und 58 verfasste paulinische Korrespondenz. Mit dem Ersten Brief des Paulus an die Thessalonicher sind wir zwanzig Jahre von Jesu Tod am 7. April 30 entfernt. Doch der Leser, die Leserin ist einigermassen perplex: Der Apostel spricht kaum über Jesus, erwähnt lediglich dessen Tod und Auferstehung. Fälschlicherweise wurde daraus geschlossen, der Apostel hätte über das Leben Jesu nichts gewusst, weil die Evangelien noch nicht geschrieben waren. Dabei geht erstens vergessen, dass die Erinnerung an Jesus vor den Evangelien in mündlicher Form tradiert worden ist. Und weiter ist die Behauptung, Paulus wisse nichts über das Leben Jesu, etwas voreilig. Beim Lesen der Paulusbriefe erfahren wir, dass Jesus ein Nachkomme Davids war (Röm 1,3), zur Welt gebracht von einer Frau (Gal 4,4), dem Gesetz unter-

---

* Vor dem Hinweis auf den Traktat steht der Buchstabe *j* für den Jerusalemer Talmud und *b* für den Babylonischen Talmud.

stellt (Gal 4,4), Israelit (Röm 9,3 f.), Sohn Abrahams (Gal 3,16), Diener der Beschnittenen (Röm 15,8). Er hatte Brüder (1 Kor 9,5), unter ihnen Jakobus (Gal 1,19). Er hatte zwölf Jünger (1 Kor 15,5), unter ihnen Petrus und Johannes (Gal 1,19). Er wurde geschmäht (Röm 15,3), er wurde verraten und nahm ein letztes Mahl mit seinen Jüngern ein (1 Kor 11,23–25). Sein Gehorsam gegenüber Gott ist bekannt (Phil 2,8; Röm 5,19), aber auch seine radikale Erniedrigung (Phil 2,6–11), seine Armut (2 Kor 8,9), seine Schwachheit (2 Kor 13,4), seine Liebe (Phil 1,8).

Der Jesus des Paulus schwebt nicht in einem spirituellen Nebel; er ist in der Geschichte verankert. Darüber weiss der Apostel übrigens mehr, als er sagt. Wenn er das letzte Mahl Jesu mit seinen Jüngern einführt, setzt er das Wissen um die Passion sowie die Umstände der Festnahme und die Rolle des Judas voraus («Der Herr, Jesus, nahm in der Nacht, da er ausgeliefert wurde, Brot [...]», 1 Kor 11,23). Und die Aussage: «Um euretwillen ist er, obwohl er reich war, arm geworden, damit ihr durch seine Armut reich werdet» (2 Kor 8,9), würde der Leserschaft nichts sagen, hätte sie keine Vorstellung vom Lebenswandel des Nazareners. Auch die Aufforderung, dem Beispiel Christi zu folgen (1 Kol 11,1; 1 Thess 1,6), bliebe hohl, würde sie nicht das Bild eines Lebens heraufbeschwören. Kurz, *die Vorstellung, Paulus habe lediglich über den «gestorbenen und auferstandenen Herrn Jesus» Zeugnis abgelegt, ohne je zu erzählen, wer dieser Mensch war, ist absurd.*

Doch weshalb kommt der Jesus der Begegnungen und der Heilungen, der Jesus der Gleichnisse und der Streitgespräche über die Auslegung des Gesetzes in der paulinischen Korrespondenz überhaupt nicht vor?

Dafür gibt es zwei einfache Gründe. Der erste Grund: Paulus hat Jesus in seiner missionarischen Verkündigung zur Zeit der Gemeindegründungen erzählt; in seinen Briefen wiederholt er dies nicht, weil er sie in seinem letzten Lebensabschnitt verfasste, als er aufgerufen war, in theologischen Streitfragen zu schlichten. Der zweite Grund: Die Fokussierung auf Tod und Auferstehung Jesu ist das Resultat einer theologischen Entscheidung. Der Tod Jesu, in österlicher Perspektive verstanden, ist bedeutsam wegen des herausragenden Schicksals des Nazareners und des göttlichen Wirkens in ihm – dieser Auffassung ist der Apostel in Übereinstimmung mit der Theologie der hellenistischen Christen in Damaskus und Antiochia, die ihn nach seiner Bekehrung unterwiesen haben. Das Kreuz ist der Ort der äussersten Offenbarung Gottes in Jesus. Zugleich verleiht es dem christlichen Glauben gegenüber der jüdischen Welt und gegenüber der griechisch-römischen Kultur seine Einzigartigkeit und Brisanz: Wir verkündigen «Christus den Gekreuzigten – für die

Juden ein Ärgernis, für die Heiden eine Torheit» (1 Kor 1,23). Mit der ihm eigenen Hartnäckigkeit klammert sich Paulus an diesen Kern und wiederholt ihn unablässig.

Die verborgene Quelle der Worte Jesu

Im Jahr 1863 verhalf der deutsche Exeget Heinrich Julius Holtzmann der Vermutung zum Durchbruch, es existiere eine ganz frühe Quelle der Aussprüche Jesu; diese Quelle wurde später «Logienquelle Q» genannt.[10] Holtzmanns Hypothese basierte auf einer Beobachtung: auf der Vielzahl der dem Matthäus- und dem Lukasevangelium gemeinsamen Verse, die im Markus- und im Johannesevangelium fehlten. Diese Verse sind Worte Jesu, die von der Predigt des Täufers (Lk 3) bis vor die Passion (Lk 22) reichen. Sie bilden das Wesentliche der Bergpredigt (Mt 5–7) oder ihres Pendants bei Lukas, der Feldrede (Lk 6,20–49). Eine einzige Wundererzählung ist darin enthalten: die Heilung des Knechts des Hauptmanns von Kafarnaum (Mt 8,5–13; Lk 7,1–10). Hingegen sind keinerlei Spuren der Passionsgeschichte zu finden.

Lange blieb die Hypothese dieser verborgenen Quelle in den Schubladen der Forscher. Ein Zweifel blieb, denn kein Dokument bezeugte deren Existenz. Erklärt wurde das damit, dass Matthäus und Lukas, jeder für sich, aus dieser Sammlung von Worten geschöpft und sie in ihre Evangelien integriert hatten, worauf sie überflüssig wurde und verschwand. Doch dass ein allererstes «Evangelium» lediglich die Worte Jesu versammelt und – im Gegensatz zu Paulus – nicht über den Tod Jesu berichtet hätte, schien unwahrscheinlich. Dieser Zweifel wurde ausgeräumt, als man 1945 in Nag-Hammadi (Oberägypten) das *Thomasevangelium* in koptischer Sprache entdeckte: Dieses apokryphe Evangelium enthielt tatsächlich ausschliesslich Sprüche Jesu. In den 1970er Jahren stieg das Interesse für die Anfänge des Christentums und damit auch die Beachtung für die Quelle Q. Ist sie nicht das älteste christliche Dokument, wird doch ihre erste Spruchsammlung auf die 40er Jahre datiert? Die in der Quelle Q zusammengetragenen Lehren behandeln drei The-

---

10 Zur Geschichte der Erforschung der Quelle Q: Marguerat, Daniel, Pourquoi s'intéresser à la Source? Histoire de la recherche et questions ouvertes, in: Dettwiler, Andreas / Marguerat, Daniel (Hg.), La Source des paroles de Jésus (Q). Aux origines du christianisme (Le monde de la Bible 62), Genf 2008, 19–49. Für eine Einführung in die Thematik in deutsch siehe Hieke, Thomas, Logienquelle – Spruchquelle, www.bibelwissenschaft.de/stichwort/51967/ (19.02.2022).

men: den Auftrag an Israel, die Notwendigkeit der Gesetzestreue und die Notwendigkeit, alles zu verlassen und Jesus nachzufolgen. Diese Ermahnungen erhalten ihren Dringlichkeitscharakter dadurch, dass das Kommen des Reiches Gottes und des vom Menschensohn gehaltenen Gerichts unmittelbar bevorsteht.

Gerd Theissen und Christopher Tuckett[11] haben aufgezeigt, dass sich in der Quelle Q die Situation der kleinen christlichen Gemeinden der 40er und 50er Jahre in Syro-Palästina widerspiegelt; diese wurden von Wanderpredigern besucht, die sie ermunterten, sich an das zu halten, was die Gruppe der ersten Jünger gelebt hatte. Diese Missionare, mehr am Lebenswandel als an der Biografie des Meisters interessiert, waren die Verbreiter der Quelle Q. Im Jahr 2000 ist eine kritische Ausgabe dieser Quelle erschienen, an der ein internationales Team von Fachleuten um den Amerikaner James Robinson, den Deutschen Paul Hoffmann und den Kanadier John Kloppenborg gearbeitet hat.[12] Diese Edition umfasst 214 Verse oder Versfragmente sowie 85 unsichere Texte, also insgesamt rund 300 Verse oder Fragmente, die knapp einem Drittel des Matthäusevangeliums entsprechen. Lukas ist der Abfolge in diesem geschriebenen Dokument texttreuer gefolgt als Matthäus, der die einzelnen Elemente über seine fünf grossen Reden verteilt hat; hingegen hat Matthäus die von hebräischen Wendungen durchsetzte Sprache stärker bewahrt als Lukas.

Wir können ermessen, welche Bedeutung der Quelle Q, also der frühesten uns zugänglichen Skizzierung des Jesusbildes, zukommt. Wir verdanken ihr die Erzählung über die Versuchungen Jesu, die Seligpreisungen, das Vaterunser, die Verfluchung der Pharisäer, das Gleichnis von den Talenten oder so schneidende Formulierungen wie «Wer euch hört, hört mich» (Lk 10,16; vgl. Mt 10,40) oder «Lass die Toten ihre Toten begraben. Du aber geh und verkündige das Reich Gottes.» (Lk 9,60; vgl. Mt 9,22). Doch es ist Vorsicht geboten. Zum einen kennen wir den tatsächlichen Umfang der Quelle Q nicht: Sie könnte Textstellen enthalten,

---

11 Theissen, Gerd, Soziologie der Jesusbewegung Ein Beitrag zur Entstehungsgeschichte des Urchristentums, München 1977; Tuckett, Christopher M., Q and the History of Early Christianity. Studies on Q, Edinburgh 1996.
12 Robinson, James M. u.a. (Hg.), The Critical Edition of Q, Minneapolis/Leuven 2000. Kurzfassung auf Französisch: Amsler, Frédéric, L'Évangile inconnu. La source des paroles de Jésus (Essais bibliques 30), Genf ²2006. In deutscher Sprache erscheint 2024 eine fünfte, aktualisierte Auflage von Hoffmann, Paul / Heil, Christoph (Hg.), Die Spruchquelle Q. Studienausgabe, Griechisch und Deutsch, Darmstadt/Leuven ⁴2013.

die weder von Matthäus noch von Lukas aufgegriffen wurden. Zum anderen heisst früheste nicht zwangsläufig authentischste Quelle; das sich darin abzeichnende Bild Jesu ist *bereits* eine interpretierte Figur. Dennoch – *Quelle Q enthüllt uns einen «anderen» Jesus: fordernd, rachsüchtig, schneidend, kompromisslos, der nicht dem Porträt in den Evangelien entspricht.* Schon ahnt man, dass Matthäus und Lukas, indem sie mehrere Traditionen kombinieren, das in Quelle Q gezeichnete raue Porträt abmildern wollten. Hinter ihre Texte zurückzugehen, wird uns einige Überraschungen bereiten.

Die kanonischen Evangelien

Die vier kanonischen Evangelien sind Synthesen. Sie versammeln und kombinieren frühere Traditionen in der Absicht, ihrem Publikum ein schlüssiges Porträt Jesu zu bieten. Diese Vielfalt der Evangelien ist Ausdruck der Fähigkeit des Christentums, auf der Basis einer gemeinsamen Matrix unterschiedliche kulturelle Synthesen hervorzubringen. Wir können sagen, dass jedes auf seine Art bereits «ökumenisch» wirkte, denn in jedem verknüpften sich mehrere Standpunkte über den Mann aus Nazaret. Anders als Paulus und die Urheber der Quelle Q gehörten die Verfasser der Evangelien nicht der ersten, sondern der zweiten oder dritten christlichen Generation an. Vor ihnen zirkulierte die Erinnerung an Jesus in mündlicher Form. Nach und nach fügten sich in den Jahren 40 bis 60 kurze Erzählungen (Sprüche, Gleichnisse, Wunder) aneinander und wurden schriftlich festgehalten.

Zwei Faktoren haben zur Entstehung dieser Erinnerung beigetragen. Einerseits wuchs in der Gemeinde der Gläubigen das Bedürfnis, sich für Gottesdienst, Katechese und Missionstätigkeit auf die Erinnerung an das Leben Jesu und seine Lehre abzustützen. Andererseits, das betont James D. G. Dunn,[13] gilt es den «Jesus-Effekt» mit einzurechnen: den Eindruck, den diese aussergewöhnliche Persönlichkeit bei den Jüngern hinterlassen hat. Unter diesem zweifachen Impuls und unter Berücksichtigung der Erinnerungen und der Bedürfnisse wurde eine Fülle von Gedächtnissplittern bewahrt. Das erklärt, weshalb biografische Elemente, die uns heute derart interessieren, vollständig fehlen: Die physische Gestalt Jesu, seine Gefühle, seine psychische Entwicklung

---

13 Dunn, James D. G., Christianity in the Making I. Jesus remembered, Grand Rapids 2003, bes. 128–132.

entziehen sich uns; daran nährte sich das kollektive Gedächtnis nicht, vielmehr an Gesten und Worten, die als bedeutsam eingestuft wurden. Häufig, wenn auch nicht immer, waren auch die Umstände, unter denen dieses Wort oder jenes Gleichnis verkündigt wurde, im kollektiven Gedächtnis der ersten Christen nicht präsent – manches mochte auch nur einmal gesagt worden sein. Das Wort selbst zählte mehr als die Umstände und das Gegenüber.

Markus, der um das Jahr 65 seinen Text niederschrieb, war der Pionier. Erstmals waren in einer laufenden Erzählung verstreute Traditionen über Jesus versammelt, angefangen bei der Verkündigung des Täufers bis zum Tod. Markus hat eine Menge Wundererzählungen (ein Viertel des Evangeliums) aufgenommen, aber auch Lehrsequenzen wie die Reihe der Gleichnisse in Kapitel 4 (4,3–9.13–20.26–32). Er hat die Passionsgeschichte (Mk 14 f.) eingefügt und erweitert, darunter eine Erzählung zu liturgischen Zwecken, die auf die Jerusalemer Gemeinde der 40er Jahre zurückgeht. Dieser Evangelist stellt das gesamte Leben Jesu unter die Perspektive des bereits am Anfang angekündigten Todes (Mk 3,6). Das literarische Genre «Evangelium» ist keine reine Erfindung des Markus; es ist verwandt mit der griechisch-römischen Biografie, einem Typus von Heldenerzählung mit moralischer Zielsetzung. Doch der Unterschied liegt in der Absicht: Es geht nicht bloss darum, ein exemplarisches Leben darzustellen, sondern darum, mit der gläubigen Erzählung des Lebens Jesu den Glauben der Hörerinnen, der Leser zu nähren. Denn Markus liegt nicht daran, wahr und falsch zu unterscheiden, indem er die «nackten Fakten» des Lebens des Nazareners festhält, vielmehr will er auf seinem biografischen Weg die «gute Nachricht» des Gottessohns bestimmen (Mk 1,1). Gleichwohl wird die Geschichte nicht aussen vor gelassen.

Rund zehn Jahre später entschliesst sich Matthäus, das Leben Jesu neu zu schreiben. Er verwendet fast den gesamten Bericht des Markus und kopiert dessen Struktur – ein Zeichen für das Ansehen, das das erste Evangelium genoss. Doch in der Gemeinde von Matthäus zirkulierten andere Traditionen, die es zu integrieren galt. Matthäus erweitert folglich den Markustext mit Worten aus der Quelle Q und den seiner Gemeinde eigenen Traditionen (Tradition M). Dazu gehören Kindheitsevangelium (Mt 1 f.), Gleichnisse (Unkraut unter dem Weizen, Zehn Jungfrauen, Unbarmherziger Knecht usw.) und Streitgespräche über die Auslegung der Tora. In Matthäus' Gemeinde verkehren gläubige Judenchristen aus Syrien (Antiochia?). Um deren Unterweisung zu erleichtern, fasst er die Lehre Jesu in fünf grosse Reden. Was bezweckt er damit? Aufzuzeigen, dass Jesus der Messias Israels ist, der von der Schrift angekündigt und wie so viele Propheten abgelehnt wurde.

Nochmals zehn Jahre später (80–90) verfasst Lukas ein Evangelium, gefolgt von der Apostelgeschichte. Auch er nimmt einen grossen Teil des Markusevangeliums und der Worte der Quelle Q auf, doch der Anteil seiner eigenen Traditionen (Tradition L) umfasst die Hälfte seines Evangeliums. Wir verdanken ihm ein Kindheitsevangelium, das anders ist als dasjenige des Matthäus (Lk 1 f.), weitere Wundererzählungen und einen Schatz an Gleichnissen (Barmherziger Samaritaner, Verlorener Sohn, Reicher Mann und armer Lazarus usw.). Lukas' Zielpublikum ist eine Christenheit griechischer Kultur, für die er die Sprache seiner Quellen umformuliert. Sein Standpunkt: Jesus wird nach Art der Wanderphilosophen als weise und barmherzig beschrieben.

Das vierte Evangelium, das Johannesevangelium, ist von ganz anderem Zuschnitt. Später entstanden, ist es das Ergebnis einer von seinen Vorgängern unabhängigen, eindrücklichen Reinterpretation der Jesus-Tradition. Der Jesus des Markus spricht wenig und handelt viel, der Jesus des Johannes hingegen hält lange, theologisch dichte Reden. Diese Reden sind das Resultat eines langwierigen Meditationsprozesses innerhalb der johanneischen Schule, in dessen Fokus die Beziehung zwischen Christus und seiner Kirche steht. Das Johannesevangelium ist ein spirituelles Porträt Jesu, dessen biografische Elemente auf ein Minimum reduziert sind. Bei der Suche nach dem Jesus der Geschichte galt es lange als unbrauchbar, bis eine weit nuanciertere Auffassung Anerkennung fand. Wie Ernest Renan schon 1867 im Anhang zu seinem erstmals 1863 erschienenen Werk *Vie de Jésus* bemerkt, kann «ein mit theologischen Absichten erfülltes Buch [...] werthvolle historische Belehrungen enthalten».[14] Drei Beispiele: Das öffentliche Wirken Jesu dauert drei Jahre, wie dies Johannes vermerkt, und nicht bloss einige Monate (wenn man die chronologischen Hinweise in den ersten drei Evangelien addiert). Dass die ersten Jünger Jesu aus dem Kreis um Johannes den Täufer stammen und Jesus in diesem Kreis getauft wurde (Joh 1,35–37; 3,22), ist historisch glaubwürdig. Der Tod Jesu ist auf den Tag vor Passa (Joh 19,14) zu datieren und nicht auf den Festtag selbst, wie dies Markus (Mk 14,12) zu verstehen gibt. Mithin kann das vierte Evangelium, von den offensichtlich späten Reden einmal abgesehen, als nennenswerte Sekundärquelle herangezogen werden.

---

14 Renan, Ernest, Das Leben Jesu, 3. Aufl., vermehrt mit neuen Vorreden des Verfassers und einem Anhang nach den letzten Ausgaben des Originals, Leipzig/Paris 1870, 385 (Anhang, § 1) [franz.: Renan, Ernest, Vie de Jésus (Folio Classique 618), Paris 1974].

Addiert man die christlichen Quellen des 1. Jahrhunderts, ergibt sich eine Gesamtzahl von sechs: Paulus; die Logienquelle (Q); Markus; die Tradition M (Mt); die Tradition L (Lk); Johannes. Da Paulus und Johannes historisch weniger ergiebig sind, finden sich die Hauptquellen in der synoptischen Tradition, also in den ersten drei Evangelien: Markus, Matthäus und Lukas. Doch was ist mit den nicht ins Neue Testament aufgenommenen Evangelien?

Die ausserkanonischen Evangelien

Das 20. Jahrhundert war das Jahrhundert der christlichen Apokryphen. So werden jene Schriften genannt, die nicht für das siebenundzwanzig Bücher umfassende Neue Testament berücksichtigt worden sind, und zwar weil die Kirche das nicht wollte oder weil sie späteren Datums sind. Im Wesentlichen stand der Kanon des Neuen Testaments im Jahr 200 fest und wurde schliesslich 450 definitiv festgelegt. Das 20. Jahrhundert war das goldene Zeitalter der (Wieder-)Entdeckung dieser zuvor im ägyptischen Sand oder im Bibliotheksfundus der orthodoxen Klöster verborgenen Schriften.

Mit der Aufarbeitung dieser Texte wurde der Glaube von marginalen und inzwischen verschwundenen Christenheiten wieder ans Licht gebracht – was die Welt der Forschung in heftige Aufregung versetzte und nicht minder heftige Meinungsverschiedenheiten hervorrief.

Für die einen, etwa John P. Meier, brachten diese Texte, weil spät entstanden, keine neuen Einsichten über den Jesus der Geschichte.[15] Andere wie Bart D. Ehrman hielten dagegen, die Geschichte werde immer von den Siegern geschrieben. Übersetzt: Die kanonischen Evangelien wurden durch die siegreiche Christenheit gegen die Minderheitsströmungen ausgewählt, deren Erinnerung (in eben diesen Texten bewahrt) ein Echo auf ihr Jesusbild ist.[16] Von Zeit zu Zeit lassen Neuigkeiten die Medien aufschrecken. Im April 2006 wurde die Publikation des *Judasevangeliums* angekündigt – ein Text aus der Mitte des 2. Jahrhunderts, den man ver-

---

15 Meier, Un certain Juif, Jesus I (s. Anm. 5), 71–99; Michaud, Jean-Paul, Jésus de l'histoire et écrits apocryphes chrétiens, in: Gagné, André / Racine, Jean-François (Hg.), En marge du canon. Études sur les écrits apocryphes juifs et chrétiens, Paris 2012, 33–84.

16 Ehrman, Bart D., Les christianismes disparus, Paris 2003; Norelli, Enrico, La Naissance du christianisme. Commen tout a commencé, Montrouge 2015.

loren glaubte, dessen Existenz aber dank Irenäus von Lyon seit 180 bekannt ist (*Gegen die Heiden*, I, 31, 1).

Schnell wurde die Frage laut: Gibt es neue Erkenntnisse über Jesus? Um gleich Klarheit zu schaffen: *Extrempositionen stehen unter dem Verdacht, eine ideologische Haltung für oder gegen die Kirche zu verschleiern.* Weder die pauschale Ablehnung der ausserkanonischen Schriften noch deren Glorifizierung ist wissenschaftlich gerechtfertigt. Das Urteil des Historikers wird weniger spektakulär ausfallen, weil er von Fall zu Fall differenziert. Doch das Ausgraben dieser vergessenen Christenheiten über deren Schriften ist von hohem Interesse, denn es zeigt die schillernde Vielfalt der christlichen Spiritualität der Anfänge. Die Geschichte der ersten fünf christlichen Jahrhunderte lässt sich heute nicht mehr so schreiben wie früher. Aber nur eine detaillierte Analyse gibt uns Auskunft darüber, ob eine Schrift Materialien enthält, die mit dem Jesus der Geschichte in Zusammenhang gebracht werden können, aber in den kanonischen Evangelien nicht auftauchen, oder ob es sich um das Resultat einer theologischen Neuinterpretation handelt – fern der Wirklichkeit der Jahre 30 bis 33 in Palästina. Das *Judasevangelium* ist ein Beispiel für Letzteres, denn es wollte nicht eine Geschichtschronik aufzeichnen, sondern die Spiritualität seines Milieus legitimieren.

Die ausserkanonischen Schriften können entsprechend ihrer theologischen Ausrichtung in zwei Kategorien eingeteilt werden: gnostisch inspirierte Texte und judenchristliche Texte.

Die aus dem Sand geborgenen Evangelien

Im Sand Ägyptens wurden die wichtigsten ausserkanonischen Schriften gefunden, dort, wo die geringe Luftfeuchtigkeit ein ideales Klima für die Konservierung der Manuskripte schuf. Ägypten ist zudem die Wiege der koptischen Christenheit, geprägt von einer Spiritualität gnostischen Typs. Die Gnosis, so die vorläufige Aussage,[17] ist ein auf die Trennung von Materiellem und Spirituellem ausgerichteter Glaube, deren Anhänger danach streben, sich aus der irdischen Welt zu lösen, um durch Erkenntnis himmlische Erhöhung zu erlangen.

Die für die Suche nach dem Jesus der Geschichte ergiebigste Schrift ist das *Thomasevangelium*. Das älteste koptische Manuskript stammt von 350 und wurde 1945 in Nag-Hammadi (Oberägypten) entdeckt. Ein fas-

---

17 Auf die Gnosis werden wir später eingehen, S. 262–266.

zinierender Fall, denn die Hälfte der darin enthaltenen Worte sind ohne Parallele in den synoptischen Evangelien. Helmut Koester erregte Aufsehen, als er es das «fünfte Evangelium» nannte. Er sah darin eine Schrift, die älter ist als die Synoptiker und auf das Jahr 50 zurückgeht.[18] Doch der Fall ist komplexer. Denn in seinem aktuellen Zustand datiert der Text von 150, mit Überarbeitungen bis 200; ein älterer Teil hingegen (80 von 114 Logien) kann auf das Jahr 100 zurückgehen. Er ist mithin das Resultat einer langen Entwicklung.

In der jüngsten Schicht findet sich folgendes Jesuswort an Maria aus Magdala: «Siehe, ich werde sie ziehen, auf dass ich sie männlich mache, damit auch sie ein lebendiger, euch gleichender, männlicher Geist werde» (*Logion* 114).[19] Dieser gnostische Mythos des Androgynen, wonach der Mensch den weiblichen Teil in sich abtöten müsse, ist Lichtjahre entfernt vom Jesus der Geschichte. In diesem Evangelium finden sich auch neuinterpretierte Aussagen aus der synoptischen Tradition: «Jesus spricht: ‹Das Königreich gleicht einem Menschen, der in seinem Feld einen verborgenen Schatz hat, [der] ihm nicht bekannt ist. Und [nachdem] er gestorben war, hinterliess er ihn seinem [Sohn]. Der Sohn (aber) wusste (davon ebenfalls) nichts. Er nahm jenes Feld, (und) verkaufte [es]. Und der es gekauft hatte, kam, (und) während er pflügte, [fand er] den Schatz. Er begann Geld zu geben gegen Zins, wem er wollte»» (*Logion* 109). Das Original findet sich in Mt 13,44; doch hier symbolisiert der Schatz die Weisheit (Gnosis), die allein der Initiierte entdeckt und teilen kann. Entsprechend wird auch das Gleichnis von der Perle neu interpretiert (Mt 13,45 f.; *Logion* 76), und hier ist die Weisheit die besonders kostbare Perle. Ähnlich im Gleichnis vom Fischnetz (Mt 13,47–50; *Logion* 8); hier wählt der verständige Fischer den grossen, guten Fisch und wirft die anderen ins Meer zurück. Zahlreiche Worte im *Thomasevangelium* sind das Resultat einer gnostischen Verwandlung von Jesusworten der synoptischen Evangelien.

Eine Gruppe von Logien hingegen ist singulär und könnte auf den Jesus der Geschichte zurückgehen. Beispielsweise:

---

18 Koester, Helmut, Ancient Christian Gospels. Their History and Development, London/Philadelphia 1990; ders./Bovon, François, Genèse de l'écriture chrétienne (Mémoires premières 2), Turnholt 1991.

19 Markschies/Schröter (Hg.), Antike christliche Apokryphen I/1 (s. Anm. 5), 483–522, hier 522. – Im selben Band kommentierte Präsentation der ausserkanonischen Evangeliums-Fragmente auf Papyrus: 357–399.

Jesus spricht: «Wer mir nahe ist, ist dem Feuer nahe. Und wer mir fern ist, ist dem Königreich fern.» (*Logion* 82)

Jesus spricht(:) «Das Königreich des Vaters gleicht einem Menschen, der einen mächtigen Menschen töten wollte. Er zückte das Schwert in seinem Hause (und) stach es in die Wand, damit er erfahre, ob seine Hand stark (genug) sei. Dann tötete er den Mächtigen.» (*Logion* 98)

Jesus spricht: «Wehe ihnen, den Pharisäern, denn sie gleichen einem Hund, der auf dem Futtertrog der Rinder schläft, denn weder frisst er noch [lässt] er die Rinder fressen.» (*Logion* 102)

(Alle drei Logien Markschies/Schröter [Hg.], Antike christliche Apokryphen I [s. Anm. 5], 519–521.)

Logion 82 steht Lk 12,8f. nahe und wird von Origenes (3. Jh.) zitiert. *Logion* 98 erinnert an Mk 3,27 und *Logion* 102 an Mt 23,13. Unsere Forschung wird aus diesem koptischen Fundus der Worte Jesu schöpfen, die nicht in die kanonischen Evangelien eingeflossen sind.

Ebenfalls in Oberägypten wurde in einer christlichen Nekropole in Achmim (auch Akhmim) 1886/87 eine griechische Handschrift des *Petrusevangeliums* entdeckt; erhalten geblieben ist nur ein Fragment mit der Passionsgeschichte und der Auferstehung. Bischof Serapion von Antiochia (um 190) kannte es und riet von der öffentlichen Lesung ab, da es, so meinte er, von Christen benutzt werde, die das Menschsein Jesu leugneten. Handelt es sich hier, so die Hypothese von John Dominic Crossan,[20] um das älteste Evangelium? Doch eine genaue Prüfung des Textes lässt eher darauf schliessen, dass es aus dem syrischen Christentum des 2. Jahrhunderts stammt und aus den kanonischen Evangelien, namentlich Matthäus und Johannes, schöpft. Vers 40 allerdings überrascht: Er beschreibt, wie zwei Männer das Grab verlassen, wobei sie einen dritten Mann stützen, dessen Kopf die Himmel überragt; der Auferstandene wird als gigantischer Engel dargestellt (vgl. S. 249). Dass es sich um einen späten Text handelt, signalisiert auch der ausgeprägte Antijudaismus.

Ebenfalls in Ägypten wurde der Papyrus Egerton 2, drei stark beschädigte Blätter, entdeckt. Von diesem Fragment wird angenommen, dass es ursprünglich Teil eines vollständigen Evangeliums war. In den noch lesbaren Fragmenten geht es um Krankenheilungen Jesu und um Streitgespräche mit Schriftgelehrten; Worte, die ähnlich auch bei Mar-

---

20 Crossan, John Dominic, The Cross that Spoke. The Origins of the Passion Narrative, San Francisco 1988.

kus und insbesondere bei Johannes stehen. Für Enrico Norelli handelt es sich um eine auf dem Johannesevangelium basierende evangelische Umformulierung aus dem hellenistischen Milieu des 2. Jahrhunderts.[21]

Die koptische Grabungsstätte Nag-Hammadi enthielt eine richtige Bibliothek mit mehreren Evangelientexten: *Philippusevangelium, Mariaevangelium* und *Der Dialog des Erlösers*. Alle stammen aus dem 2. Jahrhundert und weisen eine starke gnostische Prägung auf. In den von Christoph Markschies und Jens Schröter neu herausgegebenen *Antiken christlichen Apokryphen in deutscher Übersetzung* I/1 und 1/2 finden sich auch Fragmente mit einigen wenigen Zeilen: Oxyrhynchos-Papyrus V 840 (eine heftige Debatte über die Reinheitsgebote, angelehnt an Mk 7), Oxyrhynchos-Papyrus X 1224 (vier bekannte Jesusworte) oder *Das geheime Markusevangelium* (die Auferweckung eines jungen Manns durch Jesus und deren Begegnung sechs Tage danach).[22]

Weshalb diese Fülle von Evangelien?

Sie ist ein kostbares Zeugnis dafür, dass die Jesus-Tradition im 2. und 3. Jahrhundert im Wandel begriffen war. Die schriftliche Fixierung der Evangelien, die normativ werden, stoppte die mündliche Überlieferung nicht; diese setzte sich fort und veränderte sich in Übereinstimmung mit den theologischen Orientierungen der christlichen Gruppen. Im Zuge ihrer Marginalisierung durch die Kirche, die sich durchsetzte und die normativen Evangelien festlegte, beanspruchten diese spirituellen Strömungen ihre Legitimität, indem sie die Jesus-Tradition neu schrieben. Ihre Inspirationsquelle waren die nicht in die vier Evangelien eingeflossenen Denkweisen, und sie beriefen sich auf die im Mehrheitschristentum an den Rand gedrängten Figuren: Thomas, Maria aus Magdala, Philippus, Judas. Das Judenchristentum seinerseits erhob Jakobus zur zentralen Gestalt, also den Bruder Jesu und Leiter der Jerusalemer Urgemeinde nach Petrus.

---

21 Norelli, Enrico, Le Papyrus Egerton 2 et sa localisation dans la tradition sur Jésus. Nouvelle examen du fragment 1, in: Marguerat, Daniel u. a. (Hg.), Jésus de Nazareth. Nouvelles approches d'une énigme (Le monde de la Bible 38), Genf ²2003, 397–435.

22 Markschies/Schröter (Hg.), Antike christliche Apokryphen I/1 (s. Anm. 5). Vgl. auch Bovon, Daniel / Geoltrain, Pierre (Hg.), Écrits apocryhes chrétiens I (Bibliothèque de la Pléiade 442), Paris 1997.

Die judenchristlichen Evangelien

Aus einer ganz anderen theologischen Richtung stammen die judenchristlichen Evangelien, die wir nur indirekt kennen. Kein Manuskript ist auf uns gekommen, sondern nur einige Zitate der Kirchenväter, von denen einige dieses Gedankengut bekämpften. Ihren Ursprung haben diese Evangelien in jener Christenheit des 2. Jahrhunderts, die ihren Glauben in enger Gemeinschaft mit dem Judentum leben wollte, in den folgenden Jahrhunderten aber unterging. Es handelte sich um drei oder gar nur zwei Evangelien, denn verbürgt ist weder deren Anzahl noch deren Name, wurden sie doch von den Kirchenvätern nicht genau zitiert: Sie heissen *Hebräerevangelium*, *Nazoräerevangelium* und *Ebionäerevangelium*.[23] Auf sie bezogen haben sich Hegesippus und Clemens von Alexandria (2. Jh.), Origenes (3. Jh.), Epiphanius von Salamis und Hieronymus (4. Jh.).

Dort finden sich Texte, die sich an die aus den Synoptikern bekannten Episoden anlehnen. So etwa die Frage Jesu mit Blick auf die Taufe des Johannes. Seine Mutter und Brüder schlagen ihm vor, sich gemeinsam mit ihm taufen zu lassen: «Was habe ich gesündigt, dass ich hingehe und mich von ihm taufen lasse? Es sei denn, das, was ich gesagt habe, Unwissenheit [Unwissenheitssünde]» (*Nazoräerevangelium*, Frg. 8). Oder auch die Bitte des Manns mit der dürren Hand; diese Bitte unterstreicht die soziale Dimension des Wunders (Mk 3,1–6): «Ich war Maurer und verdiente mit [meinen] Händen [meinen] Lebensunterhalt; ich bitte dich, Jesus, dass du mir die Gesundheit wiederherstellst, damit ich nicht schimpflich um Essen betteln muss» (*Nazoräerevangelium*, Frg. 4).

Akzentuiert wird die Kritik am Reichtum in der Lehre Jesu mit der Fortsetzung, die das *Nazoräerevangelium* dem Dialog mit dem Reichen gibt. Bei Markus endet dieser Dialog abrupt mit dem Aufbruch des verstimmten Reichen («Der aber war entsetzt über dieses Wort und ging traurig fort; denn er hatte viele Güter», Mk 10,22). Hier aber geht er weiter:

> Aber der Reiche begann sich am Kopfe zu kratzen, und es [das Wort] gefiel ihm nicht. Und der Herr sprach zu ihm: «Wie kannst du sagen: Ich habe das Gesetz und die Propheten getan? Steht doch im Gesetz geschrieben:

---

23 Markschies/Schröter (Hg.), Antike christliche Apokryphen I/1 (s. Anm. 5); vgl. auch Mimouni, Simon Claude, Les fragments évangéliques judéo-chrétiens «apocryphisés». Recherches et perspectives (Cahiers de la Revue biblique 66), Paris 2006.

Liebe deinen Nächsten wie dich selbst; und siehe, viele deiner Brüder, Söhne Abrahams, starren vor Schmutz und sterben vor Hunger – und dein Haus ist voll von vielen Gütern, und gar nichts kommt aus ihm heraus zu ihnen!» (*Nazoräerevangelium*, Frg. 10)

Das *Ebionäerevangelium* steht dem Judentum nahe, unterscheidet sich aber wie das Matthäusevangelium von ihm und verschärft die opferkritische Sicht: «Ich kam, die Opfer aufzuheben; und wenn ihr nicht aufhört zu opfern, wird der Zorn nicht von euch weichen» (Frg. 6; vgl. Mt 9,13). Ein Spruch im *Hebräerevangelium* findet sich praktisch identisch im *Thomasevangelium* (*Logion* 2): «Nicht ruhen wird, wer sucht, bis er findet, wer aber gefunden hat, wird staunen, wer aber erstaunt ist, wird zur Herrschaft gelangen, wer aber zur Herrschaft gelangt ist, wird ruhen» (Frg. 1b).

Archäologische Spuren

Zu den schriftlichen Spuren kommen steinerne hinzu. Die Auswertung der von der Archäologie gelieferten Daten steht erst am Anfang, denn die Grabungen in Jerusalem und Galiläa sind jüngeren Datums. Der Amerikaner James H. Charlesworth[24] hat sich dafür eingesetzt, dass sie berücksichtigt werden. Archäologische Zeugnisse können nur indirekt sein: Sie betreffen weder Jesu Haus noch Objekte, die ihm gehört haben. Sie machen aber das Umfeld, in dem er gelebt hat, glaubwürdig.

Zumindest in drei Bereichen bestätigen die Grabungen unser Wissen. Erstens förderten sie zahlreiche Alltagsgegenstände zutage: Tonwaren, Werkzeuge, Schmuckstücke. Anhand dieser Objekte lässt sich der Alltag in Palästina zur Zeit Jesu besser rekonstruieren. Ausgegraben wurden auch Synagogen aus der damaligen Epoche, was die Evangelienberichte bestätigt. Zuvor waren die Historiker der Meinung gewesen, Synagogen seien erst nach der Zerstörung des Jerusalemer Tempels im Jahr 70 erbaut worden.

Zweiter Fokus: die Inschriften. Ausgegraben wurde eine Fülle von Inschriften auf Stein, viele davon in Griechisch, und dies selbst auf Grabstelen. Und zwar nicht nur in Sepphoris und Tiberias, den beiden Haupt-

---

24 Charlesworth, James H. (Hg.), Jesus and Archaeology, Grand Rapids 2006. Vgl. ders. u. a., Jésus et les nouvelles découvertes de l'archéologie, Paris 2006; Claussen, Carsten / Frey, Jörg, Jesus und die Archäologie Galiläas (Biblisch-Theologische Studien 87), Neukirchen-Vluyn 2008.

städten von Herodes Antipas. Das zeigt uns, dass hellenistische Kultur und jüdische Welt keine undurchlässigen Wirklichkeiten waren: Das Bild eines fundamentalistischen und selbstbezogenen Judentums in Palästina ist ein Mythos. Vielleicht sprach Jesus wie viele, die im Austausch mit Fremden standen, (ein wenig) Griechisch.

Und eine dritte spannende Entdeckung: die *mikwaot*. Seit den Grabungen von Qumran wusste man um die Bedeutung dieser Tauchbäder für Ritualwaschungen, doch wurde angenommen, deren Verbreitung beschränke sich auf diese Sektengemeinde. Doch wurden in Jerusalem zahlreiche *mikwaot* gefunden, mehrere am Aufgang zum Tempel. Das weist darauf hin, dass die Reinheitsrituale im Alltag praktizierender Juden sehr wichtig waren, und wir erfassen noch besser, wie kühn die Stellungnahmen Jesu in diesem Bereich waren (vgl. S. 145–150).

Erwähnt sei schliesslich, dass die Ausgrabung des Skeletts eines Gekreuzigten in einem Ossuarium im Jerusalemer Stadtteil Giv'at ha-Mivtar im Jahr 1968 uns den archäologischen Beweis dafür liefert, dass im 1. nachchristlichen Jahrhundert die Todesstrafe durch Kreuzigung praktiziert wurde.

Die Quellen analysieren

Kommen wir ein letztes Mal auf die Schriftzeugnisse zurück. Wir haben gesehen, dass alle antiken Dokumente, die uns Aufschluss über Jesus geben, das Resultat einer interpretierenden Lesart der Ereignisse sind. *Diese Lesart mag positiv oder negativ sein, ideologisch orientiert, Frucht einer kollektiven oder individuellen Erinnerung – stets aber ist sie subjektiv.* Wie können wir den Standpunkt des Autors ausblenden, um die Geschichte zu rekonstruieren?

In den 1950er Jahren begann die historische Jesusforschung die Kriterien, anhand derer die historische Glaubwürdigkeit der Quellen bewertet werden kann, methodologisch zu überdenken. Die Diskussion über diese etwas ambivalent als «Echtheitskriterien» bezeichneten Kriterien ist noch nicht abgeschlossen.[25] In der Tat, wir hören die «Stimme Jesu» nicht mehr direkt, sondern so, wie sie die Zeugen im kollektiven Gedächt-

---

25 Vgl. Theissen, Gerd / Winter, Dagmar, Die Kriterienfrage in der Jesusforschung: vom Differenzkriterium zum Plausibilitätskriterium (Novum Testamentum et Orbis Antiquus 34), Fribourg/Göttingen 1997; Theissen/Merz, Der historische Jesus (s. Anm. 8), 96–124; Porter, Stanley E., The Criteria for Authenticity in Historical Jesus Research. Discussion and New Proposals, Sheffield 2000.

nis der ersten Christen tradiert haben. Daran erinnert Jacques Schlosser, wenn er schreibt, dass diese «Echtheit gewöhnlich eher den semantischen Inhalt betrifft als den Wortgehalt oder die Grammatik»,[26] dies umso mehr, als die in Aramäisch gesprochenen Worte Jesu sehr früh in Griechisch fixiert wurden. Ich persönlich halte mich an fünf Kriterien.

1. *Kriterium der mehrfachen Bezeugung:* Berücksichtigt werden Taten und Gesten Jesu, wenn sie von mindestens zwei literarisch voneinander unabhängigen Quellen belegt sind. Das Interesse gilt dann den Motiven, die durch Paulus und Markus oder Matthäus und Johannes oder aber Lukas und das *Thomasevangelium* bezeugt sind. Beispiel: die vielfach bezeugte Reich-Gottes-Predigt. Doch erheben wir dies nicht zum Dogma: Das Gleichnis vom barmherzigen Samaritaner findet sich nur bei Lukas (10,30–35); doch einen Samaritaner als gutes Beispiel zu erwähnen, ist in der jüdischen Tradition undenkbar und das Gleichnis folglich als ureigene Geschichte von Jesus zu betrachten.

2. *Kriterium der «Verlegenheit»:* Worte oder Taten Jesu, deren Umsetzung in den ersten christlichen Gemeinden Unbehagen auslöste, kommt ein hohes Historizitätsindiz zu. Beispiel für ein Unbehagen stiftendes Motiv: die Taufe Jesu durch Johannes (Mt 3,13–17). Sie ordnet den Nazarener dem Täufer unter und bringt die Gemeinde in ihrem Konflikt mit den Täuferzirkeln in Schwierigkeiten. Oder auch die Ankündigung, das Kommen des Reiches stehe unmittelbar bevor, denn das hatte sich zu Lebzeiten der Jünger nicht ereignet («Amen. Ich sage euch: Einige von denen, die hier stehen, werden den Tod nicht schmecken, bevor sie das Reich Gottes sehen, wenn es gekommen ist mit Macht»; Mk 9,1).

3. *Kriterium der Originalität:* Bevorzugt werden Motive, die auf einen Jesus eigenen, in seinem Milieu nicht vorhandenen Charakterzug hinweisen. Beispiel: Zum schneidenden «Lass die Toten ihre Toten begraben» (Lk 9,60) findet sich nichts Vergleichbares in der Antike, ausgenommen bei einigen wenigen Kynikern. Das erstmals von Ernst Käsemann 1954 unter der Bezeichnung «Unähnlichkeitskriterium» (auch «Differenzkriterium»)[27] formulierte Kriterium hatte eine unerwünschte Nebenwirkung: Es schloss alles vom historischen Jesus aus, was als Wiederaufnahme eines im zeitgenössischen Judentum präsenten Elements oder als Folge einer christlichen Relektüre nach Ostern betrachtet wurde. Ausgeklammert wurden deshalb die Bekräftigung der Autorität der Tora (dem

---

26 Schlosser, Jacques, Jésus de Nazareth, Paris ²2002, 89.
27 Käsemann, Ernst, Das Problem des historischen Jesus, in: ders., Exegetische Versuche und Besinnungen I, Göttingen ⁴1965, 187–214, hier 205.

gesamten Judentum gemein) oder die Überlegungen zur Organisation der Kirche (typisch für das Interesse der ersten Christen). Diese Nebenwirkung macht aus Jesus ein Ufo, aus seinem Ursprungsmilieu herausgerissen, von seinem Erbe abgeschnitten. Es gilt mithin, das Kriterium der Originalität unbedingt mit dem nachfolgenden zu verknüpfen.

4. *Kriterium der historischen Plausibilität:* Dieses lässt alles zu, was im Rahmen des palästinischen Judentums zur Zeit von Jesus plausibel ist («Kontextplausibilität»), aber auch das, was die Entwicklung der Jesus-Tradition nach Ostern erklärt («Wirkungsplausibilität»). Beispiel: Jesu Festhalten an der Tora bezeugt dessen Zugehörigkeit zum Judentum und ist nicht infrage zu stellen. Übrigens gab es im damaligen Christentum zwei Strömungen; die eine verteidigte Jesu Festhalten an der Tora (Matthäus), die andere die Abwendung von der Tora (Paulus und Markus). Das erklärt, weshalb dem Mann aus Nazaret eine ambivalente Position (Anerkennung *und* Freiheit) zugeschrieben wird, und es erklärt auch, weshalb sich zwei gegensätzliche Standpunkte, der eine wie der andere, auf ihn berufen konnten.[28]

5. *Krisenlogik:* Sie verlangt, dass jede Rekonstruktion des Lebens des Nazareners offenlegt, warum und über welche Punkte der tödliche Konflikt zwischen Jesus und den religiösen Leadern in Israel hatte ausbrechen können.

Abschied von der Biografie

Letztlich lässt die Fülle der Zeugnisse keinerlei Raum für die Jesus-Mythos-Theorie. Am ergiebigsten sind die folgenden acht Quellen: einmal das *Testimonium Flavianum* (Flavisches Zeugnis) sowie sieben unabhängige christliche Quellen (Paulus, Markus, Logienquelle, Tradition M, Tradition L, Johannes, Thomas). Jesus hat gelebt, daran gibt es keinen Zweifel. Die Frage ist nicht, ob er existiert hat, sondern *welcher* Jesus existiert hat.

Doch eine Gesamtschau der Quellen verlangt von uns einen Abschied: den Abschied von der Jesus-Biografie. Da aus der mündlichen Erinnerung nicht hervorgeht, unter welchen Umständen ein Wort gesprochen oder eine Geste gemacht worden ist, mussten die Evangelis-

---

28 Marguerat, Daniel, Jésus et la Loi dans la mémoire des premiers chrétiens, in: Marguerat, Daniel / Zumstein, Jean (Hg.), La mémoire et le temps. Mélanges offerts à Pierre Bonnard (Le monde de la Bible 23), Genf 1991, 55–74.

ten für ihr «Leben Jesu» einen narrativen Rahmen schaffen. *Abgesehen von einigen Materialien, die eindeutig mit Galiläa oder Jerusalem in Verbindung zu bringen sind, ist uns der biografische Rahmen daher nicht zugänglich.* Wir können Markus vertrauen: Das Wesentliche von Jesu Wirken lässt sich in Galiläa verorten, vor dem Einzug in Jerusalem, wo sein Leben endete. Ansonsten lassen sich die meisten Taten Jesu von niemandem genau lokalisieren. Aus diesem Grund verzichten wir darauf, ein ohnehin nicht mögliches biografisches Szenario zu rekonstruieren. Der Zugang zu Jesus aus Nazaret erfolgt in diesem Buch über seine Interessensgebiete.

Kapitel 2
Ein Kind ohne Vater?

Woher kommt Jesus? Bei Markus, dem frühesten Evangelium, tritt er erstmals in der Blüte seines Lebens auf, nämlich anlässlich der Taufe im Jordan durch Johannes den Täufer (Mk 1,9–11). Matthäus und Lukas hingegen sind gesprächiger: Beide präsentieren ein Kindheitsevangelium, in dessen Zentrum die wunderbare Geburt Jesu steht (Mt 1 f.; Lk 1 f.). Diese Kindheitsgeschichten sind relativ jung, sowohl bei Matthäus wie bei Lukas: Sie sind nicht von einer längeren früheren Tradierung geprägt; ausserdem ist im restlichen Evangeliumstext keine Anspielung auf diese Erzählungen oder die Jungfrauengeburt auszumachen. Jeder Evangelist hat aus jener mündlichen Tradition geschöpft, die damals noch im Umlauf war. Der Beweis dafür ist, dass ihre Verschriftlichungen einerseits die ihnen eigenen Züge aufweisen, aber dass beide Evangelisten andererseits ein Drama in Szene setzen, das voll und ganz zu erfinden sie nicht gewagt hätten.

Erst spät haben die ersten Christen begonnen, sich für die Herkunft Jesu zu interessieren. Bei Markus steht das öffentliche Wirken Jesu im Fokus. Zwanzig Jahre später galt es, die Frage zu beantworten: Woher kommt er? In der Regel interessierten sich die Biografen der Antike kaum für die ersten Lebensjahre ihres Helden – es sei denn, um über eine der Persönlichkeit angemessene wunderbare Geburt zu berichten. Nicht selten wurde eine illustre Figur mit einem menschlichen Vater und einem göttlichen Vater versehen.[29] In der antiken Literatur wimmelt es von Erzählungen über göttliche Zeugungen, seien es die ägyptischen Pharaonen, Alexander der Grosse, der Philosoph Platon, Kaiser Augustus, der Älteste Melchisedek oder Mose.[30] Sie als göttlich gezeugt zu

---

29 Lincoln, Andrew T., Born of a Virgin? Reconceiving Jesus in the Bible, Tradition, and Theology, Grand Rapids 2013.
30 Cannuyer, Christian / Vialle, Catherine (Hg.), Les naissances merveilleuses en Orient. Jacques Vermeylen (1942–2014) in memoriam (Acta orientalia belgica 28), Brüssel 2015.

bezeichnen, eröffnete kein Kapitel der Gynäkologie, sondern war eine Aussage über ihre herausragenden Qualitäten.

Gelehrte Geschichten

Bei Matthäus ist die Kindheitsgeschichte von der jüdischen Geschichte durchdrungen. Sie beginnt mit der Genealogie Jesu, die ihn auf Abraham zurückführt; die Ankündigung der Zeugung durch den heiligen Geist erreicht Josef, um ihn zu beschwören, Maria, seine Verlobte, nicht zu verstossen (Mt 1,18–25). Der Besuch der Weisen aus dem Morgenland löst die Flucht nach Ägypten aus, um das Kind vor dem Zorn des Herodes zu schützen. Was hier erzählt wird, ist ein Exodus zurück: Herodes, der König der Juden, lässt die Neugeborenen von Betlehem ermorden, wie der Pharao die neugeborenen Knaben Israels hatte ausrotten lassen (Ex 1). Und Ägypten, das Land der Knechtschaft der Hebräer, wird nun zum Zufluchtsort der kleinen Familie. Tragische Umkehr der Geschichte, in der die göttliche Vorsehung unvorhersehbaren Wegen folgt. In dieser dunkel kolorierten theologischen Erzählung ist die Geburt Jesu ein Vorzeichen für das Drama der Ablehnung, die ihm entgegenschlagen wird.

In der Matthäus-Geschichte dominieren die Männer, Lukas hingegen setzt die Frauen in Szene. Dem Priester Zacharias verkündet ein Engel, seine betagte und unfruchtbare Frau sei schwanger; Maria wiederum empfängt die göttliche Botschaft, sie werde ein Kind gebären, das sie Jesus nennen werde, obwohl sie «doch von keinem Mann weiss» (Lk 1,34). Lukas führt sein theologisches Programm fort, indem er die Figuren von Johannes dem Täufer und von Jesus miteinander verknüpft: Ankündigung der Geburt des Johannes (Lk 1,5–25), dann der Geburt Jesu (Lk 1,26–80) – Besuch Marias bei Elisabet (1,39–56); Geburt des Johannes (Lk 1,57–80) und Geburt Jesu (Lk 2,1–21). So sollte gezeigt werden, dass die Geburt Jesu in die Kontinuität der Geschichte Israels eingebettet ist. Sorgfältig zeichnet Lukas das Bild einer frommen jüdischen Familie; hier preist Maria Gott in ihrem schönen *Lobgesang* mit Anklängen an die Psalmendichter (Lk 1,46–55), und hier lassen die Eltern das Kind im grandiosen Rahmen des Jerusalemer Tempels beschneiden (Lk 2,21–38). Zeugen der Geburt sind nicht die Weisen, sondern die Hirten – eine Vorwegnahme des gemeinen Volks, dem sich Jesus widmen wird.

Diese beiden ganz unterschiedlichen Geburtsgeschichten sind weniger Ausdruck der Volksfrömmigkeit als vielmehr gekonnte theologische Kompositionen. Sie stimmen überein hinsichtlich des Geburtsortes (Betlehem) und der göttlichen Vaterschaft des Kindes: «[...] denn was sie

empfangen hat, ist vom heiligen Geist», so verkündet es der Engel Josef (Mt 1,20); «Heiliger Geist wird über dich kommen, und Kraft des Höchsten wird dich überschatten» (Lk 1,35).
Ist damit alles gesagt? Nein.

Ein uneheliches Kind?

Ein eindeutig älterer Text als die Kindheitsgeschichten lässt die Einwohner Nazarets sagen: «Ist das nicht der Zimmermann, der Sohn der Maria [...]?» (Mk 6,3). In der jüdischen Kultur der damaligen Zeit ist es unüblich, ein Kind durch die Mutter zu identifizieren. Weshalb wird Jesus nicht mit seinem Vater in Verbindung gebracht? Genau das muss Lukas gedacht haben, weshalb er das ihm ungebührlich Erscheinende korrigierte: «Ist das nicht der Sohn Josefs?» (Lk 4,22). Doch es handelt sich hier um eine Neufassung. Die amerikanische Theologin Jane Schaberg schloss daraus, dass Jesus in Wirklichkeit ein uneheliches Kind war. Matthäus und Lukas hätten das, was Folge einer Vergewaltigung oder einer ausserehelichen Verbindung war, verzerrt als übernatürliche Empfängnis dargestellt.[31]

Überraschenderweise ist dies keine neue Hypothese. Origenes zitiert den heidnischen Philosophen Celsus, dessen *Wahre Lehre* nicht auf uns gekommen ist. Darin erzählt Celsus, er habe von einem Juden die Geschichte von der unehelichen Geburt Jesu vernommen: Maria sei von ihrem Ehemann, einem Zimmermann, verstossen worden, weil sie mit einem römischen Soldaten namens Panthera Ehebruch begangen habe (*Gegen Celsus*, 1, 32). Zwanzig Jahre später berichtet Tertullian, ein Kirchenvater aus Afrika, einem jüdischen Gerücht zufolge sei Jesus ein *quaestuariae filius*, ein «Sohn [des Zimmermanns und] der Dirne» (*Über die Schauspiele*, 30, 6).

Die These vom unehelichen Kind findet auch Eingang in die *Toledot Jeschu*: Maria sei von Ben Panthera vergewaltigt worden oder habe eine heimliche Liaison mit ihm gehabt.[32] Je nach Textversion variiert der Name von Marias Liebhaber/Vergewaltiger: Panthera oder Pendera, Panther,

---

31 Schaberg, Jane, The Illegitimacy of Jesus. A Feminist Theological Interpretation of the Infancy Narratives, San Francisco 1987.
32 Die verschiedenen Versionen der *Toledot Jeschu* in der Präsentation und Übersetzung von Meerson, Michael / Schäfer, Peter, Toledot Yeshu. The Life Story of Jesus, Two Volumes and Database (Texts and Studies in Ancient Judaism 159), Tübingen 2014.

Pandera, Pantiri ... Es wurde spekuliert, Pantheros sei ein Anagramm des griechischen *parthenos,* was «jungfräulich» heisst. Es handele sich also um einen Kniff der Rabbiner, die sich über die Jungfräulichkeit Marias lustig machen wollten.[33] Aber diese Überlegung konnte sich nicht durchsetzen: Panthera ist ein üblicher, im römischen Heer geläufiger Name.

In seinem Brief *Über die Juden* (1755) bezeichnet Voltaire die *Toledot Jeschu* als eine Schrift, die älter sei als die Evangelien und die echte Version der Geburt Jesu berichte.[34] Voltaire irrt. Die jüdische Sagensammlung stammt aus dem Mittelalter, frühestens aus dem 9. Jahrhundert, obwohl einige der bearbeiteten Volkssagen auf das 2. Jahrhundert zurückgehen mögen. Auf jeden Fall sind sie nach den Kindheitsgeschichten entstanden und sozusagen eine Parodie derselben. Die in diesem Pamphlet – man könnte es als Gegenevangelium bezeichnen – entfaltete Theologie ist die Frucht jüdischer Polemik gegen den Glauben der Christen an die jungfräuliche Geburt: Diese sei nur ein Schwindel, mit dem ein gemeines Sittlichkeitsdelikt vertuscht werden sollte.

Bei den *Toledot Jeschu* handelt es sich mit Sicherheit um eine späte Version, die sich jedoch auf viel ältere Gerüchte stützen mag. Der Beweis dafür ist eine Überlieferung in zwei praktisch identischen Versionen im Babylonischen Talmud (*b*Shabbat 104b; *b*Sanhedrin 47a).[35] Dort berichtet ein Rabbi aus dem 4. Jahrhundert die Aussage des Weisen Pappos ben Jehuda aus dem beginnenden 2. Jahrhundert, wonach Maria ihrem Ehegatten untreu gewesen sei und mit ihrem Geliebten, Ben Panthera, einen Sohn gezeugt habe. Maria war *sota,* also Ehebrecherin. Nur schon dadurch, dass die Frau verdächtigt wurde, sie habe einen Geliebten, geriet der Rechtsstatus ihres Kindes unter Verdacht. Diese Überlieferung deckt sich mit der von Celsus erwähnten, mit dem Unterschied allerdings, dass Celsus neben dem Ehebruch auch die heidnische Herkunft von Jesu Vater erwähnt. Daraus schliesst Peter Schäfer, dass

---

33 Ursprünglich verfochten wurde die These von Nitsch, Franz, Über eine Reihe talmudischer und patristischer Täuschungen, welche sich an den mißverstandenen Spottnamen Ben-Pandira geknüpft, in: Theologische Studien und Kritiken 13 (1840) 115–120. Zusammenstellung der Etymologien des Namens bei Jaffé, Dan, Une ancienne dénomination talmudique de Jésus, in: Theologische Zeitschrift 64 (2008), 258–270.

34 «[...] sie [eine Lebensdarstellung Jesu Christi] scheint aus dem 1. Jahrhundert zu stammen und sogar vor den Evangelien geschrieben worden zu sein [...].» Voltaire, Neunter Brief: Über die Juden, in: ders., Werke II. Kritische und Satirische Schriften (ungekürzte Lizenzausgabe Ex Libris Zürich), München 1970, 416–422, hier 417.

35 Schäfer, Peter, Jesus im Talmud, Tübingen ³2017, 29–49.

beide Versionen (also jene des Talmuds aus dem 4. Jh. und jene des Celsus aus dem 2. Jh.) sich auf dieselbe Überlieferung stützen. Er betrachtet sie als eine Gegenerzählung zu den Kindheitsgeschichten, die darauf abzielt, der Theorie von der jungfräulichen Geburt zu widersprechen.[36]

Sollen wir es dabei belassen? Müssen wir die Theorie von der unehelichen Geburt *ad acta* legen – als eine verleumderische Reaktion auf die christlichen Behauptungen über die göttliche Herkunft Jesu?

Eine aufmerksame Lektüre zeigt, dass *Zweifel an der Geburt Jesu auch im Neuen Testament selbst wahrzunehmen sind*. Diese brechen auf in einem Streitgespräch zwischen den Juden und Jesus im Johannesevangelium, worin diese Jesus an den Kopf werfen: «Wir sind nicht aus Unzucht hervorgegangen [...]» (Joh 8,41). Im gleichen Evangelium wird Jesus gefragt: «Wo ist dein Vater?» (Joh 8,19).

Ein undurchsichtiger Stammbaum

Ein noch massiveres Indiz ist der Stammbaum Jesu nach Matthäus (Mt 1,1–17). Bekanntlich ist die Aufzählung der Generationenfolgen (oder *toledot*) in der jüdischen Kultur ein übliches literarisches Genre. Das beginnt mit dem ersten Buch der Hebräischen Bibel (Gen 4; 5; 11). Die Genealogie ist ein theologisches Konstrukt, das das Individuum in die lange Geschichte Gottes mit seinem Volk einbindet. Die beiden Stammbäume bei Matthäus und Lukas weisen Unterschiede auf, doch das ist in der Hebräischen Bibel nicht selten. Matthäus beginnt bei Abraham (Mt 1,1), während Lukas bis auf Adam zurückgeht (Lk 3,38).

Doch die matthäische Genealogie zeichnet sich durch *eine Abweichung von den Standards des Genres* aus: die Erwähnung von vier Frauen. Da die Weitergabe des Segens im alten Israel über die männliche Linie verlief, sind Stammbäume in der Regel Männersache; Frauennamen sind nicht zu erwarten. Zudem sind die erwähnten Frauen nicht die Stammmütter, mit denen zu rechnen wäre: etwa Sara, die Frau Abrahams, oder die Königin Ester, die Beschützerin ihres Volks (Est 5–7), oder auch Judit, die als «die grosse Freude Israels und der Stolz unseres Volkes» (Jdt 15,9) bezeichnet wird. Die Exegeten sind perplex: Weshalb diese vier Frauen? Gemeinsam ist ihnen, so scheint es, dass keine von ihnen Jüdin ist: Rut ist Moabiterin, Rachab stammt aus Jericho, Tamar ist eine Konvertitin, Batseba die Frau des Hetiters Urija. Es wurde vermutet,

---

36 A.a.O., 41.

Matthäus habe diese Heidinnen bewusst in den Stammbaum Abrahams eingefügt, um die Verbreitung von Israels Heil über die ganze Welt vorwegzunehmen (Mt 28,16–20). Die Erklärung ist verführerisch, doch steht nicht fest, dass keine dieser Frauen von Geburt Jüdin war; zumindest bei Batseba sind Zweifel angebracht. Alle vier haben allerdings einen zweifelhaften Ruf: Rachab ist Prostituierte in Jericho (Jos 2), Batseba wurde ihrem Mann Urija von David entrissen (2 Sam 11), Tamar gibt sich als Prostituierte aus, um ihren Schwiegervater zu verführen (Gen 38), Rut schleicht sich in der Nacht zu Boas (Rut 3). Die vier von Matthäus ausgewählten Frauen befinden sich mithin im Stand sexueller Regelwidrigkeit gegenüber der ehelichen Norm. Das ist alles andere als üblich.

Welcher Absicht entspringt diese extravagante Auswahl?

Bemerkenswert ist die Platzierung des Stammbaums im Text: Genau vor der Stelle, in der Josef die unvorhergesehene Schwangerschaft Marias angekündigt wird (Mt 1,18–25). Diese Abfolge ist kein Zufall. Der Evangelist erwähnt diese vier aussergewöhnlichen Frauenschicksale, um den Leser, die Leserin auf eine weitere Regelwidrigkeit vorzubereiten: die aussereheliche Geburt Jesu. Ich bleibe dabei: Die oben zitierten Gerüchte über die aussereheliche Geburt Jesu stammen alle aus dem jüdischen Milieu. Doch das Matthäusevangelium ist ganz ins jüdische und judenchristliche Milieu integriert. Demnach drängt sich die Erklärung auf, Matthäus seien die Gerüchte um die Vaterschaft von Jesus bekannt und er wolle sie durch zwei Argumente entkräften: 1. Für sexuelle Regelwidrigkeit gibt es Präzedenzfälle in der Heilsgeschichte. 2. Diese Regelwidrigkeit, nämlich jene von Maria, erklärt sich durch göttliches Eingreifen.

Wenn dies zutreffend ist, bedeutet es, dass die *Gerüchte um die uneheliche Geburt aus dem 1. Jahrhundert stammen*. Zirkulierten sie bereits zu Jesu Lebzeiten? Die Lektüre der jüdischen Vorschriften in Sachen Sexualmoral könnte die Antwort liefern.

Jesus, der *mamzer*

Bruce Chilton hat vorgeschlagen, in Jesus einen *mamzer* zu sehen.[37] Der *mamzer* ist ein Bastard, ein aussereheliches geborenes Kind. In diesem Punkt ist die jüdische Gesetzgebung extrem streng: Der *mamzer* und seine Nachkommen bis in die zehnte Generation werden aus der Reli-

---

37 Chilton, Bruce, Rabbi Jesus. An Intimate Biography, New York 2000, 3–22; ders., Jésus, le *mamzer* (Mt 1.18), in: New Testament Studies 47 (2001), 222–227.

gionsgemeinschaft ausgeschlossen (Dtn 23,3). Seine Erbrechte sind minimal und seine Möglichkeiten, einen Hausstand zu gründen und Kinder zu haben zufallsbedingt. Der *mamzer* kann nur eine Frau gleichen Standes heiraten, eine *mamzeret*, und seine Kinder gelten als Bastarde. Der Traktat *Ketubot* (1,9) führt gegenüber dem ausserehelich geborenen Kind zwei rabbinische Positionen an, eine liberale, die die Nennung des Vaters durch die Mutter gelten lässt, die andere, restriktive, die Zeugen verlangt. Die Qumran-Sekte hat sich für die harte Linie entschieden: Ausschluss wegen Unreinheit (4Q 511).

Der *mamzer* befand sich in einer ausserordentlich schwierigen gesellschaftlichen Lage. Nach Durchsicht der einschlägigen Texte meint Joachim Jeremias: «Bedenkt man, dass der Makel des Bastards für alle Zeit unauslöschlich an sämtlichen männlichen [...] Nachkommen haftete und dass sogar lebhaft umstritten war, ob die Bastard-Familien an der endzeitlichen Erlösung Israels Anteil haben würden [...], so versteht man, dass das Wort Bastard eines der übelsten Schimpfworte war [...].»[38]

Doch, so meint Chilton mit Bezug auf den Traktat *Qiddushin* 4,1, die Kaste der *mamzerim* gehöre zu den *shetuqim* – der Begriff bedeutet «die zum Schweigen Gebrachten». Die *shetuqim* werden wie die *mamzerim* gesellschaftlich und religiös geächtet, sind Menschen, die ihre Mutter, nicht aber ihren Vater kennen, solche, deren Vaterschaft nicht bewiesen werden kann oder die nicht in der Lage sind, zu beweisen, dass ihre Geburt aus einer von der Tora gebilligten Verbindung hervorgegangen ist.[39]

Ist dies nicht genau die Situation, in der sich Jesus befindet?

Die Theorie, Jesus sei die Frucht einer Vergewaltigung oder einer ausserehelichen Verbindung Marias, ist, wie wir gezeigt haben, eine polemische Reaktion auf die christliche Behauptung der Jungfrauengeburt. Die Unmöglichkeit hingegen, die religiöse Legalität der Geburt Jesu zu beweisen, muss bereits zu dessen Lebzeiten bestanden haben. *Jesus war ein Kind mit zweifelhafter Vaterschaft, das nicht beweisen konnte, seine Geburt habe sich im Rahmen des Eherechts ereignet.* Die beiden Kindheitsgeschichten stimmen nämlich in einem Punkt überein: Maria und Josef hatten keinen Geschlechtsverkehr, bevor Maria schwanger wurde. Maria sagt zum Engel: «Wie soll das geschehen, da ich doch von keinem Mann weiss? (Lk 1,34). Matthäus formuliert es in juristischen

---

38 Jeremias, Joachim, Jerusalem zur Zeit Jesu. Kulturgeschichtliche Untersuchung zur neutestamentlichen Zeitgeschichte, 3. überarb. Aufl., Göttingen 1962, 351–380, hier 379.
39 Chilton, Rabbi Jesus (s. Anm. 37), 13.

Begriffen: Maria war mit Josef verlobt (Mt 1,18), sie waren also durch einen Ehevertrag *(ketuba)* gebunden. Vorgesehen war, dass die Verlobten getrennt lebten, wobei die Verlobte zum Herrichten der Aussteuer noch ein Jahr bei ihren Eltern verblieb. Mit der Hochzeit begann das Zusammenleben.

Falls ein Verlobter entdeckt, dass seine Braut mit einem anderen Mann geschlafen hat, hat er zwei Möglichkeiten: Anzeigen des Ehebruchs, was eine Steinigung zur Folge hat (Dtn 22,23–27), oder Aushändigen eines Scheidebriefs (Dtn 24,1). Diese Verstossung geschieht öffentlich und vor Zeugen. Josef hatte einen noch milderen Weg vorgesehen: Maria in aller Stille entlassen, um sie nicht blosszustellen (Mt 1,19). Davon wird ihn der Engel abbringen. Anders formuliert: Er erhält von Gott im Schlaf die Eingebung. *Aufgrund dieser göttlichen Eingebung fühlt sich Josef frei, gegen das Gesetz zu verstossen und die Eheschliessung mit Maria unter diesen Umständen zu akzeptieren.* Ergebnis: Dank des Eherechts gilt er als der gesetzliche Vater von Jesus, ohne dessen biologischer Vater zu sein.

Diese Abweichung musste Gerüchten um das ungeborene Kind und Verleumdungen Vorschub leisten. Ist es wirklich erstaunlich, dass die Bezeichnung «Sohn der Maria» (Mk 6,3) in eben jener Stadt verwendet wurde, wo Josef und Maria sich verlobt hatten, in der Stadt der Kindheit Jesu: Nazaret? Die Ablehnung in der Synagoge von Nazaret (Mk 6,1–6), deren Opfer Jesus wird, spiegelt die Ächtung des *mamzers* in der Stadt seiner Kindheit wider.

Nun verstehen wir, wie sich, ausgehend von dem gegen Jesus zu dessen Lebzeiten erhobenen Vorwurf des *mamzerut,* die Anonymität des biologischen Vaters in die Unterschiebung eines heidnischen Vaters (Ben Panthera) verwandelte. Laut der Interpretation des Traktates *Qiddushin* im Babylonischen Talmud ist die Frucht der Verbindung mit einem Heiden oder einem Sklaven ein *mamzer* (*b*Qid 70a[40]). Letztlich erscheinen die mittelalterlichen Verleumdungen in den *Toledot Jeschu* nicht wie böswillige Phantasien, sondern wie ein spätes Echo auf die Zweifel, die bereits Jesu Zeitgenossen hinsichtlich dieser irregulären Geburt erhoben hatten. Einmal mehr: *Wie auch immer die Umstände der Zeugung Jesu sind, das Baby ist ausserehelich geboren, und dies musste Gerüchte und Verdächtigungen auslösen.*

---

40   Chilton, Jésus, le *mamzer* (Mt 1.18) (s. Anm. 37), 225.

Ein abwesender Vater

Weshalb wurde der Verdacht des *mamzerut*, ausgelöst durch diese Geburt ausserhalb der Norm, nicht bereits zu Lebzeiten Jesu scharf zurückgewiesen? Eine Antwort bietet sich an: *der frühe Tod Josefs.* Tatsächlich wird Maria, nicht aber Josef, in den Evangelien von der Geburt bis zur Kreuzigung erwähnt. Der gesetzliche Vater von Jesus wird bei dessen Geburt erwähnt und noch bis zu dessen zwölftem Lebensjahr (Lk 2,41–51), danach aber ist er der grosse Abwesende. Das gesamte öffentliche Wirken von Jesus (und ein Teil seiner Jugend?) scheint sich ohne den Vater zugetragen zu haben.

Das *Protevangelium des Jakobus,* eine apokryphe Schrift aus der Mitte des 2. Jahrhunderts, macht aus Josef einen betagten Priester, dem die junge Maria anvertraut wird: «Ich habe (schon) Söhne und bin alt, sie aber ist ein junges Mädchen» (ProtevJak 9,2). Wurde hier die Erinnerung an Josefs Alter bewahrt? Wie dem auch sei, das allgemeine Schweigen zu Josef – ausgenommen die Geburt und sein Beruf als Zimmermann – lässt sich am besten durch seinen frühen Tod erklären. Die Abwesenheit des gesetzlichen Vaters hat die Verbreitung des Gerüchts begünstigt.

Beeinflusst die Vorstellung, Jesus sei ein *mamzer,* unser Jesus-Verständnis? Und tiefgründiger noch, hat dieser Verdacht, den Jesus akzeptieren musste, sein Selbstverständnis beeinflusst? Hier lassen wir uns nicht auf psychologische Spekulationen ein, zu denen Quellen keinen Anlass geben. Doch es lohnt sich, dieses Phänomen mit einigen Besonderheiten im Wirken des Nazareners zu verknüpfen.

Stigmatisierung und Exklusion

Die Spannungen zwischen Jesus und seiner Familie erscheinen in einem neuen Licht. Denn Jesus hat Brüder und Schwestern (darauf werden wir später zurückkommen). Und die Evangelien verschweigen nicht, dass ihre Beziehungen sich schwierig gestalteten. Eines Tages, so Markus, drängte sich das Volk um Jesus, so dass seine Jünger und er nicht einmal essen konnten; da wollten seine Verwandten sich seiner bemächtigen, und sie sagten: «Er ist von Sinnen» (Mk 3,20 f.). Die Vokabel *existemi* ist stark; sie bedeutet, «ausser sich sein», «den Verstand verlieren». Die anderen Evangelien wagten es nicht, diesen Zwischenfall zu erwähnen. Bei einer anderen Gelegenheit wird Jesus informiert, seine Mutter und seine Brüder stünden draussen und suchten ihn, worauf er entgegnet: «Wer ist meine Mutter, und wer sind meine Geschwister?» Dann schaut er die im Kreis um ihn Sitzenden an und spricht: «Das hier ist meine Mutter, und das sind meine Brüder und Schwestern!» (Mk 3,31–35). Die Umgestaltung der Familie auf der Basis des Gehorsams zum Wort ist eine theologische Entscheidung des Nazareners; sie ist aber auch Ausdruck eines Misstrauens gegenüber den Blutsbanden – Anlass dafür könnte sein nicht konformer Status im Kreis der Familie sein.

Und wie steht es um die Ehelosigkeit Jesu?

Dass Jesus nicht verheiratet war, ist ein Rätsel – dies im Gegensatz zu allen Rabbis, die der jüdische Glaube verpflichtete, mit dem guten Beispiel voranzugehen und eine kinderreiche Familie zu gründen. Jesus und Johannes der Täufer kannten sich, allerdings ohne dass Jesus dessen asketische Moral und dessen hartes Leben in der Wüste übernommen hätte. Für einen Rabbi war die Familiengründung ein Beispiel für die Fruchtbarkeit der Verheissung Gottes an sein Volk («wachset und mehret euch»). Heiraten war Pflicht. Weshalb ist Jesus ledig geblieben, obwohl man ihn nicht der Frauenfeindlichkeit bezichtigen kann? Wenn wir von seinen Bekannten sprechen werden, werden wir sehen, wie einzigartig und neuartig seine Offenheit Frauen gegenüber war. Könnte seine Nicht-Heirat Ausdruck seiner Verlegenheit über den eigenen Status sein? Denn der Talmud auferlegt den des *mamzerut* Verdächtigen, strikte Heiratseinschränkungen. *Weder Ehemann noch Vater – in der Gesellschaft seiner Zeit galt Jesus nicht als tadelloser Mann.* Man wird den Gedanken nicht los, die eigene Situation am Rande der Gesellschaft habe Jesus für die Lage der Randständigen in der jüdischen Gesellschaft, denen er näher kommen wird, sensibilisiert.

Ein letzter Punkt verdient Erwähnung: Jesu Relativierung der Reinheitsregeln. Später werden wir sehen, wie wichtig die Geringschätzung der Reinheitsforderungen im Wirken Jesu ist. Systematisch begegnete er jenen, die in der jüdischen Gesellschaft als unrein galten: Kranke, Frauen, römische Kollaborateure, Menschen von zweifelhafter Moral, Menschen mit Kontakten zu den Heiden usw. Jesus nähert sich ihnen unter Missachtung der von den Frommen eingehaltenen Vorsichts- und Distanzierungsmassnahmen. Es ist nicht unerheblich, sich daran zu erinnern, dass Jesus als Kind, als *mamzer*, zuvor diese gesellschaftliche Randständigkeit aus Reinheitsgründen selbst schmerzlich erfahren hatte.

Trennung von der Familie, Ehelosigkeit, Mitgefühl für die Randständigen, Relativierung der Reinheitsregeln: Diese starken Akzente von Jesu Ethik tragen meiner Auffassung nach die *Stigmata einer vom Verdacht der Unreinheit geprägten Kindheit und des Willens, diese soziale Exklusion zu überwinden.*

Jungfräuliche Geburt

Was genau wollten die ersten Christen über Jesu Zeugung sagen? Um das herauszufinden, müssen wir Jahrhunderte dogmatischer Argumentation über die jungfräuliche Geburt hinter uns lassen und uns auf die Evangelientexte einlassen.

Denn diese Texte sagen etwas, aber sehr viel weniger als die sie überlagernden Spekulationen. Matthäus sagt: Maria war «schwanger [...] vom [griech.: *ek*, «aus»] heiligen Geist» (Mt 1,18); «[...] was sie empfangen hat, ist vom *[ek]* heiligen Geist» (Mt 1,20). Und Lukas sagt: «Heiliger Geist wird über dich kommen, und Kraft des Höchsten wird dich überschatten» (Lk 1,35). Erwähnt sei, dass Maria *parthenos* genannt wird; so wird im Griechischen ein nicht verheiratetes, in der Regel (aber nicht zwingend) jungfräuliches Mädchen bezeichnet. Den Verben *eperchomai* (kommen über) und *episkiazo* (überschatten) kommt keine sexuelle Konnotation zu; letzteres zeigt dem Volk in der Wüste die Gegenwart Gottes an (griech. Übersetzungen von Ex 40,35; Num 9,18.22; 10,34). Zudem wendet sich Gott in Ps 2, ein Psalm der Einsetzung des Königs, mit folgenden Worten an den neuen König: «Mein Sohn bist du, ich habe dich heute gezeugt» (Ps 2,7). Der jüdische Glaube versteht diese Zeugung als Zugang zu einem besonderen Status – hier repräsentiert der König in bevorzugter Weise die göttliche Autorität innerhalb seines Volks. Zeugung wird hier als eine rechtliche, nicht aber genetische Kategorie verstanden. Auf jeden Fall erinnert nichts an die antiken Erzählungen über die göttliche Zeugung bedeutender Männer, geprägt von Erotik und Paarungsszenen.

Was lässt sich aus der Sprache der Evangelisten schliessen? Sie legt sich, was die Modalitäten der Zeugung sind, nicht fest, aber sie urteilt über die Herkunft: Dieses Kind kommt von Gott *(ek)*. Nicht mehr, aber auch nicht weniger. Doch ist es den Evangelisten ein Anliegen, über Jesu Herkunft, seine Worte, seine Autorität zu berichten, denn diese entziehen sich menschlicher Initiative, schöpfen vielmehr aus der göttlichen Eingebung. *Wie immer dieser Mensch geboren worden ist, er kommt von Gott: Das ist die Botschaft.* Paulus wird von den Getauften sagen, Gott habe durch seinen Geist aus ihnen seine Kinder gemacht (Röm 8,15–17); Gal 4,6f.).

Diese Aussage über die Herkunft des Kindes wird später, nach den Evangelien, die Form der Jungfrauengeburt annehmen. Diese Lehre ist eine mögliche, nicht aber die allein mögliche Konkretisierung des neutestamentlichen Wortes. Aus dieser Analyse schliessen wir: 1. Der Historiker ist nicht in der Lage, über die Modalitäten der Geburt Jesu zu urteilen, da die jungfräuliche Geburt eine Interpretation der Textinformationen

Alphabetisierungsquote in der Antike, die Auffassung, Jesus sei ein des Lesens und Schreibens unkundiger Bauer gewesen.[48] So respektlos diese These ist, lässt sie sich doch nicht einfach von der Hand weisen.

Wie gebildet war Jesus?

Die Alphabetisierungsquote in der Antike war selbstverständlich variabel; abhängig war sie vom Land, vom soziologischen Rahmen (Stadt oder Land), vom wirtschaftlichen Umfeld (Familie mit hohem oder niedrigem Einkommen), vom kulturellen Familienkapital und vom elterlichen Willen usw. Doch sie war bekanntlich tief: Die Schätzungen liegen bei zwei bis zehn Prozent der Bevölkerung. Wie konnte es unter diesen Umständen sein, so folgerten Forschende wie Crossan, dass ein ländliches und darüber hinaus unbedeutendes Dorf wie Nazaret eine Insel von Gebildeten in einem Ozean von Analphabeten war?

Andere Forschende, so etwa Shmuel Safrai, stützten sich auf den Talmud, um den hohen Bildungsstand im jüdischen Milieu zu belegen.[49] Laut Safrai existierte im Palästina des 1. Jahrhunderts in jedem Dorf ein *beth ha-sefer* (Haus des Buchs), also eine mit der Schriftlektüre betraute Elementarschule. Gemäss dem Babylonischen Talmud wurde der obligatorische Schulunterricht in der Mitte des 1. Jahrhunderts durch Joshua ben Gamaliel angeordnet (*b*Baba Batra 21a). Wir sprechen hier nur von Knaben. Ihre Schuldbildung endete im Alter von dreizehn bis vierzehn Jahren; die Begabtesten konnten danach auf einer höheren Bildungsstufe das *beth ha-midrash* besuchen, wo zu Füssen der Gelehrten die Tora studiert wurde. Doch diese bewundernswerte Beschreibung bereitet eine doppelte Schwierigkeit: Zum einen stützt sich Safrai hier auf späte Überlieferungen, deren Niederschrift wie bei der Mischna allerhöchstens auf das beginnende 3. Jahrhundert zurückgehen; zum anderen ist bis heute historisch keineswegs belegt, dass es damals in Palästina oder in der Diaspora öffentliche jüdische Schulen gab. Ausserdem wird die Existenz einer derartigen Institution weder von Philon von Alexandria noch von Flavius Josephus erwähnt.

---

48 Crossan, John Dominic, Jesus. A Revolutionary Biography, New York 1994, 25 f.
49 Safrai, Shmuel, Education and the Study of the Torah, in: ders. / Stern, M. (Hg.), The Jewish People in the First Century II. Historical Geography, Political History, Social, Cultural and Religious Life and Institutions (Compendia Rerum Iudaicarum ad Novum Testamentum), Assen ²1987, 945–970.

ist; 2. Übereinstimmung herrscht zwischen Matthäus und Lukas darüber, dass Jesus gezeugt wurde, bevor Maria und Josef zusammenlebten, und dass Josef sein gesetzlicher Vater ist; 3. die Identität des biologischen Vaters von Jesus bleibt ein Rätsel der Geschichte.

Wo ist er auf die Welt gekommen?

Vorneweg: Wir wissen nicht, wo und wann Jesus auf die Welt gekommen ist. Es sei nochmals gesagt: Wie bei fast allen bedeutenden Persönlichkeiten der Antike sind Geburtsgeschichten nachträgliche Konstruktionen, die darauf abzielen, die Prämissen für die Erwachsenenidentität des Helden auf dessen Lebensanfänge zu projizieren. Sagen nicht die Mütter von Berühmtheiten, ihr Sprössling sei ein aussergewöhnliches Baby gewesen? Gleichwohl liefern die beiden Kindheitsgeschichten (Mt 1 f.; Lk 1 f.) geografische und historische Präzisierungen, die es zu erklären gilt.

Zuerst zum Ort: Auf den ersten Blick scheint es keinen Grund zur Zurückhaltung zu geben. Matthäus und Lukas verorten die Geburt des Babys übereinstimmend in Betlehem in Judäa (Mt 2,1; Lk 2,4), allerdings unterscheidet sich ihr Szenario. Laut Matthäus leben Josef und Maria in Betlehem (Mt 1,18–2,12), von dort fliehen sie nach Ägypten und kehren zurück, um sich in «einer Stadt namens Nazaret» (Mt 2,23) niederzulassen. Laut Lukas begeben sich die beiden von Nazaret hinauf nach Betlehem, um sich in die Steuerlisten einzutragen (Lk 2,4 f.) und dann in «ihre Stadt Nazaret» zurückzukehren (Lk 2,39). Wo lebten sie ursprünglich? In Nazaret oder in Betlehem? Es tauchte der Verdacht auf, dass für die Geburt Jesu Betlehem, die prestigeträchtige «Stadt Davids» (Lk 2,4), dem unbedeutenden, in den Schriften niemals erwähnten Dorf Nazaret vorgezogen wurde. Dies umso mehr – folgen wir dem Szenario von Lukas –, als die Zählung von der Frau, die darüber hinaus noch hochschwanger war, eine Reise von 200 Kilometern nach Betlehem verlangte! Könnte es sein, dass Jesus in Nazaret auf die Welt gekommen ist? Dies angesichts der Tatsache, dass nirgends sonst im Neuen Testament von Jesu Geburt in Betlehem die Rede ist und dass Jesus ständig «der Nazarener» (in den Evangelien) oder ha-Notsri (im Talmud) genannt wird?

Die Exegeten sind geteilter Meinung: Die einen verteidigen Betlehem, die anderen plädieren für Nazaret. Doch bei der Suche nach dem Jesus der Geschichte gibt es keine einfachen Lösungen! Auf der einen Seite ist die theologische Wahl von Betlehem leicht als Vorwegnahme der davidischen Messianität Jesu zu begreifen. Johannes (Joh 7,42) bestätigt:

«Sagt nicht die Schrift, dass der Christus aus dem Geschlecht Davids und aus Betlehem kommt, dem Dorf, wo David war?» Auf der anderen Seite verortet kein Text der christlichen Überlieferung die Geburt in Nazaret; diese zweite Wahl erscheint mir als eine Verlegenheitslösung, da Betlehem suspekt war. Hingegen ist kaum beachtet worden, dass die beiden Kindheitsgeschichten in einem Punkt übereinstimmen: Jesus ist ausserhalb von Nazaret zur Welt gekommen, wohin sich die Eltern mit dem Kind anschliessend begaben. Da der theologische Druck zugunsten von Betlehem bei Matthäus stärker war, ist die historische Präferenz Lukas zu geben: Josefs in Nazaret ansässige Familie hat für die Geburt des Kindes den Ort verlassen. Falls der Verdacht des *mamzerut* über diese irreguläre Geburt bereits bestand, ist der Entscheid des legalen Vaters, Maria solle ausserhalb von Nazaret gebären, nachvollziehbar.

Stellen wir abschliessend fest: Wir wissen nicht, wo Jesus auf die Welt gekommen ist, ausser dass es nicht in Nazaret war. Die Überlieferung hat diese Leerstelle gefüllt, indem sie einen davidischen Ort wählte. Bruce Chilton ruft in Erinnerung, dass in Galiläa ein Betlehem existierte, ein erst kürzlich von Archäologen freigelegter Ort in elf Kilometer Distanz zu Nazaret;[41] aber dieses Dorf war gewiss nicht die Stadt Davids.

Das Geburtsdatum

Die gleiche Ungewissheit gilt auch für das Geburtsdatum. Hier sind sich die Forschenden einig: Die Geschichtsdaten verursachen Probleme. Matthäus und Lukas stimmen darin überein, dass Jesus zur Regierungszeit Herodes' des Grossen zur Welt gekommen ist (Mt 2,1; Lk 1,5). Der mächtige und brutale König verstarb im Jahr 4 vor unserer Zeit. Er war krankhaft eifersüchtig, liess mehrere seiner Söhne und seine Ehefrau Mariamne ermorden, weil er sie der Verschwörung gegen ihn verdächtigte. Ob historisch oder nicht (eher nicht), der Kindermord zu Betlehem, dessen Urheber er laut Mt 2 ist, entspricht dem Ruf dieses Königs, der nach seinem Tod im Judentum verabscheut wurde. Lukas gibt einen weiteren Hinweis (Lk 2,1 f.): ein Erlass von Kaiser Augustus zur Zeit des Quirinius, dass «alle Welt» sich in Steuerlisten eintragen solle, was Josef zum Gang nach Betlehem zwang. Quirinius aber wurde erst im Jahr 6 n. Chr. Statthalter in Judäa, nämlich als Archelaos abgesetzt wurde und Judäa

---

41 Chilton, Rabbi Jesus (s. Anm. 37), 9.

unter direkte römische Verwaltung kam. Aus diesem Grund ordnete Augustus für die Provinz, nicht aber für das gesamte Reich eine Volkszählung an; diese wurde mit dem Ziel, die Steuereinnahmen Judäas zu ermitteln, von Quirinius organisiert. Die letzte von Herodes befohlene Steuererhebung hatte in den Jahren 7 bis 6 v. u. Z. stattgefunden und sein ganzes Reich, auch Galiläa und Judäa, eingeschlossen. Zudem hatte Augustus im Jahr 8 v. u. Z. eine Zählung aller römischen Bürger im Reich verfügt.[42]

Man verliert ein wenig den Überblick. Es gibt zwei Möglichkeiten. Entweder ist Lukas ein Fehler unterlaufen, und er hat die Zählung des Quirinius in die Regierungszeit des Herodes versetzt oder die verschiedenen Erhebungen verwechselt (so die These von Raymond E. Brown[43]). Oder aber zu jener Zeit wurde tatsächlich eine Erhebung in der Provinz organisiert, die die römischen Geschichtsschreiber nicht vermerkt haben. Wie auch immer, Jesus ist nicht im Jahr 1 auf die Welt gekommen. Der Mönch Dionysius Exiguus (auch Denys der Kleine; der selbstgewählte Beiname ist ein Zeichen der Demut) beging im 6. Jahrhundert den Fehler, den Tod des Herodes auf das Jahr 754 und nicht 750 nach der Gründung Roms zu datieren. Jesus wurde also vor dem Jahr 4 v. u. Z. geboren. Denkbar sind die Jahre zwischen 7 und 5 v. u. Z. Genaueres lässt sich nicht sagen. Die alte Kirche feierte die Geburt ihres Herrn am 28. März, dann an Epiphanie (6. Januar), bevor sie im 4. Jahrhundert für den 25. Dezember optierte, um das römische Fest der Wintersonnenwende *(Sol invictus)* zu verdrängen.[44]

Sein Name

Sein Name *Jeschu*, ist eine beliebte Kurzform von *Jeschuah* (biblisch-hebräisch: *Yehoshuah*). Es ist ein in Israel verbreiteter Name, den auch Josua trägt, der grosse alttestamentliche Held der Eroberung von Kanaan. Flavius Josephus zählt im 1. Jahrhundert nicht weniger als zehn bekannte Persönlichkeiten dieses Namens auf. Deshalb musste präzisiert werden,

---

42 Unter Augustus wurden drei Zählungen *(census populi)* angeordnet: 28 und 8 v. u. Z. sowie 14 n. Chr. (*Res gestae Divi Augusti*, 8).

43 Brown, Raymond E., The Birth of the Messiah. A Commentary on the Infancy Narratives in the Gospels of Matthew and Luke (The Anchor Bible reference library), London ²1993, 412–414. Zu den verschiedenen Hypothesen über die Datierung der Zählung unter Quirinius vgl. dort 547–556.

44 Vgl. Puig i Tàrrech, Armand, Jesus. Eine Biographie, Paderborn 2011, 171–174.

dass dieser Jesus der Jesus aus Nazaret war, oder es war hinzuzufügen, was sehr bald nach seinem Tod ein Beiname wurde: *Christus*. Wegen der Feindschaft zwischen Juden und Christen tauchte der in jüdischen Familien geläufige Name ab dem 2. Jahrhundert bald nicht mehr auf.

War Josef und Maria daran gelegen, für ihren ältesten Sohn den Namen eines glorreichen Ahnen auszuwählen? Schon im 2. Jahrhundert vor unserer Zeit hatte sich die Praxis verbreitet, den Kindern den Namen eines Helden der Vergangenheit zu geben. Die Brüder Jesu etwa (darauf werden wir zurückkommen) tragen alle die Namen von Patriarchen: Jakobus ist nach dem Patriarchen Jakob benannt und die anderen Brüder nach drei seiner Söhne: Joses (oder Josef), Juda (oder Judas) und Simon (oder Simeon) – das Sinnbild einer frommen Familie, in der man die Tradition Israels bei der Namensgebung hochhält.

Bekanntlich haben alle hebräischen Namen eine Etymologie, das gilt auch für Jeschu. Joseph A. Fitzmyer erklärt, die gelehrte Etymologie sei «Gott hilft», diese sei aber durch eine andere Wurzel aus der Volksetymologie überlagert worden: «Gott rettet».[45] Diese wird von Matthäus (Mt 1,21) zitiert: «Sie wird ihm einen Sohn gebären, und du sollst ihm den Namen Jesus geben, denn er wird sein Volk von ihren Sünden retten.» So wurde ein gewöhnlicher Name zum Träger eines vollkommen einzigartigen Schicksals.

Jesus und seine Geschwister

Die Bewohner Nazarets, deren Eingreifen während der ersten Predigt von Jesus in der Synagoge seiner Kindheit ich oben bereits erwähnt habe, sagten noch mehr über seine Familie: «Ist das nicht der Zimmermann, der Sohn der Maria, der Bruder des Jakobus, des Joses, des Judas und des Simon, und leben nicht seine Schwestern hier bei uns?» (Mk 6,3; vgl. Mt 13,55f.). Mit seiner Aufzählung von mindestens sechs Geschwistern Jesu hat der Evangelist für uns eine kostbare Information bewahrt: vier Brüder und (mindestens) zwei Schwestern, über deren Namen der Patriarchalismus der damaligen Zeit schweigt.

Doch nun die Frage: Kann Jesus überhaupt Brüder und Schwestern haben?

---

45 Fitzmyer, Joseph A., The Gospel According to Luke I–XI (Anchor Bible 28), New York 1983, 347.

Seit dem 2. Jahrhundert ist die Christenheit in dieser Frage gespalten. Das *Protevangelium des Jakobus,* ein apokrypher Roman über das Leben Marias und die Kindheit Jesu, verteidigt die immerwährende Jungfräulichkeit der Mutter von Jesus; erwähnt werden hingegen die Söhne Josefs aus einer ersten Ehe, was sie zu Jesu Halbbrüdern machen würde (ProtevJak 9,2). Bischof Epiphanius von Salamis (Konstantia) wird diese Vorstellung in seinem in der Antike vielzitierten *Panarion* im 4. Jahrhundert populär machen. Doch kommen wir auf das 2. Jahrhundert zurück. Hegesippus – zitiert von Eusebius von Cäsarea – spricht von Judas, «der ein leiblicher Bruder des Herrn gewesen sein soll» (*Kirchengeschichte,* III, 20, 1). Um das Jahr 200 verteidigt Tertullian vehement das Menschsein Jesu und bekräftigt, Jesus habe eine leibliche Mutter und leibliche Brüder gehabt (*Gegen Marcion,* 4, 19). Mithin sind die Meinungen geteilt. Woran sich die Geister scheiden: Wie könnte der einzige Sohn des Vaters, der «Einziggeborene» (vgl. Joh 1,14.18), einer kinderreichen Familie angehören? Die theologische Aussage bringt die historische Information in Mk 6 durcheinander und stellt sie infrage.

Der stärkste Einwand gegen die Vorstellung, Jesus habe Geschwister, stammt von Hieronymus, dem Übersetzer der Bibel ins Lateinische, der Vulgata (4.–5. Jh.). Als erster Kirchenvater behauptet er, die Brüder Jesu seien in Wirklichkeit dessen Cousins und Maria und Josef seien unberührt geblieben. Zu seiner Zeit hatte sich der Begriff der immerwährenden Jungfräulichkeit Marias noch nicht durchgesetzt.

Gegen Ende seines Lebens setzte sich Hieronymus in seinem Traktat *Über die beständige Jungfrauschaft Mariens. Gegen Helvidius* mit der Frage auseinander. Helvidius kämpft gegen diejenigen, die verneinen, dass Jesus ein echter Mensch gewesen sei. Er behauptet, Jesus sei das Kind einer echten Familie, mit sechs nach ihm geborenen Geschwistern aus der Verbindung zwischen Josef und Maria. Hieronymus wiederum ist ein subtiler Linguist und Hebräischkenner. Er bemerkt, dass das hebräische Wort Bruder *(ach)* nicht nur «Bruder», sondern auch «Neffe» oder «Cousin» bedeuten kann. Lot, der Neffe Abrahams, wird in Gen 14,14.16 auch «Bruder» genannt. Innerhalb der Verwandtschaft werden im Hebräischen die Grade nicht präzise unterschieden. Bei der Übertragung vom Hebräischen ins Griechische, so Hieronymus, gibt die Septuaginta (die griechische Version des Alten Testaments) *ach* systematisch mit *adelphos* wieder, was eindeutig «Bruder» heisst. Daher der Gebrauch im Neuen Testament zur Bezeichnung der Brüder Jesu, die in Wahrheit seine Cousins seien. Der Einfluss von Hieronymus' Standpunkt war zweifellos enorm und anhaltend. Dessen Meinung wurde von Thomas von Aquin, Beda Venerabilis, Luther, Calvin und Zwingli geteilt.

Es gäbe noch ein weiteres, von Hieronymus nicht angeführtes historisches Argument. Die antike Familie lässt sich offensichtlich nicht auf das Modell der (sehr) modernen Kernfamilie reduzieren. Im Palästina des 1. Jahrhunderts und ganz generell in der Antike versteht sich das Individuum nicht als autonom und gesellschaftlich unabhängig. Die Gemeinschaft, das Dorf, der Clan – sie bilden das soziale Netz, das schützt und dem Individuum seine Legitimität verleiht. Von seiner Stadt Nazaret mit ihren geschätzten vier- bis fünfhundert Einwohnern erhielt Jesus den sozialen Rahmen von Anerkennung und Schutz. Kurz, Jesus wurde nicht in einem Kokon sozialisiert, sondern in einer Familie nach alter Manier innerhalb des Clans.

Deshalb, ich komme nochmals darauf zurück, ist das Erstaunen angesichts seiner ersten Predigt in der Synagoge von Nazaret so ausgeprägt: Jesus fällt aus der ihm und seiner Familie zugewiesenen Rolle. Er hält sich nicht an die Vereinbarung, die die Machtverteilung innerhalb der Gruppe regelt. Jesus wird mit einem Sinnspruch schliessen: «Nirgends gilt ein Prophet so wenig wie in seiner Vaterstadt und bei seinen Verwandten und in seiner Familie» (Mk 6,4). Damit löst er sich aus der sozialen Kontrolle und pocht auf seine Singularität.

Die Argumentation in *Über die beständige Jungfrauschaft Mariens. Gegen Helvidius* könnte sich mithin auf die Soziologie von geschlossenen Gruppen stützen, indem sie geltend macht, Bruderschaft könne auch in einem weiteren Sinn verstanden werden. Doch das Argument sticht nicht. Die Beweisführung des Hieronymus ist findig, aber nicht passend. Denn im Griechischen gibt es ein Wort für «Cousin»: *anepsios*. Nach einer Überprüfung schliesst der katholische Exeget John P. Meier: «Die Aussage, die griechische Version des Alten Testaments verwende regelmässig *adelphos* für ‹Cousin›, ist schlicht falsch ...».[46] Der Exeget fügt hinzu, in der griechischen Septuaginta könne lediglich ein Text angeführt werden, um den Vorschlag des Hieronymus zu stützen (1Chr 23,22)!

Andere Stimmen legten nahe, die Vokabel «Cousin» sei verwendet worden, um die religiöse Bruderschaft, den Bruder im Glauben zu bezeichnen (Mt 5,23 ist ein gutes Beispiel dafür). Tatsächlich verwendeten die Pharisäer in ihren Bruderschaften diesen Begriff sehr oft. Doch ist er dann in einem übertragenen Sinn gemeint, wie sich aus der Lektüre ohne Weiteres ergibt. Wer kann sich vorstellen, dass Paulus, wenn er von «Jakobus, dem Bruder des Herrn», spricht, dem er nach seiner

---

46 Meier, Un certain Juif, Jesus I (s. Anm. 5), 196.

Bekehrung auf der Durchreise in Jerusalem begegnet sei (Gal 1,19), einen einfachen «Bruder» der Gemeinde meint? Im Übrigen weiss man um die Bedeutung dieses Bruders, Jakobus, der in Apg 15 als Leiter der Gemeinde von Jerusalem bezeichnet wird, zu dem Zeitpunkt, da Paulus dorthin reist, um die Gültigkeit seines Auftrags gegen die judenchristlichen Angriffe zu verteidigen.

Wenn der Verfasser der Apostelgeschichte von den Jüngern berichtet, die sich nach Christi Himmelfahrt in Jerusalem versammeln, schildert er die erste Gemeinde, gebildet aus den elf Jüngern und «Maria, der Mutter Jesu, und [...] seinen Geschwistern» (Apg 1,14). Dies ist ein weiterer Beweis: Die Mutter Jesu und seine Brüder gehörten dem ersten Kreis der Anhänger Jesu nach dessen Verschwinden an und spielten in diesem Kreis eine besondere Rolle. Schlussfolgerung: *Lassen wir es nicht zu, dass die Theologie vom «einzigen Sohn des Vaters» die Genealogie von Jeschu aus Nazaret verwischt. Niemand ist auf diesen Gedanken gekommen, bevor im 2. Jahrhundert die Idee auftauchte, Maria sei Jungfrau geblieben. Jesus hatte mindestens sechs Geschwister – gesetzliche, wenn nicht leibliche.*

Die Sprachen, die Jesus beherrschte

Welche Sprache hat Jesus gesprochen? Der erste, spontane Gedanke ist: Aramäisch. Doch die Lage ist komplizierter. Im Palästina des 1. Jahrhunderts wurden vier Sprachen gesprochen: Lateinisch, Griechisch, Hebräisch, Aramäisch.

Latein können wir sogleich vergessen. Es wurde von den römischen Behörden im politischen oder administrativen Austausch gesprochen – und nur von ihnen. Die einzigen lateinischen Inschriften wurden in Cäsarea Maritima (Sitz des Statthalters) und in Jerusalem gefunden.

Griechisch hingegen wurde im Anschluss an die Eroberungen Alexanders des Grossen das, was heute Englisch ist: die Sprache der weltweiten Kommunikation. Die zur Regierungszeit Herodes' des Grossen geprägten Münzen weisen ausschliesslich griechische Inschriften auf. Fünf Prozent der Schriftstücke in Qumran sind in Griechisch abgefasst. Wer Geschäfte abschloss oder Beziehungen zu Nichtjuden unterhielt, drückte sich in Griechisch aus. Auf seinen Pilgerfahrten mit der Familie nach Jerusalem, der heiligen, aber hellenisierten Stadt, kam Jesus in Kontakt mit der griechischen Kultur. Für ein Gespräch mit einem römischen Centurio brauchte es eine gemeinsame Sprache (Mt 8,5–13). Daraus können wir nicht schliessen, dass er griechisch sprechen, geschweige denn schreiben konnte; aber dass er es genügend kannte, um es zu verstehen und sich verständlich zu machen, ja. Vielleicht sprach er bei seinem Prozess griechisch mit Pontius Pilatus (Joh 18,28–19,12), doch möglich ist auch die Anwesenheit eines Dolmetschers.

Und wie steht es um das *Hebräische*? Die heilige Sprache, die Sprache der Schrift war zunehmend dem schriftlichen Gebrauch vorbehalten und wurde weniger gesprochen. Dem wurde entgegengehalten, die Bibliothek von Qumran mit vornehmlich hebräischen Texten sei ein Beweis dafür, dass Hebräisch im 1. Jahrhundert gesprochen wurde. Aber die Menge an Schriftkommentaren *(targumim)* auf Aramäisch sogar in Qumran untergräbt die Vorstellung, Hebräisch als Volkssprache habe zur Zeit Jesu überlebt. Wurde das Hebräische gelesen? Die Szene in der Synagoge von Nazaret (Lk 4,16–30), in der Jesus die Schriftrolle mit dem Buch Jesaja entrollt und daraus vorliest, bevor er zu lehren beginnt, lässt vermuten, dass dem so war. Leider könnte diese Szene ein später Text des Lukas sein, worin er sich seiner Kenntnis der Synagogenliturgie bediente; ihre Historizität ist nicht gesichert. Doch dass Jesus in der Synagoge lehrte und mit den Schriftgelehrten über die Tora-Auslegung debattierte, macht es mehr als wahrscheinlich, dass er das biblische Hebräisch lesen konnte. Sonst wäre er nicht ernst genommen worden. Hebräisch war die Sprache, in der die Bibeltexte auswendig gelernt wurden.

Im 1. Jahrhundert war *Aramäisch* die Volkssprache in Israel wie im gesamten Nahen Osten. Es ist klar, dass Jesus auf Aramäisch predigte, lehrte und sich mit seinen Gesprächspartnern austauschte. Im Neuen Testament finden sich Spuren von idiomatischen Ausdrücken: *abba* (Vater), um sich an Gott zu richten (Mk 14,36; Gal 4,6), *talita kum* (Mädchen, steh auf) zur Tochter des Jairus (Mk 5,41), *ephphata* (tu dich auf) zu einem Taubstummen (Mk 7,34); und da ist vor allem sein Schrei am Kreuz in Mk 15,34: *Eloi, eloi, lema sabachtani* («Mein Gott, mein Gott, warum hast du mich verlassen!»). Joachim Jeremias zählte sechsundzwanzig aramäische Vokabeln, die Jesus neben den Eigennamen in den Synoptikern oder in rabbinischen Quellen zugesprochen werden.[47]

Zusammengefasst: Jesus war *dreisprachig*. Er sprach ein wenig Griechisch, um sich an die Fremden und an die Römer zu wenden, er las die hebräischen Texte im Original, und seine Muttersprache war Aramäisch. Damit stellt sich eine neue Frage: Was wissen wir über sein Bildungsniveau? John Dominic Crossan verteidigte, gestützt auf die niedrige

---

[47] Jeremias, Joachim, Neutestamentliche Theologie I. Die Verkündigung Jesu, Gütersloh 1971, 14–18.

Und doch, laut diesen beiden Autoren bewunderten die Zeitgenossen im Römischen Reich die Schriftkenntnis und das Bildungsniveau der jüdischen Knaben. Flavius Josephus bekräftigt, dass die Tora den Kindern das Lernen der Gesetze und der Taten ihrer Väter befiehlt (*Gegen Apion,* II, 25). In den Höhlen von Murabba'at, dem letzten Refugium der Zeloten unter Bar Kochba im zweiten Jüdischen Krieg (132–135 n. Chr.), wurden Spuren von einfachen Schreibübungen gefunden. Solche wurden auch in der Festung des Herodes, dem *Herodion,* nahe Betlehem gefunden. Kurz, es mag kühn sein, ein derart strukturiertes Schulsystem ins 1. Jahrhundert zu projizieren, dennoch musste die Fokussierung des Judentums auf die heilige Schrift Alphabetisierungsbemühungen bewirken. Dem Bezug zur heiligen Schrift und zu ihrer Interpretation kommt im Glauben Israels tatsächlich eine identitätsstiftende Funktion zu.

Geht es um Jesus, ist es – wie bereits bemerkt – nicht angezeigt, sich auf die Episode in der Synagoge von Nazaret (Lk 4,16–30) zu stützen, um seine Kompetenz in der Schriftlektüre zu beweisen. Doch lesen wir bei Joh 7,15: «Da staunten die Juden und sagten: Wie kann dieser die Schriften kennen, ohne unterrichtet worden zu sein?» Und vom hohen Bildungsstand Jesu zeugt ausserdem dessen unbestrittene Fähigkeit, mit den Schriftgelehrten, den Pharisäern und den Sadduzäern über die Tora-Auslegung zu debattieren. Wie hat Jesus lesen und schreiben gelernt, wie hat er sich seine Vertrautheit mit dem Bibeltext angeeignet? James H. Charlesworth macht aus ihm einen brillanten Autodidakten, der sein Wissen im Umgang mit den Weisen seiner Zeit erworben hat.[50] Simon Claude Mimouni seinerseits ist der Meinung, dass die Familie von Jesus aus einer Priesterkaste stammte oder mindestens levitischer Abstammung war und dass sie über das nötige kulturelle und finanzielle Niveau verfügte, um diesem Sohn eine gute Bildung zu ermöglichen.[51]

Die Gewissheit fehlt. Wie dem auch sei, die Schulbildung des Kindes Jesus erfolgte nicht ohne Einwilligung seiner Eltern. Mehr noch, als dem Erstgeborenen der Familie widmeten seine Eltern der Erziehung ihres Ältesten vielleicht besondere Aufmerksamkeit. Die Schulung des Kleinen begann mit Sicherheit in der Synagoge von Nazaret; doch sie wurde

---

50 Charlesworth, James H., The Historical Jesus. An Essential Guide, Nashville 2008, 69.
51 Mimouni, Simon Claude, Jacques le Juste, frère de Jésus de Nazareth, et l'histoire de la communauté nazoréenne/chrétienne de Jérusalem du Ier au IVe siècle, Paris 2015, 165.

anderswo fortgesetzt – das zeigt das Staunen der Einwohner angesichts der explosiven Verkündigung des aus dem Dorf stammenden Kindes, das noch dazu von zweifelhafter Herkunft war (Mk 6,2–6).

Sein Beruf

«Mein Vater Joseph aber, der gesegnete Greis, arbeitete im Zimmermannshandwerk, wobei wir von seiner Hände Arbeit lebten [...].» Dies sind die Worte von Jesus in einem apokryphen koptischen Roman aus dem 4. Jahrhundert, der *Geschichte von Joseph dem Zimmermann* (IX, 2).[52] Die entsprechende Information stammt aus Mt 13,55: «Ist das nicht der Sohn des Zimmermanns?» Matthäus arbeitet eine zuvor bereits von Markus formulierte Frage um: «Ist das nicht der Zimmermann [...]?» (Mk 6,3). Auf dieser Grundlage hat die Überlieferung geschlossen, dass Jesus ebenfalls den Beruf seines Vaters ausübte. Es war kein verachteter, aber auch kein besonders ehrenwerter Beruf, weshalb kein Grund zur Annahme besteht, die ersten Christen hätten ihn sich ausgedacht. Doch die verwendete Vokabel *(tekton)* ist nicht so präzise wie der deutsche Begriff «Zimmermann». Der *tekton* arbeitet mit den harten Materialien: Holz, aber auch Eisen oder Stein. Justin der Märtyrer schreibt im 2. Jahrhundert, Jesus erstelle Pflüge und Joche (*Dialog mit dem Juden Trypho*, 88). Das bedeutet, dass Jesus in der Werkstatt seines Vaters Zimmermannsarbeiten verrichten, aber auch Türen, Möbel, Werkzeuge oder Truhen herstellen konnte.

Die Mehrzahl der Einwohner von Nazaret, einem grossen Dorf auf dem Land, waren Bauern. Auch die Familie von Jesus musste von einem Stück Land leben. Hegesippus (2. Jh.) berichtet, zwei Enkel von Judas, einem Bruder Jesu, seien vor Kaiser Domitian zitiert worden; diese hätten versichert, sie besässen nur ein kleines Feld, das sie mit eigener Hand bewirtschafteten (Eusebius von Cäsarea, *Kirchengeschichte*, III, 20, 1–3). Sozial gesehen, gehörten Handwerker nicht zu den Armen, sondern eher zum Mittelstand. Zu den Armen zählten die durch die Steuerlast verarmten Bauern, Tagelöhner, saisonal Bedienstete, fahrende Handwerker und noch weiter unten die Sklaven. Die Familie von Jesus lebte mithin nicht am Rande der Armut.

---

52 Die Geschichte von Joseph dem Zimmermann. Übers., erl. und untersucht v. S. Morenz (Texte und Untersuchungen zur Geschichte der altchristlichen Literatur 56), Berlin 1951, 4.

Auf dem Land werden die Handwerker für ihre Fertigkeiten geschätzt. Der von Jesus ausgeübte Beruf erforderte technische Kompetenz und Muskelkraft. «Das schmächtige Kerlchen, wie es uns in Heiligenbildchen und Hollywoodfilmen präsentiert wird, hätte die Härte kaum überlebt, mit der der *tekton* von Nazaret von Jugend an bis kurz nach dreissig konfrontiert gewesen war», so John P. Meier nicht ohne Humor.[53]

Eine Wegstunde von Nazaret entfernt war die gewaltige Baustelle zum Wiederaufbau von Sepphoris eröffnet worden. Die Stadt war im Zuge eines Aufstands gegen Rom im Jahr 4 v. u. Z. zerstört worden; Herodes Antipas erwählte den Ort zu seiner Hauptstadt, und die Arbeiten endeten erst im Jahr 26, als der Tetrarch seine Hauptstadt nach Tiberias verlegte. Der Gedanke, Josef und sein Sohn hätten auf dieser grossen Baustelle gearbeitet, entflammte die Phantasie einiger Historiker. Selbstverständlich ist das nicht ausgeschlossen. Doch fällt bei der Lektüre der Evangelien auf, dass im Zusammenhang mit Jesu Wirken in Galiläa keine der grossen Städte erwähnt wird. Seine Reisen konzentrieren sich auf die Städte und Dörfer jüdischer Tradition: Nazaret, Kafarnaum, Nain, Chorazin, Kana. Ignoriert werden die hellenistischen Städte Sepphoris und Tiberias.

Jesus war ein Mann der Dörfer und der ländlichen Gegenden. Seine Gleichnisse setzen Fischer, Hausfrauen und Landarbeiter in Szene. Bevor Jesus nach Jerusalem zieht, ist die ländliche Umgebung seiner Kindheit seine Welt.

Die «verborgenen Jahre»

Was geschah in den «verborgenen Jahren» von Jesus in Nazaret, bevor er als etwa Dreissigjähriger an die Öffentlichkeit trat? Die apokryphen Evangelien haben sich mit Feuereifer bemüht, diese Lücke zu schliessen, namentlich die *Kindheitserzählung des Thomas* und das *Arabische Kindheitsevangelium*. Sie erzählen von den Schandtaten eines Lausebengels, der seine Wunderkraft missbrauchte, um seinen Kameraden zu imponieren oder ihnen Streiche zu spielen.[54] In Wirklichkeit wissen wir nichts über Jesu Kindheit, was für die meisten Personen der Antike gilt. Für sie wie für ihn hat es die Legendenbildung übernommen, die Wissenslü-

---

53 Meier, Un certain Juif, Jesus I (s. Anm. 5), 182.
54 Zu den ausserkanonischen Erzählungen über die Kindheit Jesu vgl. Markschies/Schröter (Hg.), Antike christliche Apokryphen I/2 (s. Anm. 5), 930–959 und 963–982.

cken zu schliessen. Das gilt vielleicht auch für die Episode in Jerusalem, als der zwölfjährige Jesus der Obhut seiner Eltern entwischte, um mit den Gelehrten zu debattieren (Lk 2,41–52). Die Lust am Wundersamen übernahm die Oberhand.

Wir wissen nichts über die Kindheit und die Jugend von Jesus, hingegen lassen sich aufgrund der offenkundigen Kompetenzen des erwachsenen Jesus einige Schlüsse ziehen.

Seine häufigen Synagogenbesuche, seine Teilnahme an den Pilgerfesten, seine Gebetspraxis setzen voraus, dass er die Riten des jüdischen Glaubens erlernt hat. Einer der ältesten Mischna-Traktate, der *Pirke Avot* sagt: «Zu fünf Jahren soll man die Bibel lernen, zu zehn Mischna, zu dreizehn religiöse Gebete üben, zu fünfzehn Gemara [Talmud] lernen, zu achtzehn sich verheiraten [...]» (5, § 21a). Diese anonyme Sentenz soll auf das 1. Jahrhundert zurückgehen. Möglicherweise idealisiert führt sie aber auf jeden Fall das Modell religiöser Erziehung in den frommen Familien vor Augen.

Und die Familie von Josef und Maria war offensichtlich eine fromme Familie. In diesem Rahmen und später in der Synagoge lernte der kleine Jeschu die Schrift kennen und lieben, manche Stellen auswendig, er lernte das *Schma Jisrael* zu rezitieren, zu beten, den Sabbat einzuhalten, die Reinheitsregeln zu entdecken, zu fasten, am samstäglichen Gottesdienst in der Synagoge teilzunehmen. Doch anders als manchmal zu lesen ist, präsentierte er sich nicht zur *Bar Mizwa*, denn dieses Ritual, das den Übergang in die Volljährigkeit (mit dreizehn Jahren) symbolisiert, ist eine im Mittelalter eingeführte Feier. Gleichwohl musste es einen Übergangsritus gegeben haben, den er vollzogen hat.

Diese Situation dauerte an, bis sich im Leben Jesu ein gewaltiger Schock ereignete: die Begegnung mit Johannes dem Täufer. Diese war derart intensiv, dass er sich bekehrte und nach der Taufe verlangte. Seine Taufe war Schauplatz einer Offenbarung, die sein Leben verwandelte. Die Taufe liess ihn seine Familie verlassen, um dem Täufer nachzufolgen und sich dem Kreis seiner Jünger anzuschliessen.

Kapitel 3
In der Schule des Täufers

Die Jesusbewegung ist nicht aus dem Nichts entstanden – wie eine Urzeugung. Jesus hatte einen spirituellen Meister, einen Mentor, dessen berühmtester Schüler er war, bevor er auf Distanz zu ihm ging. Die Evangelien nennen ihn: Johannes, genannt der Täufer. Im Anschluss an den Bericht über die Taufe Jesu fahren die Evangelien direkt fort mit seiner Versuchung in der Wüste und seiner Verkündigungstätigkeit (Mk 1,9–14). Doch in der Zwischenzeit hatte sich etwas ereignet. Sich auf diese Taufe einzulassen war keine blosse Formalität: Es implizierte eine Verbindung mit dem Täufer und ein lebenslanges Engagement. Das Johannesevangelium bewahrt die Erinnerung daran, dass Jesus gemeinsam mit Johannes taufte (Joh 3,22 f.), selbst wenn mit späteren Streichungen versucht wurde, diese Tatsache herunterzuspielen.[55] Bevor Jesus seinerseits zu predigen begann, gehörte er dem engeren Kreis der Schüler des Johannes an und beteiligte sich, zumindest einige Male, am Wirken seines Meisters.

Der Prophet in der Wüste

Was war die Bedeutung der von Johannes gespendeten Taufe? Der jüdische Geschichtsschreiber Flavius Josephus zeichnet ein sehr positives Bild von Johannes:

> Den Letzteren [Johannes] nämlich hatte Herodes hinrichten lassen, obwohl er ein edler Mann war, der die Juden anhielt, nach Vollkommenheit zu streben, indem er sie ermahnte, Gerechtigkeit gegeneinander und Frömmigkeit gegen Gott zu üben und so zur Taufe zu kommen. Dann werde, verkündigte er, die Taufe Gott angenehm sein, weil sie dieselbe nur zur

---

55 Joh 4,2 («[...] allerdings taufte Jesus nicht selber, sondern seine Jünger tauften [...]») ist ein späterer Versuch, die historische Realität zu neutralisieren. Vgl. Zumstein, Jean, L'Évangile selon saint Jean (Commentaire du Nouveau Testament 4a), Genf 2014, 138.

Heiligung des Leibes, nicht aber zur Sühne für ihre Sünden anwendeten; die Seele nämlich sei dann ja schon vorher durch ein gerechtes Leben entsündigt. Da nun infolge der wunderbaren Anziehungskraft solcher Reden eine gewaltige Menschenmenge zu Johannes strömte, fürchtete Herodes, das Ansehen des Mannes, dessen Rat allgemein befolgt zu werden schien, möchte das Volk zum Aufruhr treiben [...]. (Flavius Josephus, *Jüdische Altertümer*, XVIII, 5, 2)

Josephus hebt die Taufpraxis des Johannes hervor. Diese war offensichtlich sein Markenzeichen und trug ihm den Beinamen «Täufer» ein. Josephus bestätigt auch den Zusammenhang zwischen der Verpflichtung der Anhänger und der Taufe: «Vollkommenheit» und «Gerechtigkeit» gehen dem Taufakt voran, der den Körper reinigt. Sich der Verkündigung des Johannes anzuschliessen ist also eine Vorbedingung für die Taufe.

Doch der jüdische Geschichtsschreiber erliegt der Versuchung, Johannes nach Art der tugendliebenden hellenistischen Philosophen zu beschreiben. Was er verschweigt, weil es ihm missfällt, ist, dass Johannes ein Prediger der Endzeit war. Die synoptischen Evangelien hingegen haben die eschatologische Ausrichtung seiner Botschaft vermerkt: «Schlangenbrut! Wer machte euch glauben, dass ihr dem kommenden Zorn entgehen werdet? Bringt also Früchte, die der Umkehr entsprechen!» (Lk 3,7f.). Der kommende Zorn, das ist der Zorn Gottes über die Gottlosigkeit seines Volks. Heute, so donnert der Täufer, steht das Ende der Welt mit seinem zerstörerischen Feuer unmittelbar bevor: «Schon ist die Axt an die Wurzel der Bäume gelegt: Jeder Baum, der nicht gute Frucht bringt, wird gefällt und ins Feuer geworfen» (Lk 3,9).

In der Reihe der Propheten Israels war Johannes deren letzter und glühendster Vertreter. Er proklamiert, *nun sei die Zeit abgelaufen:* Gott wird sogleich seinem Volk beggnen, das Jüngste Gericht durchführen und so das Ende der Welt besiegeln. Es gibt nur eine Möglichkeit, der Endkatastrophe zu entgehen: seine Sünden bekennen, sein Leben durch Umkehr korrigieren und die Taufe empfangen, denn diese wird «zur Vergebung der Sünden» gespendet (Mk 1,4). Und wir sollten nicht denken, die Zugehörigkeit zum heiligen Volk werde ein Bollwerk gegen den Zorn Gottes sein, so donnert der Prophet im zottigen Fell: «Denn ich sage euch: Gott kann dem Abraham aus diesen Steinen Kinder erwecken» (Lk 3,8). Um es mit Albert Schweitzer zu sagen: Die Taufe des Johannes war ein «eschatologisches Sakrament»[56]. In der Dringlichkeit der letzten Stunde gespen-

---

56 Schweitzer, Albert, Die Mystik des Apostels Paulus, Tübingen ²1954, 228.

det, sicherte es dem Getauften die Vergebung seiner Sünden, was der endzeitliche Richter billigen würde. Die Taufe des Johannes bot den Israeliten mithin den letzten Ausweg vor der Endkatastrophe.

Christen in Verlegenheit

Die Taufe Jesu durch Johannes muss die ersten Christen in grosse Verlegenheit gebracht haben.

Wie konnte man eine derartige Abhängigkeit vom jüdischen Endzeitpropheten billigen? Und vor allem, wie konnte man akzeptieren, dass Jesus sich einer Taufe «zur Vergebung der Sünden» unterzog, da ihn doch die Christenheit als sündlos betrachtete?»[57] Diese Konkurrenz war umso ärgerlicher, als im 1. Jahrhundert zwischen den christlichen Gemeinden und den Gruppen der Johannesschüler Rivalität herrschte.[58] Erwähnt werden diese religiösen Konflikte in Apg 18,25 und 19,1–4, wo die «Taufe des Johannes» als ungenügend bezeichnet wird.

Gleichwohl hat die christliche Überlieferung die Figur des Johannes nicht ausgeblendet. Das Markusevangelium setzt den Täufer an den Anfang der Erzählung (Mk 1,1–8), und die Spruchquelle hat das Gedächtnis seiner Verkündigung bewahrt (Lk 3,7–18). Doch lässt sich zunehmend eine christliche Domestizierung des Täufers konstatieren. In Mt 3,13–15 stört sich Johannes daran, dass Jesus ihn um die Taufe bittet, obwohl er selbst von Jesus getauft werden müsste; derselbe Matthäus streicht den Hinweis auf eine Taufe «zur Vergebung der Sünden». In Lk 3,21 wird Jesus getauft, ohne dass der Name des Täufers genannt wird. Aus dem vierten Evangelium ist die Taufe verschwunden; Johannes bezeichnet Jesus gegenüber seinen Schülern als «das Lamm Gottes, das die Sünde der Welt hinwegnimmt» (Joh 1,29). In den apokryphen Evangelien ist die Domestizierung auf ihrem Höhepunkt: Jesus bestreitet, eine Sünde begangen zu haben und der Taufe zu bedürfen, woraufhin Johannes vor Jesus niederkniet und ihn anfleht, ihn zu taufen.[59]

---

57 «Den, der von keiner Sünde wusste, hat er für uns zur Sünde gemacht, damit wir in ihm zur Gerechtigkeit Gottes würden» (2Kor 5,21). Vgl. auch Joh 7,18; 1Joh 3,5; Hebr 4,15 und 7,26 usw.
58 Schon in den Evangelien wird Johannes von seinen Schülern «Rabbi» genannt (Lk 3,12; Joh 3,26).
59 Vgl. *Ebionäerevangelium*, Frg. 4: «[...] Und da», heisst es, «fiel Johannes vor ihm nieder und sagte: ‹Ich bitte dich, Herr, taufe du mich.›» Und *Nazoräerevangelium*, Frg. 8: «Was habe ich gesündigt, dass ich hingehe und mich von ihm taufen lasse?» (Fortsetzung oben zitiert, S. 38 f.).

Am Ende dieser Neuinterpretation hatte sich die Beziehung zwischen Jesus und dem Täufer umgekehrt. Historisch gesehen hatte Jesus sich der von Johannes initiierten Erweckungsbewegung angeschlossen, war zur Taufe der Umkehr erschienen und wurde sein Schüler; die Figur des Täufers hingegen trat zurück, um die Bühne Christus zu überlassen. *Der spirituelle Meister wurde zum Schüler, der Mentor verwandelte sich in den Vorläufer. Der letzte Prophet wurde in den Dienst der christlichen Propaganda gestellt.*

Doch noch einmal: Die ersten Christen haben die Spuren der Nähe zwischen den beiden Männern nicht getilgt. Jesus kommt keine Kritik am Propheten der Umkehr über die Lippen. Im Gegenteil, Johannes wird verehrt: Er ist «mehr als ein Prophet», und «Unter denen, die von einer Frau geboren wurden, ist keiner aufgetreten, der grösser wäre als Johannes der Täufer» (Mt 11,9.11). Jesus setzt die ihm entgegengebrachte Ablehnung mit der Ablehnung Johannes' des Täufers gleich. Von den religiösen Autoritäten Jerusalems wegen seiner gewalttätigen Geste gegen den Tempel angegriffen, wirft Jesus ihnen vor, sie hätten auch nicht an die Taufe durch Johannes geglaubt (Mk 11,29–32). Matthäus geht so weit, die Verkündigung der beiden Männer in dieselben Worte zu fassen: «Kehrt um! Denn nahe gekommen ist das Himmelreich» (Mt 3,2; 4,17). Lukas wiederum nutzt das erste Kapitel seines Kindheitsevangeliums dazu, die Ankündigung der wunderbaren Geburt von Johannes und diejenige von Jesus parallel zu setzen (Lk 1). Er macht aus Johannes sogar einen Cousin von Jesus, obwohl historisch nicht klar ist, ob es sich um Blutsbande oder (eher) eine Affinität im Denken handelt.

Im Übrigen werden die Figur des Jesus und die des Johannes mehrmals miteinander verknüpft, entweder von Herodes Antipas: «Johannes, den ich enthaupten liess, der ist auferweckt worden» (Mk 6,16), oder von der Menge: «Für wen halten mich die Leute? Sie sagten zu ihm: Für Johannes den Täufer [...]» (Mk 8,28). Kurz, eine aufmerksame Lektüre der Evangelien fördert die Spuren einer starken und anerkannten Bindung zwischen dem Wüstenpropheten und dem Mann aus Nazaret zutage.

Lebendiges Wasser, Heuschrecken und wilder Honig

Johannes «trat auf in der Wüste», lernen wir bei Markus (Mk 1,4), «in der judäischen Wüste» präzisiert Matthäus (Mt 3,1). Lukas spricht von der Gegend am Jordan (Lk 3,3), und das vierte Evangelium erwähnt Betanien jenseits des Jordans (Joh 1,28). Diese Orte stecken eine Zone ab, die traditionell als wüstenartig und öd bezeichnet wird – trockenes Land, das sich von den Hügeln Judäas gegen das westliche Ufer des Toten Meers erstreckt, dort, wo Qumran entdeckt wurde. Das untere Jordantal bietet den Rahmen für das Wirken des Johannes – dort, wo der Fluss mit der üppigen Vegetation seiner Ufer die Trockenheit der Landschaft aufbricht. Dieses Territorium ist Teil der Provinz Peräa (oder Ostjordanland), die wie Galiläa unter der Herrschaft von Herodes Antipas steht. Hier unterstützt Jesus eine Zeit lang Johannes in seiner Tauftätigkeit. Den genauen Ort der Taufe durch Eintauchen ins fliessende Wasser kennen wir nicht.

Laut dem Johannesevangelium (3,23) reiste der Täufer dann Richtung Norden nach Änon, nahe bei Salim – die beiden Dörfer liegen westlich des Jordans.[60] Seine Tätigkeit als Wanderprediger übte er eher an den Rändern Israels aus, im Ostjordanland. Dort gab es nach seinem Tod denn auch eine Täufergemeinde.

Gerne datiert der Evangelist Lukas die Ereignisse. Sein Wirken als geistlicher Führer beginnt Johannes, so schreibt Lukas (3,1), im fünfzehnten Jahr der Regierung des Kaisers Tiberius, was uns an den Anfang des Jahres 28 versetzt.[61] Die Taufe Jesu fand im selben Jahr statt. Woher kam der Täufer? Am meisten erzählt uns das Lukasevangelium, es beschreibt sogar seine Eltern: den Priester Zacharias und dessen Frau Elisabet, die unfruchtbar war (Lk 1,5–25). Doch die legendenhafte Erzählung bemüht sich zu sehr, einen Präzedenzfall für die Geburt Jesu zu schaffen, um historisch unanfechtbar zu sein. Einen Hinweis aber gilt es zu beachten: Johannes stammt aus einer Priesterfamilie. Dieser Priestersohn hat offensichtlich seine Familie und sein Milieu verlassen und so einen radikalen Bruch vollzogen.

Die Zeitgenossen staunten über den Lebensstil des Johannes: Mit einem Mantel aus Kamelhaaren und einem ledernen Gürtel (oder eher einer Hose) bekleidet, ernährt er sich von Heuschrecken und wildem Honig (Mk 1,6). Er übernimmt den äusserst kargen Lebenswandel der Wüstennomaden. Eine ähnliche Aufmachung ist von Elija bekannt.[62] Suchte Johannes diese Nähe? Er ist ein Asket und entwickelt eine *Gegenkultur* zu dem Luxus am Hof des Herodes mit seinen Prunkgewändern: Die Wahrheit Gottes gilt es in der Wüste, in der Entbehrung und nicht

---

60 Die Quellen von Salim befinden sich 12 km nordöstlich von Sichem (heute Nablus).
61 Eine gewisse Unsicherheit bleibt zwischen den Jahren 27, 28 oder 29. Doch die wahrscheinlichste Periode gemäss der syrischen Zeitrechnung liegt zwischen dem 1. Oktober 27 und dem 30. September 28. Berechnung nach Perrot, Charles, Jésus et l'histoire (Jésus et Jésus-Christ 11), Paris ²1993, 83–85.
62 1Kön 19,13.19; 2Kön 8,13 f.; Sach 13,4: Es ist die Bekleidung der Propheten.

im Luxus der Königsstädte zu suchen. Der Wahl der Wüste wohnt starke Symbolkraft inne: In der biblischen Tradition ist die Wüste der Ort der idealen Zwiesprache mit Gott zur Zeit des Exodus. Um den Gott der Väter wiederzufinden, muss man sich zurückziehen.

Der Taufe des Johannes kommt, wie bereits erwähnt, keine magische Wirksamkeit zu; Parallel dazu war die moralische Verpflichtung erforderlich. Die Quelle der Jesusworte hat die Spur dieser moralischen Ermahnungen bewahrt, die das konkretisieren, was Flavius Josephus «Tugend» nennt:

> Und die Leute fragten ihn: Was also sollen wir tun? Er antwortete ihnen: Wer zwei Hemden hat, teile mit dem, der keines hat, und wer zu essen hat, tue desgleichen. Es kamen aber auch Zöllner, um sich taufen zu lassen, und sagten zu ihm: Meister, was sollen wir tun? Er sagte ihnen: Treibt nicht mehr ein, als euch vorgeschrieben ist! Und es fragten ihn auch Soldaten: Was sollen wir denn tun? Und ihnen sagte er: Misshandelt niemanden, erpresst niemanden und begnügt euch mit eurem Sold. (Lk 3,10–14)

Seinen Besitz mit den Armen teilen und gegen die Korruption der Beamten kämpfen: Die Rezepte des Johannes sind einfach, aber zwingend. Nebenbei bemerkt, die Vielfalt der Gesprächspartner bestätigt die bereits von Flavius Josephus hervorgehobene Bekanntheit des Täufers und Propheten. Zöllner, Soldaten: Auch im Umfeld von Jesus wird man auf diese Personen stossen, die im Volk wegen ihrer Zusammenarbeit mit der römischen Besatzungsmacht verhasst sind.

Zwei sich ergänzende Berichte über den tragischen Tod des Johannes sind auf uns gekommen. Sie finden sich im Markusevangelium (6,17–29) und bei Flavius Josephus (*Jüdische Altertümer*, XVIII, 5, 2). Die Dramatik von Markus' Bericht hat sich in das Gedächtnis eingegraben: Bezaubert vom Charme von Herodias' Tochter, die an seinem Geburtstag für ihn tanzt, verspricht ihr Herodes Antipas, ihr zu schenken, was immer sie sich wünsche ... und er muss ausführen, worum sie ihn auf den Rat ihrer Mutter hin bittet: das Haupt Johannes' des Täufers auf einer Schale. Dies ist eine etwas romantisierte Version.[63] Ein Abgleich mit den Daten der jüdischen Geschichte enthüllt die politische Seite der

---

63 Dank Flavius Josephus (*Jüdische Altertümer,* XVIII, 5, 4) wissen wir, dass Markus irrte, als er schrieb, Herodias sei die Gattin von Philippus, dem Halbbruder des Antipas, obwohl sie die erste Ehe mit einem anderen Halbbruder eingegangen war: dem nämlich, der nur unter dem Namen Herodes bekannt ist; Herodias hatte eine Tochter, Salome, die Philippus heiratete.

Affäre: Herodes hatte seine erste Frau verstossen, um Herodias, die Frau seines Halbbruders zu heiraten, was Johannes heftig kritisiert hatte. Diese Kritik hatte nicht bloss Herodias erbost, sondern auch Antipas beunruhigt, der sich in Konflikt mit dem angrenzenden Nabatäerreich befand, aus dem seine erste Frau stammte. Die Kritik an der Unrechtmässigkeit seiner Eheschliessung überlagerte also einen Grenzkonflikt und gefährdete das Ansehen des Tetrarchen in der Öffentlichkeit.

Aus Angst, sein Ansehen beim Volk könnte schwinden und einen Aufstand auslösen, liess Antipas Johannes in der östlich des Toten Meers gelegenen Festung Machaerus, wohin er überstellt worden war, enthaupten. Flavius Josephus bemerkt, die öffentliche Meinung habe ihm diese Missetat nicht vergeben, betrachtete sie doch die Niederlage von Herodes' Heer gegen die Nabatäer als eine Sanktion Gottes für die von ihm verfügte Tötung des Wüstenpropheten. Johannes hat seine kühne Einmischung in öffentliche Angelegenheiten mit dem Leben bezahlt.

«Nach mir kommt, der stärker ist als ich»

Das Besondere an Johannes ist, dass er sich selbst herabgesetzt hat mit der Ankündigung, nach ihm komme einer, «der stärker ist als ich; mir steht es nicht zu, mich zu bücken und ihm die Schuhriemen zu lösen» (Mk 1,7). Ein drastisches Bild: Sandalen aufzuschnüren war ein den nichtjüdischen Sklaven vorbehaltener Dienst, zu dem der Schüler seinem Meister gegenüber nicht verpflichtet war.[64] Auf wen zielt dieses Gefühl radikaler Unwürdigkeit? Für christliche Leser und Leserinnen richtet es sich zweifellos auf Jesus, aber für den Täufer? Von diesem «Stärkeren» wird erwartet, dass er zum Jüngsten Gericht schreitet, indem er die Erwählten versammelt und die Bösen vernichtet (Mt 3,12). Dieser Vorgabe entspricht Jesus nicht.

An wen dachte Johannes? Eine Annahme lautet: Gott, weil «der Starke» eine Bezeichnung für Gott im Alten Testament ist und weil das Jüngste Gericht üblicherweise ihm vorbehalten ist. Doch der Anthropomorphismus der Metapher verträgt sich schlecht mit einem göttlichen Attribut (die Sandalen Gottes?). Es muss sich mithin eher um eine dieser unzähligen himmlischen Gestalten handeln, die die eschatologische Vorstellungswelt Israels im 1. Jahrhundert bevölkern: Messias, Sohn Gottes,

---

[64] Belege bei Strack, Hermann L. / Billerbeck, Paul, Kommentar zum Neuen Testament aus Talmud und Midrasch I, München ⁵1969, 121.

Sohn Davids, neuer Elija, neuer Mose, Melchisedek usw. Die Frage der Gesandten des Johannes an Jesus lautet: «Bist du es, der da kommen soll, oder sollen wir auf einen anderen warten?» (Mt 11,3). Sie signalisiert, dass der Prophet eher einen Mittler des Göttlichen als Gott selbst erwartete. Doch wollen wir mit Gerd Theissen die Alternative nicht überschätzen: Es ist stets das Eingreifen Gottes, das Israel durch die Gestalten der Zukunft erwartet, die die Engel noch übertreffen.[65]

Hochinteressant ist, dass *diese Gestalt unscharf, rätselhaft* bleibt, dies zumindest in der Botschaft des Täufers, so wie sie in den christlichen Quellen bewahrt worden ist. Entweder haben die Quellen nicht mehr Einzelheiten über seine eschatologische Vision notiert oder aber – was ich zu glauben versucht bin – Johannes liess die Identität des himmlischen Mittlers im Ungewissen, weil er sie nicht kannte. Die bereits zitierte Frage an Jesus deutet in diese Richtung.

Eine seiner Tätigkeiten verdient unsere Aufmerksamkeit: «Ich taufe euch mit Wasser [...]. Er wird euch mit heiligem Geist und mit Feuer taufen» (Lk 3,16). Markus schreibt lediglich: «[...] er aber wird euch mit heiligem Geist taufen» (Mk 1,8). Wurden die Worte des Täufers bewahrt oder lässt hier die christliche Relektüre einen Bezug auf die christliche Taufe einfliessen, um nahezulegen, dass diese die Taufe des Johannes übersteigt? Die Erwähnung des Feuers schreibt sich ein in die eschatologische Botschaft des Täufers – eine gängige biblische Metapher für das Jüngste Gericht. Es ist schwer vorstellbar, dass es sich um einen christlichen Zusatz handelt, bringt sie doch die Gleichsetzung des «Stärkeren» mit Christus durcheinander. Die auf die Taufe mit dem heiligen Geist fokussierte christliche Relektüre findet sich jedoch in der Apostelgeschichte (Apg 1,5 und 11,16). Dort ist das Feuer verschwunden. Bei Markus und in der Apostelgeschichte handelt es sich hier mithin um eine späte Version.

Johannes unterscheidet seine Taufe mit Wasser von der eschatologischen Taufe mit dem reinigenden Feuer – dies in Übereinstimmung mit der Gesamtheit seiner Botschaft. Hat er mehr gesagt? Erhoffte er das Kommen des heiligen Geistes am Tag des Herrn, so wie dies der Prophet Joel erwartete (Joel 3,1–5)? Falls ja, war seine Erwartung ein Glücksfall für die Christen, sahen sie darin doch eine Predigt über das Kommen des heiligen Geistes an Pfingsten (Apg 2).[66] *Johannes erwartete für die nahe*

---

65 Theissen/Merz, Der historische Jesus (s. Anm. 8), 188–190.
66 Die Rede des Petrus an Pfingsten interpretiert das Kommen des heiligen Geistes als die Erfüllung der Verheissung des Joel 3,1–5: «Und danach werde ich meinen Geist ausgiessen über alles Fleisch [...].»

Zukunft ein machtvolles Handeln, das für die Ungläubigen das zerstörerische Feuer und für die Gerechten das Ausgiessen den Geistes der Heiligkeit einschloss.[67] Das Kommen, das der Täufer ungeduldig erwartete, stand für den Zugang der Getauften zum Heil, doch das ganze Gewicht seiner Verkündigung ruhte auf der Ausmerzung der Sünder durch das Feuer.

Jesus und Johannes

Können wir mehr über die Beziehung zwischen den beiden Männern in Erfahrung bringen? Wie sah Johannes Jesus, und wie sah Jesus Johannes? Zwei oft, aber zu Unrecht als christliche Komposition bezeichnete Texte lüften den Schleier.

Den ersten haben wir bereits erwähnt: Aus der Festung Machaerus, wohin er auf Befehl des Antipas überstellt worden war, sandte der Täufer seine Jünger zu Jesus und liess ihn fragen: «Bist du es, der da kommen soll, oder sollen wir auf einen anderen warten?» (Mt 11,3). Jesu Antwort überrascht, denn er sagt keineswegs «ja, der bin ich», vielmehr zählt er eine Reihe von erstaunlichen Geschehnissen auf: «*Blinde sehen* und Lahme gehen, Aussätzige werden rein und *Taube hören*, und *Tote werden auferweckt*, und Armen wird das Evangelium verkündigt [...]» (Mt 11,5). Die von Jesus aufgezählten Wunder sind die Signatur des eschatologischen Heils, so wie es im Buch Jesaja beschrieben wird:[68] Das sind die Wohltaten, die für die Wiederherstellung der Schöpfung bei der endzeitlichen Wiederkunft Gottes erwartet werden. Ein Qumran-Text verknüpft dieselben Wunder mit dem Kommen des Messias: «Dann heilt Er Durchbohrte und Tote belebt Er, Armen (/Demütigen) verkündet Er (Gutes) und [Niedrige] (?) wird Er sättigen, Verlassene (?) wird Er leiten und Hungernde reich machen» (4Q 521, Frg. 2).[69] Dieser Essener-Text zeugt von einer messianischen Heilserwartung im Israel des 1. Jahrhunderts, und auf diese Erwartung stützt sich Jesus.

---

67 Das eschatologische Ausgiessen des Geistes der Heiligkeit wird in Joel 3,1–5 und im Jubiläenbuch 1,23 erhofft. Qumran erwartet dies zeitgleich mit der Tilgung des Geistes des Frevels (1QS 4,20f.). Vgl. Webb, Robert L., John the Baptizer and Prophet (Journal for the Study of the New Testament. Supplement series 62), Sheffield 1991, 262–278, 289–295.

68 Jes 26,19; 29,18f.; 35,5f.; 42,18; vgl. 61,1. Vgl. auch Jubiläenbuch 23,26–31; 1Henoch 25,5f.; 4Esra 8,53f.; 2Baruch 73,2f. usw.

69 Zit. nach Hölscher, Michael, Qumran, Höhle 4. Von Orten und Texten, https://grammata.hypotheses.org/1367 (03.06.2021).

Seine Antwort auf die Frage des Täufers beinhaltet zwei signifikante Verschiebungen.

Zum einen abstrahiert die Antwort von seiner Person und zielt auf das, was um ihn herum passiert, was die essenische Verheissung als das Werk Gottes und seines Messias interpretiert. Zum anderen löst sie sich von dem zerstörerischen Messias, den Johannes erwartet, und fokussiert auf die wohltätigen Wunder Gottes. *Jesus nimmt also die Frage seines spirituellen Meisters entgegen, entzieht sich indes der Frage nach der Identität; er kodiert die erhoffte Zukunft neu, indem er die Erwartung an eine düstere Zukunft nicht übernimmt, sondern eine Perspektive eröffnet, in der das Wohl der Menschen dominiert.* Er betont damit den Punkt, an dem sich seine Botschaft von derjenigen seines spirituellen Meisters unterscheidet. Im Evangelium findet sich keine Reaktion des Täufers auf die Antwort Jesu – vielleicht ein Indiz, dass dieses Textstück eine nachträgliche Schöpfung ist. Die Christianisierung der Figur, so wie sie sich im vierten Evangelium entfaltet, schreibt Johannes eine Überzeugung zu: Jesus wird als «das Lamm Gottes» (Joh 1,29f.) präsentiert.

Der zweite Text, in dem Jesus eine Verbindung zwischen Johannes und sich selbst herstellt, ist ein amüsantes Gleichnis: der Vergleich mit den Kindern.

> Mit wem soll ich die Menschen dieses Geschlechts vergleichen, wem sind sie gleich? Kindern sind sie gleich, die auf dem Marktplatz sitzen und einander zurufen und sagen: Wir haben euch aufgespielt, und ihr habt nicht getanzt, wir haben Klagelieder gesungen, und ihr habt nicht geweint. Denn Johannes der Täufer ist gekommen, ass kein Brot und trank keinen Wein, und ihr sagt: Er hat einen Dämon. Der Menschensohn ist gekommen, ass und trank, und ihr sagt: Seht, ein Fresser und Säufer, ein Freund von Zöllnern und Sündern. Doch der Weisheit wurde Recht gegeben durch alle ihre Kinder. (Lk 7,31–35)

Auch hier können wir wahrnehmen, worin Jesus mit dem Täufer übereinstimmt und worin er sich unterscheidet. Zwei Gruppen von Kindern streiten auf dem Dorfplatz miteinander, die einen werfen den anderen vor, sie hätten bei ihrem Spiel nicht mitmachen wollen. Als sie aufspielten, wollten die anderen nicht tanzen. Als sie ein Klagelied anstimmten, simulierten sie keinen Schmerz. Die zweite Gruppe weigerte sich, sich auf die beiden Einladungen der ersten Gruppe einzulassen. Das Bild ist leicht zu entschlüsseln. Die Einladung zur Trauer symbolisiert das Kommen des Johannes, des Asketen, von dem gesagt wird: «Er hat einen Dämon.» Die Einladung zum Tanz symbolisiert das Kommen Jesu, verborgen hinter der enigmatischen Figur des Menschensohns, der isst und trinkt, von dem jedoch gesagt wird: «Seht, ein Fresser und Säufer.» Die auf Jesus angewandten Schimpfnamen sind derart verletzend, dass kaum vorstellbar ist, dass sie eine nachträgliche Erfindung sind; sie zirkulierten bereits zu seinen Lebzeiten.

Jesus bestätigt das Kommen des Täufers und schliesst sich seinem Vorläufer an: Seine Zeitgenossen haben alles abgelehnt, die strenge Umkehrverkündigung des Johannes wie seine eigene Verkündigung, und zwar unter entgegengesetzten Vorwänden. Johannes wurde seine Askese vorgeworfen; Jesus sein Habitus des Geniessers, verbunden mit einer als anstössig beurteilten Freundschaft mit Menschen, die von den Frommen verunglimpft werden. *Derselbe Kampf bei Johannes und Jesus, aber auf unterschiedliche Art und Weise – und dieselbe Ablehnung.* Das Finale vereint die beiden Männer: «Doch der Weisheit wurde Recht gegeben durch alle ihre Kinder.» Gemeint ist: Wer bei beiden Männern das Sichtbarwerden der göttlichen Weisheit wahrgenommen hat, hat die Richtigkeit ihres Aufrufs zur Umkehr erkannt.

Ein revolutionäres Angebot

Die Taufe des Johannes, verknüpft mit der Aufforderung zur Umkehr, war im Galiläa des 1. Jahrhunderts nicht bloss eine religiöse Innovation. *Die Geste des Johannes war fundamental revolutionär.* Denn Johannes führt als Erster im Judentum ein einmaliges Taufritual ein. Im jüdischen Glauben wurden Ritualwaschungen um ihrer reinigenden Kraft willen praktiziert. Die Anwesenheit der Römer (Gottlose, die das heilige Land befleckten) hatte den Trend noch verstärkt. Er zeigte sich in der Vervielfachung der *mikwaot,* der Wasserbecken, die der Reinigung dienten. Eine Fülle solcher Becken wurde in der Grabungsstätte Qumran gefunden, aber auch in der Nähe des Tempels von Jerusalem. Johannes indes bricht mit der Praxis der wiederholten Waschungen und schreibt eine einmalige, ausreichende und wirksame Reinigung vor. Seine Taufe wäscht die Gläubigen nicht nur von den weltlichen Befleckungen rein, sondern tilgt deren Sünden mit Blick auf das Jüngste Gericht.

In der jüdischen Frömmigkeit stellten die Ritualwaschungen wohl die Reinheit der Gläubigen wieder her, aber das Erlangen der Vergebung verlangte nach einem anderen Ritus: der Opfergabe. Dazu war jede Person eingeladen. Darüber hinaus vollzog der Hohe Priester am Jom-Kippur-Fest ein grosses Bussopfer für die Sünden ganz Israels. Doch indem die Taufe des Johannes sich als – einziger – Zugang zu Gottes

Vergebung präsentierte, entwertete sie diese jahrhundertealten Praktiken und erklärte sie für unwirksam. Faktisch ersetzte sie das Opfersystem des Tempels zur Vergebung der Sünden.

Allerdings war Johannes nicht der erste Prophet, der Redlichkeit den frommen Riten vorzog. Im 8. Jahrhundert v. u. Z. wetterte Amos als Gottes Sprachrohr: «Ich hasse, ich verabscheue eure Feste, und eure Feiern kann ich nicht riechen! [...] Und das Heilsopfer von eurem Mastvieh – ich sehe nicht hin! [...] Möge das Recht heranrollen wie Wasser und die Gerechtigkeit wie ein Fluss, der nicht versiegt» (Am 5,21–24). Johannes der Täufer ist vom gleichen Kaliber. Von ihm ist keine schneidende Bemerkung gegen die Tempelriten überliefert, doch *die Dringlichkeit der Taufe zu proklamieren, um dem Tag des Zorns zu entgehen, hiess, die klassischen Mittel als obsolet zu beurteilen.* Seine Taufe knüpfte an die Symbolhandlungen der alttestamentlichen Propheten an, also an jene provozierenden Gesten, die eine neue Wirklichkeit bedeuten sollten.[70] Johannes trat auf als einzig wirksamer Mittler von Gottes Vergebung. Von nun an war der Tempeldienst zu nichts mehr nütze.

Wie lässt sich die radikale Neuheit des Täufers erklären?

Selbstverständlich wurde der Täufer mit den Sektierern von Qumran in Verbindung gebracht, die ebenfalls in der Wüste Juda lebten. Dorthin hatte sich der harte Kern der Essener zurückgezogen – diese nach einem reinen Leben strebende Laienbewegung. Ist der Eremit in jener Wüstengemeinschaft erzogen worden? Niemand weiss es, da die Sekte kein Register ihrer Anhänger führte. Die Zugehörigkeit zu den Essenern ist allerdings unwahrscheinlich. Es würde bedeuten, dass der ehemalige Anhänger sämtliche Prinzipien der Sekte verleugnet hätte: Weder die Besessenheit der Essener vom Reinigungsritual durch wiederholte Waschungen noch ihr Festhalten am Wortlaut der Tora noch ihre Vorbereitung auf den heiligen Krieg der Erwählten gegen die Gottlosen hat in den Reden des Johannes Spuren hinterlassen. Daraus schliesst Simon Légasse: «Der Ursprung der [Tauf-]Praxis und deren Tragweite kommt nicht von irgendwo, sondern liegt einzig und allein im persönlichen Genie und in der religiösen Inspiration des Propheten.»[71]

Johannes, der Priestersohn, hat mit den Traditionen seines Milieus gebrochen, gebrochen mit dem Opferritual, dem sein Vater verpflichtet

---

70 Es handelt sich um 1 Kön 11,29 f. (zerrissener Mantel); Hos 3,1–5 (Ehebrecherin); Jer 13,1–11 (verrotteter Schurz); Jer 19,1 f.10–15 (zerbrochener Krug) Jer 32,6–15 (Kauf des Feldes) usw. Vgl. Amsler, Samuel, Les Actes des prophètes (Essais bibliques 9), Genf 1985.

71 Légasse, Simon, Naissance du baptême (Lectio divina 153), Paris 1993, 43.

war, um jene radikalen Massnahmen einzuführen, die das Kommen des seiner Auffassung nach rachsüchtigen Gottes erzwang.

Die Wüstenpropheten

Im palästinischen Judentum des 1. Jahrhunderts ist Johannes keineswegs ein Ufo. Er ist nicht der Einzige, der sich in die Wüste zurückzieht. Flavius Josephus (auch er stammt aus einer Priesterfamilie) berichtet, Johannes sei mehrere Jahre der «Nacheiferer» eines gewissen Bannus gewesen, der «in der Einöde» lebte, der «aus Baum(rinde) verfertigte Kleidung gebrauchte und sich nur diejenige Nahrung zuführte, die von selbst wuchs, [...] sich häufig – bei Tag und bei Nacht – mit kaltem Wasser wusch um der Reinheit willen».[72] Die Wüste war bekannt als Ort der ursprünglichen Reinheit Israels.

Der gleiche Flavius Josephus erwähnt Menschen, die er als Verführer und Betrüger bezeichnet. Diese suchten «das Volk zu religiöser Schwärmerei hinzureissen [...], indem sie es in die Wüste lockten, als ob Gott ihnen dort durch Wunderzeichen ihre Befreiung ankündigen würde» (*Jüdischer Krieg*, II, 13, 4). Dies geschieht in der Zeit, als Felix Statthalter von Judäa war (52–60 n.Chr.). Zu dessen Nachfolger Festus (60–62 n.Chr.) wird in den *Jüdischen Altertümern* (XX, 8, 10,) vermerkt: «Um diese Zeit trat wieder ein Gaukler auf, welcher der Menge Glückseligkeit und Befreiung von allem Elend verhiess, wenn sie ihm in die Wüste folge. Festus aber sandte sogleich gegen den Betrüger und dessen Anhang Abteilungen zu Fuss und zu Pferde aus, die den ganzen Haufen niedermachten.»

Fünfzehn Jahre zuvor hatte ein gewisser Theudas viele Menschen dazu gebracht, ihm an den Jordan zu folgen, wo er durch sein Machtwort die Fluten des Flusses teilen werde; Josephus (*Jüdische Altertümer*, XX, 5, 1) und die Apostelgeschichte (Apg 5,36) berichten vom Massaker der Besatzungstruppen an den Anhängern des Theudas. Sie berichten auch über die Verwechslung des Apostels Paulus mit dem «Ägypter, der vor einiger Zeit einen Aufstand angezettelt hat und die viertausend Sikarier in die Wüste hinausgeführt hat» (Apg 21,38); so wurden die mit einem Dolch bewaffneten religiösen Extremisten *(sicarios)* genannt. Josephus

---

72 Flavius Josephus, Aus meinem Leben *(Vita)*. Kritische Ausgabe, Übers. u. Kommentar v. Folker Segert, Heinz Schreckenberg, Manuel Vogel, Tübingen ²2011, 11 (S. 27).

bestätigt: Dieser Ägypter habe «sich das Ansehen eines Propheten verschafft»[73] (*Jüdischer Krieg*, II, 13, 5).

Der jüdische Geschichtsschreiber mag diese Figuren nicht. Er beschuldigt sie als «falsche Propheten». Seiner Meinung nach haben diese den leichtgläubigen Menschen den Kopf verdreht und den ersten Jüdischen Krieg ausgelöst, der im Jahr 70 mit der Zerstörung des Tempels von Jerusalem endet. Diese Bewegungen wurden von den Römern systematisch blutig unterdrückt, erstickten diese doch im Keim alles, was nach einem Volksaufstand aussah. Johannes der Täufer war mithin nicht der Einzige, der die Wüste Judäa zu seinem Rückzugsort auserkoren hatte. Auch andere, zuweilen gewalttätige Bewegungen hatten dafür optiert.

Schauen wir uns diese Anziehungskraft der Wüste etwas genauer an. Was verrät sie uns? Im Glauben Israels ist die Wüste der mythische Ort der Anfänge, der Ort des Empfangens der Tora, die Erinnerung an die Idylle mit dem befreienden Gott. Religiöse Aufwiegler führten ihre Anhänger dorthin, um dem durch die Präsenz der Römer befleckten Boden zu entfliehen und jenen Wundern beizuwohnen, die sich auf dem Weg Israels während des Exodus ereignet hatten. Ihre Botschaft war klar: Israel befindet sich erneut in Knechtschaft, wie damals in Ägypten; ein neuer Exodus wird Befreiung von der Unterdrückung bringen. *Das Heil wird aus der Wüste kommen.* Und so galt denn, laut Josephus, noch immer: «Schon lange sind wir [...] entschlossen, weder den Römern noch sonst jemand unterthan zu sein ausser Gott allein, weil er der wahre und rechtmässige Gebieter der Menschen ist [...]» (*Jüdischer Krieg*, VII, 8, 6).

Die neue römische Ordnung

Diese Fülle von Wüstengestalten zeigt an, welche politische und religiöse Atmosphäre in Galiläa und Judäa unter römischer Besatzung herrschte. Der Geschichtsschreiber Tacitus schildert die Befindlichkeit des «jüdischen Volks» zu jener Zeit und schreibt: *sub Tiberio quies* («es herrschte Ruhe unter Tiberius»[74]). Die politische Stabilität ist tatsächlich bemerkenswert. Ein untrügliches Zeichen dafür ist die unglaubliche Dauer der Herrschaft des Herodes Antipas, Tetrarch von Galiläa und dem Ostjordanland: dreiundvierzig Jahre (4 v. u. Z. bis 39 n. Chr.), womit er die

---

73 Josephus schreibt ihm «dreissigtausend Betrogene» zu.
74 Tacitus, Historien, V, 9, 2.

Regierungszeit seines berühmten Vaters Herodes' des Grossen übertrifft. Seit der Eroberung des Pompeius 63 v. u. Z. führt Rom Samarien (die Provinz Syria) mit harter Hand und verwaltet seit dem Jahr 6 die Provinz Judäa um Jerusalem. Für den römischen Geschichtsschreiber herrscht mithin Ruhe.

Doch da ist ja noch der religiöse Widerstand. Die Statthalter Roms, aber auch Herodes Antipas führen eine Kampagne mit dem Ziel, die Region an die griechisch-römische Kultur anzupassen. Mehrere Initiativen von Pontius Pilatus, Statthalter von Judäa von 26 bis 37, haben die Juden aufgeschreckt: Er lässt, anders als seine Vorgänger, Münzen mit heidnischen Kultsymbolen prägen; er versucht, in Jerusalem Kaiserbildnisse aufzustellen, macht aber angesichts des Skandals einen Rückzieher; ein Konflikt bricht auf um den Bau einer Wasserleitung in der Nähe eines Friedhofs, finanziert mit Geld aus dem Tempelschatz.[75] Welches Klima herrscht, zeigt ein Vorfall, der Jesus berichtet wird: «Es waren aber zur selben Zeit einige zugegen, die ihm von den Galiläern berichteten, deren Blut Pilatus mit dem ihrer Opfertiere vermischt hatte» (Lk 13,1). Von Ruhe und Ordnung besessen, zögerte Pontius Pilatus nicht, seine Legionäre zur Niederschlagung eines Aufstands zu entsenden. So wurde er denn auch nach der blutigen Auflösung einer Versammlung um einen samaritanischen Propheten auf dem Berg Garizim im Jahr 37 nach Rom zitiert und abgesetzt.

Herodes Antipas hingegen versuchte die Überzeugungen der Juden zu schonen. Das hielt ihn nicht davon ab, die Sitten zu missachten und entgegen der Heiratsregeln die Frau seines Halbbruders zu ehelichen, oder aber seine neue Hauptstadt Tiberias an der Stelle eines Friedhofs zu erbauen. Folglich galt die ganze Stadt als unrein. Ausserdem war sein Palast mit Tierfresken geschmückt, was dem Bilderverbot widersprach; zu Beginn des Jüdischen Krieges wurden diese Fresken von der zornigen Menge zerstört.[76]

So setzte sich – brutal in Judäa, etwas gemässigter in Galiläa – *die neue römische Ordnung im öffentlichen Leben durch. Als Folge davon erstarkte der religiöse Widerstand, entschieden, die Sitten und Bräuche des Judentums zu bewahren.*

---

75 Flavius Josephus, Jüdischer Krieg, II, 9, 2–4; Flavius Josephus, Jüdische Altertümer, XVIII, 2, 3 und XVIII, 3, 1 f.; Philon von Alexandria, Legatio ad Gaium, 299–305. Vgl. Lémonon, Jean-Pierre, Ponce Pilate, Ivry ²2007.

76 Flavius Josephus, Jüdische Altertümer, XVIII, 2, 3; Flavius Josephus, Aus meinem Leben *(Vita)* (s. Anm. 72), 65 (S. 47). 19 n. Chr. wurde Tiberias als Ersatz für Sepphoris erbaut.

In diesen Widerstandsbewegungen vermischten sich, wie Gerd Theissen darstellt, religiöser Eifer und soziales Banditentum.[77] Die Wüstenpropheten suchten ihre Anhänger hauptsächlich unter den Armen und den ruinierten Bauern. Wirtschaftliches Elend und religiöser Protest verstärkten sich gegenseitig. Die Perspektive auf eine theokratische Regierung unter der Schirmherrschaft einer messianischen Figur musste die vom Wohlstand Übergangenen begeistern. Als Judas der Galiläer im Jahr 6 eine Kampagne zur Steuerverweigerung startete, setzte er auf ein theokratisches Argument: Jede Steuererhebung ist ein Sakrileg, denn Gott allein besitzt das Recht auf Israel. So heiligt er einen Kampf, dem sich anzuschliessen gerade für die von der Steuerlast ruinierten kleinen Leute eine grosse Versuchung war.[78]

Johannes ist also Teil einer religiösen Widerstandsbewegung; doch neben den von Flavius Josephus verabscheuten prophetischen Agitatoren nimmt er eine Sonderstellung ein. Wie diese protestiert er gegen die Sünde und die Gottlosigkeit der Gesellschaft, ruft aber nicht zur Gewalt auf. Er verspricht nicht, die Wunder von einst zu wiederholen. Er heizt die antirömische Stimmung nicht an, sondern zerstört ganz im Gegenteil jede Sicherheit, die mit der Zugehörigkeit zum Volk Abrahams verknüpft ist. In der Wüste bereitet er eine Zukunft vor, deren Akteur Gott allein ist. Zu diesem Zweck richtet er eine Taufe der Umkehr ein, dank der man dem unmittelbar bevorstehenden Tag des Zorns zu entgehen vermag.

Eine Taufe, die verblüfft

Im Jahr 28 erscheint ein ungefähr fünfunddreissigjähriger Mann zur Taufe des Johannes: Jesus, hergekommen aus Nazaret, einem ländlichen Dorf im Unteren Galiläa. Er ist nicht allein. Eine grosse Menge war aus

---

77 Theissen, Gerd, Jésus et la crise sociale de son temps, in: Marguerat, Daniel u. a. (Hg.), Jésus de Nazareth. Nouvelles approches d'une énigme (Le monde de la Bible 38), Genf ²2003, 125–155; Theissen, Gerd, Die Jesusbewegung. Sozialgeschichte einer Revolution der Werte, Gütersloh 2004, 131–241. Eine soziologische Untersuchung: Horsley, Richard A., Bandits, Prophets and Messiahs. Popular Movements in the Time of Jesus, Harrisburg ²1999.

78 Flavius Josephus, Jüdischer Krieg, II, 8, 1; Jüdische Altertümer, XVIII, 1, 1. Der jüdische Geschichtsschreiber notiert, dass diese bewaffneten Banditen unter den von den Abgaben ruinierten Bauern (Jüdische Altertümer, XVIII, 8, 4), Besitzlosen (Jüdischer Krieg, II, 17, 6) und denen, die ihr Vermögen verschleudert hatten (a. a. O., IV, 4, 3), rekrutiert wurden. Manche sehen in Judas dem Galiläer den Gründervater des Zelotismus.

Judäa und Jerusalem herbeigeströmt, berichtet der Evangelist Markus (Mk 1,5). Vollzogen wurde die Taufe durch Eintauchen in das Wasser des Jordans oder eines angrenzenden Wadis. Falls diese nach Art der essenischen Waschungen ablief, trugen die Frauen ein Hemd, die Männer einen Schurz.[79] Jesus ist nicht der Einzige, aber weshalb kommt er?

Nicht nur die Ältesten waren vom Gedanken irritiert, Jesus erscheine zu einer Taufe «zur Vergebung der Sünden» (Mk 1,4). Heutige Theologinnen und Theologen sind es noch immer. Einige meinen, Jesus habe sich mit seinem sündigen Volk solidarisieren wollen; andere entgegnen, Jesus habe keine Sünde zu bereuen.[80] Doch ist es ein Anachronismus, ein dogmatisches Christusbild in die Geschichte zu projizieren. Im Gegensatz zu dem, was sich das apokryphe *Nazoräerevangelium* vorstellt, erklärt Jesus nicht, er sei von Sünde frei (vgl. S. 38). Da die Texte über seine Motivation schweigen, bleibt uns seine Gewissenslage unzugänglich.

Die historische Redlichkeit zwingt dazu, seine Bitte, die Taufe der Umkehr zu empfangen, zur Kenntnis zu nehmen – eine Bitte, die Zustimmung zum moralischen Programm des Johannes voraussetzt. Die Evangelisten hielten es nicht für nötig, mehr darüber zu sagen. Der Kommentar bei Matthäus («[...] so sollen wir alles tun, was die Gerechtigkeit verlangt» Mt 3,15) richtet Jesus und Johannes auf die Umsetzung von Gottes Plan aus. Im Ritus des Wüstenpropheten hat Jesus einen göttlichen Ruf erkannt und darauf geantwortet.

Ausführlicher hingegen berichten die Evangelien über das, was auf den Taufakt folgt. Lukas beschreibt ein spektakuläres Geschehen «Es geschah aber, als das ganze Volk sich taufen liess und auch Jesus getauft wurde und betete, dass der Himmel sich auftat und der heilige Geist in Gestalt einer Taube auf ihn herabschwebte [...]» (Lk 3,21 f.). Der ältere Bericht des Markus hat die Intimität und Subjektivität des Ereignisses bewahrt: Jesus «liess sich von Johannes im Jordan taufen. Und sogleich, als er aus dem Wasser stieg, *sah er* den Himmel sich teilen und den Geist wie eine Taube auf sich herabsteigen» (Mk 1,9 f.). Der Sinn der Erzählung des Markus ist klar: *Jesus hatte nach seiner Taufe eine Vision.* Überlebt hat die Erinnerung daran, weil er seinen Jüngern von diesem mystischen Geschehen erzählt hat.

---

79 Flavius Josephus, Jüdischer Krieg, II, 8, 13.
80 Erste Position: Meier, John P., Un certain Juif, Jesus. Les données de l'histoire II, La parole et les gestes (Lectio divina), Paris 2005, 97–103. Zweite Position: Puig i Tàrrech, Jesus (s. Anm. 44), 229–231. Zum christlichen Glauben an die Sündlosigkeit Jesu vgl. 2Kor 5,21; Joh 7,18; 1Joh 3,5; Hebr 4,15; Hebr 7,26 usw.

Die Erzählung, so wie sie auf uns gekommen ist, ist in einem bildhaften, der biblischen Sprache entlehnten Stil gehalten. (Wen würde das bei einer Vision überraschen?) Wenn Gott im Alten Testament einen Propheten entsendet, öffnet sich der Himmel (Ez 1,1). Hier teilt sich der Himmel. Bibelleser und Bibelleserinnen erinnern sich an das Flehen des Jesaja: «Hättest du doch schon den Himmel zerrissen, wärst du doch schon herabgestiegen [...]» (Jes 63,19). Dieses Einbrechen Gottes in die Welt geschieht jetzt. Der Geist steigt auf Jesus hinab wie eine Taube. Weshalb eine Taube? Bei den Kommentatoren finden sich mehr als sechzehn Vorschläge: die Taube des Noah bei der Sintflut, das Symbol der Liebe, des Friedens, der Weisheit, Israels ...[81] Doch hier ist der Geist *keine* Taube, vielmehr schwebt er *in Gestalt* einer Taube oder *wie* eine Taube hinab. Man denkt an den Geist Gottes, der sich in der Schöpfung über den Wassern bewegt (Gen 1,2).

Das Wichtigste ist die Botschaft der Stimme vom Himmel: «Du bist mein geliebter Sohn, an dir habe ich Wohlgefallen.» Als Gott den König Israels bei dessen Einsetzung annimmt, erklärt er ihm: «Mein Sohn bist du, ich habe dich heute gezeugt» (Ps 2,7). Bei diesem Vergleich fallen zwei Unterschiede auf. Erstens ist Jesus der *geliebte* Sohn, der bevorzugte, der einzige. Zweitens enthüllt die göttliche Stimme eine bereits getroffene Entscheidung: *an dir habe ich Wohlgefallen*.

Das ist es, was Jesus von seiner mystischen Vision behält. Für ihn war die Taufe des Johannes eine intensive und verblüffende innere Erfahrung: *Gott hat ihn für eine nicht näher beschriebene Mission auserwählt, die darin besteht, der Sohn, der Vertreter, der Sprecher, das Bild von Gottvater zu sein.*

Markus und Matthäus fahren direkt mit der Versuchung Jesu in der Wüste fort: Ein Zeichen dafür, dass Jesus sich zurückziehen musste, um das unglaubliche Geschehen zu «verdauen»? Wie dem auch sei, die Taufe im Jordan ist ein radikaler Wendepunkt in seinem Leben und der Ausgangspunkt seiner Berufung; deren Umsetzung beginnt damit, dass er sich am Wirken des Johannes und seiner Schüler beteiligt. Jesus wird zum Täufer, wird aber bald nicht mehr taufen und die Täufergruppe verlassen. Dem Wüstenpropheten aber verdankt er, dass dieser ihm sein künftiges Schicksal aufgezeigt hat.

---

81 Davies, William D. / Allison, Dale C., The Gospel According to Saint Matthew I. A Critical and Exegetical Commentary, Edinburgh 1988, 331–334.

Wäre er Johannes nicht begegnet ...

Aus dem eben Gesagten wird deutlich: *Ohne die Begegnung mit Johannes wäre Jesus nicht geworden, wer er gewesen ist.*

Diese Begegnung ist für das gesamte Schicksal Jesu derart prägend, dass das Leben und die Botschaft des Wüstenpropheten geradezu als «Lebensmatrix»[82] von Jesu Wirken gelten können. Unter dem Einfluss des Täufers hat sich sein Leben verändert. Er hat seine Familie verlassen und führt nun ein Leben ohne festen Wohnsitz. Nachdem Johannes eingekerkert worden ist, beginnt Jesus, in Galiläa das unmittelbar bevorstehende Kommen des Gottesreichs zu verkündigen; er drängt seine Hörerschaft, sich zu bekehren, und er betont die Dringlichkeit einer Verhaltensänderung (Mk 1,15). Er wendet sich an das gesamte Volk, ohne Diskriminierung, und erweckt eine gewisse Begeisterung. Israelit zu sein, so ruft er in Erinnerung, ist keineswegs ein Garant dafür, im Himmelreich am Tisch der Kinder Abrahams empfangen zu werden (Mt 8,11 f.). Er schockiert, wenn er erklärt, die Sünden seien ohne Opfer vergeben (Mk 2,5–7). Das von ihm verkündete Heil liegt in der Reichweite aller, setzt aber eine Bekehrung des Herzens voraus. Er versammelt Jünger um sich, unter ihnen ein Kreis von engen Vertrauten, die sein Wanderleben teilen. Wie Johannes wird er eines gewalttätigen Todes sterben, weil er die Autoritäten herausgefordert hat, und wie Johannes wird er nach dem Tod von seinen Jüngern verehrt werden. Erstaunt es also, dass die erste Antwort auf die Frage «Für wen halten mich die Leute?», lautet: «Für Johannes den Täufer [...]» (Mk 8,27 f.)?

Doch diese verblüffenden Ähnlichkeiten täuschen nicht darüber hinweg, dass Jesus in einigen Punkten mit seinem Mentor gebrochen hat. Die vom Nazarener ins Leben gerufene Volksbewegung zur Bekehrung orientiert sich nicht an der Bussbewegung des Täufers. Nicht zu Unrecht sagt James D. G. Dunn, für Johannes müsse die Gegenwart mobilisiert werden, um dem kommenden Zorn zu entgehen, während Jesus die Gegenwart als das Erscheinen der göttlichen Gnade sehe.[83]

Erstens ist Jesus kein Asket; er lebt nicht in der Wüste, sondern durchstreift die Städte und Dörfer von Galiläa, bevor er sich nach Jerusalem begibt. Er isst und trinkt mit Sündern und Zöllnern. Das einzig sichtbare Askesemerkmal ist seine Ehelosigkeit, was keineswegs heisst,

---

82 Meier, Un certain Juif, Jesus II (s. Anm. 80), 112, nimmt hier die Resultate der Studie von Becker, Jürgen, Johannes der Täufer und Jesus von Nazareth (Biblische Studien 63), Neukirchen-Vluyn 1972, wieder auf.
83 Dunn, Christianity in the Making I (s. Anm. 13), 455.

dass er sich nicht für die Frauen interessiert. Dass er nicht heiratet, mag an seinem Status als *mamzer* liegen. Zweitens kommt die Perspektive des Jüngsten Gerichts in seiner Verkündigung zwar vor, aber sie ist, anders als bei Johannes, nicht der Katalysator für dringenden Handlungsbedarf; zur Bekehrung wird Zeit gelassen. Drittens hat sich das Bild des Gottesreichs umgedreht: Nun dominiert nicht mehr der Zorn auf die Sünder, sondern das Kommen einer freudigen Erlösung. Gott ist nicht mehr nur nahe, sondern steht vor der Tür, und es ist ein Gott der Annahme und der Vergebung. *Jesus gibt nicht das Bussangebot der letzten Chance weiter – das Markenzeichen des Täufers –, sondern erklärt den Ausnahmezustand angesichts des in Vergessenheit geratenen Gottes Israels.*

Diese Verschiebungen gegenüber der Botschaft des Johannes beruhen auf einer Jesus eigenen Gotteserfahrung. Diese in seinem Tauferlebnis wurzelnde spirituelle Erfahrung war derart stark, dass sie beim Mann aus Nazaret eine Exorzismus- und Heilpraxis erzeugte. Dieser heilenden Praxis – und hier endet die Ähnlichkeit mit Johannes – wenden wir uns nun zu. Weshalb heilt Jesus?

Zweiter Teil
Das Leben des Nazareners

Kapitel 4
Der Heiler

Bei der Darstellung von Jesu Wirken beginnen wir mit seinen Wundern. Doch zuvor stellen wir uns die Frage: Wie sah er aus, dieser Nazarener, als er als etwa Dreissigjähriger (Lk 3,23) öffentlich aufzutreten begann? Ehrlich gesagt, wir wissen es nicht, denn die Biografen der Antike interessierten sich kaum für das Aussehen ihrer Helden. Eines ist gewiss: Er hatte keine Ähnlichkeit mit dem arischen jungen Mann, den die Maler darstellten. Einige Vorschläge riskiert James H. Charlesworth, gestützt auf die Resultate der archäologischen Grabungen und die Skulpturen auf dem Triumphbogen, der in Rom den Sieg des Titus über Jerusalem im Jahr 70 feiert.[84] Jesu Gesicht war eher dunkel, von der Sonne gegerbt, seine Züge semitisch, Augenbrauen und Nase prononciert. Er war einen Meter fünfundsechzig bis siebzig gross und achtundfünfzig bis siebzig Kilo schwer. Diese mit Vorsicht zu geniessenden Schätzungen dienen lediglich dazu, etwas Distanz zu den traditionellen Bildern zu schaffen.

Jesus, der charismatische Heiler

Seit jeher riefen die Erzählungen über die Wunder Jesu Ehrfurcht und Skepsis hervor. Jesus, der einen bösen Geist austreibt, Jesus, der auf dem Wasser geht, Jesus, der das Brot vermehrt ... Realität oder Fiktion? Ein Wunder ist ein als wohltuend beurteiltes Ereignis, das den üblichen Erwartungen zuwiderläuft und dessen Ursprung einer übernatürlichen Kraft zugeschrieben wird. Im Vorwort zur dreizehnten Auflage seines Werks *Vie de Jésus* (1863) schrieb Ernest Renan 1867: «Die Wunder gehören zu den Dingen, die niemals geschehen; nur Leichtgläubige meinen sie zu sehen [...].» Und in einem 1889 erschienenen Aufsatz meint er zum selben Thema: «Die geschriebenen Texte, wenn man sie denn ernst nähme, würden glauben machen, dass derartige Dinge sich einstmals

---

84 Charlesworth, The Historical Jesus (s. Anm. 50), 72.

ereignet haben; aber die historische Kritik arbeitet die geringe Glaubwürdigkeit derartiger Erzählungen heraus.»[85] Renan lebte in der Ära des triumphierenden Rationalismus.

Heute lächeln wir über diese hochfliegende Verve. Im 21. Jahrhundert widerspricht die Akzeptanz von hochkomplexen Wissenschaftstechniken keineswegs dem Glauben an paranormale Phänomene. Die sogenannten paramedizinischen Praktiken (Heiler, Schamanen), sind heute Teil der Kultur. Doch vor allem das, was Renan über die historische Kritik sagt, ist heute vollkommen obsolet. Inzwischen sind die Forschenden der Auffassung, dass *die therapeutische Praxis von Jesus einer der historisch am besten belegten Aspekte seines Wirkens ist.*[86] Mehrere Indizien stützen diese Feststellung. Eindrücklich ist die schiere Anzahl der siebenundzwanzig erfassten Wunder, die Sammelberichte (Summarien) nicht mitgerechnet («Und er heilte viele, die an mancherlei Krankheiten litten, und trieb viele Dämonen aus» Mk 1,34). Die Wundererzählungen sind vielfach bezeugt, das heisst, dass sie aus mehreren unabhängigen Quellen stammen (Markus, Spruchquelle, Johannes, apokryphe Evangelien, jüdische Quellen). Zudem hat Jesus seine therapeutische Praxis seinen Jüngern vermittelt (Lk 10,9), und die frühen Christen haben sie nach ihm fortgeführt. Darüber hinaus wird seine Wundertätigkeit von Flavius Josephus bezeugt: Jesus war «der Vollbringer ganz unglaublicher Taten», schreibt er (*Jüdische Altertümer*, XVIII, 3, 3).

Zu diesen Indizien hinzu kommt der Faktor der historischen Plausibilität: Heiler und Wundertäter sind für das 1. Jahrhundert in jüdischen Schriften wie auch bei griechisch-römischen Geschichtsschreibern bezeugt. Diese sind auch namentlich bekannt: Auf jüdischer Seite sind dies Choni, Chanan ha-Nehba, Chanina ben Dosa, Eleazar, auf griechischer Seite Apollonios von Tyana, Kaiser Vespasian oder die anonymen Benutzer der Beschwörungsformeln in den griechischen Zauberpapyri. Von jüdischen Exorzisten als Konkurrenten ist sogar im Neuen Testament die Rede (Mk 9,38; Mt 12,27; Apg 19,13). Zu seiner Zeit war der Mann aus Nazaret weder der erste noch der einzige Wundertäter in Palästina.

Worauf setzten Kranke in der Antike, um wieder gesund zu werden? Eine kleine Elite konsultierte Ärzte, die für ihr Wissen bekannt, aber sehr

---

85 Renan, Das Leben Jesu (s. Anm. 14), Vorwort zur 13. französischen Aufl., IX–XII, hier IX; ders., Examen de conscience philosophique, in: Revue des deux Mondes 94 (1889), 721–737, hier 722.
86 Becker, Jürgen, Jesus von Nazaret, Berlin 1996, 211–213; Meier, Un certain Juif, Jesus II (s. Anm. 80), 457–474.

teuer waren. Ein Echo darauf findet sich in der Geschichte über die Frau mit den Blutungen, die ihr ganzes Vermögen für ärztliche Behandlung ausgegeben hat (Mk 5,26). Eine andere Lösung: Die den Göttern der Heilkunst (Asklepios, Serapis) geweihten Kultstätten aufsuchen, die es in jeder Stadt des Römischen Reiches gab. Grabungen in Jerusalem belegen, dass der Teich Betesda, wo Jesus einen Gelähmten heilte, Asklepios geweiht war, vielleicht schon zu Jesu Lebzeiten (Joh 5,2–9). Die Volksmedizin wiederum wurde von Exorzisten, Magiern und Heilern praktiziert. Von einem charismatischen Heiler wird gesprochen, wenn dieser sich als Medium des Göttlichen darstellt; in diese Kategorie gehört sicherlich Jesus.

Zusammengefasst: Die Fülle der in Dokumenten bezeugten Wunder wie auch die therapeutische Praxis, ganz zu schweigen von der Fortführung der Heilungen in den christlichen Gemeinden, lassen keinen Raum für Zweifel: *Jesus war ein begabter charismatischer Heiler und dank seiner paranormalen Gaben beim Volk erfolgreich.* Seine Wundertaten sind gerade deshalb so bemerkenswert, weil sie sich im Milieu der grossen Gestalten des Judentums ereignen: Weder vom Lehrer der Gerechtigkeit, der Gründergestalt der Qumran-Essener, noch von Rabbi Hillel, einem Zeitgenossen Jesu, noch von Johannes dem Täufer ist therapeutisches Wirken überliefert.

Fülle und Vielfalt

Siebenundzwanzig Wunder werden Jesus zugeschrieben – nicht nur eine hohe Anzahl, sondern auch ganz unterschiedliche Fälle. Vier Kategorien lassen sich unterscheiden. Heilungen sind am stärksten vertreten: insgesamt vierzehn. Sie sind vergleichbar mit der zweiten Kategorie: drei Auferweckungen von den Toten, die zu Unrecht (wir werden sehen warum) als Auferstehungen von den Toten bezeichnet werden. Dritte Kategorie: Die fünf Fälle von Exorzismus, in denen Jesus einen Menschen von einem Dämon oder einem unreinen Geist befreit. Die vierte Kategorie umfasst Naturwunder: Zwei Erzählungen über Seerettung (Jesus stillt den Sturm und schreitet über das Wasser) drei Erzählungen über Freigebigkeit (Brotvermehrung, reicher Fischfang, Verwandlung von Wasser in Wein).[87]

---

87 *Exorzismen:* Mk 1,23–28 und parallel (par) Lk 4,33–37 (Synagoge von Kafarnaum); Lk 5,1–20 par Mt 8,28–34, Mk 8,26–39 (Besessener von Gerasa); Mk 7,24–30 par

Diese Wundertaten waren Gegenstand gegensätzlicher Interpretationen. Nehmen wir als Beispiel Jesu Gang auf dem Wasser (Mk 6,45–52). Wer zur *wortwörtlichen* Lesart tendiert, ist keineswegs erstaunt: Gott, der Herr der Schöpfung, kann, wann immer er will, von den Naturgesetzen abweichen. Für den Anhänger einer *rationalistischen* Lesart, wie etwa Renan, wird das Ereignis zu Unrecht einer übernatürlichen Ursache zugeschrieben; es muss eine andere Erklärung geben (Halluzination der Jünger, eine Jesus bekannte seichte Stelle, Phänomen der Levitation). Wer hingegen für eine *mythische* Lesart plädiert, ist der Auffassung, die Jesus zugeschriebene Leistung sei rein symbolisch und die Erzählung ein Gleichnis. Vertreter der *historisch-religiösen* Lesart wiederum werden sagen, auf dem Wasser zu schreiten sei ein legendäres, göttlichen Menschen vorbehaltenes Wunder, das in die Evangelien eingebaut worden ist.

Bei der Analyse dieser Wunderberichte gilt es zwei Vorsichtsmassnahmen zu beachten. Erstens, von einem «Wunder» zu sprechen, fällt in den Bereich des Glaubensbekenntnisses. Unsere Analyse versucht nicht, das Wunder zu «beweisen», sondern jene Handlungen von Jesus historisch zu rekonstruieren, die die Zeugen und dann die ersten Christen dazu brachten, von Wundern zu sprechen. Das vierte Evangelium verwendet zu Recht den Begriff «Zeichen», um jene Gesten Jesu zu benennen, die auf ein göttliches Eingreifen hindeuten.[88]

Zweitens respektieren wir die Vielfalt der Wundertypen. Ihre Entstehung und ihre Entwicklung unterscheidet sich je nach der Zugehörigkeit zu einer der vier Kategorien. Eine pauschale Meinung über die Berichte – sie *en bloc* zu bestätigen oder abzulehnen –, ist folglich nicht

---

Mt 15,21–28 (Tochter der Syrophönizierin); Mk 9,14–29 par Mt 17,14–21, Lk 9,37–43 (besessener Knabe); Mt 9,32–34 par Lk 11,14 (Stummer). *Heilungen:* Mk 1,29–31 par Mt 8,14–15, Lk 4,38f. (Schwiegermutter von Petrus); Mk 1,40–45 par Mt 8,1–4, Lk 5,12–16 (Aussätziger); Mk 2,1–12 par Mt 9,1–8, Lk 5,17–26 (Gelähmter); Mk 3,1–6 par Mt 12,9–14, Lk 6,6–11 (Mann mit der verkümmerten Hand); Mk 5,25–34 par Mt 9,20–22, Lk 8,43–48 (Frau mit Blutungen); Mk 7,31–37 par Mt 15,29–31 (Taubstummer); Mk 8,22–26 (Blinder); Mk 10,46–52 par Mt 20,29–34, Lk 18,35–43 (Blinder); Lk 7,1–10 (Knecht des Hauptmanns); Lk 13,10–17 (verkrümmte Frau); Lk 14,1–6 (Wassersüchtiger); Lk 17,11–19 (Aussätziger); Joh 5,1–9 (Gelähmter); Joh 9,1–8 (Blindgeborener). *Auferweckung von den Toten:* Mk 5,21–24.35–43 par Mt 9,18f.23–26, Lk 8,40–42.49–56 (Tochter des Jairus); Lk 7,11–17 (Sohn einer Witwe): Joh 11,1–44 (Lazarus). *Naturwunder:* Mk 4,35–41 par Mt 8,23–27, Lk 8,22–25 (Stillung des Sturms); Mk 6,45–52 par Mt 14,22–32, Joh 6,16–21 (Jesu Gang auf dem Wasser); Mk 6,30–44 par Mt 14,13–21, Lk 9,10–17, Joh 6,1–15 und Mk 8,1–10 par Mt 15,32–39 (Brotvermehrung); Lk 5,1–11 par Joh 21,3–7 (reicher Fischfang); Joh 2,1–11 (Kana).

88 Joh 2,11.18.23; 3,2; 4,48.54; 6,2.14.26.30; 7,31; 9,16; 10,41; 11,47; 12,18.37; 20.

empfehlenswert. Wir werden uns insbesondere davor hüten, jenen Erzählungen spontan die Authentizität abzusprechen, die unserem modernen Geist am wenigsten «wahrscheinlich» erscheinen. Beispiel: der Exorzismus. In der Mehrheit der Kulturen der nördlichen Hemisphäre wird die psychische Störung psychiatrisch behandelt. In den Kulturen der südlichen Hemisphäre ist der Exorzismus ein anerkannter und wirksamer therapeutischer Akt. Tobie Nathan plädiert für eine Ethnopsychiatrie, die die therapeutischen Methoden an die Kultur des Subjekts anpasst.[89]

Nun werden wir uns nacheinander den Exorzismen, den Heilungen, den Auferweckungen von den Toten und den Naturwundern (Erzählungen über Seerettungen und Wunder der Freigebigkeit) zuwenden.

Der Exorzismus, ein kosmischer Kampf

Flavius Josephus berichtet über einen Exorzismus, dem er in Gegenwart von Kaiser Vespasian und dessen Gefolge beiwohnte:

> Ich habe zum Beispiel gesehen, wie einer der Unseren, Eleazar mit Namen, in Gegenwart des Vespasianus, seiner Söhne, der Obersten und der übrigen Krieger die von bösen Geistern Besessenen davon befreite. Die Heilung geschah in folgender Weise. Er hielt unter die Nase des Besessenen einen Ring, in dem eine von den Wurzeln eingeschlossen war, welche Solomon angegeben hatte, liess den Kranken daran riechen und zog so den bösen Geist durch die Nase heraus. Der Besessene fiel sogleich zusammen, und Eleazar beschwor dann den Geist, indem er den Namen Solomons und die von ihm verfassten Sprüche hersagte, nie mehr in den Menschen zurückzukehren. Um aber den Anwesenden zu beweisen, dass er wirklich solche Gewalt besitze, stellte Eleazar nicht weit davon einen mit Wasser gefüllten Becher oder ein Becken auf und befahl dem bösen Geiste, beim Ausfahren aus dem Menschen dieses umzustossen und so die Zuschauer davon zu überzeugen, dass er den Menschen verlassen habe.
> (*Jüdische Altertümer*, VIII, 2, 5)

Um den bösen Geist auszutreiben, bediente sich Eleazar, der jüdische Exorzist, mithin einer jener den Rabbis bekannten Zauberschriften, deren Abfassung, so wurde gesagt, auf Salomo zurückging. Eleazars

---

89 Nathan, Tobie / Stengers, Isabelle, Médecins et sorciers, 2. überarb. Aufl., Paris 2012. Vgl. auch Nathan, Tobie, La folie des autres, Paris ²2001.

Technik erinnert unmittelbar an die Evangeliumsberichte: Den bösen Dämon zu bedrohen, ihm zu befehlen, aus dem Menschen auszufahren, seine Rückkehr zu verbieten und seine Austreibung spektakulär zu beweisen.

Das von Jesus verwendete Verb «zurechtweisen» ist typisch für die exorzistische Sprache (*epitimao:* Mk 1,25; 9,25). Greift Jesus vielleicht auf die Formel aus Sach 3,2 zurück: «Der Herr weist dich zurecht, Satan»? Jesus befiehlt dem unreinen Geist ebenfalls, aus dem Menschen auszufahren (Mk 1,25; 5,8; 9,25). Doch die griechischen Zauberpapyri zählen dazu Beschwörungsformeln auf, die dem Nazarener nicht über die Lippen kommen. Das Rückkehrverbot liest sich in der Erzählung über den besessenen Knaben wie folgt: «Stummer und tauber Geist! Ich befehle dir, fahr aus und fahr nie wieder in ihn hinein!» (Mk 9,25). Das Ausfahren wiederum manifestiert sich durch Schreie (Mk 1,26), Krämpfe (Mk 9,26) oder durch Einfahren in Schweine (Mk 5,12 f.). Die exorzistische Technik von Jesus und Eleazar ist mithin identisch, ausgenommen zwei Verfahren mit magischem Beigeschmack: Der Einsatz eines Ritualobjekts (Ring) und von Beschwörungsformeln. Bei Jesus ist die exorzistische Wirkung auf sein Machtwort zentriert.

In einer antiken Welt, in der der Glaube an Geister und Dämonen Teil des Lebens ist, ist der Exorzismus ein bekanntes Phänomen. Dem Einfluss von bösen Geistern zugeschrieben werden Trunkenheit, Ausschweifung oder starke Schmerzen, aber vor allem Persönlichkeitsstörungen: epileptische Krise, dissoziativer Zustand, Psychose. Wenn das Individuum nicht mehr Herr seiner selbst ist, wenn ihm die Gewalt über den eigenen Körper entgleitet, bietet die Umgebungskultur das Einfahren eines bösen Geistes in seinen Organismus als Erklärung an. Die angemessene Therapie ist dann die Vertreibung des Eindringlings.

Im Unterschied zur Heilung ist der Exorzismus ein Kampf gegen die Macht des Bösen. Gegen die dämonische Macht stürzt sich der Heiler in einen Kampf um Leben und Tod; in diesem Kampf, der in der Niederlage des bösen Geistes enden muss, ist jeglicher Kompromiss undenkbar. Da Dämonen als satanische Wesen gelten, *führt der Exorzist einen kosmischen Kampf gegen die Gott feindlichen Mächte*. Von den bösen Geistern wird gesagt, sie würden versuchen, dem Exorzisten zu entgehen, indem sie dessen Namen aussprechen, denn wer den Namen seines Feinds kenne, beherrsche ihn. So werden denn dem Besessenen in der Synagoge von Kafarnaum die folgenden Worte in den Mund gelegt: «Bist du gekommen, uns zu vernichten? Ich weiss, wer du bist: der Heilige Gottes!» (Mk 1,24).

Einmal abgesehen von den fünf aufgeführten Erzählungen werden immer wieder Dämonenaustreibungen Jesu erwähnt.[90] Wie lässt sich die hohe Anzahl erklären? John Dominic Crossan hat die Häufigkeit mit der Situation kolonisierter Gesellschaften, namentlich in Afrika, in Verbindung gebracht.[91] Tatsächlich haben sich die Fälle von dämonischer Besessenheit in besetzten Gesellschaften, wie es Palästina damals war, vervielfacht. Es ist, als würde sich die Entfremdung von der indigenen Kultur und Religion durch eine fremde Kultur auf individueller Ebene in persönlicher Entfremdung niederschlagen. Anders gesagt, das Individuum eignet sich die von seinem Milieu durchlebte soziokulturelle Dissoziation an – von einer herrschenden Macht seiner Identität beraubt. Die Vielzahl der Austreibungen in Jesu Wirken ist Ausdruck des gleichen psychopathologischen Zustands.

Der Fall des Entfremdeten von Gerasa, der in Grabhöhlen haust und sich selbst verstümmelt, entspricht voll und ganz dieser Pathologie; Jesus bedroht die unreinen Geister, die in dem Kranken wohnen, und dieser nennt den Namen: «Legion». Diese Geister flehen Jesus an, sie in eine Schweineherde einfahren zu lassen; die Schweine stürzen sich dann den Abhang hinunter in den See und ertrinken (Mk 5,1–20). Der Text weist Spuren einer späten Redaktion auf, aber er gibt die politische Dimension der von den Einwohnern gefühlten Erniedrigung wieder: Legion ist der Name der römischen Besatzungstruppe, und das Schwein, ein unreines Tier, steht für jene, die das Heilige Land beflecken. *Der soziokulturellen Not des Landes Israel entspricht das gesteigerte Bedürfnis nach Austreibungen.* Deren Fehlen im vierten Evangelium und deren rasche Abnahme unter den ersten Christen bestätigen, dass Exorzismen nicht mehr gefragt waren, ganz im Unterschied zu den Wunderheilungen, deren Notwendigkeit fortdauern sollte.

Satan, vom Himmel gefallen

Die Besonderheit der Exorzismen von Jesus beschränkt sich indes nicht auf das Fehlen von Zauberformeln. Als die Jünger nach ihrer Aussendung zurückkehrten und sich freuten: «Selbst die Dämonen, Herr, sind uns durch deinen Namen untertan», entgegnete Jesus ihnen: «Ich sah

---

90 Kurze Hinweise auf Jesu Dämonenaustreibungen in Mk 1,34.39; 3,11 f.; Lk 7,21; 8,2; 13,32; vgl. auch Mk 3,22 f.
91 Crossan, John Dominic, The Historical Jesus. The Life of a Mediterranean Peasant, San Francisco 1991, 313–318.

den Satan wie einen Blitz vom Himmel fallen» (Lk 10,18). Diese Erklärung ist von höchster Wichtigkeit. Sie ist der Schlüssel zu Jesu Verständnis von seiner Tätigkeit als Exorzist.

Vorab sei festgehalten, dass es sich um eine Vision handelt. Nach der Öffnung des Himmels bei seiner Taufe erzählt Jesus zum zweiten Mal von einer mystischen Vision, was einen veränderten Bewusstseinszustand impliziert. Diese Feststellung, verbunden mit den zahlreichen Bemerkungen in den Evangelien, Jesus habe sich zurückziehen wollen, um zu beten,[92] lässt auf eine mystische Dimension der Person schliessen. Mit dieser Dimension hat sich die christliche Tradition kaum befasst.

Doch was bezweckt diese Vision? Zur Zeit Jesu war der Fall des Satans in den apokalyptischen Schriften ein gängiges Motiv. Das *Leben von Adam und Eva*, das *Testament des Salomon*, das *Slawische Henochbuch*, das *Testament des Levi*, die Kriegsrolle von Qumran, die *Himmelfahrt des Mose, Oracula Sibyllina (Christliche Sibyllinen)* – alle diese Schriften sprechen von dem sehnlichst erwarteten Augenblick, da der Fürst der Finsternis seine Macht verlieren wird, im Himmel besiegt von Gott und mit seinen Engeln auf die Erde hinabgeworfen.[93] Diese Hoffnung findet sich auch im Buch der Offenbarung; dort wird der Drache im Himmel besiegt und mit seinen Engeln auf die Erde hinabgeworfen (Offb 12,7–9).

Das Böse möge enden und von Gott vernichtet werden – nach dieser Zukunft strebt die jüdische Apokalyptik zur Zeitenwende. Doch was «sieht» Jesus? Ihm wird offenbart, dieser ersehnte Moment sei gekommen. Die lange gehegte Hoffnung, die Macht des Satans werde besiegt, ist erfüllt. Die Austreibungen Jesu und seiner Jünger bedeuten nicht bloss die Befreiung einiger Individuen; sie drängen das Böse zurück – hier und jetzt. *Wenn sich die Dämonen zurückziehen, bricht die Macht des Bösen in der Welt zusammen.* Der Ursprung dieser Revolution ist nicht Jesus, sondern Gott. Denn Gott allein besitzt die Macht, den Satan zu besiegen und ihn aus dem Himmel zu werfen. Jesus interpretiert seine Austrei-

---

92 Mk 1,35; 6,46; 14,32–42. Lk 3,21; 5,16; 6,12; 9,18.28 f.; 11,1 (Lukas könnte diese Erwähnungen vervielfacht haben).
93 Leben von Adam und Eva 12; Testament des Salomon 20,14–17; Slawisches Henochbuch 29,4 f.; Testament des Levi 18,12–14, Kriegsrolle 1QM 6,5 f. und 15,12–16,1; Himmelfahrt des Mose 10,1 f.; Oracula Sibyllina 3,797–808. Vgl. Grappe, Christian, Jésus exorciste à la lumière des pratiques et des attentes de son temps, in: Revue biblique 110 (2003), 178–196; Evans, Craig A., Exorcisms and the Kingdom. Inaugurating the Kingdom of God and Defeating the Kingdom of Satan, in: Bock, Darrell L. / Webb, Robert L. (Hg.), Key Events in the Life of the Historical Jesus (Wissenschaftliche Untersuchungen zum Neuen Testament 247). Tübingen 2009, 151–179.

bungspraxis also theologisch, wenn er sieht, wie Gott dank ihr den Verheerungen des Bösen in der Menschheit ein Ende bereitet. In seinen Händen liegt das Heil, und die Macht des Bösen wird dadurch ausgeschaltet.

Die grundlegende Bedeutung dieser Vision wurde vor mehr als einem Jahrhundert von Johannes Weiss erkannt; für ihn ist diese Vision das Gründungsereignis von Jesu Berufung.[94] Dass die Taufvision zeitlich voraus liegt, relativiert diese Einschätzung. Gleichwohl finden wir hier das Fundament des Wirkens von Jesus als Heiler. *Jesus heilte nicht, weil er über eine gute ärztliche Technik verfügte; seine therapeutische Kompetenz stand im Dienst des Kampfes von Gott gegen das Böse.*

Beelzebul: der Verdacht

Eine Antwort von Jesus auf an ihm geäusserte Kritik bestätigt diese Überlegungen. Die Kritik lautet: «Der treibt doch die Dämonen nur durch Beelzebul aus, den Fürsten der Dämonen!» (Mt 12,24). Die ersten Christen hätten das gewiss nicht erfunden! Beelzebul ist der Spitzname einer Baalgottheit in Syrien *(Baal-Zebul)*. Wer sagt, Jesus treibe die Dämonen durch Beelzebul aus, beschuldigt ihn, im Namen eines satanischen Geistes Magie zu betreiben. Die Kritik, es sei eigens vermerkt, betrifft nicht die Austreibungen von Jesus und deren Wirksamkeit, sondern den Ursprung seiner Macht.

> Weil er sie aber durchschaute, sagte er zu ihnen: Jedes Reich, das in sich gespalten ist, wird verwüstet, und jede Stadt oder jede Familie, die in sich gespalten ist, hat keinen Bestand. Und wenn der Satan den Satan austreibt, ist er in sich gespalten. Wie kann dann sein Reich Bestand haben? Wenn nun ich durch Beelzebul die Dämonen austreibe, durch wen treiben dann eure Söhne und Töchter sie aus? Darum werden *sie* eure Richter sein. Wenn ich jedoch durch den Geist Gottes die Dämonen austreibe, dann ist das Reich Gottes zu euch gelangt. Wie kann jemand in das Haus des Starken eindringen und seine Habe rauben, wenn er nicht zuvor den Starken gefesselt hat? Dann erst wird er sein Haus ausrauben. (Mt 12,25–29)

Was antwortet Jesus? Zuerst wird er ironisch: Wie kann man im Namen des Bösen das Böse bekämpfen? Ihm vorzuwerfen, er stütze sich auf Satan, um eben diesen Satan zu bekämpfen, ist absurd. Die Austreibung

---

94 Weiss, Johannes, Die Predigt Jesu vom Reiche Gottes (1892), Göttingen ³1964, 92–96.

wirkt, weil sie von Gott kommt. Dann folgt die entscheidende Aussage: «Wenn ich jedoch durch den Geist Gottes die Dämonen austreibe, dann ist das Reich Gottes zu euch gelangt.» Einhellig sehen die Wissenschaftler darin ein Wort des Nazareners, allerdings nicht in der von Matthäus gewählten Form. Denn dieser Evangelist hat, was er sonst nicht tut, dessen Gehalt verändert. Lukas hat eine ältere Fassung bewahrt: «Wenn ich jedoch *durch den Finger Gottes* die Dämonen austreibe, dann ist das Reich Gottes zu euch gelangt» (Lk 11,20).

Höchst interessant ist die eigenartige Formulierung «durch den Finger Gottes». In der Hebräischen Bibel[95] taucht sie nur selten auf, aber sie ist in Ex 8,15 zu lesen, und zwar in einem Kontext, der sich mit der Debatte über die Austreibungen Jesu deckt. Wir befinden uns in Ägypten. Aaron fordert den Pharao durch Wunderzeichen heraus (die berühmten «Plagen»), damit er den Israeliten erlaubt, das Land zu verlassen. Mit der dritten Plage kamen die Mücken über Menschen und Tiere. Auch die Wahrsager Ägyptens versuchten mit ihren Zauberkräften Mücken hervorzubringen, aber es gelang ihnen nicht. Angesichts des Erfolgs von Aaron staunten sie und sprachen: «Das ist der Finger eines Gottes. Aber» – so der Text weiter – «das Herz des Pharao blieb hart [...].»

Mit dem «Finger» wird ein effizientes Eingreifen bezeichnet. In ihrer Antwort an den Pharao verneigen sich die Magier vor einer göttlichen Macht, der sie nicht gewachsen sind. Ex 8 spricht nicht ausdrücklich von Dämonen, wird aber von der rabbinischen Tradition so interpretiert: «Als die Bilderschriftkenner [...] sahen, dass sie die Mücken nicht hervorbringen konnten, erkannten sie, dass es Werke Gottes und nicht Werke der Dämonen waren.»[96] Der Rückgriff auf diese Formulierung in Exodus verleiht der Erklärung von Jesus ihr ganzes Gewicht. Die Formulierung bezeugt, dass seine exorzistische Macht göttlichen und nicht dämonischen Ursprungs ist, wobei er zugleich seinen Gegnern die Rolle des ungläubigen Pharaos zuweist. Daran zweifeln, dass der Finger Gottes durch Jesus agiert, heisst, in der Verhärtung des Pharaos zu bleiben. Den göttlichen Ursprung der Austreibungen anerkennen, heisst nicht nur, sich auf die Seite von Jesus, sondern auf die Seite Gottes zu stellen.

Der Schluss der Rede verdient unsere Aufmerksamkeit: «[...] dann ist das Reich Gottes zu euch gelangt» (Mt 12,28). Das entsprechende Verb, *phanto*, bedeutet «erreichen», «ankommen», «hier sein». Das Reich Got-

---

95   Ex 8,15 und 31,18. Dtn 9,10. Im Plural: Ps 8,4.
96   Exodus Rabba zu Ex 10,7 (*ad* Ex 8,15).

tes ist nicht mehr nur nahe, wie die Zusammenfassung der Verkündigung Jesu besagt (Mk 1,15); vielmehr ist es gekommen, es ist «über uns gekommen» (so die wörtliche Übersetzung der Redewendung).

Die Behauptung ist, es sei gesagt, ungeheuerlich: Jesus erklärt, dass seine Austreibungen aus dem erwarteten Reich eine reale Gegenwart machen. Wir finden hier, ins Positive gewendet, was Lk 10,18 negativ ausdrückte. Die Aussage, Satan sei vom Himmel gefallen und seiner Macht beraubt, heisst folglich, anzuerkennen, dass Gott sein Reich errichtet hat. Dort, wo das Böse sich eingenistet hatte, regiert nun Gottes Recht. Gott ist dort gegenwärtig, wo die Menschen von den entfremdenden Mächten befreit sind. Wir berühren hier den Punkt, an dem sich Jesus vom Täufer gelöst hat.

Der Nazarener hat die Botschaft des Johannes nicht bloss um die Komponente der Wunder ergänzt; der Erfolg seiner Wunder führte ihn dazu, die Botschaft umzuwandeln. Sein Erfolg als Exorzist hat ihm enthüllt, dass das Reich Gottes, dessen überwältigendes Kommen Johannes erwartete, sich bereits jetzt ereignet. Die Gegenwart des Gottesreichs ist für ihn nicht das Resultat einer theologischen Argumentation, vielmehr die Frucht einer visionären Offenbarung, gekoppelt an seine Fähigkeit, die Individuen von ihren Dämonen zu befreien. *Das «bereits gegenwärtige Reich» ereignet sich in den Händen des heilenden Jesus.* In diesem Sinn ist Jesus, anders als es die Apokalyptiker mit ihren futuristischen Trugbildern sein mochten, kein spekulativer Theologe; er ist ein pragmatischer Theologe. Er entdeckt eher den tätigen Gott, als dass er über dessen mögliches Kommen spekulieren würde.

Jesus, der Therapeut (die Heilungen)

Neben den Exorzismen finden wir eine grosse Zahl von Heilungen. Fieber, Lähmung, Blindheit, Taubheit, Stummheit, Lepra: Jesus wendet eine breite Palette von Therapien an. In der Antike, auch in Israel, schrieben die Menschen den Krankheiten zwei mögliche Ursachen zu: die Präsenz eines Dämons oder fehlende Lebensenergie. War Letzteres der Fall, bestand die Therapie im Energietransfer vom Therapeuten auf den Kranken. Eine Spur davon findet sich in einer Erzählung: der Heilung der Frau mit den Blutungen (Mk 5,25–34). In dem Augenblick, da sie Jesus berührte, spürte sie, dass die Blutungen in ihrem Körper aufhörten, und Jesus fühlte, dass eine Kraft von ihm ausgegangen war.

Das Markusevangelium hat wie kein anderes die Erinnerung an die therapeutischen Gesten des Nazareners bewahrt: das Berühren, den Einsatz des Speichels. Einem Taubstummen legt er die Finger in die Ohren und berührt seine Zunge (Mk 7,33). Einem Blinden spuckt er in die Augen und legt ihm die Hände auf (Mk 8,23). Im Altertum war die heilende Wirkung des Speichels bekannt.[97]

Aber was unterschied Jesus von den Heilern seiner Zeit?

Ihr *modus operandi* scheint identisch zu sein, denn auch Letztere setzten auf therapeutische Berührung und Speichel. Diese Nähe führte zur Frage, ob der Nazarener nicht einfach ein Magier sei, dessen therapeutische Handlungen von den ersten Christen in ihren Erzählungen verschönert und verherrlicht wurden.[98] Von aussen gesehen, das ist unbestreitbar, mochten sich die therapeutischen Akte Jesu kaum von denjenigen der Volksmedizin unterscheiden. Im Übrigen wurden sie, wie wir gesehen haben, als Werke des Beelzebul eingestuft – was einer Bezichtigung der schwarzen Magie gleichkommt. Doch bei genauerer Textlektüre treten klare Unterschiede zutage.

Anders als die Zauberer setzt Jesus seine Fähigkeit nie ein, um Unheil oder Schaden anzurichten. Die berühmt-berüchtigte «Verfluchung des Feigenbaums», die manchmal als Gegenbeispiel herangezogen wird, ist lediglich eine prophetische Symbolgeste, um die künftige Nutzlosigkeit des Tempels anzukündigen (Mk 11,12–14.20). Zudem lässt sich Jesus nie für seine Heilungen bezahlen. Er verwendet keinerlei Beschwörungsformeln. Er macht kein Aufhebens um seine magischen Fähigkeiten. Er gibt nicht vor, Druck auf die Gottheit auszuüben, um das zu erlangen, was er will. In den Evangelien kommen diese für die antike Magie typischen Merkmale nicht vor. Zwar geben der Talmud und der Philosoph Celsus im 2. Jahrhundert vor, Jesus habe sich während seines Aufenthalts in Ägypten mit Maria und Josef von Zauberern unterrichten lassen,[99] doch die Evangelien schreiben ihm weder eine heimliche Ausbildung noch den Einsatz von geheimnisvollen Formeln zu.

Hingegen zeichnen zwei Besonderheiten die therapeutische Praxis des Nazareners aus:

---

97 Aristoteles, Historia Animalium, VIII, 29, 607a, 29f. Plinius der Ältere, Naturalis Historia, VII, 2, 13–15; Aelianus, Claudius, De natura animalium, 9, 4; *t*Sanhedrin 12, 10; *b*Sanhedrin 101a; Avot de-Rabbi Nathan A 36.

98 Smith, Morton, Jesus the Magician, San Francisco 1978 [dt.: Jesus der Magier, München 1981]; Crossan, The Historical Jesus (s. Anm. 91), 402–468.

99 Talmud: *b*Shabbat 104b; Celsius: Origenes, Gegen Celsus, I, 28. Der erste Beleg dafür, dass Jesus «als Zauberer» bezeichnet wurde, stammt aus den Jahren 150–160 und steht bei Justin dem Märtyrer, Erste Apologie, 30, 1, sowie Dialog mit dem Juden Trypho, 69, 7 (den Juden zugeschriebene Aussagen).

Erstens, das haben wir bereits bezüglich der Austreibungen festgestellt, *schreiben die Heilungen Jesu das Einbrechen des Gottesreichs in den Körper des Menschen ein.* In seiner Antwort an die vom Täufer entsandten Jünger verbindet Jesus die Heilungen mit dem Kommen des Reiches Gottes: «Geht und erzählt Johannes, was ihr hört und seht: *Blinde sehen* und *Lahme gehen, Aussätzige werden rein* und *Taube hören,* und *Tote werden auferweckt,* und Armen wird das Evangelium verkündigt; und selig ist, wer an mir keinen Anstoss nimmt» (Mt 11,4–6). Diese in den Weissagungen des Jesaja angekündigten eschatologischen Zeichen[100] treten in der Gegenwart in den Händen Jesu auf. Nicht *ein* wundertätiger Rabbi in Israel hatte den Anspruch, durch sein heilendes Wirken greife das Reich Gottes ein. Für Jesus ist jedes Wunder eine Aktivierung des Reiches Gottes in der Welt.[101]

Zweitens findet sich in den Heilungsgeschichten mehrmals eine Aussage, die bei den antiken Heilern nirgendwo auftaucht: «Dein Glauben hat dich gerettet» (Mk 5,34; 10,52); oder «Dir geschehe, wie du geglaubt hast» (Mt 8,13; 9,29; vgl. Mk 7,29). Die therapeutische Wirksamkeit so stark mit dem Glauben der Person zu verknüpfen ist unerhört. *Jesus spricht dem Individuum bei seiner Heilung eine derart entscheidende Rolle zu, dass von Synergie zwischen dem Wundertäter und dem Kranken gesprochen werden kann.* Durch das Wort des Heilers erhält die geheilte Person mithin einen entscheidenden Anteil am Wunder. Die hier sichtbar werdende Überzeugung findet sich in mehreren Jesusworten über den Glauben. Dem Vater des epileptischen Kindes, der ihn anfleht, ihm zu helfen, antwortet Jesus: «Alles ist möglich dem, der glaubt» (Mk 9,23). Es gilt, die Bedeutung des Dativs («dem, der glaubt») zu respektieren: Es wird nicht gesagt, dass der, der glaubt, alles tun kann, sondern dass Gott alles möglich macht *für* denjenigen, der glaubt. Dieselbe Überzeugung kommt im Jesuswort über den Glauben, der Berge versetzt, zum Ausdruck: «Habt Glauben an Gott! [...] Alles, worum ihr betet und bittet, glaubt nur, dass ihr es empfangt, so wird es euch zuteil werden» (Mk 11,22.24).

Verbinden wir diese beiden Besonderheiten der Heilungen Jesu (Dimension des Reiches und Anteil des Kranken), erschliesst sich uns,

---

100 Jes 26,19; 29,18f.; 35,5f.; 42,18; 61,1. Vgl. auch Jubiläenbuch 23,26–31; 1Henoch 25,5f.; 4Esra 8,53f.; Baruch 73,2f. usw.

101 Anders formuliert Gerd Theissen den gleichen Gedanken: «Jedes Wunder kann als Epiphanie verstanden werden.» Ders., Urchristliche Wundergeschichten. Ein Beitrag zur formgeschichtlichen Erforschung der synoptischen Evangelien (Studien zum Neuen Testament 8), Gütersloh ⁶1990, 102.

dass *beide Partner, Jesus und der Kranke, gemeinsam teilhaben am Glauben an die heilende Kraft Gottes*. Annette Merz drückt das so aus: «Die Wunder Jesu sind das Ergebnis des geteilten Glaubens an eine bessere Welt, die im Werden begriffen ist, und die partielle Verwirklichung dieser besseren Welt.»[102] Wie jeder Exorzismus die Herrschaft Gottes in einer dem Satan unterworfenen Welt erweitert, so versetzt jede Heilung das Individuum in seine richtige Beziehung zu Gott. In Israel gilt Krankheit denn auch als eine der Konkretisierungen von Sünde in der Welt. In dieser vom Leiden verunstalteten Welt, errichtet das Wunder eine Insel des Heils.

Die Formel: «Dein Glaube hat dich gerettet» ist in ihrem umfassenden Sinn zu verstehen: Dein Vertrauen in Gott hat deinen Körper geheilt, aber es hat dich auch wieder in jenes Einvernehmen mit Gott gestellt, das Heil genannt wird.

Die Auferweckungen von den Toten

Verstörender sind die drei Berichte über eine Auferweckung von den Toten (einziger Sohn in Nain, Tochter des Jairus sowie Lazarus; Lk 7,11–17, Mk 5,21–24.35–43 und Joh 11,1–44). Weshalb ist die Bezeichnung «Auferstehung von den Toten» irreführend? Auferstehung ist nicht die zeitlich begrenzte Verlängerung des Lebens, sondern die Einführung durch Gott in ein anderes, mit der himmlischen Welt verbundenes Leben. Nicht das haben die drei erwähnten Personen erlebt, sondern eine unerwartete Verlängerung ihrer Existenz in der Welt. Es handelt sich mithin um eine Zugabe zum Leben, die nicht vor einem späteren Tod bewahrt. Das Hinscheiden ist lediglich aufgeschoben.

Eine erste, wichtige Bemerkung: Die drei Geschichten unterscheiden sich, was ihre literarische Gestaltung betrifft, in keiner Weise von den Heilungsberichten. Die einzige Veränderung ist die Erwähnung des erfolgten Todes der Person. Diese Ähnlichkeit lässt vermuten, dass sie in der Vorstellung der Evangelisten nicht ein eigenes Genre bilden, vielmehr einen Sonderfall der Therapien Jesu.

Eine zweite Feststellung verstärkt diesen Gedanken: Die zweite bereits erwähnte Krankheitsursache ist fehlende Lebensenergie. In diesem Sinn stellt der Tod das Energieniveau Null dar.

---

102 Merz, Annette, Les miracles de Jésus et leur signification, in: Dettwiler, Andreas (Hg.), Jésus de Nazareth. Études contemporaines (Le monde de la Bible 72), Genf 2017, 173–194, hier 193.

Dritte Feststellung: In der damaligen Zeit war die ärztliche Kunst dürftig. Die Unterscheidung zwischen Koma, Fehlen üblicher Lebenszeichen oder klinischem Tod überstieg eindeutig die damaligen Diagnosemöglichkeiten. In seinem Werk über den hellenistischen Heiler Apollonios von Tyana (1. Jh.) erzählt Philostratos von der Auferweckung eines am Tag seiner Hochzeit angeblich verstorbenen Mädchens. Und er kommentiert: «Ob er nun noch einen Lebensfunken in ihr vorgefunden, den die Ärzte nicht wahrgenommen [...] oder ob er das erloschene Leben wieder zurückrief und anfachte, das vermag ich nicht zu ermitteln [...]» (*Apollonios von Tyana*, 4, 45). Aufgrund dieser drei Feststellungen wird einsichtig, dass *die Wiederbelebung eines Sterbenden oder eines «Toten» möglicherweise als Höhepunkt, als ultimativer Fall einer Heilung verstanden wurde.*

Unser Zögern angesichts dieser Art des Eingreifens von Jesus ist vergleichbar mit jenem des Philostratos. Richtig ist, dass in der antiken Literatur Geschichten von der Auferweckung von Toten zirkulierten – sowohl auf griechisch-römischer Seite (Diogenes Laertios, Apuleios, Philostratos) als auch auf jüdischer Seite (Elija und Elischa).[103] Dachten die ersten Christen, ihr Herr könne nicht weniger erreichen als Elija und Elischa? Die Nähe ist tatsächlich auffallend: Im Wunder von Nain wird der Sohn einer Witwe wiederbelebt, wie dies Elija in Zarefat getan hatte (1Kön 17,17–24); Jairus beklagt seine Tochter wie die Schunammitin ihren Sohn bei Elischa (2Kön 4,18–37). Doch die Hypothese, diese Geschichten seien historisch nicht verbürgt, ist nicht robust; in ihnen wimmelt es von Einzelheiten (Ort, Verwandte, Gesten und Worte Jesu), die blosse Fiktion unwahrscheinlich machen. Im Fall der Tochter des Jairus in Mk 5 werden der Name des Vaters, sein Dialog mit Jesus, das Alter der Tochter (12 Jahre) und die aramäische Wendung von Jesus *talitha kum* («Mädchen, steh auf») erwähnt – alles Präzisierungen, die mit der Vorstellung einer christlichen Erfindung kaum in Einklang zu bringen sind.

Der historische Kern dieser Ereignisse ist uns nicht bekannt, *aber diese sind im Leben des Nazareners verwurzelt.* Sicher ist, dass nach Ostern

---

103 Diogenes Laertios, Leben und Lehren der berühmten Philosophen, 8, 69 (Empedokles rettet Panthea); Apuleios, Florida (Blütenlese), 19 (ein Asklepiade rettet einen Mann, der begraben wird); Philostratos, Apollonios von Tyana, 4, 45 (Apollonios rettet ein Mädchen); 1Kön 17,17–24 (Elija rettet den Sohn einer Witwe in Zarefat); 2Kön 4,18–37 (Elischa erweckt das tote Kind der Schunammitin); vgl. auch 2Kön 13,20f. In der Apostelgeschichte: 9,36–43 (Petrus rettet Tabita); 20,7–12 (Paulus rettet Eutychus).

diese letzten Heilungen im Lichte der Auferstehung verstanden wurden. Doch bereits zu Lebzeiten Jesu mussten sie die Menschen verblüffen; andernfalls wären sie ihnen nicht in Erinnerung geblieben.

Zu beachten ist allerdings, dass die Deutung der Evangelisten nicht auf die Extremkonstellation der drei Ereignisse fokussiert, sondern auf die Tatsache, dass Menschen, die für ihre Angehörigen anscheinend verloren sind, ihnen zurückgegeben werden: In Nain erhält eine Mutter ihren Sohn zurück (Lk 7,15), die Familie des Jairus gibt dem Mädchen zu essen (Mk 5,43), Lazarus trifft seine beiden Schwestern Marta und Maria (Joh 12,2f.). Mehr als ein wieder zum Leben erweckter Körper zählt die Wiederherstellung der liebenden Beziehung.

Die Naturwunder

Die vierte Kategorie von Wundern umfasst Naturwunder: Jesus beruhigt einen Sturm und geht auf dem Wasser (Rettungsgeschichten). Jesus vermehrt die Brote, Jesus ermöglicht einen grossen Fischfang und verwandelt Wasser in Wein (Wunder der Freigebigkeit). Gemeinsam sind diesen Erzählungen zwei Merkmale: Zum einen schreiben sie dem Nazarener die Macht zu, nicht nur die Menschen, sondern auch die Naturelemente zu verwandeln; zum anderen greifen sie auf Themen zurück, die in der gesamten religiösen Welt der Antike verbreitet sind. Das Phantastische, das sie enthalten, hat seit jeher die Volksseele berührt, und man könnte darauf wetten, dass dieselbe Begeisterung auch an ihrer Erarbeitung in den frühen christlichen Gemeinden beteiligt war. Das Wundersame ist nicht zeitbedingt.

So wird die Macht, *den Sturm zu stillen* (Mk 4,35–41), häufig erwähnt. Von den persischen Magiern wird gesagt, sie hätten die Winde beruhigt und so die Flotte des Xerxes gerettet; von Orpheus, er habe mit seinem Gesang die Wogen geglättet, von der ägyptischen Göttin Isis, sie sei die Schutzherrin der Seefahrer, vom Philosophen Empedokles, er habe Gewalt über Regen und Wind – und die Reihe liesse sich verlängern.[104] Auch der Gott Israels wird als Herr über die Wasser gefeiert (Ps 89,10; 107,23–30). In den jüdischen Geschichten über die Stillung von Stür-

---

104 Herodot, Historien, 7, 191; Philostratos von Lemnos, Die Bilder, II, 15, 1; Isidoros, Hymne, 1, 39.43.49.50; Iamblichos, Über das pythagoreische Leben, 28, 135; Clemens von Alexandria, Stromata, VI, 3, 30, 1. Weitere Hinweise: Cotter, Wendy, Miracles in Greco-Roman Antiquity. A Sourcebook for the Study of New Testament Miracle Stories, London 1999, 131–160.

men, ist stets Gott der Wundertäter.[105] Der *Gang über das Wasser* gilt einem Menschen, nicht aber einem göttlichen Wesen als unmöglich; die Griechen schreiben ihn ihren Helden (Xerxes, Alexander der Grosse) zu, die Römer ihren Kaisern (Caligula), die Juden ihren Königen (Antiochus IV.).[106]

Die *Brotvermehrung* (Mk 6,30–44; 9,1–10) weckt Erinnerungen an vergleichbare Werke von Elija (1 Kön 17,7–16) und Elischa (2 Kön 4,1–4; 4,42–44). Die Macht, Speisen zu vermehren, wird den ägyptischen Magiern, dem jüdischen Heiler Chanina ben Dosa und dem römischen König Numa zugeschrieben.[107] Demselben Muster folgt die Geschichte von den ausgeworfenen Netzen und der *grossen Menge Fische*, die sie fingen (Lk 5,1–11). Das Wunder von der Umwandlung von *Wasser in Wein* bei der Hochzeit in Kana wiederum (Joh 2,1–11) spielt auf ein Thema an, das sowohl die jüdische Hoffnung auf das eschatologische Festmahl als auch den griechischen Dionysoskult alimentiert.

Offensichtlich haben die ersten Christen ihrem Herrn jene wunderbaren Fähigkeiten verliehen, die in der Kultur ihrer Zeit aussergewöhnlichen Wesen zugeschrieben wurden. Der Fall des grossen Fischfangs ist bezeichnend: Der Evangelist Johannes verlegt ihn auf Passa und schreibt ihn dem Auferstandenen zu (Joh 21,3–6), während Lukas ihn auf den Zeitpunkt der Berufung des Petrus vorverlegt. Gleiches gilt für weitere Naturwunder: Sie verleihen dem Zimmermann aus Nazaret die Züge des österlichen Christus. In dieser Hinsicht können wir von einer österlichen Rückprojektion in der Biografie des Nazareners sprechen.

Was also bleibt von diesen Erzählungen, sind sie einmal ihres österlichen Anstrichs entledigt?

Es bleiben Momente im Leben von Jesus mit seinen Jüngern. Die Seerettung verweist auf die zahlreichen Überquerungen des Sees Gennesaret durch Jesus und seine Gruppe. Die Brotvermehrung nimmt die Mahlzeiten mit Jesus samt dem grosszügigen Angebot zur Tischgemeinschaft auf. Kana spielt auf Jesu Antwort auf die Vorwürfe an, er faste nicht mit seinen Jüngern: «Können denn die Hochzeitsgäste fasten, solange der Bräutigam bei ihnen ist?» (Mk 2,19). *Diese Momente verschafften den Jüngern denkwürdige Erinnerungen; aufgrund ihres starken Symbolgehalts boten sie sich an, nach Ostern in Wunder verwandelt zu werden.*

---

105 Jona 1; Testament des Naphtali 6,1–10; *b*Baba Metsia 59b; *j*Berakot 9,1.12c–13c.
106 Dion Chrysostomos, Dritte Rede 31; Menander, Fragment 924K; Sueton, Leben der Caesaren, IV, 22,2 f.; 2 Makk 5,21.
107 *b*Taanit 24b–25a; Origenes, Gegen Celsus, 1,68; Plutarch, Numa, 15,2 f.

Weshalb fiel die Auswahl auf diese und nicht auf andere Erinnerungen? Wie dies etwa die Schüler von Rabbi Elieser (um 90) taten, denen wir den Bericht über das folgende, ihrem Meister zugeschriebene Wunder verdanken: Um die Richtigkeit seiner Auslegung einer Torastelle zu beweisen, befahl Elieser einem Johannisbrotbaum, sich mitsamt Wurzeln aus der Erde zu lösen und sich weiter weg wieder einzupflanzen (*Baba Metsia* 59b). Der Grund scheint mir folgender zu sein: Jesu Jünger haben von ihrem Meister keine selbstrechtfertigenden Wunder bewahrt; vielmehr haben sie diese Wunder ausgewählt, weil sie vom heilenden Jesus stammen. Im Zuge von Ereignissen, die wir im Einzelnen nicht rekonstruieren können, haben sie einen Jesus erfahren, der sie von ihren Ängsten, ihrer Zerbrechlichkeit und ihrem Gefühl des Scheiterns heilte. Es ist die ihrer intensiven Befreiungserfahrung angemessene Erzählung.

Die Wundererzählung, ein Protest gegen das Böse

An Ende unserer Analyse bestätigt sich, dass die Jesus zugeschriebenen Wunder je nach der ihnen zugewiesenen Kategorie zu bewerten sind. Austreibungen und Heilungen binden Jesus in die therapeutische Praxis seiner Zeit ein, allerdings mit unbestreitbar eigenständigen Zügen: Sie konkretisieren in der Gegenwart die Sichtbarkeit des Reiches Gottes und werten den Glauben der Person im Heilungsprozess auf («Geh, dein Glaube hat dich gerettet»). Die Toten auferwecken, das ist das ultimative Heilungsphänomen. Die Naturwunder wiederum überhöhen ein mit dem Nazarener erlebtes Befreiungsgeschehen und verleihen ihm wundersame Züge.

Weshalb wurden die Wunder Jesu in dieser Fülle weitererzählt? Weil sie ein Protest sind gegen die Verheerungen des Bösen, die die Menschheit verunstalten. Weil sie deklarieren, dass das Leiden kein Schicksal ist und noch weniger eine Strafe Gottes. Weil die Verbindung mit dem Reich Gottes zu verstehen gibt, dass die Verwandlung des Körpers eine Verwandlung der Welt symbolisiert, in der Gott in seinem Wohlwollen für die Menschen anerkannt ist.

Eine apokryphe Erzählung, *Die Taten des Petrus und der zwölf Apostel*, setzt den auferstandenen Christus als Arzt in Szene, der die Apostel aufruft, selbst zu pflegen. Als diese erwidern, sie hätten die ärztliche Kunst nicht erlernt, antwortet Jesus, mit der Pflege der Körper liessen sich auch die Seelen pflegen (11,6–21). Jesus, ein Seelendoktor? Was die Schrift des 2. Jahrhunderts erkannt hat, ist die Besonderheit des therapeutischen Wirkens Jesu, verglichen mit der medizinischen Praxis seiner Zeit. Die hippokratische griechische Heilkunst nimmt die Symptome zum Ausgangspunkt, um das kranke Organ zu erkennen. Weil sie nach der Ursache der organischen Dysfunktion sucht, können wir sie «pathogenetisch» nennen, was nichts anderes heisst, als dass sie auf den Ursprung des Leidens fokussiert. Das therapeutische Wirken Jesu ist nicht pathogenetisch, sondern (ich wage den Begriff) *salutogenetisch*:[108] Es bringt den Kranken in einen Zustand der Vergebung, des gefühlten Mitleids, des Wohlergehens mit Gott – in einem Wort: des Heils, das Jesus unter dem Begriff «Reich Gottes» fasst. Diese therapeutische Praxis verknüpft Körperliches und Spirituelles in einem ganzheitlichen Menschenbild.

An diesem Punkt taucht ein Rätsel auf: Wie kann Jesus das Reich Gottes als kommend ankündigen und zugleich erklären, mit seinen Austreibungen und Heilungen sei genau dieses Reich bereits gegenwärtig? Dieses Rätsel gilt es zu untersuchen – es ist Gegenstand des nächsten Kapitels.

---

108 Bendemann, Reinhard v., Die Heilungen Jesu und die antike Medizin, in: Early Christianity 5 (2014), 273–312, bes. 299–302.

Kapitel 5
Der Poet des Gottesreichs

Die Herrschaft (oder das Reich) Gottes steht im Mittelpunkt von Jesu Verkündigung und Wirken. Nur selten ist diese Zentralität bestritten worden, sind doch die Beweise erdrückend. Die Formel «Reich Gottes» oder in der matthäischen Version «Reich des Himmels» liest sich fünfundsechzig Mal in den Evangelien;[109] hinzu kommen zweiundzwanzig Erwähnungen im apokryphen *Thomasevangelium*. Sie taucht in allen Formen der Reden Jesu auf: in Gleichnissen, Ermahnungen, Kontroversen, Sentenzen. Die Statistiken zeigen zudem, dass es sich hier um eine Formel aus seinem eigenen Sprachgebrauch handelt. Die Schriften des Judentums des zweiten Tempels[110] greifen selten auf die Formel *malkut JHWH* («Reich Gottes», «Königsherrschaft Gottes»[111]) zurück. Nach Jesus nimmt deren Gebrauch bei den ersten Christen rapide ab: Der Apostel Paulus erwähnt sie selten, das Johannesevangelium noch seltener. *Dieser statistische Befund versetzt uns in die aussergewöhnliche Situation, dass wir auf eine Jesus eigene Formel stossen, die nach ihm kaum mehr tradiert wurde.* Ausserhalb des palästinischen Judentums, wo der Ausdruck «Reich Gottes» beheimatet war, verlor er rasch sein Sinnpotenzial.

---

109 Markus und Parallelen: 12 Erwähnungen; Spruchquelle (Mt/Lk): 11; Lk: 14 eigenständige Erwähnungen; Mt: 26 eigenständige Erwähnungen; Joh: 2 Erwähnungen. Mit der Formel «Reich des Himmels» ersetzt Matthäus den rabbinischen Sprachgebrauch durch denjenigen von Jesus.
110 So bezeichnet wird im Judentum die Epoche von der Rückkehr aus der Babylonischen Gefangenschaft (Mitte 6. Jh. v. u. Z.) bis zur Zerstörung des Jerusalemer Tempels durch die römischen Legionen (70 n. Chr.).
111 Der Begriff wird nur selten erwähnt: Ps 103,19; Dan 4,31; 6,27; 1Chr 17,14; 28,5; 2Chr 13,8; Weish 6,4; 10,10; Tob 13,2; Psalmen des Salomo 5,18; 17,3 usw. Zusammenstellung bei Camponovo, Odo, Königtum, Königsherrschaft und Reich Gottes in den frühjüdischen Schriften (Orbis Biblicus et Orientalis 58), Fribourg/Göttingen 1984.

Das Problem taucht in dem Moment auf, wo man versucht, die Wirklichkeit, von der Jesus spricht, in der Zeit festzulegen. Das Reich Gottes – gehört es der Zukunft oder der Gegenwart an?

Schauen wir, was die Texte dazu sagen. Viele der Worte erwähnen ganz klar ein Ereignis der *Zukunft*. «Dein Reich komme», ist die zweite Bitte im Vaterunser (Lk 11,2); «Selig, die ihr jetzt hungert, ihr werdet gesättigt werden [im Reich Gottes]», ist in den Seligpreisungen zu lesen (Lk 6,21); «Eher geht ein Kamel durch ein Nadelöhr als ein Reicher in das Reich Gottes», warnt Jesus (Mk 10,25); «Amen, ich sage euch: Ich werde von der Frucht des Weinstocks nicht mehr trinken bis zu dem Tag, da ich aufs Neue davon trinken werde im Reich Gottes», vertraut Jesus vor seiner Festnahme seinen Jüngern beim letzten Mahl an (Mk 14,25). Dieser Liste hinzufügen könnten wir die unzähligen Anspielungen auf das Jüngste Gericht, die Jesus in seine Reden einstreut (vgl. S. 154 f.).[112]

In anderen Jesusworten zeichnet sich das Reich Gottes als eine der *Gegenwart* zugehörige Realität ab. Das gilt etwa für das im letzten Kapitel zitierte Wort: «Wenn ich jedoch *durch den Finger Gottes* die Dämonen austreibe, dann ist das Reich Gottes zu euch gelangt» (Lk 10,20). Es gibt weitere: «Selig aber eure Augen, weil sie sehen, und eure Ohren, weil sie hören. Denn, amen, ich sage euch: Viele Propheten und Gerechte haben sich gesehnt, zu sehen, was ihr seht, und haben es nicht gesehen, und zu hören, was ihr hört, und haben es nicht gehört» (Mt 13,16 f.). Auf die Frage der Pharisäer, wann denn das Reich Gottes komme, antwortet Jesus: «Das Reich Gottes kommt nicht so, dass man es beobachten könnte. Man wird auch nicht sagen können: Hier ist es! oder: Dort ist es! Denn seht, das Reich Gottes ist mitten unter euch (Lk 17,20 f.). Die Übersetzung des Schlusses dieses Satzes ist schwierig. Das Griechische sagt *entos hymon*, was mit «in euch» übersetzt werden sollte, während «mitten unter euch» *en mesoi hymon* heisst. Aber den Übersetzern widerstrebt es, aus dem Reich Gottes eine dem Menschen innerliche spirituelle Realität zu machen. In den ersten Jahrhunderten jedoch wurde die Stelle von den Kirchenvätern immer so verstanden. Um die beiden Dimensionen zu bewahren («mitten unter euch» und «in euch») und die Intention Jesu

---

112 Unzählige ausdrückliche oder implizite Bezüge auf das eschatologische Gericht sowohl in Jesu Erklärungen (Mk 4,25; 9,43–47; 10,30 f.; Lk 6,20–25; 10,13–15; 12,8 f.; 13,23–29; 17,34 f.; Mt 7,19.22 f.; 18,3 f. usw.) als auch in seinen Gleichnissen (Mk 4,26–29.30–32; Lk 6,46–49; 12,42–46.57–59; 14,15–24; 16,1–8; Mt 13,24–30.44–46.47–50; 25,1–13.24–30.31–46 usw.

auszudrücken, der sich gegen die Vorstellung eines fernen, in der Zukunft liegenden Reiches wehrt, müsste man übersetzen: «das Reich Gottes ist *in eurer Reichweite*». Ganz klar, es wirkt auf die Gegenwart ein. Dies ist das Rätsel.

Auf der einen Seite ist das göttliche Königtum gegenwärtig, auf der anderen Seite ist sein Kommen in einer nahen Zukunft verortet. Übrigens so nahe, dass mehrere Aussagen Jesu seine Überzeugung vermitteln, die Umwälzung der Geschichte stehe unmittelbar bevor (Mk 9,1; 13,30; Mt 10,23). Zuweilen wird deren Historizität angezweifelt, doch die erste dieser Aussagen ist über jeden Zweifel erhaben, hatte sie doch bei den ersten Christen Unbehagen geweckt: «Amen, ich sage euch: Einige von denen, die hier stehen, werden den Tod nicht schmecken, bevor sie das Reich Gottes sehen.» Wer hätte Jesus fälschlicherweise eine nicht eingetroffene Vorhersage in den Mund gelegt? Wenn das Reich also zugleich unmittelbar bevorstehend und da ist, wie lassen sich dann die beiden Perspektiven miteinander verbinden?

Die Vorstellung des Gottesreichs: Eine lange Geschichte ...

Lange wurde angenommen, die Hoffnung auf das künftige Kommen des Reiches Gottes sei Jesus und dem Judentum gemeinsam, die Vorstellung eines gegenwärtigen Reiches hingegen eine Besonderheit des Nazareners. Inzwischen wissen wir, dass dem nicht so ist. Das Judentum des zweiten Tempels kannte die beiden Dimensionen Gegenwart und Zukunft. Aber verknüpfte es die beiden? Um das zu verstehen, ist ein Ausflug in die Geschichte nötig.

Das Reich Gottes *(malkut JHWH)* ist Ausdruck der absoluten Herrschaft des Gottes Israels über sein Volk und über die Schöpfung. «Dein Reich ist ein Reich für alle Zeiten, und deine Herrschaft währt von Generation zu Generation» (Ps 145,13). In diesem Bekenntnis zur Königsherrschaft Gottes über sein Volk und die Welt kristallisieren sich der monotheistische Glaube Israels und seine Schöpfungstheologie heraus. Die Errichtung der Monarchie in Israel nach Art der kanaanäischen Monarchien diente als kulturelle Vorlage für diese Darstellung. Der Ort der Verehrung des Gottkönigs ist der Jerusalemer Tempel – der Wohnsitz Gottes. Erhellend ist der liturgische Dialog in Ps 24: «Erhebt, ihr Tore, eure Häupter, erhebt euch, ihr uralten Pforten, dass einziehe der König der Herrlichkeit. Wer ist der König der Herrlichkeit? Der HERR, der Starke und Held, der HERR, der Held im Kampf» (Ps 24,7f.). Die Kultfeier ist der sichtbare Ausdruck des Gottkönigtums, und es überrascht nicht, dass die Psalmen der privilegierte Text für die Verherrlichung des Gottkönigs sind.[113]

Mit der Babylonischen Gefangenschaft (6. Jh. v. u. Z.) und der Zerstörung des ersten Tempels verschob sich die Vorstellung der Königsherrschaft Gottes zunehmend in die Zukunft. Einer der Urheber dieses Wandels ist der sogenannte Zweite Jesaja (Jes 40–55). Die als «apokalyptisch» bezeichnete Frömmigkeit zentriert auf die Erwartung und die Beschreibung jener Zeit, in der Gott der Welt seine absolute Macht kundtun wird. Das politische Unglück Israels, dann die römische Besatzung im 1. Jahrhundert v. u. Z. führten zum Nationalismus einer Hoffnung, wonach die heidnischen Nationen geknechtet und geschlagen werden. Da die Macht dem Volk und seinen Vertretern zunehmend entgleitet, verstärkt sich die Erwartung auf ein massives Eingreifen Gottes. Unter den Namen von Henoch, Mose, Esra, Baruch werden Prophezeiungen über das Ende der Geschichte verfasst – sie jubilieren beim Gedanken an die Zerstörung dieser Welt und an die Vernichtung der Macht des Satans. Ein charakteristischer Zug der apokalyptischen Frömmigkeit ist deren dualistische Sicht: Die Welt der Gegenwart ist vollständig im Griff des Bösen, weshalb sie zerstört werden muss, um einer neuen Schöpfung Platz zu machen.

Das *Testament* (oder *Himmelfahrt*) *des Mose*, eine zu Lebzeiten Jesu entstandene Schrift, vermittelt eine Vorstellung von der Hoffnung Israels in jener Epoche:

> Und über aller seiner Kreatur erscheint sein Königtum, dann gibt es keinen Satan mehr; die Traurigkeit entflieht mit ihm. [...] Der Himmlische steht von dem Herrschersitze auf und tritt aus seiner heiligen Wohnung, voll Zorn und voll Empörung wegen seiner Kinder. Dann bebt die Erde; sie zittert bis in ihre Enden [...]. Der höchste Gott, der einzige Ewige, steht auf, tritt öffentlich hervor, die Heiden zu bestrafen und alle ihre Götzenbilder zu vernichten. Dann wirst du glücklich sein, mein Israel [...].[114]

---

113 Ps 5; 9; 10; 11,4; 22,28–30; 24; 29,9 f.; 44,5; 47; 48,2–4; 68,25–36; 74,12–14.22–23; 89,15; 93. Die Königspsalmen: Ps 95–99; 102,12–23; 103,19–22; 145,10–21; 146,9 f.; 149. Nebst den Psalmen: Jes 6,5; 24,21–23; 25,6–8; 33,17.22; 37,16; 52,7; Mi 4,7; Zef 3,15; Obd 21; Sach 14,9.16–17; 1Chr 29,11.19 f.; Dan 2,37.44.47; 7,14.18–22.27 usw. Zusammenstellung der Texte bei Grappe, Christian, Le Royaume de Dieu. Avant, avec et après Jésus (Le monde de la Bible 42), Genf 2001.

114 Testament des Mose 10,1.3 f.7 f. (https://de.wikisource.org/wiki/Himmelfahrt_des_Moses [25.05.2021]). Die Erwartung des eschatologischen Reiches prägt die meisten Schriften der intertestamentlichen Periode: Psalmen des Salomo, Äthio-

Wie populär diese Erwartung war, geht aus den von den Gläubigen täglich rezitierten Gebeten hervor. Das *Kaddisch,* ein Gebet, von dem sich Jesus bei der Formulierung des Unservaters inspirieren liess, legt dem Gläubigen folgende Worte in den Mund: «[...] und Er lasse Sein Reich zur Herrschaft gelangen während eurer Lebenszeit und in euren Tagen und während der Lebenszeit des ganzen Hauses Israel sogleich oder doch in naher Zeit.» Die zehnte und elfte Bitte im *Schemone Esreh (Achtzehngebet),* das Abendgebet, fassen dieses glühende Streben nach der Wiederherstellung der vergangenen Grösse Israels in Worte:

> Stosse in das grosse Schofar zu unserer Befreiung, tue ein Wunder zur Sammlung unserer Verbannten, und führe uns zusammen von den vier Enden der Erde.
> Gelobt seist du, Ewiger, der du die Verstossenen deines Volkes Israel sammelst!
> Bringe unsere Richter wieder wie früher und unsere Ratgeber wie zu Anbeginn, entferne von uns Seufzen und Klage, regiere über uns du, Ewiger, allein in Gnade und Erbarmen und rechtfertige uns im Gericht.
> Gelobt seist du, Ewiger, König, der Gerechtigkeit und Recht liebt![115]

Kurz gesagt, in Israel fiebern alle, in unterschiedlichem Masse, dem Ende dieser Welt und dem Kommen des Gottkönigs oder seines Vertreters entgegen. Deshalb hat Jesus den Begriff Reich Gottes verwendet, ohne dass eine vorherige Einführung oder Erklärung notwendig gewesen wäre. Die Beschwörungen dieser Wende der Geschichte beinhalten, ohne dass eine koordinierte Auflistung möglich wäre, das Ende des Satans, die Ausrottung der Gottlosen, die Wallfahrt der Nationen nach Jerusalem, das Jüngste Gericht, die Auferstehung der Toten, die Erneuerung der Schöpfung. Parallel dazu bewaffnet sich eine Minderheit von Aktivisten, um das Kommen der Gottesherrschaft vorzubereiten; sie werden in den Fünfzigerjahren die Bewegung der Zeloten bilden. Die Sektierer von Qumran ihrerseits bereiten den heiligen Krieg gegen die Heere von Belial, dem Fürst der Finsternis, vor – davon zeugt ihre Kriegsrolle (1QM).

Gleichwohl hat neben dieser futuristischen Vorstellung vom Reich Gottes die Idee eines Königtums in der Gegenwart Bestand. Zwei Spuren davon lassen sich erkennen. Zum einen die zwar späten rabbini-

---
pisches Henochbuch (1Henoch), Jubiläenbuch, Testamente der zwölf Patriarchen, Oracula Sibyllina, Apokalypse des Baruch (2Baruch).
115 Achtzehngebet, 10. und 11. Bitte (https://www.hagalil.com/judentum/gebet/amida.htm [25.05.2021]).

schen Schriften, die die pharisäische Frömmigkeit fortführen und davon sprechen, «das Joch des Reiches des Himmels» auf sich zu nehmen; es gilt, täglich das *Schma Jisrael* (Glaubensbekenntnis) zu rezitieren und vollen Gehorsam gegenüber der Tora zu praktizieren. Zum anderen sind die Kultfeiern die Gelegenheit, das Königtum von Jhwh zu preisen. Eine responsoriale Akklamation lässt die Gläubigen sagen: «Gesegnet sei der Name der Herrlichkeit seines Königreichs immer und ewig!»[116] In Qumran feiern die Sabbatliturgien die Herrlichkeit des Höchsten als Schöpfer, Herr und König. Die Gemeinde ist überzeugt, durch ihre Liturgie am himmlischen Kult teilzuhaben, wo die Engel die höchste Herrschaft Gottes preisen (4Q 400–405). Das *Jubiläenbuch* (2. Jh. v. u. Z.) präsentiert den Sabbat als «Tag der heiligen Königsherrschaft für ganz Israel» (Jub 50,9).

Das Spiegelbild des Reiches

Im Judentum zur Zeit Jesu besteht ein Nebeneinander von künftigem Reich und gegenwärtigem Reich – Ersteres wird erhofft, Letzteres im Kult und im getreuen Leben gefeiert. Dieselbe Zeitstruktur beherrscht das Denken Jesu. Ausser in einem, allerdings gewichtigen Punkt. Im jüdischen Glauben existieren die futuristische Perspektive und das Feiern des ewigen Königtums nebeneinander, ohne sich aber zu verbinden. In den Worten des jüdischen Religionswissenschaftlers David Flusser: «Er [Jesus] ist der einzige uns bekannte antike Jude, der nicht nur verkündet hat, dass man am Rande der Endzeit steht, sondern gleichzeitig, dass die neue Zeit des Heils schon begonnen hat.»[117] Genau hier liegt der Unterschied. *Jesus lädt nicht dazu ein, sich neben der Zukunftshoffnung der immanenten und ewigen Souveränität Gottes bewusst zu werden; er behauptet, das für das Ende der Zeiten erwartete Reich breche in die Gegenwart ein.*

Für Jesus neigt sich die jahrhundertealte Erwartung Israels dem Ende zu. Oder, um es mit den Worten des Evangelisten Markus zu sagen, wenn er die Botschaft Jesu zusammenfasst: «Erfüllt ist die Zeit, und nahe gekommen ist das Reich Gottes» (Mk 1,15). Aufschlussreich ist die Zeit-

---

116 *m*Joma 3,8; 4,1; 6,2. Vgl. auch *m*Berakot 1,2.
117 Flusser, David, Jesus in Selbstzeugnissen und Bilddokumenten, Reinbek bei Hamburg 1968, 87.

form der Verben im Griechischen, selbst wenn uns das Aramäische fremd ist: *eggiken*, «ist nahe», steht im Perfekt, ein Tempus, das ein vergangenes Ereignis bezeichnet, dessen Wirkung sich in der Gegenwart entfaltet. Das seit Jahrhunderten erwartete Reich *nähert sich* nicht; es ist *nahe*. Jesus beschwört seine Zeitgenossen, sie sollten zur Kenntnis nehmen, dass das Königtum Gottes so nahe ist wie nie zuvor; nun ist es dringlich, daraus die Konsequenzen zu ziehen: «Bekehrt euch» zu dieser unerwarteten Gegenwart des Gottkönigs (Mk 1,15). Wenn das Reich gegenwärtig ist, dann, so wird gesagt, nur punktuell dort, wo Jesus eingreift; künftig wird es Gott auf universaler Ebene errichten.

Wie ist das möglich? Wie kann das Reich von morgen vor der Tür stehen?

Das musste Jesus erklären. Er tat dies weder mit einer logischen Argumentation noch mit einer rationalen Rede, sondern mit Bildern, Wort-Bildern. *Dieses Reich Gottes, das Jesus nicht zu definieren brauchte, weil der Begriff seiner Zuhörerschaft bekannt war – er erläuterte dessen Erscheinen mit Gleichnissen, die er zum Spiegelbild des Reiches machte.* Die Gleichnisse der Evangelien sind gewissermassen der Kommentar zu dem, was Jesus unter «Reich Gottes» versteht.

Hier liesse sich einwenden, dass ursprünglich nur drei Gleichnisse mit den Worten «Mit dem Reich Gottes [oder Himmelreich] ist es wie ...» eingeleitet wurden. Es waren die Gleichnisse vom selbst wachsenden Samen (Mk 4,26–29), vom Senfkorn (Mk 4,30–32) und vom Sauerteig (Mt 13,33; Lk 13,20). Der Evangelist Matthäus hat die Formel vielfach verwendet und in anderen Gleichnissen eingesetzt.[118] Hat es Jesus häufiger getan? Das wäre nicht erstaunlich. Offensichtlich hat er die Form des Gleichnisses verwendet, um von Gott und der *condition humaine* vor Gott zu sprechen. James D. G. Dunn hat nicht unrecht, wenn er sagt, dass Jesus «Gleichnisse einsetzt, um zu veranschaulichen oder zu erhellen, woran er dachte, wenn er vom Reich sprach».[119]

Wir werden untersuchen, was diese «Spiegelbilder des Reiches» widerspiegeln. Doch deren Verständnis wird leider durch ein noch immer anhaltendes Missverständnis beeinträchtigt. Deshalb schlagen wir zuerst einen kleinen Umweg ein.

---

118 Mt 13,24.31.44.45.47; 18,23; 20,1; 22,2; 25,1.
119 Dunn, Christianity in the Making I (s. Anm. 13), 385.

Vom Docht, der nur einen Isar wert ist

Jesus hat in Gleichnissen gesprochen. Das nicht von ihm erfundene pädagogische Werkzeug entlehnt er seinem kulturellen Milieu. Im Alten Testament finden sich nur einige wenige Gleichnisse;[120] das bekannteste ist dasjenige vom Lamm des Armen, mit dem sich Natan an König David richtet, um ihm seine kriminelle Haltung gegenüber Urija, dem Mann von Batseba, bewusst zu machen (2 Sam 12,1–4). Im Talmud hingegen wimmelt es von Gleichnissen, die den Rabbis zugeschrieben wurden. Deshalb dachte man, zur Zeit Jesu hätten sich die Rabbis ihrer häufig bedient. Doch das ist falsch: Die rabbinischen Gleichnisse sind das Werk von späteren Rabbis; wir besitzen kaum ein vor dem Jahr 70 datiertes rabbinisches Gleichnis![121] Erstaunlich ist hingegen die Anzahl der Jesus in den Evangelien zugeschriebenen Gleichnisse: nicht weniger als dreiundvierzig unterschiedliche Gleichnisse.[122] Das ist enorm.

Die wahrscheinlichste Erklärung für diese Diskrepanz ist, dass das Gleichnis damals ein Instrument der Volksbildung war, von der die Rabbis jedoch erst im ausgehenden 1. Jahrhundert, also nach Jesus, vermehrt

---

120 Etwa das Lied vom Weinberg (Jes 5,1–7), die Jotam-Fabel (Ri 9,7–15), die Jehoasch-Fabel (2Kön 14,9f.) sowie das Gleichnis von Adler und Weinstock (Ez 17,3–10).

121 Vgl. etwa die Zusammenstellung von La Maisonneuve, Dominique de, Paraboles rabbiniques (Supplément Cahiers Évangile 50), Paris 1984; Flusser, David, Die rabbinischen Gleichnisse und der Gleichniserzähler Jesus. 1. Teil: Das Wesen der Gleichnisse (Judaica et Christiana 4), Bern 1981; Thoma, Clemens / Lauer, Simon, Die Gleichnisse der Rabbinen. Erster Teil: Pesiqta deRav Kahana (PesK) (Judaica et Christiana 10), Bern 1986.

122 Mk 2,21 par (alter Mantel); 2,22 par (neuer Wein); 4,3–8 par (Sämann); 4,30–32 par (Senfkorn); 12,1–11 par (Weinbauern); 13,28f. par (Feigenbaum); 4,26–29 (Saat); 13,34–36 (Türhüter). Mt 5,25f. par (Rechtsstreit); 7,24–27 par (Hausbau); 11,16–19 par (Kinder auf dem Marktplatz); 12,43–45 par (unreine Geister); 13,33 par (Sauerteig); 18,12–14 par (verlorenes Schaf); 22,2–14 (grosses Gastmahl); 24,43f. par (Dieb); 24,45–51 par (treuer oder böser Knecht); 25,14–30 par (Talente); 13,24–30 (Unkraut); 13,44 (Schatz); 13,45f. (Perle); 13,47–50 (Fischnetz); 18,23–35 (unbarmherziger Knecht); 20,1–16 (gleicher Lohn); 21,28–32 (ungleiche Söhne); 25,1–13 (Jungfrauen). Lk 7,41–43 (Schuldner); 10,30–37 (Samaritaner); 11,5–8 (Freund); 12,16–21 (reicher Mann); 12,36–38 (wachsame Knechte); 13,6–9 (Feigenbaum); 13,24–30 (verschlossene Tür); 14,8–11 (Ehrenplatz zu Tisch); 14,28–30 (Turm); 14,31f. (kriegerischer König); 15,8–10 (Drachme); 15,11–32 (verlorener Sohn); 16,1–8 (gerissener Verwalter); 16,19–31 (reicher Mann und Lazarus); 17,7–10 (vom Stand eines Knechts); 18,2–8 (Richter und Witwe); 18,10–14 (Pharisäer und Zöllner). Zusammenstellung vorbehältlich der Gleichnisse im *Thomasevangelium*.

Gebrauch machten. Ausserdem stellten sie das Gleichnis in den Dienst ihrer Tora-Exegese, um ihre Argumentation zu stützen oder einen schwierigen Punkt zu erhellen. *Jesus seinerseits hat eine Vorliebe für dieses Bildungsinstrument entwickelt und es für seine Verkündigung des Gottesreichs eingesetzt. Innerhalb des palästinischen Judentums seiner Zeit ist nichts Vergleichbares bekannt.* Diese Wahl ist eine Jesus eigentümliche geblieben; die Jünger, die heilen werden, wie ihr Meister geheilt hat, werden ihm auf diesem didaktischen Weg nicht folgen.

Ein Gleichnis, was ist das?

Das Gleichnis ist eine kurze fiktionale Erzählung, die erstens auf eine der Hörerschaft bekannte Realität abhebt (Signifikant), aber zweitens ein Signal zur Übertragung der Bedeutung auf eine andere Realitätsebene enthält (Signifikat).[123] *Erstes Element:* Im Gegensatz zur Fabel kennt das Gleichnis Jesu keine Anthropomorphismen (sprechende Pflanzen oder Tiere); seine Wahl der realen Welt ist, das werden wir sehen, höchst bedeutsam. *Zweites Element:* Das Gleichnis ist eine Sprache der Umwege, die mehr sagt, als sie zu sagen scheint; das Signal des Sinntransfers auf religiöser Ebene kann variieren: eine Einleitung («Mit dem Reich Gottes ist es wie ...»), ein Schlusswort («So sei es ...) oder die Präsenz von metaphorischen Codes der jüdischen Kultur. Diese metaphorischen Codes sind bekannt und in die Bibel eingeschrieben: Der Weinstock evoziert das Volk Gottes, die Ernte bezeichnet das Jüngste Gericht, die Beziehung zwischen König und Knechten oder Eigentümer und Arbeitern steht für die Beziehung zwischen Gott und Mensch usw. Beginnt der Gleichniserzähler mit «Darum ist es mit dem Himmelreich wie mit einem König, der mit seinen Knechten abrechnen wollte» (Mt 18,23), versteht die Hörerschaft, dass es um die Bundestreue der Menschen geht. Jesus greift auf die Codes seiner Kultur zurück, um eine neue Botschaft weiterzugeben.

Im *Shir ha-Shirim Rabba (Hoheslied Rabba)* findet sich eine hübsche Definition des *mashal,* der sowohl Sentenz wie Wort-Bild ist – also ein Gleichnis:

> Die Rabbinen sagten: Das Gleichnis [*mashal*] soll dir nicht als etwas Leichtes erscheinen, denn durch das Gleichnis kann der Mensch die Worte der Tora verstehen. Gleich einem König, der eine goldene Münze oder eine

---

[123] Auf diese – hier kurz gefasste – Definition stützt sich eine Forschergruppe, in: Zimmermann, Ruben (Hg.), Kompendium der Gleichnisse Jesu, Gütersloh ²2015, 25–28.

wertvolle Perle aus seinem Haus verloren hatte. Ist es nicht so, dass er sie mit einem Docht, der gerade mal einen Isar wert ist, findet?[124]

Weshalb hat Jesus, der sich von der Praxis der Volksbildung seiner Zeit inspirieren liess, diese Art von Erzählung gewählt, «die gerade mal einen Isar wert ist»? Die Versuchung ist gross, zu antworten: Weil er sich an das einfache Volk wandte.

Und genau hier liegt das grosse Missverständnis.

Schockierende Gleichnisse

Die Aussage scheint vernünftig: Jesus, der Volksprediger, entscheidet sich für einen einfachen Kommunikationsmodus, um wenig gebildeten Menschen den Zugang zu komplexen Realitäten zu ermöglichen. Dies war die Definition des deutschen Exegeten Adolf Jülicher im ausgehenden 19. Jahrhundert. Jülicher, der ausgewiesene Kenner der Antike, setzt Gleichnis und Fabel gleich. Wie die Fabel dient das Gleichnis der Veranschaulichung eines wichtigen Gedankens, eines umfassenden Gesetzes.[125] Es wird auch als einfache Geschichte betrachtet, ausgewählt, um einen absoluten und zeitlosen religiösen oder moralischen Gedanken zu veranschaulichen. Und wie die Fabel entspreche das Gleichnis den von der antiken Rhetorik gesetzten Regeln: Kürze, Klarheit, Glaubwürdigkeit (Wahrscheinlichkeit) *(brevitas, luciditas, probabilitas)*.[126]

Jülicher hat mit einer tausendneunhundert Jahre alten allegorischen Lesart gebrochen und so das Verständnis der Gleichnisse revolutioniert. Er betonte, der narrative Stoff des Gleichnisses sei dem Alltagsleben der Gesprächspartner Jesu entlehnt und dürfe nicht gleich spiritualisiert werden. Das geschieht in der Allegorie. Die Evangelien enthalten einige wenige Allegorien, so etwa Mk 4,14–20; hier wird jedes Element des Gleichnisses vom Sämann auf eine spirituelle Ebene übertragen: Die Vögel, die die auf den Weg gefallenen Körner aufpicken, stehen für den Satan, der das Wort aus dem Herzen der Gläubigen nimmt usw. Doch,

---

124 Shir ha-Shirim Rabba, I,7f.; zit. nach Polaschegg, Andrea / Weidner, Daniel (Hg.), Das Buch in den Büchern. Wechselwirkungen von Bibel und Literatur, München 2012, 255.
125 Vgl. Jülicher, Adolf, Die Gleichnisreden Jesu I, Darmstadt 1976, 107.
126 «[...] sie [die Rede] solle klar, kurz und wahrscheinlich sein.» Quintilianus, Institutionis oratoriae libri XII, Ausbildung des Redners. Zwölf Bücher, Hg. u. übers. v. H. Rahn. 2 Bde., Darmstadt 1972 u. 1975, hier I: IV, 2, 31.

so Jülicher, es sind Ausnahmen. Das Gleichnis vom Sämann ist keine Allegorie; durch sein narratives Szenario als Ganzes ergibt es Sinn: nicht alle Körner, die in die Erde fallen, werden Frucht tragen.

Das Gleichnis von Jesus ist keine Geheimbotschaft aus einer anderen Welt, es *ist* die Botschaft. In diesem Punkt hatte Jülicher recht. Falsch hingegen ist seine Vorstellung, das Gleichnis transportiere eine zeitlose allgemeine Wahrheit. Dabei stützte er sich auf Schlussfolgerungen dieser Art: «So ist es nicht der Wille eures Vaters im Himmel, dass auch nur eins dieser Geringen verloren gehe» (Mt 18,14, im Anschluss an das Gleichnis vom verlorenen und wiedergefundenen Schaf). Doch die Literarkritik hat gezeigt, dass solche Moralektionen meist hinzugefügte Teile waren, ursprünglich nicht vorhandene spätere Zusätze im Zuge der katechetischen Tradierung der Gleichnisse in den christlichen Gemeinden.

Vor allem aber: Stimmt es – wie Jülicher behauptet –, dass das Gleichnis immer der Regel der Wahrscheinlichkeit genügt? Wenn ein Samaritaner (also der gehasste Häretiker) dem Verletzten hilft und nicht der Priester oder der Levit oder wenn ein Herr die unglaubliche Schuld von zehntausend Talenten erlässt (heute würde man von Milliarden sprechen) – entspricht das Gleichnis dann dem gesunden Menschenverstand? Nein, es schockiert. Heute stützt sich der Zugang zu den Gleichnissen, anders als noch bei Jülicher, nicht mehr auf eine Vergleichstheorie, sondern auf *die von Paul Ricœur formulierte Metapherntheorie*.[127] Die Metapher entsteht aus dem Aufeinanderprallen zweier Realitätsebenen: auf der einen Seite das Reich Gottes, auf der anderen Seite das Senfkorn, aus dem ein grosses Gewächs wird (Mk 4,30–32). Es ist das Aufeinanderprallen der theologischen Ebene (Signifikat) und der Bildebene (Signifikant), das dem Gleichnis seine sprachliche Kraft verleiht. Das Gleichnis ist insofern eine narrative Metapher, als die gesamte Erzählung zur Metapher wird.

---

127 Ricœur, Paul, Die lebendige Metapher. Mit einem Vorwort zur deutschen Ausgabe. Aus dem Französischen von Rainer Rochlitz, München 1986. Zur Anwendung auf das Gleichnis: Weder, Hans, Die Gleichnisse Jesu als Metaphern (Forschungen zur Religion des Alten und Neuen Testaments 120), Göttingen ²1980; Harnisch, Wolfgang, Die Gleichniserzählungen Jesu. Eine hermeneutische Einführung (UTB 1343), Göttingen ³2001, 109–176; Rau, Eckhard, Reden in Vollmacht. Hintergrund, Form und Anliegen der Gleichnisse Jesu (Forschungen zur Religion und Literatur des Alten und Neuen Testaments 149), Göttingen 1990, 53–73.

Ein Beispiel mag dies verdeutlichen. Der Vergleich sagt: Dieser Mensch ist wie ein Hai. Die Metapher verkürzt und sagt: Dieser Mensch *ist* ein Hai. Daraus ergibt sich eine *Diskrepanz* zwischen den beiden Realitätsebenen (Mensch oder Hai). Die Metapher erzeugt zudem *Überraschung,* ist sie doch innovativ in Bezug auf ihren narrativen Stoff (darauf werde ich zurückkommen). Und sie erzeugt einen Schockeffekt, weil sie durch die unerwartete Geschichten-Auswahl die Phantasie anregt.

So verbindet sich das Gleichnis mit der Poesie, denn es diktiert kein Verhalten; es entwickelt keine a+b-Logik; *es konstruiert einen neuen Blick auf die Wirklichkeit.* Es richtet sich eher an die rechte Gehirnhälfte als an die linke und bemüht die Einbildungskraft, wobei es eher den Affekt als das Denken berührt. Deshalb habe ich dieses Kapitel unter den Titel «Der Poet des Gottesreichs» gestellt. In einem etymologischen Sinn: «Poet» ist vom griechischen *poietes* abgeleitet, gebildet nach dem Verb *poiein* («herstellen», «machen»): Der Poet ist ein Schöpfer, ein Hersteller, ein Handwerker. Er ist derjenige, der mit Worten *herstellt*. Besser noch, der Poet ist derjenige, dessen Worte etwas *machen,* dessen Worte Wirkung haben, den Hörer, die Hörerin berühren, bewegen, verblüffen, schockieren, überraschen. Damit stellt sich die Frage: Wie haben die Gleichnisse Jesu ihre Wirkung entfaltet? Inwiefern und wie war Jesus, der Gleichniserzähler ein Poet?[*]

Das Gleichnis als narrative Metapher gibt es in zwei Ausprägungen. Der erste Typ ist das *Evidenz-Gleichnis:* Es spielt oft im bäuerlichen Milieu und hebt ab auf die Beobachtung und Erfahrung der Hörer und Leserinnen (Aussaat, Keimen des Saatguts, Ernte, Wirken der Hefe im Teig, Sorge des Hirten um seine Herde). Der zweite Typ ist das *Ereignis-Gleichnis:* Es berichtet über einen Vorfall aus dem Alltagsleben (ein Vater hat Schwierigkeiten mit seinen Kindern, ein Arbeitgeber stellt Arbeiter an, ein Landbesitzer ist im Konflikt mit seinen Knechten). In beiden Fällen nimmt der narrative Stoff Elemente auf, die die Hörer und Hörerinnen Jesu beobachten können, und die nicht religiös kodiert sind. Das Gleichnis ist eine nichtreligiöse Rede über Gott. Ebenfalls in beiden Fällen ergibt sich eine Diskrepanz zwischen der Erfahrung und der Erzählung des Erzählenden; diese Diskrepanz entspricht dem, was die *Extravaganz des Gleichnisses* genannt werden könnte.

---

[*] In den Griechisch-Deutsch Wörterbüchern hat *poiein* immer auch die Bedeutung «dichten» und *poietes* die Bedeutung «Dichter» (Anm. d. Übers.).

Das Evidenz-Gleichnis

Nehmen wir zwei Beispiele für ein Evidenz-Gleichnis und beginnen mit der Geschichte von der selbst wachsenden Saat.

> Mit dem Reich Gottes ist es so, wie wenn einer Samen aufs Land wirft; er schläft und steht auf, Nacht und Tag. Und der Same sprosst und wächst empor, er weiss nicht wie. Von selbst bringt die Erde Frucht, zuerst den Halm, dann die Ähre, dann das volle Korn in der Ähre. Wenn aber die Frucht es zulässt, schickt er sogleich die Sichel, denn die Ernte ist da. (Mk 4,26–29)

Dieses Gleichnis findet sich nur im Markusevangelium; Matthäus und Lukas, vermutlich in ihrem ethischen Voluntarismus irritiert über eine Botschaft, die die menschliche Aktivität ausblendet, haben es nicht in ihr Werk integriert. Die Struktur des Gleichnisses ist einfach: Zwischen Aussaat (V. 26) und Ernte (V. 29) wird das Wachsen ausführlich kommentiert (V. 27 f.). Die Erzählung fokussiert auf die ununterdrückbare und kontinuierliche Kraft des Keimens des Samens, bei Tag und Nacht. Wo liegt die Extravaganz? Jesus übertreibt sicherlich. Der palästinische Bauer weiss aus Erfahrung, was Feldarbeit abverlangt. Er kann ermessen, wie wichtig seine Arbeit ist, damit es zur Ernte kommt. Im Übrigen stellt das Gleichnis nicht die Aktivität des Samens der Passivität des Bauern entgegen, sondern es betont das Aufgehen des Samens, das sich letztlich dem Menschen entzieht. Denn der palästinische Bauer weiss auch, dass die Keimkraft ein Wunder der Natur ist, das vom Schöpfergott kommt (Gen 1,11). Der Glaube an den Schöpfergott bildete im 1. Jahrhundert die theologische Erklärung für den Prozess des Pflanzenwachstums.[128]

Die Leistung des Gleichniserzählers besteht darin, das Reich Gottes mit diesem ununterdrückbaren Prozess zu vergleichen. Was immer die Menschen tun, ob sie schlafen oder arbeiten, das Reich Gottes wird in der Welt wachsen. *Diese Kraft der Evidenz auf das Gottesreich zu übertragen, das ist die Extravaganz und Kühnheit des Gleichnisses.* Denn Jesu Rede vom Gottesreich ist nicht die der Apokalyptiker. Für sie wird Gott sein Reich mit einem Knall in der Welt durchsetzen. Sie ist auch nicht die

---

[128] Ausführungen dazu bei Gemünden, Petra v., Vegetationsmetaphorik im Neuen Testament und seiner Umwelt. Eine Bildfelduntersuchung (Novum Testamentum et Orbis Antiquus 18), Fribourg/Göttingen 1993, 189–192; vgl. auch Rau, Reden in Vollmacht (s. Anm. 127), 124–129.

Rede der Weisen, die die Gläubigen ermahnen, das «Joch des Reiches der Himmel» auf sich zu nehmen. Das Reich Gottes erscheint hier als eine in die Gegenwart verwickelte Dynamik, die sich entfalten wird, ohne dass irgendjemand sie daran hindern könnte. Seine Entfaltung ist ebenso gewiss wie der Naturprozess des Keimens, denn Gott garantiert das eine wie das andere. Zu Ende gehen wird dieser Prozess mit der Ernte – eine andere klassische Bibelmetapher für das eschatologische Kommen Gottes und das Jüngste Gericht.

Auch das Gleichnis vom Senfkorn funktioniert nach dem Evidenzprinzip.

> Und er sprach: Wie sollen wir das Reich Gottes abbilden? In welchem Gleichnis sollen wir es darstellen? Es ist wie ein Senfkorn, das kleinste unter allen Samenkörnern auf Erden, das in die Erde gesät wird. Ist es gesät, geht es auf und wird grösser als alle anderen Gewächse und treibt so grosse Zweige, dass in seinem Schatten *die Vögel des Himmels nisten* können. (Mk 4,30–32)

Die Winzigkeit des Senfkorns ist, wie die Mischna bezeugt, sprichwörtlich.[129] Es ist etwa einen Millimeter gross, während die Senfpflanze zwei oder drei Meter hoch werden kann. Der Kontrast war bekannt und verblüffend. Die Senfblätter werden gekocht und als Salat verwendet, die Körner als Gewürz, für den medizinischen Gebrauch oder als Vogelfutter. Daher staunt die Hörerschaft nicht, wenn Jesus sagt, dass «die Vögel des Himmels» im Schatten seiner Zweige nisten können. Weniger üblich ist, dass ein Mensch «ein» Senfkorn auf dem Acker sät (Senf war eher eine Feld- als eine Gartenpflanze), denn die Körner werden von Hand hingeworfen. Betont wird der Kontrast zwischen dem winzigen Korn und der ausgewachsenen Pflanze, was diese Fokussierung erklärt.

Die Verblüffung entsteht nicht aus dem Kontrast, sondern aus der Anwendung auf das Reich Gottes. Ein innovativer Gebrauch Jesu, wovon sich in der jüdischen Literatur nichts Vergleichbares findet. Wenn die biblische Tradition vom eschatologischen Reich spricht, zieht sie Bilder der Macht heran: die Zeder (Ez 17) oder den Baum von gewaltiger Grösse (Dan 4); diese evozieren die Grösse jenes Reiches, in das sich die Nationen der ganzen Welt wie die Vögel des Himmels flüchten werden. Der

---

129 Gäbel, Georg, Mehr Hoffnung wagen (Vom Senfkorn) – Mk 4,30–32 (Q 13,18 f. / Mt 13,31 f. / Lk 13,18 f. / EvThom 20), in: Zimmermann (Hg.), Kompendium der Gleichnisse Jesu (s. Anm. 123), 327–336, bes. 330–332.

jüdische Glaube nährte sich, wie wir gesehen haben, von dieser Erwartung. Doch um das Reich Gottes zu beschwören, lenkt Jesus den Blick seiner Hörerschaft nicht auf die Berge des Libanon, sondern auf eine Gemüsepflanze! Nicht die Grossartigkeit des kommenden Reiches findet Beachtung, sondern *die Winzigkeit seines Anfangs.*

Jesus wählt mithin eine winzige und zugleich alltägliche Realität – ein Bruch mit der Sprache des Aussergewöhnlichen, die von seinen Zeitgenossen verwendet wird, um das Reich zu evozieren. In der Verkündigung Jesu bleibt es nicht bei diesem einen Mal. Dieselbe Innovation zeigt sich, wenn Jesus das Kommen des Reiches mit dem überraschenden Eindringen eines Diebs (Lk 12,39) oder der verwandelnden Kraft einer kleinen Menge Sauerteig (Lk 13,20f.) vergleicht.

Die Extravaganz besteht darin, als Metapher für das Reich Gottes eine derart armselige Realität zu wählen. Doch – und der palästinische Bauer weiss es – in diesem kleinen Korn ist die kommende Pracht bereits in nuce angelegt. Wenn Jesus die Aufmerksamkeit auf die bescheidenen Anfänge lenkt, bezieht er sich auf sein Wirken, das die Zeitgenossen als mittelmässig oder unbefriedigend einschätzen. Mit dem Gleichnis lässt sich das Paradox eines Königtums fassen, dessen kommende Grossartigkeit jeder jüdische Gläubige preist, von dem ein obskurer galiläischer Rabbi aber behauptet, es sei dank ihm bereits gegenwärtig. Das Reich beginnt klein in der Welt, sagt Jesus, aber es beginnt! *So konstruiert das Gleichnis einen anderen Blick auf die Verkündigung und die Wundertaten des Nazareners: Sein Wirken ist Träger der kommenden eschatologischen Grösse.*

Fassen wir zusammen: Das Gleichnis ist keine Veranschaulichung einer allgemeinen Wahrheit oder einer Morallektion. Es erklärt das Reich Gottes nicht, es veranschaulicht es nicht, es beschreibt es nicht. Das Gleichnis bedeutet dieses Reich durch eine besondere Geschichte, die Allgemeingültigkeit hat. Wir können vom Gleichnis sagen, was der Maler Paul Klee von der Kunst sagte: «Die Kunst gibt nicht das Sichtbare wieder, sie macht sichtbar.»[130] Desgleichen *macht das Gleichnis das Reich Gottes sichtbar.* Und für diejenigen, die das begriffen haben, ist es wichtig, sich danach zu richten. Darauf fokussieren die Gleichnisse von dem im Acker vergrabenen Schatz und der von einem Händler gefundenen kostbaren Perle (Mt 13,44–46).

---

130 Klee, Paul, Schöpferische Konfession, in: Tribüne der Kunst und der Zeit. Eine Schriftensammlung 8, Hg. v. Kasimir Edschmid, Berlin 1920, 28–40, hier 28.

Hier bewahrheitet sich, dass die Wahl des narrativen Stoffs in den Gleichnissen Jesu kein pädagogisches Mittel ist, das der Darlegung abstrakter himmlischer Wahrheiten dient. Deshalb setzt das jesuanische Gleichnis, im Unterschied zur Fabel und zu gewissen rabbinischen Gleichnissen, weder Pflanzen noch Tiere in Szene, sondern Menschen. Ganz im Gegenteil: Die Entscheidung für die Alltagswirklichkeit zeigt die Aktualisierung des Gottesreichs in der Welt der Hörerinnen und Hörer. Das Gleichnis flüchtet sich nicht in die Fiktion nach Art der apokalyptischen Trugbilder, sondern es nimmt – das ist sein eigentlich poetischer Effekt – eine Neufokussierung des Realen vor. Anders gesagt: *Die parabolische Fiktion fokussiert das Reale um, indem es den Hörern oder Leserinnen eine theologische Lesart der Welt anbietet.* Der Hörer, dessen Bezugspunkte durcheinandergeraten sind, wird eingeladen, seine Welt mit einem anderen Blick zu betrachten. Noch richtiger wird diese Feststellung, wenn wir uns dem zweiten Typ von Gleichnissen zuwenden: dem Ereignis-Gleichnis.

Das Ereignis-Gleichnis

Im Unterschied zum Evidenz-Gleichnis erzählt der zweite Typ einen Vorfall im gesellschaftlichen Leben. Die Wahrscheinlichkeitsregel scheint eingehalten zu sein: Der Vorfall ist plausibel, mindestens was die von ihm berichtete Ausgangssituation betrifft. Doch an einem gewissen Punkt kippt der Plot ins Masslose, in die Extravaganz.

Im Gleichnis vom verlorenen Sohn (Lk 15,11–32) geht es um eine Familienkrise. Der jüngere Sohn verlangt sein Erbteil. Laut Dtn 21,17 erbt der jüngere Sohn beim Tod des Vaters ein Drittel des Familienvermögens. Der Talmud regelt die vorgezogene Erbteilung zu Lebzeiten des Vaters (*b*Baba Batra 136). Der Fall ist mithin plausibel. Doch der Sohn verschleudert sein Vermögen in der Fremde und lebt «in Saus und Braus» (V. 13); die Redensart signalisiert irreversibles Verschleudern und moralisch verwerfliches Verhalten. Doch als eine schwere Hungersnot über das ferne Land kommt, gerät der Sohn in einen knechtischen und unreinen Stand (Schweine hüten). Da will er zurück nach Hause. Weil er aber weiss, dass er seines Sohnesstatus verlustig gegangen ist, schickt er sich an, um eine Arbeit als Tagelöhner zu bitten. Wohl war der Status des Tagelöhners sozial nicht erstrebenswert, aber besser als Bedürftigkeit. Die Rede, die der Sohn für seine Rückkehr vorbereitet hat, zeigt, dass er sich seiner Fehltritte bewusst ist: «Vater, ich habe gesündigt gegen den Himmel und vor dir» (V. 20).

Die Reaktion des Vaters bei der Aufnahme des reuigen Sohns kommt einer Wiedereinsetzung in den Sohnesstatus gleich: Entgegeneilen, Umarmen, Gewand, Ring, Sandalen, Festmahl mit dem geschlachteten Mastkalb. Diese Extravaganz wird den Zorn des Erstgeborenen wecken. Das Gleichnis wurde meist als Bild eines theologischen Begriffs gelesen: der unermesslichen Güte Gottes gegenüber dem, der zurückkehrt, der «tot war und wieder lebendig geworden ist» (V. 24). Das ist nicht falsch, aber ungenügend. Denn worauf verweist das Gleichnis? Nicht auf einen theologischen Begriff, sondern auf eine Realität, die die Hörer Jesu vor Augen hatten: die Aufnahme der Sündigen. Mit seiner Erinnerung an die Reaktion der Pharisäer und der Schriftgelehrten hat Lukas diesen Kontext am Anfang von Kapitel 15 rekonstruiert: «Der nimmt Sünder auf und isst mit ihnen» (15,2). Das Gleichnis vom verlorenen Sohn lässt mithin *das Wirken Jesu theologisch lesen*. Es setzt den Protest der «Gerechten» in Szene, aber auch Jesu Aufnahme von Sündern und moralisch zweifelhaften Menschen, und es interpretiert Letzteres als die Aufnahme, die Gott jenen bereitet, die zu ihm zurückkehren.

Es ist nicht das einzige Gleichnis, *in dem der Gesichtspunkt von Jesus, dem Erzähler, und der Gesichtspunkt seiner Ansprechpartner sich ineinander verflechten*. Die beiden gegensätzlichen Porträts vom Pharisäer und vom Zöllner im Gebet – Ersterer seine Frömmigkeit zur Schau stellend, Letzterer unter der Last seiner Sünden zusammenbrechend – setzen die von Jesus kritisierte Verachtung der frommen Leute in Szene (Lk 18,10–14). Die Geschichte vom reichen Kornbauern, der sich, trunken von seiner guten Ernte, vor Not geschützt wähnt, aber in der gleichen Nacht vom Tod geholt wird – sie illustriert das falsche Sicherheitsgefühl, in dem sich die Begüterten wiegen (Lk 12,16–20). Im Gleichnis vom Unkraut verweist der Reflex, das Unkraut im Kornfeld auszureissen, auf die Intoleranz der «Gerechten» gegenüber jenen, die in ihren Augen unrein sind (Mt 13,24–30). In der narrativen Fiktion werden die Gesprächspartner Jesu anvisiert.

Subversive Gerechtigkeit

In dem Gleichnis, das wir nun analysieren werden, ist die Einbindung der Reaktion der Hörer und Hörerinnen in die Erzählung besonders gelungen.

Für das Gleichnis von den Arbeitern im Weinberg gäbe es einen besseren Namen: das Gleichnis vom gleichen Lohn (Mt 20,1–15). Die Ausgangslage ist die folgende: Ein Gutsherr stellt Tagelöhner für die

Arbeit im Weinberg ein. In der Antike galt die Arbeit im Weinberg als die härteste, aber auch lukrativste. Die Arbeit war starken saisonalen Schwankungen unterworfen; für Schnitt und Lese mussten also Tagelöhner verpflichtet werden. Erleichtert wurde die Einstellung durch die in Israel herrschende Arbeitslosigkeit; darauf spielt auch Flavius Josephus kurz an (*Jüdische Altertümer*, XX, 9, 3 f.). Ein interessantes Zeugnis dazu steht in unserem Gleichnis. Als Lohn für die am frühen Morgen eingestellten Arbeiter einigt man sich auf einen Denar. Es ist der übliche Ansatz, auch wenn es Brauch war, den Lohn je nach Schwere der Arbeit zu verdoppeln oder zu verdreifachen. Auch vor diesem Hintergrund erklärt sich die Enttäuschung der am frühen Morgen eingestellten Arbeiter: «Diese Letzten haben nur eine Stunde gearbeitet, und du hast sie uns gleichgestellt, die wir die Last des Tages und die Hitze ertragen haben» (V. 12). Dass der Lohn der Letzten gleich hoch ist wie ihr Lohn ist umso skandalöser, als das mit ihnen ausgehandelte Gehalt eher knausrig denn grosszügig ist.

Dass weitere Einstellungen zur dritten Stunde (9 Uhr), zur sechsten, zur neunten und sogar zur elften Stunde (17 Uhr) erfolgen, ist möglich, aber überraschend. Erklärt werden könnte das Faktum mit schlechter Planung der anfallenden Arbeit durch den Gutsherrn. Doch der Dialog mit den zuletzt eingestellten Arbeitern geht in eine andere Richtung: «Was steht ihr den ganzen Tag hier, ohne zu arbeiten? Sie sagten zu ihm: Es hat uns niemand eingestellt» (V. 6 f.). Der Gleichniserzähler will seiner Hörerschaft die Sorge des Gutsherrn und die Lage dieser Arbeitslosen begreiflich machen; er fokussiert weniger auf die Dringlichkeit der anfallenden Arbeit, vielmehr auf das Bestreben des Gutsherrn, diejenigen zu beschäftigen, die niemand eingestellt hat.

Zur Stunde der Lohnauszahlung dann ist die Überraschung gross. Ich weise darauf hin, dass nach der mit den Tagelöhnern der ersten Stunde ausgehandelten Abmachung die Höhe des Lohns nicht mehr spezifiziert wurde, ausser dass sie erhalten würden, «was recht ist» (V. 4). Dieses Schweigen weckt bei Hörerinnen und Hörern die Vorstellung eines abnehmenden Tarifs, doch ist das eine List des Erzählers. Dessen gesamte Strategie ist darauf angelegt, die Reaktion der Hörerschaft mit dem entrüsteten Protest der zuerst Eingestellten über die Lohnungleichheit unter den Tagelöhnern übereinstimmen zu lassen. Was die Arbeiter mit ihrem Hinweis auf die Dauer und die Schwere der Arbeit infrage stellen, ist der Gerechtigkeitssinn des Gutsherrn. Dessen Antwort erfolgt in drei Schritten (V. 13–15): a) Er betont, dass seine Entscheidung juristisch korrekt ist: der versprochene Lohn wurde ausbezahlt; b) er ruft in Erinnerung, dass er als Arbeitgeber mit seinem Geld tun kann, was er will; c) er suggeriert, der wahre Grund für die Verbitterung der Tagelöhner könnte die Ablehnung von Güte sein: «Machst du ein böses Gesicht, weil ich gütig bin?».

Hier stehen zwei Auffassungen von Gerechtigkeit einander gegenüber. Auf der einen Seite distributive Gerechtigkeit, die an Leistung gebunden ist; auf der anderen Seite das, was seit Aristoteles kommutative Gerechtigkeit genannt wird, die jedem den gleichen Anteil zuschlägt. Erstere ist eine Gerechtigkeit nach dem Verdienst, die jeden entsprechend der geleisteten Anstrengung entschädigt. Letztere nivelliert die Lebenssituationen und praktiziert Lohngleichheit. Die Extravaganz des Gleichnisses besteht darin, ein Gleichheitsprinzip in einen von der distributiven Gerechtigkeit dominierten Bereich, die Entlohnung, einzuführen. Diese Extravaganz ist gerade deshalb so auffällig, weil im Talmud einige sehr ähnliche Gleichnisse stehen, namentlich jenes von Rabbi Ze'era in seiner Trauerrede für den im Jahr 325 allzu früh verstorbenen Rabbi Bun, die er mit einem Gleichnis einleitete.

> Es verhält sich, so begann er, wie mit einem König, der eine grosse Zahl von Arbeitern gemietet hatte. Zwei Stunden nach Arbeitsbeginn besichtigte er die Arbeiter. Da sah er, dass einer von ihnen sich durch Fleiss und Geschicklichkeit vor allen anderen auszeichnete. Er nahm ihn bei der Hand und wandelte mit ihm auf und ab bis zum Abend. Als die Arbeiter kamen, um ihren Lohn zu empfangen, erhielt jener Arbeiter die gleiche Summe wie die anderen alle. Da murrten sie und sagten: Wir haben den ganzen Tag gearbeitet und dieser nur zwei Stunden, und trotzdem hast du ihm den vollen Lohn ausbezahlt! Doch der König gab zurück: Damit tue ich euch kein Unrecht; dieser Arbeiter hat in zwei Stunden mehr geleistet als ihr den ganzen Tag.[131]

Die Verwandtschaft der beiden Gleichnisse über drei Jahrhunderte hinweg ist faszinierend. Beide Male dreht sich die Erzählung um die Grosszügigkeit des Königs/Gutsherrn und seine Entscheidungsgewalt. Aber im Gleichnis von Rabbi Ze'era bleibt das Entlohnungsprinzip unverändert: Die Kürze der Arbeit wird durch deren Intensität kompensiert.[132]

---

131 *j*Berakot 2,8,5c; zit. nach Jeremias, Joachim, Die Gleichnisse Jesu (Kleine Vandenhoeck-Reihe 1500), Göttingen [11]1996, 94.

132 Im Midrasch *Tanchuma* 19b findet sich eine Variante: Ohne vorgängig einen Lohn fixiert zu haben, gibt der König jedem Arbeiter, der am Tag mindestens einen Baum gepflanzt hat, ein Goldstück. Die Pointe liegt beim Geheimnis: Aus Angst, das Streben nach Belohnung könne Grund für den Gehorsam sein, hat Gott den zu jedem Toragebot gehörigen Lohn nicht offengelegt. Vgl. Marguerat,

Nichts davon im Gleichnis Jesu: Die Logik der Belohnung implodiert angesichts der «Güte» des Gutsherrn.

Auch hier veranschaulicht das Gleichnis keine abstrakte theologische Wahrheit. *Es konfiguriert das Reich Gottes, das weder im Jenseits noch in der Zukunft zu verorten ist, sondern sich wie eine Art Übermass in der Alltagsordnung entfaltet.* Dieses Übermass zeigt sich in dem, was rund um Jesus geschieht: seine Heilungspraxis, seine Verkündigung, seine Kontakte, seine Teilhabe an der Tischgemeinschaft – geschenkt ohne Ansehen des religiösen Standes der Menschen. Die Extravaganz des Gleichnisses legitimiert das unerwartete Verhalten des Manns aus Nazaret.

Wie viele andere Gleichnisse ist das Gleichnis von der Lohngleichheit eine Erzählung mit offenem Ende. Wie werden sich die Arbeiter der ersten Stunde verhalten: Werden sie an ihrer Logik der Belohnung festhalten oder sich mit der Güte des Gutsherrn einverstanden erklären? Die Frage taucht auch seitens der Hörerinnen und Hörer auf: Die Entscheidung liegt bei ihnen.

Es ist das Kennzeichen des Poeten, dass er fragt, nahelegt, beschwört. Das Gottesreich bietet sich an, es drängt sich nicht auf.

Galiläa – die Wirkstätte Jesu

Eine letzte Frage stellt sich: Woher bezieht der Poet Jesus seine Inspiration? In seinen Gleichnissen setzt er ein Repertoire von traditionellen Motiven ein, um von Gott und seinem Volk zu sprechen: Weinberg, Ernte, Festmahl, Beziehung König – Knecht, Arbeitgeber – Arbeiter, Vater – Sohn usw. Diese Motive finden sich auch in den rabbinischen Gleichnissen. Doch über diesen kulturellen Code hinaus *scheint in den parabolischen Fiktionen die geografische und soziale Umwelt von Jesus und seinen Zuhörerinnen und Zuhörern auf.* Jesus setzt in Szene, was er vor Augen hat.

Die Gleichnisse sind ein kostbarer Spiegel des Unteren Galiläa, also jenes bergigen Landstrichs, in dem Jesus sein Wirken konzentrierte, bevor er nach Jerusalem zog. Die Welt der Gleichnisse ist die Welt der Bauern, der Rebbauern und der Fischer. Er erwähnt die schwankende Rentabilität des Landbaus, das Warten auf die Ernte, die Konflikte zwi-

---

Daniel, Le Jugement dans l'Évangile de Matthieu (Le monde de la Bible 6), Genf ²1995, 448–475.

schen Knechten und Eigentümern, das Sortieren der Fische nach dem Fischfang. Es ist eine Welt, in der der Verlust eines Schafes für den Hirten ein Drama sein kann. Eine Welt, in der die Verwalter eines Guts unehrlich handeln können. Eine Welt des Handels. Eine Welt, in der Reichtum und Armut miteinander in Berührung kommen. Eine Welt, in der Raubüberfälle eine häufige Gefahr sind.

Galiläa war eine bäuerliche, mehrheitlich jüdische Welt. Seine Ressourcen, abgesehen vom Fischfang, waren der Anbau von Wein, Weizen und Olivenbäumen.[133] Fischfang gab es in Kafarnaum, Betsaida und Magdala; dank des Einsalzens der Fische war dies ein lukratives Geschäft. In Magdala haben archäologische Grabungen von 2009 Hafenstrukturen und eine aus drei Sälen bestehende Synagoge aus dem 1. Jahrhundert zutage gefördert: eine Vorhalle für das Torastudium, einen Saal mit Bänken an den Wänden für die gemeinschaftlichen Lesungen und einen Schrein für die Torarollen.

In einem Dorf wie Kafarnaum beruhte das Leben auf Subsistenzwirtschaft, abhängig von den Ressourcen des Sees und des Bodens. Galiläa exportierte Olivenöl und Fisch aus dem See Gennesaret. Zahlreiche Münzfunde beweisen, dass Kafarnaum Handel mit den umliegenden nichtjüdischen Regionen trieb: mit den Küstenstädten im Westen, mit dem Ostjordanland (oder Dekapolis) im Osten. In der Landwirtschaft herrschte ein Mischsystem. Die Bewirtschaftung grosser Ländereien wurde von den meist anderswo lebenden Besitzern Pächtern anvertraut. Mehrheitlich gab es indes kleine, vom Vater auf den Sohn vererbte Familienbetriebe, die meist mehr schlecht als recht über die Runden kamen. Denn das von Herodes Antipas kontrollierte Steuersystem war erdrückend; die Steuern lagen bei dreissig Prozent des Einkommens. Bei schlechten Ernten mussten sich die Bauern verschulden, um die Steuerlast abzutragen, oder sie wurden als Sklaven verkauft. Ohne dass Galiläa insgesamt arm war, erreichte es doch nicht den Lebensstandard von Judäa oder Jerusalem; das Gefälle zwischen Vermögenden und Notleidenden nahm zu.

Wie bereits erwähnt, kamen die Städte in der Welt Jesu nicht vor. Die beiden Orte, die Städte genannt werden können, sind Sepphoris und Tiberias, nacheinander die Hauptstadt des Herodes Antipas; in den Evangelien werden sie nie erwähnt. Sepphoris, die bedeutendste Stadt mit einem viertausendfünfhundert Besucher fassenden Theater, war «die

---

133 Vgl. Freyne, Sean, Jesus. A Jewish Galilean, London 2004; Charlesworth, James H. (Hg.), Jesus and Archaeology, Grand Rapids 2006.

Zierde von Galilaea» (*Jüdische Altertümer*, XVIII, 2, 1). In Sepphoris und Tiberias lebte eine hellenisierte Bevölkerung. Doch Jesus mied diese urbane Welt und lebte in der Umgebung von Kafarnaum, das nach der Trennung von Johannes dem Täufer seine Wahlheimat geworden war. Kafarnaum, so die Schätzung, zählte damals fast zweitausend Einwohner. Denn Kafarnaum war ein Grenzort, ein Knotenpunkt auf der *via Maris*, die vom Mittelmeer nach Damaskus führte, und Garnisonstadt. Im Evangelium berühmt ist die Heilung des Knechts eines Hauptmanns der Garnison (Mt 8,5–13). In Kafarnaum finden sich, anders als in Sepphoris und Tiberias, keine prächtigen Wohnsitze. Die aus rohen Basaltsteinen erbauten Häuser bestehen aus einem einzigen Zimmer, das sich auf einen Innenhof öffnet, den sich mehrere Familien teilen.

Doch sollten wir die Bedeutung der Reisen Jesu in dieser Mikroregion, durch die er unablässig gezogen ist, nicht überbewerten. Wir können kaum von einem Nomadenleben sprechen, denn Betsaida liegt nur vier bis fünf Kilometer von Kafarnaum entfernt und Magdala (griech. Name: Tarichea) acht Kilometer. Der nicht seltene Bezug auf «das/ein Haus» im Markusevangelium[134] lässt vermuten, dass Jesus und seine Gruppe Kafarnaum zur Wohnstätte auserkoren hatten, um von dort auszuschwärmen. Das von Archäologen ausgegrabene «Haus des Petrus», eine bescheidene Fischerhütte aus dem 1. Jahrhundert, die später in eine judenchristliche Kirche verwandelt wurde, bewahrt die Erinnerung an dieses Domizil.

Jesu Verwurzelung in Galiläa ist eine Konkretisierung seiner Zugehörigkeit zum Judentum. Doch wer Judentum sagt, sagt zugleich Bindung an die Tora. Jesus musste, das war unvermeidlich, in dieser Sache Stellung beziehen. Wie hat Jesus die Tora ausgelegt? Genau dieser Frage werden wir uns nun zuwenden.

---

134 Mk 1,29; 2,1; 3,20; 7,17; 9,28.33; 10,10.

Kapitel 6
Der Meister der Weisheit

In der spektakulärsten Wende, die unser Verständnis von Jesus im 20. Jahrhundert genommen hat, geht es um die Frage nach Jesu Zugehörigkeit zum Judentum.

Dieses Erdbeben verursacht hat unsere Einsicht in den Schrecken der *Shoah*. Damit wurde die Frage dringlich: Weshalb war der christliche Glaube kein ausreichender Schutz gegen den aufkommenden Antisemitismus? Forscherinnen und Forscher befassten sich mit dem Bild, das im Neuen Testament vom Judentum vermittelt wird. Sie haben die Juden als Anstifter zur Ermordung von Jesus bezeichnet und ihre theologischen Dispute mit dem Nazarener erwähnt. Haben sie so dazu beigetragen, ein negatives und hasserfülltes Bild des Jüdischen zu konstruieren?

Es mag aussergewöhnlich erscheinen: *Erst in den 1980er Jahren realisierten die Forschenden, dass Jesus ein hundertprozentiger Jude war.* Niemand hatte zuvor ignoriert, dass der Mann aus Nazaret in eine jüdische Familie hineingeboren worden war, dass er die Tora las und die Synagogen besuchte. Aber was dieses Eingebettetsein bedeutete – die Konsequenzen daraus wurden nicht gezogen. Genauer, man dachte, Jesus sei gekommen, um mit seiner Herkunftsreligion zu brechen. Um die Radikalität des dann einsetzenden Perspektivenwechsels zu verstehen, schreiten wir den zuvor zurückgelegten Weg ab.

Die Suche nach Jesus: die Anfänge

Als Vater der Suche nach dem Jesus der Geschichte gilt Hermann Samuel Reimarus (1694–1768), ein deutscher Gymnasialprofessor für orientalische Sprachen. Vergessen gehen dabei seine Vorläufer unter den englischen und französischen Deisten (John Locke, Jean Meslier, John Toland).[135] Sie alle hegten den Verdacht, Jesus sei nicht der, den die kirchliche Dog-

---

135 Zusammenstellung der Vorläufer in Pesce, Marco, The Beginning of the Historical Research on Jesus in the Modern Age, in: Hodge Johnson, Caroline u. a.

matik und zuvor die Evangelien aus ihm gemacht hatten. Reimarus' Aussage war schärfer und derart explosiv, dass sie erst nach dessen Tod 1778 von Gotthold Ephraim Lessing veröffentlicht wurde: *Von dem Zwecke Jesu und seiner Jünger*. Reimarus' These: Jesu Verkündigung vom nahen Kommen eines messianischen Reiches wurde durch seine Hinrichtung brutal gestoppt. In den Augen der Jünger ein Fiasko, das sie dadurch zu überwinden suchten, dass sie die Theorie von Jesu Sühnetod und seiner Auferstehung aufbrachten. Erstmals verglich ein Gelehrter systematisch die Evangelien, stellte deren Divergenzen auf den Prüfstand der historischen Kritik. Dabei wandte er die Verschwörungstheorie an, um die Fakten innerhalb ihrer «Wahrheit» zu rekonstruieren. Mit den Arbeiten von Reimarus setzte das ein, was als die *erste Suche (first quest)* nach dem Jesus der Geschichte bezeichnet wird.

Ziel dieser Forscher war es, den «wahren Jesus» zu rekonstruieren, der hinter den durch die kirchliche Dogmatik kontaminierten Texten verborgen war; doch nicht alle hatten dieselben Motive. Die einen, so Reimarus, wollten nachweisen, dass der christliche Glaube ein Schwindel sei; für David Friedrich Strauss konkretisiert die Geschichte Jesu den Mythos vom «Gottmenschen» (1835–1836); für Heinrich Eberhard Gottlob Paulus gilt es, die Wunder rational zu erklären (1863). Andere, wie der Deutsche Heinrich Julius Holtzmann (1863) oder der Franzose Ernest Renan (1863), vertrauten den Evangelien, um die religiöse Persönlichkeit Jesu zu rekonstruieren; sie sehen in Jesus einen faszinierenden spirituellen Meister.[136] Zu jener Zeit ist das jüdische Milieu, aus dem Jesus stammt, kaum bekannt; daran interessiert sind die Forscher nicht wirklich, es sei denn als Kulisse, von der sich der Nazarener abhebt. In seinen berühmten, 1899/1900 gehaltenen Vorlesungen über *Das Wesen des Christentums* stellt Adolf von Harnack «die reine Quelle des Heiligen» (das Evangelium von Jesus) dem «Sand und Schutt» gegenüber, den die Pharisäer angehäuft hatten. Mit diesem hatten sie die Religion Israels «beschwert, getrübt, verzerrt, unwirksam gemacht und um seinen Ernst gebracht durch tausend Dinge [...]».[137]

(Hg.), The One Who Sows Bountifully. Essays in Honor of Stanley K. Stowers (Brown Judaic Studies 356), Atlanta 2013, 77–88.
136 Strauss, David F., Das Leben Jesu, kritisch bearbeitet. 2 Bde., Tübingen 1835–1836; Paulus, Heinrich E.G., Das Leben Jesu als Grundlage einer reinen Geschichte des Urchristentums, Heidelberg 1828; Holtzmann, Heinrich J., Die synoptischen Evangelien, Leipzig 1863; Renan, Das Leben Jesu (s. Anm. 14).
137 Harnack, Adolf v., Das Wesen des Christentums. Hg. v. Claus-Dieter Osthövener, Tübingen ³2012, 35.

Dieser ersten Forschungswelle wurde zu Beginn des 20. Jahrhunderts Einhalt geboten durch zwei gewichtige Einwände. Der erste stammt 1906 von Albert Schweitzer, dem Theologen und künftigen Arzt in Lambarene.[138] Schweitzer zieht eine vernichtende Bilanz über ein Jahrhundert Forschung. Er zeigt, dass die Forscher die Texte nach Belieben auslegen, um den ihnen passenden Jesus zu gestalten. Der zweite Einwand erwächst ein Jahrzehnt später aus dem Studium der Evangelien gemäss der literarischen Formgeschichte. Die mit den Namen Rudolf Bultmann und Martin Dibelius verknüpfte Schule findet heraus, dass die Evangelien das Ergebnis einer späten Komposition und nicht des Zusammentragens von Augenzeugenberichten sind, dass die Berichte über Jesus mehrere Jahrzehnte lang mündlich überliefert wurden und dass der biografische Rahmen der Evangelien eine erzählerische Schöpfung ihrer Autoren ist. Kurz, die von der ersten Suche durchgeführte «unmittelbare» Lektüre der Texte wird als Naivität bezeichnet. Es gilt, zwischen frühen Texten und späten Texten zu unterscheiden und nur die Urversion als Quelle zur Rekonstruktion des Lebens des Nazareners zu benutzen.

Die von den beiden Einwänden arg gebeutelte Forschung nimmt um 1950 Fahrt auf für eine *zweite Suche (second quest)*. Von nun an wird die historische Untersuchung besser kontrolliert. Die Kriterien zur Verifizierung der historischen Zuverlässigkeit der Quellen (sie wurden in Kapitel 1 vorgestellt) sind definiert. Es wird nun darauf verzichtet, das Leben Jesu in allen Einzelheiten zu rekonstruieren, rekonstruiert werden seine Lehre und seine Tätigkeit. Die Ankündigung des Gottesreichs wird als das Zentrum seiner Verkündigung erkannt. Vermutet wird, dass die christologischen Hoheitstitel (Gottes Sohn, Messias, Menschensohn) nicht zu Lebzeiten des Nazareners, sondern nach Ostern aufgekommen sind. Joachim Jeremias zeichnet sich dadurch aus, dass er die Gleichnisse Jesu auf der Basis des Talmuds erläutert.[139] Obwohl dank ihm die Kenntnis des palästinischen Judentums in die Arbeit der Historiker einfliesst, ist die Rekonstruktion der Gestalt Jesu beherrscht von der Vorstellung eines Bruchs zwischen ihm und dem Judentum seiner Zeit. In seinem gelungenen Buch über Jesus aus Nazaret stellt Günther Bornkamm dem jüdischen Verständnis des Gesetzes, das nicht mehr die Begegnung mit Gott bewirkt, sondern «droht [...] sie zu vereiteln», das Verständnis Jesu gegenüber: «Er befreit den Willen Gottes aus der Versteinerung der Rechtstafel

---

138 Schweitzer, Albert, Geschichte der Leben-Jesu-Forschung. 2 Bde., München 1966, bes. I: 77 f., 79 f.
139 Jeremias, Die Gleichnisse Jesu (s. Anm. 131).

und greift nach dem im Gewahrsam der Gesetzlichkeit sich einschliessenden und sichernden Herzen des Menschen.»[140]

Hier erscheint der Mann aus Nazaret als der freie Held einer Herzensreligion, der mit einem legalistischen, pedantischen, kleinkarierten und letztlich entmenschlichten Judentum konfrontiert ist.

Jesus «rejudaisieren»

Die durch die Shoah ausgelöste Schockwelle hat, wie bereits gesagt, das Bewusstsein für die antijüdische Dimension der Evangeliumslektüre geweckt. Am Anfang der *dritten Suche (third quest)* nach dem historischen Jesus steht das 1985 erschienene Buch von Ed P. Sanders: *Jesus and Judaism*.[141] Sanders mit seinem profunden Wissen der antiken jüdischen Schriften prangert das karikaturhafte Verständnis vom Judentum des 1. Jahrhunderts an, gefangen in einem monolithischen Rigorismus, obwohl es ein Ensemble von schillernder Vielfalt war. Das Judentum des zweiten Tempels mit seinen Pharisäern, Sadduzäern, Essenern und Anhängern Johannes' des Täufers, so Sanders' Plädoyer, war eine Welt mit einer Vielzahl von miteinander diskutierenden Strömungen. Jesu (unbestreitbare) Debatte mit seinen Zeitgenossen war nicht eine Debatte *gegen* das Judentum, sondern *innerhalb* des Judentums.

Die *dritte Suche* ist keine homogene Bewegung, vielmehr ein eher diffuses Gebilde. Die involvierten Forscher vertreten unterschiedliche Auffassungen: Jesus als vom Geist erfüllter Mystiker (Marcus J. Borg), als kynischer Wanderphilosoph (John Dominic Crossan), als millenaristischer Prophet (Ed P. Sanders), als Sozialreformer (Richard A. Horsley), als Wandercharismatiker (Gerd Theissen) oder als Heiler nach Art der jüdischen Chassidim (Géza Vermes).[142] In der Reihe dieser unterschiedli-

---

140 Bornkamm, Günther, Jesus von Nazareth, Stuttgart [14]1988, 92 f.
141 Sanders, Ed P., Jesus and Judaism, London 1985.
142 Borg, Marcus J., Jesus. A New Vision. Spirit, Culture, and the Life of Discipleship, San Francisco 1987; ders., Meeting Jesus Again for the First Time. The Historical Jesus and the Heart of Contemporary Faith, San Francisco 1994; Crossan, The Historical Jesus (s. Anm. 91); ders., Jesus. A Revolutionary Biography (s. Anm. 48); Sanders, Ed P., Paul and Palestinian Judaism. A Comparison of Patterns of Religion, Philadelphia 1977 (dt: Paulus und das palästinische Judentum. Ein Vergleich zweier Religionsstrukturen, Göttingen 1985); Theissen, Soziologie der Jesusbewegung (s. Anm. 11); Horsley, Richard A., Sociology and the Jesus Movement, New York 1989; ders., Jesus and the Spiral of Violence. Jewish Resistance in Roman Palestine, San Francisco 1987; Vermes, Géza, Jesus, der Jude.

chen Porträts bleibt eine Konstante: die Notwendigkeit eines neuen Blicks auf das antike Judentum, um die Person Jesu verorten zu können. *Die dritte Suche unternimmt eine gewichtige Rejudaisierung des Jesus der Geschichte.* Der Nazarener wird als Jude begriffen, als marginaler von John P. Meier, als zentraler von André Lacocque – aber als Jude und nicht als der Prototyp des Christen.[143]

Gestützt wurde dieser Paradigmenwechsel durch eine Erkenntnis: Die Trennung zwischen Judentum und Christentum erfolgte später als bisher angenommen. Der Trennungsprozess setzte nicht vor Ende des 1. Jahrhunderts ein, dauerte lang und verlief je nach Region anders (weiter fortgeschritten in Kleinasien als in Syro-Palästina). Jesus die Stiftung einer neuen Religion zuzuschreiben ist schlicht anachronistisch.

Doch wenn wir nun Jesus als innerhalb der jüdischen Welt verankert auffassen müssen – was in der Forschung ein Fortschritt ist –, wie haben wir dann seinem Jude-Sein Rechnung zu tragen, ohne seine Einzigartigkeit auszublenden? Anders gesagt: *Wie berücksichtigen wir zugleich seine umfassende Zugehörigkeit zum palästinischen Judentum und den Konflikt, der die religiösen Autoritäten dazu brachte, seine physische Eliminierung vorzuschlagen?* Wir haben es gesehen: Weder seine Verkündigung des Gottesreichs (das war weit verbreitet) noch sein messianisches Ansehen (er war nicht der Einzige) genügte, um ihn als unerträglich zu beurteilen. Ihn wegen seiner Heilungen der Magie zu bezichtigen war eine Bagatelle. Wir müssen uns mithin seiner Lehre zuwenden, um den Kern der Krise zu finden. Und wer Lehre sagt, der sagt, wenn es um einen jüdischen Rabbi geht, Auslegung der Tora. Uns fällt nun die Aufgabe zu, sein Tora-Verständnis daraufhin zu untersuchen, was ihn mit seinen Zeitgenossen verbindet und was ihn von ihnen trennt.

Heilen am Tag des Sabbat

In den ältesten Schichten der Überlieferung findet sich keine grundsätzliche Aussage Jesu über die Tora oder über die Autorität der Tora. Die Aussagen des matthäischen Jesus stammen aus der Christenheit, der der

---

Ein Historiker liest die Evangelien, Neukirchen-Vluyn 1993 [Jesus the Jew. A Historian's Reading of the Gospels. With a Preface by Stefan C. Reif, London 2001]; ders., The Changing Faces of Jesus, London 2000.

143 Das monumentale Werk von Meier, John P., Un certain Juif, Jesus. Les données de l'histoire (Lectio divina), 5 Bde., Paris 2004–2018, trägt im Original den Titel: A Marginal Jew. Rethinking the Historical Jesus, 5 Bde., New York 1991–2016.

Evangelist angehört («Bis Himmel und Erde vergehen, soll vom Gesetz nicht ein einziges Jota oder ein einziges Häkchen vergehen [...]», Mt 5,18). Der Nazarener hat sich unter die jahrtausendealte Autorität des Gesetzes gestellt, der Gabe Gottes an sein Volk Israel. Er legitimiert es nicht, er problematisiert es nicht. *Es versteht sich von selbst, für ihn wie für jeden gläubigen Juden.* Das Festhalten am Gesetz ist einer der beiden Identitätspfeiler des antiken Judentums, der andere ist der Tempel. In seiner grossen Vielfalt findet das Judentum des zweiten Tempels seinen Zusammenhalt im Festhalten an diesen beiden Identitätspfeilern. Sogar die Qumran-Gemeinde, die den Jerusalemer Tempel als unrein ablehnt, ist selbst zum spirituellen Tempel geworden.[144]

Jesus zweifelt nicht an der Autorität der Tora, vielmehr diskutiert er über deren Auslegung, wie man es von jedem Weisen erwarten würde. Doch, so der Einwand, handelt er mit seinen Heilungen am Tag des Sabbat nicht der Weisung Gottes zuwider? Tatsächlich, und sicherlich in provozierender Weise, hat Jesus am Sabbat geheilt. Die Häufigkeit der durch die Übertretung dieser Regel hervorgerufenen Konflikte bezeugt die Überlieferung (Mk 2,23–28; 3,1–6; Mt 12,9–14; Lk 13,10–17; Joh 9,13–16 usw.). Doch, so Sanders, die gelegentliche Aufhebung der von der Tora vorgeschriebenen Sabbatruhe betrifft nicht bloss Jesus; es ist vielmehr eine im antiken Judentum breit diskutierte Frage. In den Makkabäerkriegen des 2. Jahrhunderts v. u. Z. liessen sich bei einem am Sabbat durchgeführten Angriff tausend Juden töten (Makk 2,29–41). Seither herrschte die Meinung vor, selbst am Sabbat sei es zulässig, sich zu verteidigen, ja gar zu töten. Als Jesus auf einen Mann mit einer verkümmerten Hand traf, stellte er die Frage: «Wer unter euch, der ein einziges Schaf besitzt, würde es nicht, wenn es am Sabbat in eine Grube fällt, packen und herausziehen?» (Mt 12,11). Die Antwort der Essener auf die Frage, ob es erlaubt sei, ein in eine Zisterne oder eine Grube gefallenes Tier zu retten, ist bekannt – nein: «Und fällt es [das Vieh] in eine Zisterne oder in eine Grube, soll man es nicht am Sabbat heraufholen» (*Damaskusschrift* 11,13 f.). Nicht bekannt ist uns die Position der Pharisäer. Laut einer späteren rabbinischen Schrift ist es nicht erlaubt, das Tier herauszuholen, aber zulässig, es mit Nahrung zu versorgen oder ihm etwas zuzuwerfen, an dem es sich festhalten kann, um am Leben zu bleiben (*t*Shabbat 14,3). Es ist anzunehmen, aber nicht sicher, dass diese weniger strikte Einstellung zu Lebzeiten Jesu auch von den Pharisäern geteilt wurde.

---

144 1QS 8,4–10; 4Q174 3,6.

Mit seiner Frage bringt Jesus mithin nichts Neues ein; er beteiligt sich an einer von seinen Zeitgenossen bereits eröffneten Diskussion. Gleichwohl sei auf zwei Besonderheiten seiner Position hingewiesen. Erstens spricht er von einem, der nur ein einziges Schaf besitzt und dieses in Gefahr sieht. Jesus knüpft an die Erfahrung der palästinischen Bauern an, für die es kein Zögern gibt. Er eröffnet nicht eine Debatte als Toragelehrter, er nimmt nicht die Sabbatvorschrift auseinander, vielmehr stützt er sich *auf die Alltagserfahrung seiner Hörerschaft*. Indem er hinzufügt «Wie viel mehr wert ist doch ein Mensch als ein Schaf!» (Mt 12,12), überträgt er einen spontanen Mitleidsreflex auf den Behinderten mit der verkümmerten Hand. Zweitens verallgemeinert Jesus den Krankheitsfall hin zu dem, was eigentlich ein Notfall war: Das Tier, das am Tag des Sabbat ertrinkt. Oder eher: Jesus gibt zu verstehen, dass *das Leiden eines Mitmenschen ein Notfall ist*. Damit greift er in die Debatte um die Auslegung der Tora ein, lässt aber ihre Logik implodieren, indem er den Grenzfall grenzenlos ausweitet: «Also ist es erlaubt, am Sabbat Gutes zu tun» (Mt 12,12).

Gott und den Nächsten lieben

Was es gestattet – ja, was es gebietet –, die Sabbatruhe aufzuheben, ist die Notwendigkeit, dem Mitmenschen zu helfen. Eine Hierarchie zwischen zwei Rechtsvorschriften zu erstellen, darum bemühten sich sämtliche Toralehrer. Wie sollte man sich angesichts von 248 Geboten und 365 Verboten im Fall von sich widersprechenden Pflichten entscheiden? Darüber debattierten die Rabbis; einige waren der Auffassung, alle Vorschriften seien gleichermassen zu beachten, während andere im Namen einer höheren Regel, die sie *kelal* nannten, diese Vorschriften hierarchisch ordneten.[145] Jesus optiert für die zweite Position und führt die Tora auf das doppelte Liebesgebot zurück.

> Und einer der Schriftgelehrten, der gehört hatte, wie sie miteinander stritten, trat zu ihm. Und da er sah, dass er ihnen gut geantwortet hatte, fragte er ihn: Welches Gebot ist das erste von allen? Jesus antwortete: Das erste ist: *Höre, Israel, der Herr, unser Gott, ist allein Herr, und du sollst den Herrn, deinen Gott, lieben mit deinem ganzen Herzen und mit deiner ganzen Seele und*

---

145 Pirke Avot 2,1: «Gib acht auf das geringe (minder wichtige) Gebot wie auf das schwerwiegende, denn du kennst nicht die Entlohnung und Vergeltung der religiösen Gebote»; Pirke Avot 1,18: «Rabban Simon ben Gamaliel sagt: Auf drei Dingen besteht die Welt: Auf Recht, Wahrheit und Frieden [...].»

mit deinem ganzen Verstand und mit all deiner Kraft [Dtn 6,4 f.]. *Das zweite ist dieses: Du sollst deinen Nächsten lieben wie dich selbst* [Lev 19,18]. *Höher als diese beiden steht kein anderes Gebot.* (Mk 12,28–31)

Der narrative Rahmen des Gesprächs, nicht aber dessen Inhalt muss vom Evangelisten Markus stammen. Jesus sagt sein *kelal,* indem er zwei Schrifttexte verbindet. Das Verknüpfen zweier Textpassagen ist ein exegetisches Verfahren, das die Rabbis später als *gezera shawa* bezeichnen werden; es besteht darin, zwei Verse, in denen dieselben Ausdrücke (hier «du sollst ... lieben») vorkommen, zu vergleichen und so den einen durch den anderen auszulegen. Die Einzigartigkeit und Transzendenz des Gottes Israels steht am Anfang des *Schma Jisrael,* dem bekanntesten jüdischen Glaubensbekenntnis (Dtn 6,4 f.). Dessen Erwähnung ist keine Überraschung, wohl aber der ihm zugeordnete Vers: «Du sollst deinen Nächsten lieben wie dich selbst (Lev 19,18). Erwähnt sei, dass das Verb «lieben» in biblischer Sprache anders als heute keine ausschliesslich affektive Dimension hat; Gott lieben bedeutet, ihn zu ehren und ihm treu zu sein, den Nächsten lieben heisst, sein Wohl zu wollen und sein Recht zu respektieren. Doch nirgendwo sonst findet sich das Nebeneinander dieser beiden Textstellen – weder im Alten Testament noch in der intertestamentlichen jüdischen Literatur, noch in Qumran, noch bei Philon von Alexandria.[146] Mittels dieser beiden Bibeltexte Nächstenliebe und Gottesliebe auf dieselbe Ebene zu stellen – dies findet sich nur bei Jesus.

Doch handelt es sich wirklich um eine absolute Neuheit? Hier gilt es zu differenzieren, denn die Antwort lautet: ja und nein.

Beginnen wir mit dem Nein. Die Vorstellung, Gottestreue und Nächstenliebe seien die beiden Eckpfeiler des Glaubens, ist dem jüdischen Glauben nicht fremd. Sie findet sich bei Autoren, die Jesus zeitlich nahestehen: der Brief des Aristeas (um 100 v. u. Z.), Philon von Alexandria (25 v. u. Z. bis 50 n. Chr.), Flavius Josephus (37–100 n. Chr.).[147] Diese Autoren fassen die beiden Tafeln der Zehn Gebote in folgenden Slogan: *Frömmigkeit und Gerechtigkeit* (oder *Philanthropie*). Keiner der Texte

---

146 Dossier bei Meier, John P., Un certain Juif, Jesus. Les données de l'histoire IV: La Loi et l'amour (Lectio divina), Paris 2009, 300–317.
147 Brief des Aristeas, 131; Philon von Alexandria, De specialibus legibus, 2, 63; ders., De virtibus, 51 und 95; Flavius Josephus, Jüdische Altertümer, VI, 12, 7; VIII, 4, 4; X, 10, 5; XV, 10, 5 usw. Weiter: Berger, Klaus, Die Gesetzesauslegung Jesu. Ihr historischer Hintergrund im Judentum und im Alten Testament I: Markus und Parallelen (Wissenschaftliche Monographien zum Alten und Neuen Testament 40), Neukirchen-Vluyn 1972, 151–165.

stammt aus dem palästinischen Judentum, aber die darin enthaltene Parallele bezeugt, dass Jesus eine Idee aufnahm, die in der Luft lag. *Das Besondere der Weisheit des Nazareners ist anderswo zu finden: in seiner Definition des Nächsten und in der Schlagkraft, die er dem Liebesgebot verleiht.* In der jüdischen Tradition ist die Definition des Nächsten eng gefasst: der Nächste ist der Landsmann, der Israelit. Aus Lev 19,18 geht der Sinn klar hervor, denn der Nächste wird vom *ger* unterschieden, dem ins Land kommenden Fremden. Die Reichweite der Definition beschränkt sich im 1. Jahrhundert entweder auf die Mitglieder der Bruderschaft (bei den Pharisäern) oder auf die Gemeinde (Qumran). Jesu Definition ist in den Aussagen zu finden, die Matthäus in der Bergpredigt zusammengetragen hat: «Ihr habt gehört, dass gesagt wurde: *Du sollst deinen Nächsten lieben* [Lev 19,18] und deinen Feind hassen. Ich aber sage euch: Liebt eure Feinde [...]» (Mt 5,43 f.). Zwar findet sich in der Bibel kein Befehl, den Feind zu hassen, aber die Formel umschreibt die negative jüdische Definition des Nächsten, wonach der dem Landsmann geschuldete Schutz sich nicht auf den Fremden und noch weniger auf den Feind erstreckt.

Jesus stützt sich auf die grenzenlose Liebe des Gottvaters, der seine Sonne über Böse und Gute aufgehen lässt, um jegliche Grenze der Nächstenliebe zu zerstören (Mt 5,45–47). Daraus soll nicht geschlossen werden, die jüdischen Zeitgenossen Jesu seien der Philanthropie unfähig gewesen. Vom bedeutenden, zur Zeitenwende tätigen Rabbi Hillel ist folgender Ausspruch überliefert: «[...] liebe die Menschen und führe sie zum Gesetz» (Pirke Avot 1,12). Doch Jesus geht weit über die Philanthropie hinaus. *Die Nächstenliebe (ohne jede Grenze verstanden) mit der Gott geschuldeten Liebe gleichzusetzen, liest sich ausschliesslich in der Verkündigung Jesu.*

Die Gewalt ablehnen

Wie steht es um die Schlagkraft, die der Nazarener seinem *kelal* verleiht? Der Befehl, seine Feinde zu lieben, dessen Zuschreibung an Jesus ausser Zweifel steht,[148] wurde von den ersten Christen als derart heftig empfun-

---

[148] Beweisführung bei Piper, John, ‹Love your enemies›. Jesus' love command in the synoptic gospels and in the early Christian paraenesis. A history of the tradition and interpretation of its uses (Society for New Testament Studies. Monograph Series 38), Cambridge 1979, 20–49. Vgl. auch Meier, John P., Un certain Juif, Jesus. Les données de l'histoire V: Enquête sur l'authenticité des paroles (Lectio divina), Paris 2018, 335–356.

den, dass sie es nicht wagten, ihn unverändert weiterzugeben, ausser in der Rezeption durch Matthäus (Mt 5,44) und Lukas (Lk 6,27). Bei Paulus wiederum steht eine abgeschwächte Version: «Segnet, die euch verfolgen [...]» (Röm 12,14). Doch vor allem setzt sich Jesu *kelal* mit einer derartigen Kraft durch, dass andere Gebote annulliert werden. Das hatte selbst der grosse Hillel nicht gewagt. Wir haben es bereits in Bezug auf den Sabbat gesehen. Wir sehen es auch im Standpunkt, den Jesus dem Gesetz der Vergeltung gegenüber einnimmt.

> Ihr habt gehört, dass gesagt wurde: *Auge um Auge* und *Zahn um Zahn*. Ich aber sage euch: Leistet dem, der Böses tut, keinen Widerstand! Nein! Wenn dich einer auf die rechte Backe schlägt, dann halte ihm auch die andere hin. Und wenn dich einer vor Gericht ziehen will, um dein Gewand zu nehmen, dann lass ihm auch den Mantel. Und wenn dich einer nötigt, eine Meile mitzugehen, dann geh mit ihm zwei. Gib dem, der dich bittet, und wende dich nicht ab von dem, der von dir borgen will. (Mt 5,38–42)

«Auge um Auge, Zahn um Zahn»: Diese grundlegende Regel findet sich mehr als einmal in der Schrift (Ex 21,23–25; Lev 24,19 f.; Dtn 19,21). Die ersten Spuren finden sich im babylonischen Kodex Hammurapi; dieser legt die finanziellen und physischen Entschädigungen nach einem erlittenen Schaden gesetzlich fest. In antiken Gesellschaften, in denen Individuen das Recht in die eigene Hand nahmen, war das Gesetz der Vergeltung offenkundig von sozialem Nutzen; es funktionierte als Regulator der Aggressivität, unterband das Hochschaukeln der Vendetta, indem es den Grundsatz der Verhältnismässigkeit zwischen erlittenem Schaden und zugefügtem Schaden einführte: Auge um Auge – mehr nicht. Doch die Regel ist doppeldeutig: Sie lehnt die Übertreibung der Gewalt ab, nicht aber die Gewalt an sich. Doch dieses regulierende Gesellschaftsprinzip ersetzt Jesus durch eine negative Regel: «Ich aber sage euch: Leistet dem, der Böses tut, keinen Widerstand!». Doch dem, der Böses tut, nicht zu widerstehen, läuft darauf hinaus, Unrecht zu erleiden. Es werden einige Beispiele vorgebracht, um diesen Verzicht im Alltag zu leben: Auf die Beleidigung durch eine Ohrfeige nicht antworten, sondern die andere Wange hinhalten, vor Gericht mehr geben als gefordert, mehr geben, als der andere fordert.

Die antiken Gesellschaften werden von einem Kodex gesteuert, der zum Reagieren verpflichtet, um Vergeltung für erlittenes Unrecht zu erlangen. Jesus bricht mit dieser Logik der Gegenhandlung und bringt einen anderen Standpunkt ins Spiel: darauf verzichten, auf Gewalt mit Gewalt zu reagieren. Dies ist Konkretisierung einer Liebe, die sogar den nicht Liebenswerten, also den Feind, mit einschliesst. So wird das Gesetz der Vergeltung völlig ausser Kraft gesetzt. Jesus nimmt von der Vorstellung der Vergeltung Abstand und fordert dazu auf, auf Bitten des Gegenübers mehr als angemessen einzugehen.

Frage: Ist das vernünftig? Darauf werden wir zurückkommen. Denn es gilt, das Profil der erstaunlichen Weisheit Jesu zu schärfen. In der Antike wimmelt es nur so von Aufforderungen, sich der Rache zu enthalten, ja ungerechtes Leiden anzunehmen – und dies auf jüdischer wie auf griechisch-römischer Seite. Die Rabbis wie auch die grossen Philosophen der Stoa (Epiktet, Seneca) raten zum Pazifismus. Doch Jesus zeichnet sich durch einen ihm eigenen Zug aus: *das Fehlen jeder Motivation in seiner Ermahnung.* Für die Weisen Israels gilt es, das Unrecht zu erleiden, weil Gott die Seinen rächen wird, und in der Hoffnung, seine Feinde zu bekehren.[149] Für Seneca ist es unnötig, die Beleidigungen der Mächtigen zu rächen, denn es nützt nichts («Sie werden es wieder tun»). Epiktet betrachtet das erfahrene Leid als Privileg des kynischen Philosophen, der «sich prügeln lassen [muss] wie ein Esel» um «jene, die ihn prügeln, [zu] lieben».[150] Jesu Ermahnung unterscheidet sich insofern, als jede Rechtfertigung dieser Art fehlt.

Um seine Aussagen zu legitimieren ruft Jesus weder zur Mässigung der Affekte noch zur Vernunft auf. Was bleibt, ist der Aspekt der Provokation: Die Weigerung, zu reagieren, wird zum Beweis der erlittenen Gewalt, zur Zurschaustellung des gegen sich geschehenen Unrechts. Diese Haltung protestiert symbolisch gegen die Gewalt, aber indem sie sich unterwirft. Hier stossen wir erneut auf die anprangernde Dimension der prophetischen Gesten. Das Jesuswort verweist ausschliesslich auf *die Notwendigkeit, die die Welt beherrschende Gewaltspirale zu durchbrechen.* Eine in der Antike unerhörte Radikalität. Der beste Kommentar dazu stammt vom Schriftsteller Leo Tolstoi, der sich beim Lesen dieses Wortes bekehrt. Er schreibt Gandhi: «Er [Christus] wusste [...], dass jede Anwendung von Zwang unvereinbar mit der Liebe als dem höchsten Lebensgesetze ist, und dass, sobald Vergewaltigung auch nur in einem

---

149 Gott wird die Seinen rächen: Slawisches Henochbuch 50,4; Pirke Avot 4,19; 1QS 10,17f.; Jesus Sirach 28,1. Das Unterdrücken des Zorns vermeidet den Streit: Spr 15,18; 16,32; 24,29; 29,11; 30,33; Jes 50,6; Jesus Sirach 1,22–24; jShabbat 88b.
150 Seneca, De ira / Über den Zorn, II, 33, 1f.; Epiktet, Dissertationes/Lehrgespräche, III, 22, 54. Weiter: Gemünden, Petra v., La gestion de la colère et de l'agression dans l'Antiquité et dans le Sermon sur la montagne, in: Hénoch 25 (2003), 19–45.

einzigen Falle als zulässig erscheint, damit zugleich dies Gesetz negiert wird.»[151] Vergeltung zuzulassen tötet die Liebe.

Aufforderung zur Kreativität

Die Bergpredigt enthält eine Reihe von Antithesen, die so genannt werden, weil Jesus sechsmal der Auslegung des Gesetzes durch die pharisäischen Rabbis sein eigenes Verständnis des göttlichen Imperativs entgegensetzt: «Ihr habt gehört, dass zu den Alten gesagt wurde […]. Ich aber sage euch […]» (Mt 5,21–48). Als Beweis für die Reinterpretation des Gesetzes hat der Evangelist Matthäus moralische Ermahnungen von Jesus zusammengetragen.

Bei genauerem Hinsehen wird klar, dass jede dieser Antithesen die Gewalt anprangert. Anders gesagt: *Jedes Mal, wenn Jesus den göttlichen Imperativ neu interpretiert, widersetzt er sich einer Auslegung des Gesetzes, die Gewalt gegen andere toleriert.* Die erste Antithese dehnt das Tötungsverbot auf den Zorn und die Beleidigung aus; Jesus hebt die Schwelle des Verbots an, um es auf verbale Gewalt anzuwenden: Die Beleidigung des anderen ist bereits eine Art Anschlag auf das Leben (5,21–26). Die zweite Antithese bekämpft den begehrlichen Blick, der wie der Ehebruch als ein übergriffiger Akt des Manns an der Frau eingestuft wird (5,27–30). In der dritten Antithese wird der Scheidebrief (Privileg des Ehemanns) als unerträglicher Angriff auf die Ehe angeprangert (5,31 f.). Die vierte Antithese handelt vom Schwur, der als Gewalt gegen den anderen verurteilt wird, falls man die eingegangene Verpflichtung nicht einhält (5,33–37). Das Gesetz der Vergeltung wird verurteilt, weil es zur Entstehung von Gewalt durch Gewalt beiträgt (5,38–42). Die Nächstenliebe schliesslich wird, weil in ihrer Intention verfälscht und als Freipass zum Feindeshass uminterpretiert, auf ihre äusserste Forderung zurückgeführt (5,43–48). Die Antithesen sind ein Auftrag, die Tora um zwei Elemente herum neu zu gestalten: die Liebe zum anderen und die von der traditionellen Gesetzesauslegung gebilligte Aggression.

In diesem Kontext wird nicht ausdrücklich auf das Reich Gottes Bezug genommen. Ausser vielleicht in der Antwort von Jesus an den Schriftgelehrten, der ihn fragte, welches Gebot das erste von allen sei. Auf diesen Text sind wird bereits eingegangen. Und nachdem der Schrift-

---

151 Leo Tolstoi am 7. September 1907 in seinem letzten Brief an Gandhi; zit. nach Bartolf, Christian, Tolstoi – Gandhi, Berlin 1993, 28 (www.bartolf.info/Nicht-Widerstehen.pdf [02.09.2021]).

gelehrte den *kelal* des zweifachen Gebots, Gott und den Nächsten zu lieben, korrekt wiedergegeben hatte, sah Jesus, «dass er verständig geantwortet hatte, und sagte zu ihm: Du bist nicht fern vom Reich Gottes (Mk 12,34). Weshalb ist er nicht fern? Was fehlt ihm? Was ihm fehlt, ist das Verständnis, dass Gottes Reich kein allgemeiner Begriff ist, sondern eine zu vergegenwärtigende Realität – in der Welt sichtbar zu machen. Ob die Antwort dem Evangelisten geschuldet ist oder nicht, sie trifft den Kern. *Wie die Neuauslegung der Gleichnisse das Reich Gottes in der Welt sichtbar macht, gestaltet die Neuinterpretation des Gesetzes durch Jesus eine Welt, in der die grenzenlose Liebe Gottes für seine Geschöpfe den Menschen befähigt, selbst seinen Gegner zu lieben.*

Aus diesem Grund ersetzt der Mann aus Nazaret nicht das alte Gesetz durch ein neues oder das alte Regelwerk durch ein anderes, strengeres. Seine Beispiele sind Provokation und Anreiz zugleich. Im Fall der Vergeltung folgen auf die Aufhebung der Regel einige gewollt provozierende Beispiele (die andere Wange hinhalten, seinen Mantel überlassen, zwei Meilen mitgehen): Seht, wie weit die Liebe zum andern gehen muss, um die tödliche Gewalt in den menschlichen Beziehungen auszurotten – woran die Regel der Vergeltung scheitert. Es sind fordernde Beispiele, weil sie die Kreativität der Hörerschaft wecken wollen: Erfindet euerseits lebensspendende und nicht todbringende Gesten. Indem sie diese Einladung annehmen, aktivieren Männer und Frauen diese neue Welt, die Jesus das Gottesreich nennt.

Einmal mehr: Ist das vernünftig? Warten wir noch mit der Antwort, denn zuerst müssen wir einen stärkeren Angriff auf die Moral thematisieren, nämlich Jesu Ablehnung des Konzeptes rein/unrein.

Rein und unrein

Auf Distanz können wir uns kaum vorstellen, wie wichtig im Glauben Israels die Aufrechterhaltung des Reinheitszustandes war. Die Grenze zwischen rein und unrein war extrem wichtig, denn rituelle Reinheit war die Voraussetzung für den Zugang zu Gott; Unreinheit schloss davon aus. Den Israeliten war die Tora durch Mose gegeben worden, um zu unterscheiden «zwischen dem, was heilig ist, und dem, was nicht heilig ist, zwischen dem, was unrein ist, und dem, was rein ist» (Lev 10,10).

Um sich gegen das «Ansteckungsrisiko» zu wappnen, kontrollierte die Qumran-Sekte ihre Mitglieder am Eingang. Wer der Unreinheit verdächtig war, wurde abgewiesen: «Ist einer ein Tor, ein Verrückter oder irgendein irrender Einfältiger, ein Schwachsichtiger, der nichts sieht, ein

Lahmer oder Hinkender oder Tauber und ein kleiner Knabe: Nicht darf einer von diesen in die Gemeinde hinein kommen [...]» (*Damaskusschrift* 15,15–17).[152] Die Zahl der vor Ort gefundenen rituellen Tauchbäder *(mikwaot)* verweist auf die extreme Fixierung der Gemeinde auf den Waschzwang. Mit dem Rückzug in die Wüste wollte man sich vor einer als unrein geltenden Welt schützen. Doch vor kurzem ist die Archäologie in den Synagogen und im Umkreis des Jerusalemer Tempels auf zahlreiche *mikwaot* gestossen. Die Sorge um Reinheit beschränkte sich demnach nicht auf den Essenismus. Dies gilt insbesondere für die Pharisäer; diese Laienbewegung hatte das Reinheitsideal, das den Leviten für den Tempeldienst auferlegt war, auf ihre Anhänger übertragen.

Zwischenmenschliche Kontakte, das Erledigen der Alltagsarbeiten und die Ernährung waren beherrscht von der Sorge, von unreinen Stoffen oder Personen befleckt zu werden. Die Gläubigen waren permanent dem Risiko ausgesetzt, durch ihre Umwelt beschmutzt zu werden. Sie mussten peinlich genau die Ritualvorschriften einhalten, deren Verfahren in Leviticus festgelegt sind (Lev 11–16). Denn Reinheit und Heiligkeit korrelieren: Um seinen Status als heiliges, von Gott auserwähltes Volk zu bewahren, musste Israel auf seine Reinheit achten. Dieselbe Sorge um Reinheit/Heiligkeit leitete auch die Ernährung. Der in Leviticus vorgeschriebene Lebensmittelcode zählt die Kriterien auf, gemäss denen ein (tierisches oder pflanzliches) Nahrungsmittel für den Verzehr erlaubt ist oder nicht; es gab Regeln, wie es zuzubereiten und für den Verzehr geeignet zu machen sei. Diese Sorge um die *kashrut* (Speisegesetze) zieht sich durch die gesamte Geschichte des Judentums.

Vor diesem Hintergrund wird klar, weshalb ein Jesuswort wie ein Blitz einschlug: «Nichts, was von aussen in den Menschen hineingeht, kann ihn unrein machen, sondern was aus dem Menschen herauskommt, das ist es, was den Menschen unrein macht» (Mk 7,15). Dieser Satz ist Teil einer anhaltenden Kontroverse, über die in Mk 7 berichtet wird und in der Jesus die pharisäischen Traditionen ablehnt. Jesu Gesprächspartner waren gut ausgewählt, lag ihnen doch die Frage der Reinheit besonders am Herzen.

Die Exegeten fragen sich, ob die klare Positionierung Jesu dessen Meinung oder eher die Lage der christlichen Gemeinden widerspiegelt, die jüdischem Druck ausgesetzt sind; so hätten sie ihre Abkehr vom

---

152 Der Text ist beschädigt. Hier in der Fassung von Maier, Johann, Die Qumran-Essener. Die Texte vom Toten Meer I: Die Texte der Höhlen 1–3 und 5–11 (UTB für Wissenschaft 1862), München 1995, 31.

Speisecode gerechtfertigt. Bekannt ist, dass diese Frage die ersten Gemeinden entzweite, denn diese bestanden aus Gläubigen jüdischer Herkunft (für die *kashrut*) und aus Gläubigen nichtjüdischer Herkunft (gleichgültig gegenüber der *kashrut*). Eine Stelle im Galaterbrief (2,11–21) gibt die heftige Auseinandersetzung zwischen Paulus und Petrus zu diesem Thema wieder. Zwar kann nicht die gesamte Kontroverse in Mk 7 mit Gewissheit Jesus zugeschrieben werden, wohl aber Vers 15. Tatsächlich lässt sie sich hinter einem Paulus-Zitat im Römerbrief entdecken, in dem sich der Apostel ausdrücklich auf Christus bezieht: «Ich weiss [...], dass nichts an sich unrein ist [...]» (14,14). Damals war Paulus mit einer Krise zwischen Judenchristen und Heidenchristen bezüglich der Speisevorschriften konfrontiert; gestützt auf die Überlieferung von Jesus, bekräftigt er, dass keine Speise an sich rein oder unrein ist.

Kommen wir auf das Wort in Mk 7,15 zurück. Was sagt es? Die Aussage, nichts, was dem Menschen äusserlich sei, könne ihn unrein machen, heisst, die Speisecodes und die Angst vor Befleckung durch persönlichen Kontakt für ungültig zu erklären. Nichts, was er zu sich nimmt oder ihn berührt, bedroht seine Reinheit. Doch Jesus zeigt sich den Reinheitsregeln gegenüber nicht gleichgültig, denn er fügt hinzu: «[...] was aus dem Menschen herauskommt, das ist es, was den Menschen unrein macht.» Anders gesagt, die Sorge um Reinheit/Heiligkeit ist nicht erledigt, sondern verschoben. Nirgendwo sagt Jesus, die Unterscheidung zwischen rein und unrein sei unwichtig. Vielmehr behauptet er, die Befleckung liege nicht in dem, was in den Menschen hineingeht, sondern in dem, was aus ihm herauskomme. Jesus relativiert das Speiseritual, indem er den Ort der Unreinheit verschiebt: *Nun sind es die Worte und Gesten, die das Individuum mit seiner Umgebung verbinden, die über seine Reinheit oder seine Befleckung entscheiden.*

Damit widerspricht Jesus der inhärenten Logik der pharisäischen Definition von Reinheit. Denn die Pharisäer und ganz Israel hatten eine defensive Auffassung von Reinheit: Es gilt, sich gegen jede äussere Befleckung zu wappnen. Diese defensive Konzeption versteht die Beseitigung der Befleckung als unerlässliche Vorbedingung zur Wiederherstellung der Gemeinschaft. Zu der von Jesus vorgenommenen Verschiebung sagt der deutsche Exeget Klaus Berger zu Recht, Jesus habe nicht mehr einen defensiven, sondern einen offensiven Reinheitsgedanken vertreten.[153] Defensive Reinheit ist eine «passive Qualität [...], die es nur zu bewahren

---

153 Berger, Klaus, Jesus als Pharisäer und frühe Christen als Pharisäer, in: Novum Testamentum 30 (1988), 231–262, bes. § 3, 237–248.

gilt, die immer nur beschützt werden muss und befleckbar ist»; offensive Reinheit ist im Gegenteil «eine Reinheit, die sich von ihrem Träger aus verbreitet, die ‹ansteckend› ist, die Unreines rein machen kann, die sich ausbreitet und expansiv ist [...]».[154] *Ansteckend ist nun nicht mehr die Unreinheit (des andern), sondern die (eigene) Reinheit.* Vielleicht wäre es eher angebracht, vom Übergang von einer *exkludierenden* zu einer *inkludierenden* Reinheit zu sprechen. Der Nazarener nimmt eine totale Umkehrung der Definition vor: Die Beziehung zum andern wird nun nicht mehr als potenzielles Befleckungsrisiko stigmatisiert, sondern als der Ort, wo die Gläubigen aufgerufen sind, ihre Reinheit/Heiligkeit zu konkretisieren.

Das gemeinsame Essen und sein schockierender Umgang finden hier ihre Rechtfertigung: Jesus «verkörperte charismatisch ausstrahlende Reinheit».[155]

Gemeinschaftsmahle oder geteilte Heiligkeit

Die Mahlzeiten von Jesus blieben nicht unbemerkt, ja er wurde deshalb gar als Fresser und Säufer (Lk 7,34) tituliert. Doch was schockierte, war nicht der Verzehr von Lebensmitteln, sondern die Menschen, mit denen er sich umgab. Jesus ass mit Fischern, Prostituierten, Zöllnern[156] – Gruppen, die als moralisch unrein oder durch ihre Kontakte mit den Heiden befleckt galten. Zu Beginn seines öffentlichen Wirkens löste Jesus, so der Evangelist Markus, die Feindseligkeit der Pharisäer aus, als er bei Levi, dem Sohn des Alfäus, zu Tisch sass, nachdem er ihn aufgefordert hatte, ihm zu folgen: «Mit den Zöllnern und Sündern isst er!» (Mk 2,16).

Um die Wirkung dieser Kritik zu ermessen, müssen wir uns in Erinnerung rufen, welche Funktion die Mahlzeiten in der Antike hatten. Ihnen kommt die wichtige Rolle zu, die Bande innerhalb einer sozialen, philosophischen oder religiösen Gruppe zu konsolidieren; sie konkretisieren die Zugehörigkeit zur Gruppe und bekräftigen die Loyalität ihren Werten gegenüber. Sie sind Symbole des geteilten Lebens und deshalb Menschen, die der Gruppe und ihren Regeln fremd sind, nicht zugänglich. Im Judentum sind sie ein mächtiges Instrument des Separatismus, indem sie der religiösen Gruppe Grenzen ziehen und diese vor jeder äusseren Befleckung schützen. «Stell deine Überlegung zusammen mit Verständigen an und berate alles in ihrem Kreis! Gerechte Männer seien

---

154 A.a.O., 240.
155 Theissen/Merz, Der historische Jesus (s. Anm. 8), 211.
156 Mk 2,14.15–17; Mt 11,19; Lk 5,8.30; 7,34.36–50; 15,1 f.; 18,11–13; 19,7.

deine Tischgenossen [...]», so lesen wir in Jesus Sirach (9,15 f.). Und für die Bewohner von Qumran gilt: «[...] und gemeinschaftlich sollen sie essen und gemeinschaftlich sollen sie Benediktionen rezitieren und gemeinschaftlich sollen sie sich beraten» (1QS 6,2 f.). Der Ausschluss von ihrem Gemeinschaftsmahl war die erste disziplinarische Massnahme gegen Schuldige (1QS 7,20). Die Pharisäer wiederum assen in ihren Bruderschaften. Kurz, in der Antike isst man mit denjenigen, die einem gleichen und dieselben Werte teilen.

Und Jesus? Er tut das Gegenteil.

Er zeigte sich mit jenen, die die jüdische Gesellschaft (mehr oder weniger strikt) von den Gerechten und Frommen fernhielt. Für Jesus verläuft die Erneuerung Israels nicht über die Gründung eines separaten Volks, wie in Qumran, sondern über die Schaffung einer inkludierenden Gemeinschaft, die Gemeinschaft der Kinder Gottes: «Denn wer den Willen Gottes tut, der ist mir Bruder und Schwester und Mutter» (Mk 3,35). Das apokryphe *Thomasevangelium* bestätigt: «Die hier, die den Willen meines Vaters tun, diese sind meine Brüder und meine Mutter. Sie sind es, die eingehen werden in das Königreich meines Vaters» (*Logion* 99).

Die gemeinhin anerkannten Grenzen des Gottesvolks werden hier radikal überschritten. Die ihnen von Jesus angebotene Tischgemeinschaft hat zur Folge, dass ihm das Etikett angeheftet wird, dessen Opfer sie sind, und dass er als «Fresser und Säufer, ein Freund von Zöllnern und Sündern» (Lk 7,34) bezeichnet wird. Mit Jesus löst das Einbrechen des Gottesreichs eine Gemeinschaftspraxis aus, die die Trennungen hinter sich lässt. Diese Offenheit gegenüber den von der Heiligkeit Israels ausgeschlossenen Randständigen geht einher mit Jesu Umgang mit den Kranken: Jesus kommt mit den unreinen Kranken zusammen und berührt sie, und zwar sogar die Unreinsten der Unreinen – die Aussätzigen.[157] Er lässt sich von einer Frau berühren, die aufgrund ihrer Blutungen ständig unrein war, was ihn seinerseits kontaminierte (Mk 5,25–34). In dieser Hinsicht ist die Mischna kategorisch: Man soll sich von jeder menstruierenden Frau fernhalten (*m*Zabim 2,1; 5,1–11). Jesus traf Fremde und Frauen, jene, die die Frommen in der Öffentlichkeit mieden. Die Leute, mit denen er den Kontakt pflegte, galten als sozial und religiös schockierend, und in den Evangelien finden sich Spuren der dadurch ausgelösten Empörung.[158]

---

157 Mk 1,40–45; 14,3; Mt 10,8; 11,5; Lk 17,11–19.
158 Lk 5,30; 7,34; 15,1 f.25–32; 19,10; der Erzähler lässt sie als Gegenmodelle zu den «Gerechten» agieren (18,9–14). Durch die Frommen ebenfalls auf Distanz gehal-

Die Mahle Jesu haben Geschichte geschrieben. Alle Evangelien berichten darüber, und zwar mehrmals. Sie waren mehr als ein Zeichen von Sympathie oder sozialer Toleranz, vielmehr waren sie ein Ort geteilter Heiligkeit – Sinnbild dafür, dass Gott ausnahmslos alle Angehörigen des Volks aufnimmt. *Die Mahle Jesu zeigen das Bild eines inkludierenden und freundlichen Gottesreichs, oder eher, sie symbolisieren die Exklusion der Exklusion*. Das Symbol wird nicht zufällig gewählt: Die Tischgemeinschaft mit Abraham, Isaak und Jakob ist ein starkes Motiv der Hoffnung Israels für das Ende der Zeiten. Seiner Auffassung vom Gottesreich entsprechend antizipiert Jesus: Die Gemeinschaftsmahle gewährleisten bereits in der Gegenwart die Sichtbarkeit eines Reiches ohne Diskriminierung. Das Wort von Mk 7,15 findet sich bestätigt: Die Reinheit Jesu ist ansteckend.

«Übertriebenes» Judentum?

Fassen wir das bisher Gesagte zusammen: Die konsequente Aufwertung des Jude-Seins Jesu im Rahmen der *dritten Suche* nach dem historischen Jesus ist eine nicht hintergehbare Errungenschaft. Das Bild des Nazareners als protochristliches Ufo innerhalb des palästinischen Judentums ist zu verabschieden. Dieser hundertprozentige Jude spricht in seiner Verkündigung die zentralen Themen des jüdischen Glaubens an: Hoffnung auf das Reich Gottes, Autorität der Tora, Reinheit/Heiligkeit des Volks. Einzig die Rolle des Jerusalemer Tempels ist aus seiner Botschaft getilgt, und zwar aus Gründen, denen wir uns später zuwenden werden (vgl. S. 213–215).

Doch Vorsicht vor dem Zurückschwingen des Pendels: Jesus in die jüdische Normalität eingehen zu lassen, ist nicht weniger angebracht, als sein Jude-Sein auszublenden. James Charlesworth sieht den Nazarener als «einen frommen und eher konservativen Juden, der sich in sozialen Fragen extrem liberal zeigen kann».[159] Nein. Ich habe die Einzigartigkeit der Standpunkte Jesu in seiner Auffassung vom Gottesreich und seiner Auslegung der Tora herausgearbeitet. Ich wiederhole sie: Die Schlagkraft, die dem Liebesgebot zugeschrieben wird und die jede Vorschrift, die ihm nicht entspricht, nichtig macht; die Abschaffung eines gesell-

---

ten wurden die Fischer, doch aus Gründen der Unreinheit (Lk 5,8.32; 7,37.39; 18,13; 19,7).
159 Charlesworth, The Historical Jesus (s. Anm. 50), 45–61, hier 60.

schaftlich nützlichen Grundsatzes wie des Vergeltungsgesetzes; die Untergrabung des Reinheitsbegriffs.

Wieder taucht die Frage auf: Sind die Ermahnungen Jesu vernünftig? Dazu aufzurufen, seine Feinde zu lieben, die andere Wange hinzuhalten, jede Beleidigung zu verbieten ... ist dieses ethische Programm realistisch? Die Ethik von Jesus – sei es in der Bergpredigt oder mit der Forderung, bis zu siebenundsiebzigmal zu vergeben – ist insofern singulär, als sie bar jeder Machbarkeitsüberlegung ist. Die Befehle Jesu sind von verblüffender Absolutheit. *Kompromiss ist nicht länger eine Option.* Wie lässt sich dieses Übermass an Moral erklären?

Der fehlende Pragmatismus von Jesus steht in krassem Gegensatz zu der israelitischen Weisheit, die zutiefst geprägt ist von Mass und Masshalten. Joseph Klausner, der erste bedeutende jüdische Historiker für das frühe Christentum und Autor der 1922 publizierten Monografie *Jesus von Nazareth*, erkannte das Problem. Er kommentiert die Bergpredigt wie folgt: «In all diesen Äusserungen war Jesus jüdischer als die Juden, jüdischer als Simon ben Schetach und selbst als Hillel. Doch nichts ist dem nationalen Judentum gefährlicher als übertriebenes Judentum: es bedeutet den Ruin seiner nationalen Kultur, seines nationalen Staates und Lebens.»[160] Gemäss Klausner soll Ethik gesellschaftliches Leben im Rahmen einer nationalen Gemeinschaft stiften. Doch indem Jesus das Sabbatgebot und die Speisegesetze für obsolet erklärte, indem er die Anpassungen der pharisäischen Toraauslegung kritisierte und durch radikale Imperative ersetzte, «fehlten ihm völlig die grossen politischen Gesichtspunkte, die für die Propheten so charakteristisch sind: jener kühne Flug der Gedanken, der die Völker und Reiche des ganzen Erdballs überblickt».[161] In einem Wort: Klausner wirft dem Mann aus Nazaret vor, dass er nicht ein Weiser bleiben konnte, war er doch heimgesucht von seiner, wie er es nannte, «gefährlichen Schwärmerei»; darunter versteht Klausner das Imaginäre des Gottesreichs. Zu Recht verweist Klausner auf das Reich Gottes. Für Jesus ist es die Perspektive eines künftigen, aber in der Gegenwart bereits sichtbaren Reiches, die der moralischen Entscheidung ihren Dringlichkeitscharakter verleiht. Hier finden wir wieder den Unterschied zwischen Jesus und Johannes dem Täufer: Für Johannes lässt die Unmittelbarkeit der kommenden Katastrophe keinen Raum für Aufschub, andernfalls droht die Ausrot-

---

160 Klausner, Joseph, Jesus von Nazareth. Seine Zeit, sein Leben und seine Lehre, 3. erweiterte Aufl., Jerusalem 1952, 520.
161 A. a. O., 516 f.

tung; für Jesus verfügt der Mensch über eine Frist. Treffend zum Ausdruck bringt dies das Gleichnis von der Versöhnung: «Verständige dich mit deinem Gegner in einem Rechtsstreit unverzüglich, solange du mit ihm unterwegs bist, damit er dich nicht dem Richter übergibt und der Richter dem Gerichtsdiener und man dich ins Gefängnis wirft. Amen, ich sage dir: Du wirst von dort nicht herauskommen bis du den letzten Heller bezahlt hast» (Mt 5,25 f.). Der Schatten des Gottesreichs erfasst bereits die Gegenwart, weshalb die Stunde des Kalküls vorbei ist. Die Aufforderung an die Jünger: «Komm, folge mir» veranschaulicht diese Dringlichkeit.

Doch Klausner irrt, wenn es um den Ursprung der Dringlichkeit geht. Diese ist nicht in erster Linie eine Frage der Zeitlichkeit wie bei Johannes, denn Jesus ist kein auf die Unmittelbarkeit des Endes fixierter Apokalyptiker; die Dringlichkeit gründet in seinem Gottesbild. Mit der Formel «Reich Gottes» gilt es, sich für «Gott» zu interessieren. Für welchen Gott?

Der Gott Jesu

Welches Gottesbild hat Jesus? Die Texte bieten uns keine Anhaltspunkte für ein religionspsychologisches Porträt von Jesus; hingegen können wir erkennen, wie er über Gott spricht. Schnell wird klar: Anders als seine Zeitgenossen, die in ihren Gebeten um den Namen Gottes herum hoheitsvolle Titel anhäufen, ist Jesus von grosser Nüchternheit. Obwohl er vom Reich Gottes spricht, nennt er Gott nie König. *Wenn Jesus von Gott spricht und sich an ihn wendet,*[162] *benutzt er einen einzigen Titel: Vater.* Er verwendet einen aramäischen Ausdruck, der so typisch ist für seine Sprache, dass er ins Vokabular der ersten Christen eingeflossen ist: *abba*, ein Äquivalent für «Papa», eine liebevolle Bezeichnung von Kindern für ihren Vater oder von Schülern für ihren Rabbi.[163]

Und was sagt Jesus über diesen Gottvater? Er ist der himmlische Vater, der die Verfehlungen vergibt (Mt 6,14 f.), der die Vögel ernährt (Mt 6,26), der weiss, was die Menschen brauchen (Mt 6,32), der seinen Kindern gute Gaben gibt (Mt 7,11), der nicht will, dass auch nur eins der Geringen verloren geht (Mt 18,14). Jesus lädt seine Jünger ein, zum Vater (und nicht zum König) zu beten (Lk 11,2; Mt 6,9). Ein Matthäus-Vers ver-

---

162 Lk 11,2 par Mt 6,9; Mt 11,25 par Lk 10,21; Mk 14,36 par.
163 Mk 14,36 par; Gal 4,6; Röm 8,15.

blüfft: «Ihr sollt also vollkommen sein, wie euer himmlischer Vater vollkommen ist» (5,48). Matthäus formuliert vermutlich ein Wort um, von dem Lukas einen früheren Wortlaut bewahrt hat: «Seid barmherzig, wie euer Vater barmherzig ist!» (Lk 6,36). Jesus entleiht hier das biblische Motiv der Nachahmung Gottes; doch während das Alte Testament es auf die Heiligkeit Gottes anwendet («Ihr sollt heilig sein, denn ich, der Herr, euer Gott, bin heilig», Lev 19,2), wendet er es auf die Barmherzigkeit an. *Die Barmherzigkeit Gottes wird zum Vorbild der Weisheit Jesu.* So hat das Matthäus verstanden, denn kurz zuvor wird die göttliche «Vollkommenheit» definiert: Sie ist die Freigebigkeit Gottes; «denn er lässt seine Sonne aufgehen über Böse und Gute und lässt regnen über Gerechte und Ungerechte» (5,45). Nicht selten berufen sich die Weisen Israels auf die Ordnung der Natur, um über die weltimmante Weisheit zu reden.[164] Jesus jedoch stützt sich auf die vorbehaltlose Freigebigkeit des Gottes der Vorsehung, um daraus das Modell einer nicht diskriminierenden Liebe zu machen: «Denn wenn ihr die liebt, die euch lieben, welchen Lohn könnt ihr da erwarten?» (Mt 5,46). Seine Gemeinschaftsmahle veranschaulichen dieses Wort.

Jesus, der *mamzer,* das vaterlose Kind, verbindet seine ganze Weisheit mit Gottvater, dessen Gegenwart, Zuvorkommen und unendliche Güte ein extravagantes Verhalten geteilter Reinheit gestatten.

Hier liegt der Realismus von Jesus: dem Gott der Vorsehung radikal vertrauen, ihm, der «nämlich weiss, dass ihr das alles braucht» (Mt 6,32). Die bedingungslose, vorleistungsfreie Liebe ohne Anspruch auf Reziprozität ist ein wiederkehrendes Thema in seinen Ermahnungen. Diese Liebe verlässt das Terrain der Gegenleistungen und lässt sich auf eine Annahme ohne Diskriminierung ein:

> Wenn du ein Mittagessen oder ein Abendessen gibst, so lade weder deine Freunde noch deine Brüder noch deine Verwandten noch reiche Nachbarn ein, damit sie nicht Gegenrecht halten und dich ihrerseits wieder einladen. Nein, wenn du ein Gastmahl gibst, dann lade Arme, Verkrüppelte, Lahme und Blinde ein. Und du wirst selig sein, weil sie nichts haben, es dir zu vergelten. Denn es wird dir vergolten werden in der Auferstehung der Gerechten. (Lk 14,12–14)

Wir suchten nach dem Ursprung der von Klausner beklagten Radikalität in der Ermahnung, denn diese Radikalität bricht mit der massvollen

---

164 Rad, Gerhard v., Weisheit in Israel. Mit einem Anhang neu hg. v. Bernd Janowski, 4. durchgesehene und erweiterte Aufl., Neukirchen-Vluyn 2013, 154–166.

israelitischen Weisheit. Jesus lehnt sich an die offene, bedingungslose und universalisierende Liebe Gottes an, um seine Ethik mit ihren provozierenden Formulierungen zu entwickeln. In seinen Augen lässt die unergründliche Barmherzigkeit Gottes keinen Kompromiss zu, schon gar nicht dann, wenn man das Gesetz heranzieht, um zu den Bedürfnissen der anderen auf Distanz zu gehen! Nichts vermag dem Einbrechen des Reiches der Liebe Gottes in die Gegenwart zu widerstehen – nicht der Sabbat, nicht die Sorge um Reinheit, nicht die Heiligkeit Israels.

Doch das ist nicht alles …

Der Gott des Jüngsten Gerichts

… das ist nicht alles, auch wenn die Untersuchungen über den Gott Jesu es in der Regel beim Gott der Liebe bewenden lassen. Und meist mit einem versteckten Widerspruch zwischen dem jesuanischen Gott der Liebe und dem alttestamentlichen Gott des Zorns. Doch dieser Widerspruch respektiert die Evangelien nicht. Denn in Übereinstimmung mit dem Glauben seines Volks glaubt Jesus an das Jüngste Gericht. Wir haben den Gott erwähnt, der die Fehltritte vergibt; doch Jesus ergänzt: «Wenn ihr aber den Menschen nicht vergebt, dann wird auch euer Vater eure Verfehlungen nicht vergeben» (Mt 6,15). Die Gleichnisse über das Jüngste Gericht setzen das Ende der Menschheitsgeschichte in Szene, da Gott die Treue eines jeden beurteilen wird. Es mangelt auch nicht an biblischen Metaphern. Beschrieben wird dieser letzte Augenblick als Ernte, als Aussortieren, Abrechnung, Kommen des Bräutigams, Wiederkehr des Meisters usw.[165] Matthäus hat diese Gleichnisse vervielfacht, doch gehen die meisten auf den Nazarener zurück.

Die Krisengleichnisse befördern nicht den Terror des Jüngsten Gerichts, denn noch einmal, die Quelle der Ethik Jesu ist die grenzenlose Annahme Gottes. Doch sie rufen in Erinnerung, *dass diese Liebe auch Verantwortung impliziert und nur jenen zuteil wird, die diese Liebe weitergeben.* Oder, anders gesagt: Jesus nimmt die beiden Seiten des biblischen Gottes

---

[165] Die folgenden Krisengleichnisse gehen wahrscheinlich auf Jesus zurück: Mk 13,33–37 (Mahnung zur Wachsamkeit); Mt 25,1–13 (kluge und törichte Jungfrauen); 25,14–30 (anvertrautes Geld); Lk 12,16–21 (reicher Kornbauer); 12,39f. (Einbrecher); 12,42–46 (wachsame Knechte); 12,57–59 (Bereitschaft zur Versöhnung); 16,1–8 (gerissener Verwalter); 16,19–31 (reicher Mann und armer Lazarus). Vielleicht auch Mt 22,11–13 (Eingeladener ohne Hochzeitskleid); 25,31–46 (Weltgericht).

wahr: den Gott der Erwählung und den Gott des Gesetzes. Doch bei ihm fegt der Primat der Erwählung jede zwischenmenschliche Diskriminierung hinweg, die das Gesetz stiften könnte.

Dann stellt sich die Frage: Welche Autorität besitzt Jesus, um sich Mose entgegenzustellen und so das Gesetz neu zusammenzustellen. Wie legitimiert er die von ihm vertretene provozierende Weisheit? Diesen Fragen werden wir in Kapitel 8 nachgehen. Doch schauen wir zuerst, welche Reaktionen seine Verkündigung und seine Tätigkeit hervorgerufen haben: Wer waren seine Freunde, wer seine Feinde?

Kapitel 7
Seine Freunde, seine Konkurrenten

Eine Person spiegelt sich in ihren Beziehungen. «Sag mir, wer deine Freunde sind, sag mir, wer deine Feinde sind, und ich sag dir, wer du bist.» Mit wem trifft sich Jesus? Wem bietet er die Stirn? Und wo? Mit seiner provozierenden Ankündigung des Gottesreichs und seinen radikalen Konsequenzen polarisiert Jesus und schafft sich so Sympathisanten und Konkurrenten.

Eines ist sicher: In Israel ist Jesus fast ausschliesslich Jüdinnen und Juden begegnet. Nur selten begab er sich in Regionen mit mehrheitlich heidnischer Bevölkerung, etwa in die Küstengegend (Tyros und Sidon) oder ins Ostjordanland, wo es gelegentlich zu Begegnungen mit Nichtjuden kam; doch diese waren nicht Teil seines Programms, wie die überraschende Begegnung mit der Syrophönizierin bei Tyros bestätigt (Mk 7,24–30). Anfänglich weigert sich Jesus, ihrer Tochter den Dämon auszutreiben: «Lass zuerst die Kinder satt werden, denn es ist nicht recht, den Kindern das Brot wegzunehmen und es den Hunden hinzuwerfen.» Doch die Hartnäckigkeit der Frau bewegt ihn ausnahmsweise dazu, die Schranke zwischen dem auserwählten Volk und den heidnischen Völkern aufzuheben und ihrer Bitte nachzukommen. Ebenfalls eine Ausnahme ist die positive Antwort auf die Bitte des Hauptmanns von Kafarnaum, seinen kranken Knecht zu heilen (Mt 8,5–13) – es ist nicht anzunehmen, dass ein Offizier der römischen Legion Jude war. Doch wirkt in diesen beiden Ausnahmefällen der Heiler und nicht der Prediger.

Die ersten Christen waren daran interessiert, die Offenheit Jesu gegenüber Nichtjuden aufzuwerten; *der Mann aus Nazaret selbst sah seine Berufung in Israel und für Israel.* Den Schritt, den er nicht getan hat (das Heil ausserhalb des Judentums zu verkündigen), werden die Christen von Antiochia laut der Apostelgeschichte um das Jahr 35 tun (11,19 f.).

Ein populärer Jesus

Die Evangelien sind sich darin einig, dass Jesus und seine Gruppe die Massen anzog. Wohl könnte man die Bilder vom Zustrom der Menschen ihrem Wunsch nach Idealisierung zuschreiben: das Haus, in dem sich viele versammelten, «so dass nicht einmal mehr vor der Tür Platz war» (Mk 2,2), oder das Seeufer, wo sie «zu Fuss aus allen Städten dort zusammen[liefen]», um Jesus zu sehen (Mk 6,32). Sicher spielt Begeisterung eine Rolle. Doch die Hinweise auf den Zustrom der Menschen sind derart zahlreich und in allen verfügbaren Quellen zu finden,[166] dass sie kein blosses Produkt einer Sakralisierung der Erinnerung sein können. *Offensichtlich hat Jesus mit seinen Wundern und seiner Verkündigung die Menschen gefesselt.* Oft ist die Rede von der Menge, die nach ihm sucht. Die Leute drängen sich am Ufer, so dass er in ein Boot steigen muss, um zu lehren (Mk 4,1). So viele Menschen strömen herbei, dass Jesus sie nicht wegschicken will, ohne ihnen zu essen zu geben (Joh 6,5). Er wird von allen Seiten bedrängt, so dass er nicht weiss, wer ihn berührt hat (Mk 5,31). Jesus hat ebenso viel Erfolg beim Volk wie der Täufer,[167] aber verstärkt wird der Erfolg durch seine Tätigkeit als Heiler.

Der Einzug in Jerusalem, ein Bad in der Menge, mit den auf dem Weg ausgebreiteten Kleidern und den gestreuten Zweigen (Mk 11,8) – diese unglaubliche Szene beweist, dass er in Judäa bereits höchst populär war. In der Passionszeit wird sich die Menge von ihm abwenden. Doch noch besitzt Jesus aufgrund seiner charismatischen Ausstrahlung eine bemerkenswerte Anziehungskraft.

Zwei historische Hinweise bestätigen Jesu Popularität. Den ersten liefert Flavius Josephus. Über Jesus schreibt der jüdische Geschichtsschreiber: «So zog er viele Juden und auch viele der hellenistischen Welt an sich» (*Jüdische Altertümer*, XVIII, 3, 3; hier wird das griech. *pollous de kai tou Ellenikou* allerdings mit «Heiden» übersetzt; vgl. S. 24). Diese Erwähnung erstaunt, selbst wenn sie sich mit einer Bemerkung des Evangelisten Johannes deckt (Joh 12,20); es muss sich um hellenisierte Juden handeln. Bemerkenswert ist hier, dass Flavius Josephus anerkennt, dass Jesus Erfolg hatte, hatte er doch kein Interesse daran, sich so etwas auszudenken. Der zweite historische Hinweis: Das Komplott der Sadduzäer, um Jesus verhaften und verurteilen zu lassen. Dazu die Überle-

---

166 Markus betont die Beliebtheit von Jesus (Mk 2,2.13; 3,7–12; 3,20; 4,1 f.; 5,21; 6,34; 8,1 usw.). Vgl. auch Mt 9,33; 12,23; Lk 6,17; 7,24; 11,29; Joh 6,5.14 f.; 7,49 usw.
167 Mk 5; Lk 3,7; Flavius Josephus, Jüdische Altertümer, XVIII, 5, 2.

gung von John P. Meier: Der Nazarener hätte für die Sadduzäer keine Bedrohung dargestellt, wenn er nicht die Menge angezogen hätte.[168] Gerade seine populäre Aura machte ihn in ihren Augen so gefährlich, dass seine Eliminierung zwingend wurde. Der Zusammenhang zwischen Jesu Bekanntheit und seinem gewalttätigen Ende ist offensichtlich.

Das Bild eines von der Menge umringten Jesus ist historisch, das Bild einer auf die «zwölf Apostel» reduzierten Jüngergruppe ist hingegen ein Klischee. Diese Darstellung haben die antiken Maler in das christliche Gedächtnis eingegraben. Die Kirche, die in diesem Kreis ihr vorwegnehmendes Abbild sah, war daran interessiert, es in den Vordergrund zu stellen. Eine aufmerksame Lektüre der Evangelientexte zeigt, dass die Realität diffuser war, vor allem aber wirkte sich diese Fixierung auf die zwölf engsten Anhänger von Jesus insofern verheerend aus, als die Figur der Jüngerin ausgeblendet wurde. Zufall der Geschichte für die einen, patriarchales Ausradieren der Präsenz der Frauen für die anderen ... Auf jeden Fall ist der Historiker gehalten, das Bild in seiner Vielfalt zu rekonstruieren. Eine Analyse der Angaben in den Evangelien zeigt, dass die Gruppe um Jesus in drei konzentrischen Kreisen angeordnet war: *die Zwölf, dann die Jünger und Jüngerinnen, schliesslich die Sympathisanten.*

Zwei Vokabeln werden in den Evangelien häufig verwendet, um den Status des Jüngers zu signalisieren: das Substantiv «Jünger» *(mathetes)* und das Verb «folgen» *(akolouthein).*[169] Eine Überprüfung des Vokabulars ergibt, dass «Jünger» nicht den «Zwölf» entspricht: Natanael (Joh 1) gehört nicht zu den Zwölfen, genauso wenig Josef von Arimatäa, der als «Jünger Jesu» bezeichnet wird (Joh 19,38: Er wird Pilatus darum bitten, dass er den Leib Jesu herabnehmen dürfe). Auch die beiden in Apg 1,23 erwähnten Jünger aus Galiläa (Josef Barsabbas und Matthias) gehören nicht zu den Zwölfen, ebenso wenig Klopas, der Emmaus-Pilger (Lk 24,18). Kurz, die Evangelisten setzen keineswegs die grosse Zahl der Jünger und den engen Kreis der Zwölf gleich. Lukas spricht von der «grossen Schar seiner Jünger», die mit der grossen Menschenmenge in der Ebene der Bergpredigt lauschen (Lk 6,17). Markus erwähnt, dass am Fuss des Kreuzes Frauen waren, unter ihnen Maria aus Magdala, eine

---

168 Meier, John P., Un certain Juif, Jesus. Les données de l'histoire III: Attachements, Affrontements, ruptures (Lectio divina), Paris 2005, 32–34.
169 *Mathetes* wird bei Matthäus 70-mal, bei Markus 43-mal, bei Lukas 35-mal und bei Johannes 74-mal auf die Jünger Jesu bezogen. *Akolouthein* findet sich bei Matthäus 25-mal, bei Markus 19-mal, bei Lukas 17-mal und bei Johannes 19-mal.

weitere Maria und Salome, die Jesus in Galiläa «gefolgt waren» und ihn unterstützt hatten (Mk 15,40).

Schliesslich wird klar, dass der Status des Jüngers eine diffuse Grösse ist, gebildet aus Männern und Frauen und sicherlich umfassender als der enge Kreis der zwölf Vertrauten.

Ein Aufruf, ihm zu folgen

Die Evangelien sagen übereinstimmend, dass Jesus Frauen und Männer eingeladen hat, seinen Überzeugungen und seinen Lebensstil zu teilen. Mit einem Wort: Er ruft sie auf, ihm zu folgen. Diese Entscheidung geht aus seiner Grundbotschaft hervor: die Ankündigung eines kommenden Gottesreichs, dessen Anbruch bereits in der Gegenwart sichtbar ist. Jesus hat um sich Menschen mobilisiert, die entschlossen sind, diese Hoffnung bereits in der Gegenwart sichtbar zu machen. Die Botschaft vom Reich Gottes ging einher mit geteilter Militanz. *Um den Anführer Jesus scharen sich seine Anhänger und Anhängerinnen, die sein Charisma erkannten und sein Programm teilten.*

Doch nicht alle teilten sein *ethos*, das heisst seine Lebensform, die ein Wanderleben und die Trennung von der Familie bedingte. So hatte Jesus nomadisierende und sesshafte Anhänger – Erstere begleiteten den Nazarener in seiner Verkündigungs- und Heilungstätigkeit, Letztere verblieben in ihrem bisherigen Lebensraum. Erstere waren Jünger, zu denen auch die Zwölf gehörten, Letztere waren Sympathisanten.

In der Überlieferung finden sich Spuren der Aufrufe, Jesus zu folgen; diese lassen sich in drei Kategorien einteilen.

Die *erste* Kategorie ist die bekannteste: Am Ufer des Sees Gennesaret spricht Jesus zwei Brüderpaare an, Simon und Andreas, sowie Jakobus und Johannes, die Söhne des Zebedäus, und fordert sie auf, ihre Netze liegen zu lassen und ihm zu folgen (Mk 1,16–20). Jesus fordert auch den am Zoll sitzenden Levi auf, ihm zu folgen, «und der stand auf und folgte ihm» (Mk 2,14). Die Szenen wurden stilisiert und liessen dem Zögern der Aufgerufenen keinerlei Raum, aber sie veranschaulichen die drei Unterscheidungsmerkmale der Berufung zum Jünger: 1) die gebieterische Aufforderung des Meisters; 2) die Notwendigkeit, das eigene soziale und berufliche Milieu für ein neues Leben aufzugeben; 3) die Neuorientierung des Lebens durch die Nachfolge des Meisters, die die Teilhabe an dessen Überzeugungen und Lebensstil impliziert.

In den Erzählungen der *zweiten* Kategorie, überliefert durch die Spruchquelle der Jesusworte, bieten sich die Kandidaten selbst an

(Lk 9,57–62; Mt 8,18–22). Einer, der erklärt, ihm folgen zu wollen, wird gewarnt: «Die Füchse haben Höhlen, und die Vögel des Himmels haben Nester, der Menschensohn aber hat keinen Ort, wo er sein Haupt hinlegen kann» (Lk 9,58). Einem anderen, von Jesus Eingeladenen, der darum bittet, zuvor noch nach Hause zurückzukehren, um seinen Vater zu begraben, sagt Jesus: «Lass die Toten ihre Toten begraben. Du aber geh und verkündige das Reich Gottes» (Lk 9,60). Und einem Dritten, der zuerst Abschied von denen nehmen will, die zu seiner Familie gehören, entgegnet Jesus: «Niemand, der die Hand an den Pflug legt und zurückschaut, taugt für das Reich Gottes» (Lk 9,62).

Diese Erzählungen der *zweiten* Kategorie legen die Radikalität des Aufrufs offen: Jede andere Überlegung ist zweitrangig angesichts der neuen Priorität: dem Meister nachzufolgen. Dieser Radikalität wohnt etwas Erschreckendes inne: Selbst die unantastbarsten Bande, selbst die heiligsten Pflichten sind dem Ruf des Gottesreichs unterzuordnen. Der Aphorismus «Lass die Toten ihre Toten begraben» ist die entsakralisierendste Sentenz, die Jesus laut den Evangelien je gesagt hat. In der Antike findet sich nichts Vergleichbares, ausgenommen bei einigen Philosophen mit antisozialer Moral.[170] Im Judentum ist die Bestattungspflicht gegenüber der Familie und mehr noch gegenüber dem Vater ein heiliger Imperativ, der die Aufhebung jeder anderen Tora-Vorschrift autorisierte. Die Bestattungsrituale der nahen Angehörigen waren präzise festgelegt. Für viele Zuhörer musste eine derart provokative Aussage von einem Dreissigjährigen, der noch dazu unverheiratet war, unsinnig sein. Doch laut Jesus ist dies der Preis, um in die Gemeinschaft des Himmelreichs eintreten zu können. Verständlich, dass diejenigen, die ich als «Sympathisanten» bezeichnet habe, vor dem zurückschreckten, was in ihren Augen eine antisoziale Ungeheuerlichkeit war.

Der Aufruf der *dritten* Kategorie findet sich bei Joh 1,35–51. Berichtet wird über eine Kettenreaktion: Johannes der Täufer fordert zwei seiner Jünger auf, Jesus zu folgen. Einer der beiden, Andreas, führt seinen Bruder Simon Petrus zu Jesus; Jesus fordert Philippus auf, ihm zu folgen, und Philippus bewegt Natanael, sich den neuen Rabbi anzuschauen. Die

---

170 Parallelen gibt es kaum. Vgl. etwa Iamblichos, Pythagoras. Legende, Lehre, Lebensgestaltung. Griechisch und Deutsch. Hg., übers. u. eingel. v. Michael v. Albrecht, Zürich/Stuttgart 1963, XVII, 73 (S. 78/79 f./81). Wurden die Adepten aus dem Kreis um Pythagoras ausgeschlossen, «so erhielten sie ihre Habe verdoppelt zurück, und die ‹Gemeinschaft der Hörenden› [...] schüttete ihnen wie Toten einen Grabhügel auf». Von jenen, die abgewiesen worden waren, behauptete man, «jene seien tot, die man herangebildet hatte [...]».

Sequenz an sich ist eine Umgestaltung des vierten Evangelisten, erinnert aber an eine andere Art der Berufung: die Mund-zu-Mund-Propaganda. Dass der Täufer den einen oder anderen seiner Schüler seinem (begabtesten?) Jünger zugeführt hat, ist keineswegs ausgeschlossen.

Kurzgefasst: Die Art und Weise, wie die Anhänger Jesu rekrutiert werden, ist vielfältig. Aufforderung, freiwilliges Engagement, Ansteckungseffekt. Auf die eine oder andere Art gab die persönliche Beziehung zum Meister den Ausschlag: *Jesus entscheidet, und man folgt Jesus, indem man dessen Jünger wird.*

Nicht Rabbi, sondern Prophet

Wer mit dem Judentum der Antike vertraut ist, der sieht in dieser Meister-Schüler-Beziehung eine Analogie zum rabbinischen Modell. Bekanntlich versammelte ein Rabbi seine Schüler in einem Lehrhaus, und die Schüler teilten, zumindest partiell, sein Leben. Doch angesichts der grossen Unterschiede ist es bei näherer Betrachtung mit der Analogie nicht weit her. Der Rabbi ist sesshaft, während Jesus ein Wanderprediger ist. Der Rabbi erklärt die Tora ausschliesslich Männern, während auch Frauen Jesus nachfolgen. Der Schüler des Rabbi kann zu einem anderen Meister wechseln, und nach seiner Lehrzeit wird er seinerseits Lehrer; die Nachfolge Jesu ist nicht frei wählbar, und niemals tritt der Schüler an die Stelle des Meisters. Der Rabbi tradiert seine Lehre über den Weg des Auswendiglernens; Jesus hat nichts geschrieben, und er diktiert keine Doktrin, die es zu memorieren gilt. Mit einer Ausnahme vielleicht: Das «Vaterunser», das unterscheidende Gebet, gibt Jesus an die Gruppe seiner Jünger weiter (Lk 11,2–4).

Wenn es nicht das rabbinische Modell ist – welches Modell ist es denn?

Die erste Art von Berufungserzählungen weist uns den Weg (Mk 1,16–20). Denn es gibt einen allgemein bekannten Präzedenzfall für den Imperativ zur Nachfolge, gepaart mit der Trennung von der Familie und dem sofortigen Gehorsam des Jüngers: die Berufung Elischas in der Hebräischen Bibel (1Kön 19,19–21). Elischa wird, wie Levi, vom Propheten Elija bei der Arbeit überrascht; er verabschiedet sich von seinem Vater und seiner Mutter – was die Sitten und Bräuche erlauben;[171] er

---

171 Weder in 1Kön 19 noch bei Flavius Josephus (Jüdische Altertümer, VIII, 13, 7) wird Elischa sein Wunsch, die Abschiedsriten zu vollziehen, zum Vorwurf gemacht.

schlachtet seine Rinder, kocht das Fleisch, gibt es dem Volk und folgt Elija. Wenn also Jesus es verbietet, sich von den Eltern zu verabschieden, stellt er die Sitten infrage. Doch hier findet sich die Vorgeschichte zur Radikalität der Berufung der Jünger. *Nach der gebieterischen Art eines Propheten und nicht eines Rabbi ruft Jesus dazu auf, ihm zu folgen.*

In dieselbe Richtung zielt auch der den Jüngern erteilte Auftrag zur Mission. Nicht nur lädt Jesus seine Anhänger ein, ihr Leben unter die Perspektive des Gottesreichs zu stellen, nicht nur lädt er sie dazu ein, dessen Werte und Anforderungen zu teilen, sondern er bindet sie ein in dessen Sichtbarmachung, indem er sie zur Verkündigung auffordert und ihnen die Gabe des Heilens schenkt. In diesem Punkt sind sich Markusevangelium und Spruchquelle einig: Jesus sendet seine Jünger aus, das Gottesreich zu verkündigen, und gibt ihnen dazu Vollmacht über die unreinen Geister (Mk 6,7; Lk 9,2). Verkündigung und Heilung gehen Hand in Hand. *Jesus betraut die Jünger mit seiner eschatologischen Botschaft und verleiht ihnen seine therapeutische Kraft.* Es ist nicht gesagt, wie dies Markus zu verstehen gibt, dass diese missionarische Aussendung nur einmal erfolgte und auf die Zwölf beschränkt war. Nach dem Tod und der Auferstehung ihres Herrn beginnen die Jünger mit ihrem Auftrag und setzen so das von Jesus zu seinen Lebzeiten angestossene Werk fort.

Was besonders beeindruckt, das ist die *äusserste Entbehrung*, die der Meister seiner missionierenden Jüngerschaft auferlegt: «Und er gebot ihnen, nichts auf den Weg mitzunehmen ausser einem Stab, kein Brot, keinen Sack, kein Geld im Gürtel, nur Sandalen an den Füssen, und: Zieht euch kein zweites Kleid an!» (Mk 6,8 f.). Im Paralleltext der Spruchquelle wird sogar der Stab ausgeschlossen, obwohl er unentbehrlich ist, um sich unterwegs zu verteidigen: «Nehmt nichts mit auf den Weg, weder Stab noch Sack, weder Brot noch Geld, noch sollt ihr ein zweites Kleid haben» (Lk 9,3). In den Augen der Zeitgenossen mussten die Boten des Gottesreichs den Essenern oder den kynischen Philosophen gleichen, die ebenfalls als Wanderprediger unterwegs waren. Mit dem Unterschied, dass die Essener zu ihrem Schutz Waffen tragen durften.[172]

Die Gesandten Jesu mussten ihr Leben entsprechend der von ihnen verbreiteten Botschaft gestalten: weder Reichtümer noch Vorräte, noch Verteidigungsmittel. Mittellos waren sie der ihnen gewährten oder verwehrten Aufnahme ausgeliefert. Ihre einzige Sicherheit lag bei Gott. Ihre Rede war nicht autoritär, die einzige ihnen zur Verfügung stehende

---

172 Flavius Josephus, Jüdischer Krieg, II, 8, 4.

Macht war die Heilungskraft. Was Jesus über ein von Sorgen befreites Leben sagt, ist direkt an sie gerichtet:

> Sorgt euch nicht um das Leben, was ihr essen werdet, noch um den Leib, was ihr anziehen werdet. Denn das Leben ist mehr als die Nahrung und der Leib mehr als die Kleidung. *[Dann zieht er nach Art der Weisen die Lehren aus der Natur, in der Gott sich um die Vögel des Himmels und die Lilien auf dem Feld kümmert, und schliesst:]* So kümmert auch ihr euch nicht darum, was ihr essen und trinken werdet, und ängstigt euch nicht. Denn um all das kümmern sich die Völker der Welt. Euer Vater weiss doch, dass ihr das braucht. Trachtet vielmehr nach seinem Reich, dann werden euch diese Dinge dazugegeben werden. (Lk 12,22–31)

Die Sendboten Jesu waren die *Inkarnation des Gottesreichs,* an das sie glaubten: auf die Vorsehung vertrauend, Mittler der Barmherzigkeit Gottes, getragen von der Überzeugung, dass die Gnade unterschiedslos allen geschenkt ist.

Oft wird in der Forschung die Hypothese vertreten, diese kühne und riskante Art der Mission sei nach dem Tod Jesu nicht aufgegeben worden. In Syro-Palästina sei sie von jenen fortgesetzt worden, denen wir die Spruchquelle verdanken; die auf das Jahr 40 zurückgehende Sentenzensammlung sei das Werk, auf das die Evangelisten ihre Botschaft abstützten.[173] Diesen Nachfolgern der missionierenden Jünger würden wir demnach die älteste Textquelle über den historischen Jesus verdanken.

Jünger und Sympathisanten

Neben dem Kreis der Zwölf, von dem später die Rede sein wird, lässt sich die Menge der Anhänger Jesu, wie bereits dargelegt, in zwei Kategorien einteilen: die eigentlichen Jünger und die Sympathisanten. Erstere optierten für das Wanderleben ihres Meisters, Letztere blieben sesshaft. Zu den Sympathisanten zählten der geheilte Besessene von Gerasa (Mk 5), Frauen, die die Gruppe um Jesus unterstützten (Lk 8,1–3), der Oberzöllner Zachäus von Jericho (Lk 19), vielleicht Simon der Pharisäer (Lk 7), Lazarus und seine Schwestern Marta und Maria (Joh 11; Lk 10),

---

173 Schmeller, Thomas, Réflexions socio-historiques sur les porteurs de la tradition et les destinataires de Q, in: Dettwiler/Marguerat (Hg.), La Source des paroles de Jésus (Q) (s. Anm. 10), 149–171. Zur Quelle vgl. S. 28–30.

Nikodemus (Joh 3), Josef von Arimatäa (Joh 19), der namenlose Eigentümer des Raums, in dem die Zwölf ihr letztes Mahl einnehmen werden (Mk 14,13–15) usw. Wie wir bereits im Zusammenhang mit Josef von Arimatäa gesehen haben, den der Evangelist Johannes als «Jünger Jesu» bezeichnet (Joh 19,38), ist die Grenze zwischen Jüngern und Sympathisanten fliessend; denkbar ist, dass einige von einer Kategorie in die andere wechseln.

Wie dem auch sei, jede Kategorie entspricht einem unterschiedlichen Typus von *ethos* oder einem *differenzierten Grad von Anforderung*. Es ist nicht denkbar, dass Jesus dieselben Personen aufgefordert hätte, mit Frau und Kindern zu brechen, um ihm nachzufolgen (Lk 14,26), und ihnen zugleich ein Scheidungsverbot auferlegt hätte (Mt 5,31–33). Mit der Familie zu brechen ist mit der Vorschrift, die Ehe aufrechtzuerhalten, nicht vereinbar.

Die Differenzierung der Anforderung wird auch in seinem Dialog mit dem reichen Mann offenkundig. Dieser fragt Jesus, was er tun müsse, um das ewige Leben zu erlangen (Mk 10,17–22). Jesus verweist ihn auf die Gebote der zweiten Tafel des Dekalogs, worauf der Mann antwortet, er habe sie seit seiner Jugend befolgt. «Jesus blickte ihn an, gewann ihn lieb und sagte zu ihm: Eines fehlt dir. Geh, verkaufe, was du hast, und gib es den Armen, so wirst du einen Schatz im Himmel haben, und komm und folge mir!» Matthäus schreibt «Willst du vollkommen sein, so geh, verkaufe deinen Besitz [...]» (Mt 19,21). Die zwei Formulierungen sagen beide: Es gibt eine Stufe mehr im Engagement, einen Schritt mehr für jene, die Jesus als Jünger folgen wollen.

Dieses Doppelmodell der Zugehörigkeit findet sich auch bei den Essenern. Der harte Kern der Bewegung hatte sich in der Judäischen Wüste in Qumran versammelt, wo die Anhänger ein striktes, zölibatäres Lebensregime befolgten, nachdem sie ihre Habe der Gemeinschaft vermacht hatten. Die verheirateten Essener ihrerseits lebten in den Städten und Dörfern, behielten ihren Besitz, praktizierten aber das Ideal des Teilens und waren gehalten, den Gliedern der Bewegung Hilfe und Gastfreundschaft zu gewähren.[174] Auch die Sympathisanten der Jesusbewegung empfingen, beherbergten und verpflegten die Gruppe bei deren Durchreise. Ein schönes Beispiel dafür ist die Episode mit Marta und

---

174 Flavius Josephus, Jüdischer Krieg, II, 8, 2–13: «Sie haben keine eigene Stadt, sondern in jeder wohnen ihrer viele. Ordensangehörigen, die anderswoher kommen, steht alles, was sie bei ihren Genossen finden, wie ihr eigener Besitz zur Verfügung [...]», hier II, 8, 4.

Maria in Lk 10,38–42. Die sesshaften Sympathisanten konnten auch Mäzene der Gruppe sein.[175]

Schauen wir nun, was das *ethos* ist, das Jesus jeder dieser Gruppen anbot.

Die Jünger, eine alternative Familie

Jenen, die ihm in seinem Wanderleben nachfolgen, bietet Jesus an, seinen Lebensstil zu teilen. Als Jesus nach seiner Zeit in der Gemeinschaft des Täufers nach Nazaret zurückkehrt, ist er dort nicht mehr daheim. Das Misstrauen der Synagoge von Nazaret hat ihn bewogen, ein bekanntes Sprichwort zu zitieren: Nirgends gilt ein Prophet so wenig wie in seiner Vaterstadt (Mk 6,1–6). Oft gibt es Spannungen mit seiner Familie: Er gilt als verrückt (Mk 3,21). Als seine Mutter und seine Geschwister ihn zu sich holen wollen, erklärt er mit Blick auf die im Kreis um ihn sitzenden Zuhörer: «Das hier ist meine Mutter, und das sind meine Brüder und Schwestern! Denn wer den Willen Gottes tut, der ist mir Bruder und Schwester und Mutter» (Mk 3,34f.). Der Aufruf, ihm nachzufolgen, schliesst von nun an den Bruch mit der Familie ein: «Wer zu mir kommt und nicht Vater und Mutter, Frau und Kinder, Brüder und Schwestern und dazu auch sein eigenes Leben hasst, kann nicht mein Jünger sein» (Lk 14,26). Matthäus mildert die Formulierung: «Wer Vater oder Mutter mehr liebt als mich, ist meiner nicht wert [...]» (Mt 10,37). Doch das Original findet sich bei Lukas: Der Aufruf zum Gottesreich impliziert den Verzicht noch auf die unantastbarsten Loyalitäten. In diesem Sinne erklärt Jesus: «Meint nicht, ich sei gekommen Frieden auf die Erde zu bringen. Ich bin nicht gekommen, Frieden zu bringen, sondern das Schwert» (Mt 10,34). Jesus sucht nicht Feindseligkeit, aber er warnt: Die Nachfolge impliziert den Bruch mit der Familie und deren Ehrenkodex. Von nun an ist das Vertrauen in die göttliche Barmherzigkeit Gesetz.

Enrico Norelli hat darauf hingewiesen, dass es einen Zusammenhang gibt zwischen dieser Forderung und der Aufhebung des Vergeltungsgesetzes einerseits und dem Aufruf, die andere Wange hinzuhalten, andererseits – darüber haben wir bereits gesprochen (S. 141–144).[176]

---

175 Theissen, Die Jesusbewegung (s. Anm. 77), 33–90.
176 Norelli, Enrico, Jésus en relation – des adeptes, des alliés et des adversaires, in: Dettwiler, Andreas (Hg.), Jésus de Nazareth. Études contemporaines (Le monde de la Bible 72), Genf 2017, 100f.

Sich von seiner Familie und seiner Habe zu trennen bedeutet tatsächlich, auf die damit verbundenen Schutzmechanismen zu verzichten. Diese Mechanismen können den Einsatz von Gewalt erfordern, denn die Verteidigung der Familienehre verlangt Wiedergutmachung von erlittenem Unrecht, auch durch die Vendetta. Der Familienvater, der die verletzte Ehre nicht rächte, wurde von der Gesellschaft verachtet. Jesus ersetzt diesen Ehrenkodex durch das absolute Vertrauen in Gott.

Dieser Bruch mit der leiblichen Familie führt den Jünger in eine andere Familie ein, gebildet aus jenen, die das von Jesus verkündete Gotteswort hören: die *familia dei* (Familie Gottes). Die Gruppe um Jesus bildet mithin *eine Gegengesellschaft, in der Dominanzverhältnisse hinterfragt und durch brüderliche Beziehungen ersetzt werden*. Die Gemeinschaftsmahle in der Gruppe verneinen soziale Exklusion, indem Menschen am Rande der Gesellschaft aufgenommen werden; die Heilungspraxis verneint die soziale Stigmatisierung der Kranken, indem sie für sie die gekappte Verbindung zu Gott wiederherstellt; der Umgang mit als unrein geltenden Menschen ist Teil einer Inklusionsstrategie.

Jesu Gegengesellschaft nimmt das kommende Reich vorweg. Doch diese Strategie hat ihren Preis: Den in der Gesellschaft geltenden Ehrenkodex ablehnen, mit der Familienloyalität brechen und so das fünfte Gebot missachten («Du sollst deinen Vater und deine Mutter ehren»), in völliger Mittellosigkeit durch die Gegend ziehen. Dieses Verhalten der Gruppe um Jesus musste in Israel Ablehnung und Empörung hervorrufen. Gerd Theissen und Annette Merz sprechen in diesem Zusammenhang von *freiwilliger Selbststigmatisierung*.[177] Damit meinen sie Folgendes: Die Gruppe um Jesus stellt sich als Gegenmodell zum herrschenden *ethos* dar, indem sie einen gemeinsamen Lebensstil annimmt, der dem Wertesystem der Gesellschaft widerspricht, indem sie eine alternative Familie als einen durch Gottes Liebe und Vergebung eröffneten Raum schafft.

Dieser alternative Lebensstil erscheint als Fremdkörper, auf den die Mehrheitskultur mit Ablehnung reagiert. Jesus warnt seine Jünger: Sie teilen nicht nur seine Hoffnung und seine charismatische Heilkraft; sie teilen auch seine schwierige und bedrohte Bestimmung: «Der Jünger steht nicht über dem Meister [...]. Wenn man schon den Hausherrn Beelzebul nennt, wie viel mehr dann seine Hausgenossen» (Mt 10,24 f.).

---

177 Theissen/Merz, Der historische Jesus (s. Anm. 8), 199.

Dieses Einbinden der Jünger in das Schicksal des Meisters, dieses Aussenden, dieses Teilen der Charismen machen die Originalität der Jesusbewegung aus. Weder die Jünger des Täufers noch die kynischen Wanderprediger verfügten über eine derart enge Bindung an den Anführer ihrer Gruppe.

Die Sympathisanten, sesshafte Anhänger

Wie lebten diejenigen, die sich nicht für den radikalen Bruch, die Wanderschaft mit dem Meister, entschieden hatten? Sie übernahmen die Werte des Gottesreichs, aber wie? Ihr *ethos* festzumachen ist schwieriger, denn die spezifisch an sie gerichteten Ermahnungen Jesu haben sich in der Überlieferung mit den Anweisungen, die sich auf das Wanderleben beziehen, vermischt. Gleichwohl scheinen sich drei besonders an sie gerichtete Themen herauszukristallisieren: die gegenseitige Vergebung, die Gefahr des Reichtums und die Haltung gegenüber der politischen Macht.

Aus der wiederkehrenden Bekräftigung, Gott vergebe den Sündern (Lk 15,7.10.32), ergibt sich die Notwendigkeit, *die Vergebung auf die zwischenmenschlichen Beziehungen zu übertragen*. Im Gleichnis vom unbarmherzigen Knecht verweist Jesus nachdrücklich auf die gebotene Wechselseitigkeit. Dieser hatte von einem enormen Schuldenerlass profitiert und erliess seinem Mitknecht anschliessend nicht einmal dessen geringe Schuld (Mt 18,23–35). Gemeinschaftliches Leben kann es nur geben, wenn es auf der Freiheit, dem Mitmenschen zu vergeben, gründet. Mit einer harten Formulierung erhöht Jesus den Druck noch zusätzlich: «Denn wenn ihr den Menschen ihre Verfehlungen vergebt, dann wird euer himmlischer Vater euch auch vergeben. Wenn ihr aber den Menschen nicht vergebt, dann wird auch euer Vater eure Verfehlungen nicht vergeben» (Mt 6,14 f.).

Warnungen über die Gefahren des Reichtums finden sich insbesondere bei Lukas. Jesus verlangt von seinen Sympathisanten nicht, dass sie auf ihren Besitz verzichten, aber weist auf das Risiko hin, daran zu hängen: «Kein Knecht kann zwei Herren dienen. Denn entweder wird er den einen hassen und den anderen lieben, oder er wird sich an den einen halten und den anderen verachten. Ihr könnt nicht Gott dienen und dem Mammon» (Lk 16,13). In dem in der Spruchquelle bewahrten Wort geht es nicht um die Unvereinbarkeit zwischen Gott und Geld, sondern um jene zwischen zwei Prioritäten: das eigene Leben auf die Werte des Gottesreichs oder auf die materielle Sicherheit ausrichten. Auf dem Spiel steht das Leben. In dieser Hinsicht setzt Jesus auf scharfe Formulierungen: «Denn was hilft es dem Menschen, die ganze Welt zu gewinnen und dabei Schaden zu nehmen an seinem Leben?» (Mk 3,36); «Wer sein Leben zu bewahren sucht, wird es verlieren, und wer es verliert, wird es neu erhalten» (Lk 17,33): Nur wer sein Leben hingibt, wird es retten – so das Gesetz des Gottesreichs. Mehrere Gleichnisse betonen, wie gefährlich es ist, Reichtümer um den Preis der eigenen Seele anzuhäufen: Die Geschichte vom reichen Mann, der sich wegen der reichen Ernte in Sicherheit wähnt und gleichwohl vom Tod überrascht wird (Lk 12,16–21), das Drama des reichen Manns, dem das Elend des Lazarus vollkommen gleichgültig ist (Lk 16,19–31), oder auch die Schläue des Verwalters, der sich mit Geld retten will (Lk 16,1–8). Die Losung lautet: «Denn wo dein Schatz ist, da ist auch dein Herz» (Mt 6,21).

Zur Zeit der römischen Besatzung waren die *dem Kaiser geschuldeten Steuern* ein ungeheures Problem, denn die kumulierte Summe sämtlicher Steuern war hoch. Hinzu kam die religiöse Problematik: Unterwarf man sich der gottlosen Macht, wenn man dieser Macht Steuern zahlte? Die Jesus gestellte Frage: «Ist es erlaubt dem Kaiser Steuern zu zahlen, oder nicht?», ist mithin höchst delikat (Mk 12,13–17). Als Erstes bemerkt Jesus, dass die Münze das Konterfei des Kaisers trägt. Daraus lässt sich schliessen, dass ihm die Frage in Jerusalem gestellt worden ist, denn um die religiösen Gefühle nicht zu verletzen, hütete Herodes Antipas sich, in Galiläa Münzen mit menschlichem Abbild zu prägen. Die Schlussfolgerung Jesu ist nicht so rätselhaft, wie es scheint: «Gebt dem Kaiser, was des Kaisers ist, und Gott, was Gottes ist!» Anders gesagt, gebt dem Kaiser, was ihm gehört. Die kaiserliche Autorität hingegen wird relativiert: Gott, dem Schöpfer von Himmel und Erde, ist oberste Priorität einzuräumen. Gegenüber dem jüdischen Nationalismus, für den die Debatte von höchster Wichtigkeit ist, verschiebt Jesus die Frage: Man soll sich nicht auf die Frage der politischen Macht konzentrieren, sondern auf den Willen Gottes. Nichts anderes drückt folgender Slogan aus: «Trachtet vielmehr nach seinem Reich, dann werden euch diese Dinge dazugegeben werden» (Lk 12,31).

Die Zwölf

Jesus hat einen kleinen Kreis enger Vertrauter um sich geschart: die Zwölf. Es handelt sich um zwölf ausgewählte und berufene Männer. Zu seiner Zeit hatte Julius Wellhausen (1844–1918) die Idee aufgebracht, die

Existenz der Zwölf sei eine nachösterliche Erfindung, ein Gedanke, der von Günter Klein aufgenommen wurde, aber haltlos ist.[178] Die Gruppe wird bereits in einem frühen Glaubensbekenntnis erwähnt, das von Paulus in 1Kor 15,5 zitiert wird. Wer hätte denn nachträglich die Theorie erfunden, Jesus sei von «einem der Zwölf» verraten worden? In den Texten findet sich die Liste der Zwölf viermal (Mk 3,13–19; Mt 10,2–4; Lk 6,14–16; Apg 1,13): Simon Petrus, dessen Bruder Andreas, Jakobus und Johannes, Söhne des Zebedäus, Philippus, Bartholomäus, Matthäus, Thomas, Jakobus, Sohn des Alfäus, Thaddäus, Simon Kananäus (oder der Zelot), Judas Iskariot. Lukas ersetzt Thaddäus durch einen Judas, Sohn (oder Bruder) des Jakobus. Es ist auch Lukas, der sie «Apostel» nennt, obwohl dieser Begriff «Gesandter», «Sendbote» bedeutet und sich im 1. Jahrhundert auf alle im Namen Christi mit einem Auftrag Betrauten bezog. Die Überlieferung folgte Lukas, doch ist es vorzuziehen, die Bezeichnung «Jünger» zu behalten.

Die Zwölf sind eine bunt zusammengewürfelte Gruppe. Es finden sich griechische Namen (Philippus, Andreas) neben hebräischen Namen. Es finden sich Fischer (Simon und Andreas, Jakobus und Johannes) neben einem Gesetzeseiferer (Simon Kananäus, genannt der Zelot) und einem Zöllner (Matthäus, genannt Levi). Sie alle sind Galiläer, erkennbar an ihrem Akzent, über den man sich in Jerusalem lustig machte (Mt 26,73). Keiner ist theologisch oder intellektuell besonders qualifiziert. Jesus hat ihnen Beinamen gegeben. Der ungestüme Charakter von Jakobus und Johannes, den Söhnen des Zebedäus, brachte ihnen den Beinamen «Boanerges» ein, was Markus mit «Donnersöhne» übersetzt. Simon, auf Aramäisch «Symeon», hat in der Gruppe eine wichtige Rolle gespielt. Jesus hat sicherlich nicht gesagt: «Du bist Petrus, und auf diesen Felsen werde ich meine Kirche bauen» (Mt 16,18), denn diese Formulierung ist christlich.[179] Doch er hat ihm den Beinamen «Kefas», die aramäische Form von «Petrus» (Fels), verliehen, um seine Standfestigkeit und vielleicht seine Beharrlichkeit zu signalisieren. In der christlichen Überlieferung ist dieser Beiname zum Namen geworden; den Namen «Petros» gibt es im Griechischen nicht.

---

178 Klein, Günter, Die zwölf Apostel. Ursprung und Gehalt einer Idee (Forschungen zur Religion und Literatur des Alten und Neuen Testaments NF 59), Göttingen 1961.

179 Meier, Un certain Juif, Jesus. Les données de l'histoire III (s. Anm. 168), 164–169. Selbst John P. Meier anerkennt, dass die Wendung «meine Kirche» nicht vom historischen Jesus stammen kann.

Diese Gruppe ist, so könnte man es formulieren, das Gegenteil einer Elite. Ihre gemischte Zusammensetzung widerspiegelt perfekt die Öffnung Jesu auf einen nicht diskriminierenden Gott hin. Der Lehrer der Gerechtigkeit machte genau das Gegenteil: Er zog sich mit seinen Gefährten in die Wüste zurück, um sich in Qumran niederzulassen: Er umgab sich mit einem Konventikel von Reinen. Welches Interesse verfolgte Jesus, wenn er sich einen Kreis enger Anhänger schuf?

Die Zahl liefert den Schlüssel, denn wertvoll ist dieser Kreis *als* Gruppe. Von den einzelnen Mitgliedern wissen wir kaum etwas, mit Ausnahme von Simon Petrus und Judas Iskariot. Der kollektive Wert der Gruppe wird dadurch bestätigt, dass die ersten Christen auch dann noch von den «Zwölfen» sprachen, nachdem Judas durch Verrat am Meister ausgeschieden war. Mit Ausnahme von Petrus werden sie bald nach Ostern ohne Nachfolger von der Bühne verschwinden.

Alle Exegeten stimmen in einem Punkt überein: *Die Zahl Zwölf ist biblisch und verweist auf die Stämme Israels.* Die Erwartung der Wiederherstellung des einstigen davidischen Reiches gehört zum *fundamentum* der eschatologischen Hoffnung aller Strömungen Israels. Seit dem Exil ist die Versammlung der zwölf Stämme unter dem Schutz Gottes oder seines Messias ein sinnbildliches Motiv in den Endzeitvorstellungen. Um die Zeitenwende wird die Hoffnung umso inbrünstiger, je stärker das Volk Israel zerstückelt, zerstreut und einer fremden Macht unterworfen ist. Von Gott wird erwartet, dass er die Einheit der Anfänge wiederherstellt. Im letzten Krieg gegen den Fürsten dieser Welt, so Qumran, wird die Standarte der Soldaten Gottes die Aufschrift tragen: «‹Volk Gottes› und den Namen Israels und Aarons und die Namen der zwölf Stämme Israels» (1QM, 3,13–14).

Folglich konnte zur Zeit Jesu niemandem die Symbolik der Zahl Zwölf entgehen. Eine Gruppe von zwölf Männern bilden, heisst, symbolisch auf das neue Israel der Endzeit hinzuweisen. Jesu Geste gilt für das Reich Gottes; sie stellt in der Gegenwart die Hoffnung Jesu dar. *Das von Gott geliebte Volk wird in seiner Gesamtheit wiederhergestellt, nicht bloss die «Reinen», sondern alle Kinder des Vaters.* Ganz Israel, das sehnlichst erwartete umfassende Israel, erhält in der Gegenwart Gestalt und Gesicht. Wie die prophetischen Handlungen, die eine Überzeugung nicht nur symbolisieren, sondern präsent setzen, zeigt Jesus seine Vision des Gottesreichs, indem er sich mit einem engen Kreis von zwölf Individuen umgibt. Die Gruppe der Zwölf nimmt das neue Israel, das erneuerte Israel vorweg, das Jesus durch Worte und Taten errichten will: weder nazarenische Sekte noch Reste Israels, noch getrennte Synagoge, sondern ein Volk, aus dem niemand ausgeschlossen wird.

Kurz, die Gruppe der Zwölf erfüllt *eine dreifache Funktion*. Diese Vertrauten Jesu konkretisieren in ganz besonderem Masse die Lage der Jünger, die ihrem Lehrer nachfolgen: Hörer seiner Verkündigung, Zeugen seiner Wunder und aktive Teilhaber an seinem Charisma als Prediger und Heiler. Gemeinsam repräsentieren sie den Kern der neuen Wirklichkeit des Gottesreichs. Schliesslich schenkt Jesus ihnen die Teilhabe an der Macht des Reiches. Ein enigmatisches Wort, dessen Authentizität unzweifelhaft ist, verspricht ihnen: «Und so übergebe ich euch, wie der Vater, mein Reich, damit ihr [...] auf Thronen sitzt, um die zwölf Stämme Israels zu richten» (Lk 22,30). Den Jüngern, die das Los des Meisters und dessen Ablehnung geteilt haben, verspricht Jesus, sie würden zusammen mit ihm das neue Israel richten, das heisst beherrschen. Gerd Theissen hat dieser Teilhabe an Leiden und kommender Herrlichkeit einen Namen gegeben: «Gruppenmessianismus».[180]

Jesus und die Frauen

Wir haben bereits erwähnt, dass die Fokussierung der Kirche auf den Kreis der Zwölf die Präsenz der Frauen in den Hintergrund gerückt hatte. Zwar wird in den Evangelien der Begriff «Jünger» *(mathetes)* nie einer Frau zugeschrieben,[181] aber man müsste mit Blindheit geschlagen sein, um es dabei zu belassen, denn der zweite Marker für Jüngerschaft, das Verb «nachfolgen», wird auf eine Gruppe von Frauen angewendet. Lukas zählt auf, wer Jesus begleitet, Markus beschreibt die Zeugen der Kreuzigung.

> Und danach geschah es, dass er von Stadt zu Stadt und von Dorf zu Dorf zog und das Evangelium vom Reich Gottes verkündigte. Und die Zwölf waren mit ihm, auch einige Frauen, die von bösen Geistern und Krankheiten geheilt worden waren: Maria, genannt Magdalena, aus der sieben Dämonen ausgefahren waren, und Johanna, die Frau des Chuza, eines Verwalters des Herodes, und Susanna und viele andere, die ihn unterstützten mit dem, was sie hatten. (Lk 8,1–3)

---

180 Theissen, Gerd, Gruppenmessianismus. Überlegungen zum Ursprung der Kirche im Jüngerkreis Jesu, in: Jahrbuch für biblische Theologie 7 (1992), 101–123.
181 Die weibliche Form von *mathetes*, *mathetria*, wird im Neuen Testament nur einmal verwendet, nämlich vom Evangelisten Lukas in Apg 9,36, und bezeichnet Tabita. Im Aramäischen wird die Vokabel «Jünger» nur männlich dekliniert.

Es waren aber auch Frauen da, die von ferne zuschauten, unter ihnen Maria aus Magdala und Maria, die Mutter des Jakobus des Kleinen und des Jose, und Salome, die ihm gefolgt waren und ihn unterstützt hatten, als er in Galiläa war, und noch viele andere Frauen, die mit ihm nach Jerusalem hinaufgezogen waren. (Mk 15,40 f.)

Es gibt keinen Grund, lange darüber zu diskutieren. *Der Patriarchalismus der christlichen Überlieferung hat die Frauenpräsenz ausradiert und allein für die «Apostel» optiert.* Doch es gibt Frauen im Leben Jesu: Begünstigte seiner Heilungen, Hörerinnen seines Wortes, Gastgeberinnen der Gruppe, Tischgenossinnen, Akteurinnen in Gleichnissen.[182] Die Einbindung der Frauen in seine Verkündigung bricht ein gesellschaftliches und religiöses Tabu: Die Rabbis verbreiteten die Worte der Tora nicht unter Frauen. Die religiöse Erziehung in der Familie war Sache des Vaters. Noch ein Zug der *familia dei,* den die Zeitgenossen als subversiv empfanden.

Maria aus Magdala

Die beiden obigen Zitate lassen den Schluss zu, dass Frauen in der Nachfolge Jesu aus wohlhabenden Kreisen stammen konnten, so etwa Johanna, die Frau des Chuza, eines Verwalters von Herodes Antipas. Sie zeigen auch die eminente Stellung, die Maria aus Magdala zukam: Diese Listen von Frauen werden immer von Maria aus Magdala angeführt – so wie die Listen der Männer von Petrus. Das zeigt, welche Bedeutung die Überlieferung derjenigen zuschrieb, die Hippolyt von Rom, Theologe des 3. Jahrhunderts, als Erster «Apostel Christi» nannte; er sah in ihr den Apostel der Apostel, hatte sie ihnen doch die Nachricht von der Auferstehung überbracht (Mt 28,8; Joh 20,18).[183]

---

182 Generell gibt es keinen Anlass, die Frauen auszuschliessen, weder aus der Menge, die Jesus zuhört, noch aus dem Kreis der Kranken, die in der Hoffnung auf Heilung herbeiströmen. Vgl. insb. Lk 8,1–3; Mk 15,40 f. Weiter Mk 1,29–31; 5,25–40; Lk 7,36–50; 13,10–17; 10,38–42; 11,27 f.; Joh 4,4–42 usw. Gleichnisse oder Worte Jesu, in denen die Polarität von männlich und weiblich respektiert wird: Lk 4,25–27; 13,18–31; 15,3–10; 11,5–8 mit 18,1–8; 12,41 f.; Mt 2,21; 6,26.28; 24,40 f. usw.
183 Hippolyt von Rom, Hohelied-Kommentar, 25, 6–10: «O wunderbarer Berater, Eva wird Apostel! Jetzt wird Eva eine Gehilfin dem Adam.» Zit. nach Taschl-Erber, Andrea, Intertextuelle Lektüre und typologische Interfigurationen im Hohelied-

Schauen wir uns das Schicksal dieser Frau etwas genauer an und vergessen ihren Ruf als Prostituierte, den sie im Mittelalter durch Verschmelzung zweier Figuren fälschlicherweise bekam: Verwechselt wurde sie mit der Sünderin, die Jesus die Füsse salbt und sie mit ihren Tränen benetzt (Lk 7,36–50). Doch diese Frau heisst nicht Maria. Aus der Verschmelzung dieser beiden Gestalten entstand dann die «heilige Maria Magdalena».[184] Einziger biografischer Hinweis in den Evangelien: Jesus treibt Maria sieben Dämonen aus (Lk 8,2), was eine gravierende geistige Verwirrung vermuten lässt. Sie wird als «aus Magdala» bezeichnet, einer bedeutenden Stadt am Westufer des Sees Gennesaret. Anders als üblich wird weder der Name ihres Vaters noch ihres Gatten genannt (z. B. «Maria, Frau des Klopas), was zu folgender Hypothese führte: Maria, die Magdalenerin, sei eine ledige, sozial unabhängige Frau, die sich in die nicht sesshafte Gruppe um Jesus integrieren konnte.

Neben ihrer Präsenz in der Gruppe um Jesus und am Fusse des Kreuzes nimmt Maria aus Magdala auch bei der Auferstehung einen wichtigen Platz ein. Als Erste wird ihr an Ostern die Erscheinung des Auferstandenen zuteil, will man Matthäus (28,9f.), Johannes (20,11–18) und dem späten Finale des Markus (16,9) Glauben schenken. Doch vor allem in den apokryphen Erzählungen ist die Gestalt der Magdalenerin Maria stark präsent. Es sei daran erinnert, dass diese ausserkanonischen Texte aus marginalen Christenheiten stammen, die daran interessiert waren, bestimmte Personen hervorzuheben und sie zu Garanten ihrer theologischen Legitimität hochzustilisieren. Das *Evangelium der Maria* (Mitte 2. Jh.) weist ihr einen privilegierten Platz an der Seite Jesu zu.

> Petrus sagte zu Maria: «Schwester, wir wissen, dass der Erlöser dich mehr liebte als die übrigen Frauen. Sage uns die Worte des Erlösers, an die du dich erinnerst, die du kennst, wir (aber) nicht und die wir auch nicht gehört haben.» Maria antwortete und sprach: «Was euch verborgen ist, werde ich euch verkündigen.» (10,1–6)

Kommentar des Hippolyt, 18 (www.kphvie.ac.at/fileadmin/pro/pro/taschl-erber/Hippolyt_neu_gesetzt.pdf [20.09.2021]).

184 Die Gestalt der «heiligen Maria Magdalena» resultiert aus der Vermischung von Maria aus Magdala und der Sünderin in Lk 7 mit Maria von Betanien, der Schwester des Lazarus. Auf diese Vermischung hat im 16. Jh. erstmals der französische Theologe, Humanist und Bibelübersetzer Jacques Lefèvre d'Étaples verwiesen. Sie ist vermutlich das Werk des 604 verstorbenen Papstes Gregor der Grosse, der für die Volksfrömmigkeit eine Gestalt der Busse und Absolution schaffen wollte. Vgl. dazu die Studie von Burnet, Régis, Marie-Madeleine. De la pécheresse repentie à l'épouse de Jésus (Lire la Bible 140), Paris 2004, 31–37.

Petrus antwortete und sprach über diese derartigen Dinge; er fragte sie (Pl.) wegen des Erlösers: «Hat er etwa mit einer Frau heimlich vor uns gesprochen und nicht öffentlich? Sollen auch wir umkehren und alle auf sie hören? Hat er sie mehr als uns erwählt?» (17,18–21)[185]

Das *Evangelium nach Philippus*, 1945 in der gnostischen Bibliothek von Nag-Hammadi gefunden, klingt ähnlich. Der vielleicht aus dem 4. Jahrhundert stammende Text hat mit der Episode des Kusses viel zu reden gegeben.

Die Weisheit, [die] die Unfruchtbare genannt wird, sie ist die Mutter [der] Engel und [die] Gefährtin [*koinonos*] des [Heilandes]. Der [Heiland liebte] Maria Magdalena mehr als [alle] Jünger, [und er] küsste sie [oft]mals auf ihren [Mund].[186] Die übrigen [Jünger] [...]. Sie sagten zu ihm: «Weswegen liebst du sie mehr als uns alle?» Der Heiland antwortete und sprach zu ihnen: «Weswegen liebe ich euch nicht so wie sie?» (*Philippusevangelium*, 55)[187]

Mehr brauchte es nicht mehr, um die Theorie von Maria, der heimlichen Ehefrau Christi, abzustützen. Doch das heisst leider, den Code der gnostischen Texte zu ignorieren. Beide Evangelien fallen unter die esoterische Spiritualität. Diese bedient sich einer symbolischen, nichtsexuellen Sprache (vielmehr verbannt sie die Sexualität). Wenn sich Jesus und Maria auf den Mund küssen, tauschen sie ihren Atem miteinander aus, vereinigen ihren spirituellen Odem. Der Kuss symbolisiert den Atem der Erkenntnis, den Jesus auf Maria überträgt, damit sie Inspiration seiner Botschaft wird. Maria ist nicht die Geliebte Jesu, sondern sein «Gefährte» (*koinonos* steht in der männlichen Form), sein Bote, sein bevorzugter Jünger – sein *alter ego* gewissermassen.

Doch formulieren wir es anders. Um ihre Lesart der Evangelien zu stützen, benötigt die gnostische Christenheit eine Schutzfigur. Da die

---

185 Markschies/Schröter (Hg.), Antike christliche Apokryphen I/2 (s. Anm. 5), 1208–1216, hier 1214–1216.
186 Der Zustand des Manuskripts ist schlecht, weshalb die Rekonstruktion des Textes Fragen offen lässt. [Mund] ist konjektural, da das Manuskript an dieser Stelle eine Lücke aufweist. Rechtfertigung der Annahme von Louis Painchaud, in: Mahé, Jean-Pierre / Poirier, Paul-Hubert (Hg.), Écrits gnostiques. La bibliothèque de Nag Hammadi (Bibliothèque de la Pléiade 538), Paris 2007.
187 Markschies/Schröter (Hg.), Antike christliche Apokryphen I/1 (s. Anm. 5), 527–557, hier 544.

Mehrheitskirche Petrus für sich beansprucht, erhebt diese Christenheit Maria aus Magdala zur Garantin einer ohne Wissen der anderen Jünger empfangenen Doktrin. *Je patriarchalistischer die Mehrheitskirche wurde und je stärker sie ihre Lesart der «zwölf Apostel» zementierte, umso mehr haben die marginalen Christenheiten für die weiblichen Gestalten optiert* – eine durchaus plausible Möglichkeit. Das kann, muss aber nicht ein Hinweis darauf sein, dass die Frauen in diesen Gemeinden eine stärkere Rolle spielten als anderswo.

Doch kommen wir auf die Maria der Evangelien zurück. War sie eine Jüngerin, die Jesus näher stand als die übrigen Jünger? Das ist nicht unmöglich; die Bestätigung dafür wäre die Rolle, die ihr die Überlieferung im Kontext von Tod und Auferstehung Jesu zuerkannt hat. Diese Nähe würde auch erklären, weshalb die marginalen Christenheiten diese Verbindung etwas ausschmückten und sich so der Figur bemächtigen konnten. Der Mangel an historischen Informationen über sie gab Anlass zu den wildesten Spekulationen. Vor kurzem hat Thierry Murcia die orthodoxe Interpretation rehabilitiert, die Maria mit der Mutter Jesu gleichsetzt.[188] Doch halten wir uns an dieser Stelle zurück – bevor die Phantasie die historische Vernunft gänzlich verschlingt …

Die Konkurrenten

Und die Konkurrenten Jesu? Mit wem hat er sich angelegt? Wer hat auf seine Provokation negativ reagiert?

In Kapitel 7 haben wir erwähnt, dass das Judentum zur Zeit Jesu äusserst vielfältig war, zersplittert in eine Vielzahl von spirituellen Familien, so dass gern von Judentümern und nicht vom antiken Judentum gesprochen wird. Erst nach der Katastrophe von 70, als Jerusalem von den Legionen des Titus erobert und der Tempel in Brand gesetzt wurde, formierte sich das Judentum neu und unter der Ägide der Pharisäer trat eine Orthodoxie auf. Zuvor war Pluralität Gesetz. Keineswegs verwunderlich, dass innerhalb der weiten jüdischen Familie unterschiedlich auf die Botschaft des Nazareners reagiert wurde.

Flavius Josephus präsentiert das Judentum von vor 70 in Form von drei «philosophischen Schulen» (diesen Begriff verwendet er nach grie-

---

188 Murcia, Thierry, Marie appelée la Magdaléenne. Entre traditions et histoire: Ier–VIIIe siècle, Aix-en-Provence 2017.

chischer Art): Sadduzäer, Pharisäer und Essener.[189] Er ergänzt diese durch eine vierte, nationalistische und rebellische Schule, die sich in den 50er Jahren zur Gruppe der Zeloten formiert, die sich den Römern militärisch widersetzen wird. Diese Leute verabscheut Flavius Josephus.[190] In den Evangelien werden Sadduzäer und Pharisäer genannt; ebenso ein Zelot, einer der Zwölf: «Simon der Zelot». Nicht erwähnt werden die Essener; weiter werden in den Evangelien die Gesetzeslehrer (oder Schriftgelehrten) und die Herodianer erwähnt.

In Bezug auf das Judentum von vor 70 halten sich unsere Informationen an überraschende Modalitäten. Die älteste jüdische Quelle ist die um 200 zusammengestellte Mischna; sie enthält alte, aber in den ersten zwei Jahrhunderten ausgewählte und neu zusammengestellte Überlieferungen. Deshalb stammen die zeitlich nächstgelegenen Informationen aus den Evangelien und der Apostelgeschichte einerseits und von Flavius Josephus andererseits. Doch dürfen wir nicht übersehen, dass die Evangelien Anachronismen enthalten, projizieren sie doch in ihre Erzählung das Bild des Judentums, das sie vor Augen haben und mit dem sie in Konflikt sind. Dieser Eindruck des zeitgenössischen Judentums ist gering bei Markus, stärker bei Matthäus und erdrückend bei Johannes, für den «die Juden» eine monolithische, Jesus feindlich gesinnte Masse sind. Lukas hingegen respektiert den Pluralismus der Strömungen. Es gilt mithin, die in den Evangelien enthaltenen Informationen über konkurrierende Gruppierungen sorgfältig zu untersuchen, um späte oder anachronistische Züge auszuschliessen.

Gesetzeslehrer und Pharisäer

Der Begriff «Schreiber» bezeichnet im Griechischen eine Person, die lesen und schreiben kann. Im Judentum bezieht sich diese Fähigkeit auf das geschriebene Dokument schlechthin, die Tora. Die Schriftgelehrten waren die Katecheten des Volks; sie erfüllten eine unentbehrliche Aufgabe, nämlich vorzuschreiben, wie die göttlichen Gebote im Alltagsleben anzuwenden seien. Einige Schriftgelehrte gehörten der Pharisäerpartei an, andere nicht. Man versteht sogleich, weshalb die Schriftgelehrten, die

---

189 Flavius Josphus, Jüdischer Krieg, II, 8, 2–14. Vgl. auch Jüdische Altertümer, XIII, 5, 9; XIII, 10, 6; XVIII, 1, 2–6.
190 A. a. O., XVIII, 1, 6. Die Gründung dieser Schule wird Judas dem Galiläer zugeschrieben, der bei der Absetzung des Archelaus (Jahr 6 n. Chr.) eine Kampagne zur Steuerverweigerung anstiess.

Volkslehrer, als Erste in Wettstreit mit Jesus traten. Seine radikale Lesart der Tora musste sie irritieren, aber auch, dass er sich bezüglich des Fastens und des Sabbat Freiheiten herausnahm. Über die Auslegung der Tora wurde innerhalb der jüdischen Familie diskutiert. Doch die Provokation des Nazareners war derart, dass die Schriftgelehrten zuallererst wissen wollten, auf Basis welcher Autorität er so rede und handle. In der Regel gibt ein Rabbi seine Quellen an und stützt sich, um seine Auffassung zu legitimieren, auf eine Reihe von Ältesten: Jesus hatte die Frechheit, dies nicht zu tun.

Meist fassen die Evangelien Schriftgelehrte und Pharisäer zusammen. Die Pharisäer waren ebenfalls natürliche Konkurrenten von Jesus, denn sie verstanden sich als ausgewiesene Experten für die Einhaltung der Tora im Alltag. Die Evangelien schreiben ihnen wachsende Feindseligkeit gegenüber dem Nazarener zu – doch, es sei wiederholt, dieses Porträt ist kontaminiert von der Spannung zwischen den Christen und den Rabbis, den Nachkommen der Pharisäer, die nach der Katastrophe von 70 das Judentum neu formierten. Nach Jacob Neusner lässt sich selbst anhand der späten in der Mischna versammelten Überlieferungen bei den Pharisäern ein ausgeprägtes Interesse für rituelle Reinheit, Tabus bezüglich der Landwirtschaft und eine Fixierung auf Sabbat und Zehnten erkennen.[191] Die pharisäische Bewegung (ihr Name *peruschim* bedeutet: «die Abgesonderten») entsteht im 2. Jahrhundert v. u. Z. als Reaktion auf die Hellenisierung des hasmonäischen Hofs.[192] Zur selben Zeit habe die Reaktion der Hasidäer, der Frommen, die Bewegung der Essener hervorgebracht, aus der die Qumran-Gruppe entstanden ist. Nach dem 2. Jahrhundert verabschiedeten sich die Pharisäer vom politischen Parkett, um sich auf den in Konventikeln gelebten Glauben zu konzentrieren. Ihr Einfluss auf das Volk hatte mit ihrer Lehre zu tun, in der die geforderte Toraobservanz an peinliche Genauigkeit grenzte. Wenn Jesus sie der Scheinheiligkeit bezichtigt, dann nicht etwa, weil sie seiner Meinung nach falsch liegen, sondern weil sie sich über den Kern des Geset-

---

191 Neusner, Jacob, Le judaïsme à l'aube du christianisme (Lire la Bible 71), Paris 1986, 86–91; ders., Pharisaic Law in New Testament Times, in: Union Seminary Quarterly Review 26 (1971), 331–340.
192 Die hasmonäischen Herrscher gliederten sich nach den Eroberungszügen Alexanders des Grossen nach Osten in den hellenisierenden Trend ein. Vgl. Mimouni, Simon Claude, Le judaïsme ancien du VIe siècle avant notre ère au IIIe siècle de notre ère. Des prêtres aux rabbins (Nouvelle Clio), Paris 2012, 234–236. Mimouni verweist auf eine andere Etymologie von *peruschim*: «die, die erklären»; diese beziehe sich auf ihre Tradition der Toraauslegung.

zes täuschen, wenn sie das Liebesgebot vernachlässigen (Mk 7,6; Lk 13,15; Mt 23,13–15). Im Gleichnis vom Pharisäer und vom Zöllner spottet er über die Selbstzufriedenheit der Pharisäer (Lk 18,11 f.).

Mit dem militanten Einsatz für die Toraobservanz wollte die pharisäische Lehre die Identität Israels bewahren. Um die Zeitenwende warb sie effizient für den Glauben an die Auferstehung von den Toten, was Paulus anerkennt (Apg 23,6). *Dass die Pharisäer mit der Lehre Jesu konkurrierten, war unvermeidlich, und zwar nicht bloss, weil der Nazarener eine andere Auslegung des Gesetzes verteidigte, sondern weil er eine andere Vision von der Identität Israels hatte – zentriert auf eine inkludierende und nicht eine exkludierende Heiligkeit.* Diese Laienbewegung strebte nämlich danach, die den Leviten auferlegten strikten Reinheitsregeln einzuhalten.

Das Interesse der Pharisäer an der exegetischen Debatte mit Jesus jedoch ist uns vor allem im Lukasevangelium erhalten geblieben.[193] Die Pharisäer hatten weder Grund, einen tödlichen Hass auf Jesus zu hegen, noch an einer tödlichen Verschwörung gegen ihn mitzuwirken. Der Beweis dafür ist, dass weder Markus noch Lukas ihre Anwesenheit in der Passion erwähnen. Dies tun nur Matthäus und Johannes, aber wir wissen, dass sie zu einer negativen Konnotation neigen (Mt 27,62; Joh 18,3).

Zeloten, Herodianer, Sadduzäer

Wenn die strittigen Punkte mit den Pharisäern für diese nicht Grund zur Verschwörung waren, für wen dann?

Erst einmal für die *Zeloten*. 2013 hat Reza Aslan ein im selben Jahr auch auf Deutsch erschienenes Werk veröffentlicht: *Zelot*.[194] Das Buch sorgte in den USA für einen Skandal. Aslan nahm für sich in Anspruch, das «wahre Leben» Jesu zu enthüllen. Seine Idee: Jesus war ein revolutionärer Zelot, ein des Lesens unkundiger Aufrührer, allein der Sache der Juden verpflichtet, Befürworter der Ausrottung der Römer. Die Evangelikalen Amerikas beschuldigten den Autor, einen zum christlichen Glauben konvertierten Muslim, der sich später wieder dem Islam zuwandte, er wolle mit der Verunglimpfung seines Stifters das Christentum ruinieren. Aus Jesus einen politischen Agitator zu machen, laufe darauf hin-

---

193 Lk 5,17.21; 6,2; 7,36.43; 22,37–38; 11,53 f.; 13,31; 14,1; 16,14; 17,20; 19,39.
194 Aslan, Reza, Zelot. Jesus von Nazaret und seine Zeit, Reinbek bei Hamburg 2013.

aus, so ihr Vorwurf, die Evangelien als Schwindel, als religiöse Verschleierung der Wirklichkeit zu betrachten. Aslans Buch steht im Widerspruch zu den Angaben in den Evangelien und kreiert eine Figur, die es nie gegeben hat; doch jenseits der Überspitzung erinnert es daran, dass die Verkündigung des Gottesreichs kein harmloser politischer Akt war. Ein galiläischer Prophet, der die Königsherrschaft Gottes *(malkut Jhwh)* predigte, musste die Aufmerksamkeit der Zeloten erregen.

Zur Zeit Jesu waren die Zeloten noch nicht die bewaffnete aufständische Bewegung, die sie in den 50er Jahren werden sollten.[195] Ursprünglich bildeten die Zeloten den harten Flügel der Pharisäer, wobei sie die Frömmigkeit und die Erwartung des Gottesreichs um eine aktivistische und gewalttätige Dimension erweiterten. Diese «Eiferer» für Gott suchten ihre Anhänger in allen Gesellschaftsschichten, ja sogar unter den Priestern und zweifellos vor allem unter der Jugend. Mit seiner Verkündigung des Gottesreichs weckte Jesus ihre Aufmerksamkeit, doch seine gewaltfreie Haltung diskreditierte ihn in ihren Augen. Flavius Josephus macht ihnen ihre Radikalisierung zum Vorwurf *(Jüdischer Krieg,* IV, 3, 9). Die Bevölkerung nahm sie vermutlich so wahr, wie religiöse Fundamentalisten heute in ihren Ländern gesehen werden, also mit einer Mischung aus Respekt und Furcht.

Am anderen Ende des politischen Parketts finden sich die im Markusevangelium zweimal erwähnten *Herodianer*. Sie sind nicht Anhänger einer Denkschule, sondern Anhänger oder Höflinge von Herodes Antipas, dem Tetrarchen von Galiläa. Sie protestieren gegen eine am Sabbat vollzogene Heilung (Mk 3,6), und sie stellen Jesus die Fangfrage bezüglich des Steuertributs («Ist es erlaubt, dem Kaiser Steuern zu zahlen, oder nicht?» Mk 12,14). Sie sind gewissermassen politische Spione, durchaus gewillt, jeden Aufstand bei der etablierten Macht zu denunzieren.

Die *Sadduzäer* wiederum sind besser organisiert. Sie bilden die Priester- und Laienelite Israels. Bei ihnen spielten die Familien von Hohen Priestern eine entscheidende Rolle. Zwar haben sie keine schriftlichen Zeugnisse hinterlassen, aber es ist bekannt, dass für sie der Pentateuch als alleinige Schriftbasis des Glaubens Israels galt. Sie pflegten eine Art Schriftfundamentalismus, waren gegen die mündliche Überlieferung, also die den Pharisäern so teuere Auslegungstradition. Die

---

195 Die Geschichte des Zelotismus, angefangen bei der Judas dem Galiläer zugeschriebenen Gründung im Jahr 6 n. Chr., erzählt Mézange, Christophe, Les Sicaires et les Zélotes. La révolte juive au tournant de notre ère, Paris 2003.

Sadduzäer lebten vor allem in Jerusalem; das erklärt, weshalb die Evangelisten sie kaum in Galiläa auftreten lassen. Die einzige Lehrdebatte, die sie mit Jesus führten, fand denn auch in Jerusalem statt; dabei ging es um den Auferstehungsglauben, der in ihren Augen ungebührlich war, kam er doch im Pentateuch nicht vor (Mk 12,18–27). Doch angesichts des Verdachts, den diese Wächter der öffentlichen Ordnung gegenüber dem Unruhestifter Jesus hegten, ist der theologische Einwand nebensächlich.

Kaum präsent zur Zeit von Jesu Wirken in Galiläa, nimmt der Einfluss der Sadduzäer während seines kurzen Aufenthalts in Jerusalem zu. *Sie sind, wie sich herausstellen wird, verantwortlich für den Plan, Jesus zu beseitigen.* Die sadduzäische Fraktion im Hohen Rat um den Hohen Priester, unterstützt von den Schriftgelehrten sadduzäischer Observanz und den Ältesten (angesehenen Laien), hat in den Ereignissen, die zum Tod des Nazareners führten, eine entscheidende Rolle gespielt. Aus diesen drei Strömungen stammt die an Jesus gerichtete, erboste Frage: «Aus welcher Vollmacht tust du das? Wer hat dich bevollmächtigt, das zu tun?» (Mk 11,28). Besser lässt sich das Missfallen der Elite über das, was sie als gefährliche Arroganz empfanden, nicht ausdrücken.

Auch wir stellen uns diese Frage: Im Namen welcher Autorität handelt Jesus? Worauf stützt er sich, um seine Zeitgenossen dermassen vor den Kopf zu stossen? War er sich seiner Rolle bewusst? Dies ist das Thema des nächsten Kapitels.

Kapitel 8
Jesus und seine Berufung

Was hielt Jesus von seiner Berufung? Betrachtete er sich als Messias oder als Menschensohn oder als Sohn Gottes? War er sich seiner Identität bewusst?

Bis zum 17. Jahrhundert stellte sich diese Frage nicht. Der Leser, die Leserin wurde auf das Evangelium von Johannes verwiesen mit seiner Flut von «Ich bin»: Ich bin der gute Hirte, ich bin der wahre Weinstock, ich bin der Weg, die Wahrheit und das Leben ... Es genügt, zu lesen: «Der Vater liebt den Sohn, und er hat alles in seine Hand gegeben» (Joh 3,35), und schon ist die Sache klar. Diese Gewissheit ist mit der Suche nach dem Jesus der Geschichte in die Brüche gegangen. Der Pionier dieser Suche, Hermann Samuel Reimarus (1694–1768), vertrat die These, Jesus sei als politischer Messias, als jüdischer Revolutionär zu verstehen, den die Jünger nach seinem Tod in einen spirituellen Messias verwandelt hätten. Ab 1900 kehrte sich der Trend um: Nun herrschte die Auffassung vor, Jesus habe sich keineswegs als Messias präsentiert. Die Mehrheit der Forschenden folgten dieser Linie mit dem Argument, die Jesus im Evangelium verliehenen Titel (Messias, Menschensohn, Herr, Sohn Gottes) seien nach Ostern aufgetaucht und entsprächen eher dem Glauben der ersten Christen als der Überzeugung des Nazareners.

Jesus – ein von seinen Anhängern *post mortem* Messias oder Sohn Gottes getaufter galiläischer Prophet?

Mit dieser Frage bringen uns die Evangelien in eine ungemütliche Lage. Zwar erwähnen sie manchmal, aber nur selten eine Gefühlsregung von Jesus: Mitleid, Trauer oder Zorn,[196] aber sie lassen uns nicht teilhaben an seiner Innerlichkeit und weniger noch an seinem Selbstverständnis. Was sagst du über dich, Nazarener? In diesem Punkt bleiben Markus, Matthäus und Lukas stumm. Nirgendwo ist zu lesen: Ich bin der Menschensohn, ich bin der Messias, ich bin der Sohn Gottes ... Und dieses Schweigen eröffnet ein weites Feld für Hypothesen. Alle sind sich

---

196 Mk 1,41.43; 6,34; 8,2; Lk 7,13; 19,41; Joh 11,35.

darin einig, dass die Jünger nach Ostern mehr über Jesus gesagt haben als zuvor Jesus selbst – *doch wie ist dieses «Mehr» zu bewerten?*

Seit zwei Jahrhunderten spaltet diese Frage die Forschung in zwei Lager.[197] Die einen sprechen von einer *impliziten* Christologie: Nach Ostern hätten die Jünger das formuliert, was zu Lebzeiten Jesu ungesagt blieb. Die anderen beharren auf einer *expliziten* Christologie: Jesus habe einige Titel, etwa den des Messias, offen für sich reklamiert. Gerd Theissen und Annette Merz haben einen dritten Weg eröffnet und sprechen von *evozierter* Christologie: Mit seinem Wirken habe Jesus Hoffnungen geweckt, die den Titeln entsprachen, die ihm später verliehen wurden. So war es beispielsweise die Menge, die in ihm einen Messias sah, ohne dass er dieser Benennung zugestimmt hätte.[198]

Ich folge nicht dem allzu oft begangenen Pfad, die Jesus in den Evangelien verliehenen Titel unter die Lupe zu nehmen, um sie dann dem historischen Jesus oder der nachösterlichen Zeit zuzuweisen. Zumindest werde ich nicht damit beginnen. Denn meiner Meinung nach sind die christologischen Titel das Konzentrat einer Identität, die sich zuallererst in der Geste und im Wort ausdrückt. Bis anhin wurde die Bedeutung der Titel in der Forschung stark überbewertet. Und das Schweigen der Evangelisten hat die Stummheit Jesu respektiert. Ich bin überzeugt, dass *Jesus nicht gesagt hat, was er war, sondern getan hat, was er war*. Auf der Ebene seines Wirkens (Tat und Wort) hat sich eine Identität entfaltet, die in die Ehrentitel gefasst wurde – unter welchen Umständen dies geschah, werden wir noch sehen.

Die synoptischen Evangelien legen Jesus keine Selbstdeklaration der eigenen Identität in den Mund, aber sie sagen ganz offen, wie ihn die Menge sah: als Heiler, als Lehrer, als Propheten. Schauen wir nun, inwiefern Jesus diesen Etiketten entspricht oder eben nicht.

Der Heiler

Jesus war Heiler und Exorzist. Dass er beim Volk Erfolg hatte, davon zeugt der Zustrom der Menschen: «Und sie zogen durch die ganze Gegend und fingen an, die Kranken auf den Bahren dorthin zu bringen, wo sie hörten, dass er gerade sei» (Mk 6,55). Wie andere charismatische Heiler, ja vielleicht sogar mehr als diese, war der Therapeut Jesus für

---

197 Theissen/Merz, Der historische Jesus (s. Anm. 8), 449–455.
198 A. a. O., 454.

seinen Erfolg bekannt. Aber wie wir gesehen haben, unterscheidet sich der Nazarener in seinem therapeutischen Wirken kaum von den anderen Heilern seiner Zeit. Beispiellos aber ist die Bedeutung, die er seinen Wundern zuschreibt. Seinen Jüngern, die ebenfalls Dämonen auszutreiben vermögen, erklärt er: «Ich sah den Satan wie einen Blitz vom Himmel fallen» (Lk 10,18). Im 1. Jahrhundert macht nur Jesus aus den Exorzismen eine Aktivierung des Gottesreichs. Die in der Dämonenaustreibung konkretisierte Niederlage der Mächte des Bösen errichtet in der Gegenwart die von Gott verheissene neue Welt. Der seit der Schöpfung der Welt erwartete Sieg über den Satan wird endlich manifest.

In dieselbe Richtung zielen die Botschaften der sogenannten Kontrastgleichnisse. Ob es sich um den Sämann, die selbst wachsende Saat, das Senfkorn oder den Sauerteig handelt (Mk 4,1–9.26–32; Lk 13,18–21), diese Gleichnisse geben das Kommen des Reiches in der Winzigkeit des Beginnens zu erkennen. Diese Anfänge aber haben mit der Gegenwart Jesu und seinem Wirken zu tun. In ihm nimmt die neue Welt Gottes in der Welt der Menschen Form an. Wenn Jesus jenen, die die Zeichen der Zeit erforschen, sagt: «Das Reich Gottes kommt nicht so, dass man es beobachten könnte. [...] das Reich Gottes ist mitten unter euch» (Lk 17,20f.), verweist er auf das, was sich um ihn und durch ihn ereignet. Sich diese Wirklichkeit anzueignen erfordert indes Engagement ohne Kompromiss und Zögern: Alles, was man hat, muss man verkaufen, um den Schatz zu kaufen (Mt 13,44)!

Eingebettet in seine Verkündigung des Reiches, liefert uns das therapeutische Wirken Jesu einen ersten Hinweis auf sein Selbstverständnis: *Er will nicht bloss das kommende Reich ankündigen, sondern dieses durch die punktuelle Zerstörung des Bösen in der Gegenwart erscheinen lassen.* Und die Seinen dazu bewegen, sich daran zu beteiligen.

Der Lehrer

Die Menge strömte zusammen, um seine Lehren zu hören. Seine Gesprächspartner sprechen ihn oft als «Meister» an.[199] Markus bemerkt: «Und sie waren überwältigt von seiner Lehre, denn er lehrte sie wie einer, der Vollmacht hat, und nicht wie die Schriftgelehrten» (Mk 1,22).

---

199 Mk 4,38; 9,17.38; 10,17.35 usw.; Mt 19,16; 22,16; Lk 7,40; 11,45 usw. In Mk 5,35; Mt 9,11; 17,24 wird von ihm als dem Meister gesprochen. Die Bezeichnung *rabbi/didaskalos* (Rabbi/Lehrer) wird von den Jüngern nicht verwendet, ausser von Judas in Getsemani (Mt 26,49).

Worin besteht dieser Unterschied zu den Schriftgelehrten, den anerkannten und beim Volk beliebten Katecheten? Dass dieser Wanderlehrer nicht nur Männer, sondern auch Frauen unterrichtete, genügt nicht, um die Faszination zu erklären.

Die Erklärung findet sich in der Bergpredigt. Was immer auch gesagt wurde, in der jüdischen Literatur findet sich kein Äquivalent zur Formel: «Ich aber sage euch», die Jesus in Mt 5,21–48 verwendet. Auch wenn die Wiederholung das Werk des Matthäus ist, erfunden hat er sie nicht. Wenn die Rabbis ihre Auslegung der Tora unterbreiteten, liessen sie ihre Meinung auf jene ihrer Vorgänger folgen. Jesus aber verabschiedet die jahrhundertealte Kette der rabbinischen Überlieferung, um sich gegenüber der Autorität des Mose zu behaupten: «Ihr habt gehört, dass zu den Alten gesagt wurde [...]. Ich aber sage euch [...].» Wie bereits gesagt, weder setzt sich Jesus an die Stelle der Tora, noch setzt er die Tora ausser Kraft. Doch gibt er sich in einer damals unerhörten Weise als massgeblicher Interpret des Gesetzes – im Namen des herausragenden Imperativs der Nächstenliebe radikalisiert er Gebote oder hebt gewisse Vorschriften auf (Scheidebrief, Vergeltungsgesetz). *Niemand vor ihm hat sich solche Freiheiten herausgenommen, zumal Jesus seine Interpretation nicht mit der Schrift begründet, wie er es sollte, sondern allein mit seinem «Ich».*

Ärgernis erregt Jesus auch, wenn er zu dem Gelähmten, den seine Freunde zu ihm bringen, sagt: «Kind, dir sind die Sünden vergeben» (Mk 2,5). «Was redet der so? Er lästert! Wer kann Sünden vergeben, ausser Gott?», empören sich die Schriftgelehrten. In Jesu Lehre kommt das Thema der Sündenvergebung nicht selten vor, sei es in den Gleichnissen, im Vaterunser oder in den Ermahnungen.[200] Im Judentum ist die Vergebung mit dem Ritus des im Tempel dargebrachten Sühneopfers verbunden. Zu behaupten, Gott vergebe, ist keine Übertretung seitens Jesu; Der Priester im Tempel hatte so vorzugehen. Die Psalmen Salomos, ein pharisäischer Text aus dem 1. Jahrhundert v. u. Z., fassen diese Überzeugung zusammen: «Bei Sünden sprichst du den Menschen frei, wenn er bekennt und beichtet; [...] und deine Güte waltet über reuigen Sündern» (PsSal 9,6 f.). Aber Jesus tut mehr. Er erklärt kategorisch, dass Gott vergeben hat, und zwar ohne vorherige Reue des Menschen.

Hier ist sorgfältiges Lesen gefragt. Wenn Jesus zum Gelähmten sagt, «dir sind deine Sünden vergeben», dann wählt er eine passive Formu-

---

[200] Mk 2,1–12; 11,25; Mt 6,12.14 f.; 18,23–35; Lk 7,41–43; 15,11–32; 18,9–14.

lierung, die auf Gott als Urheber verweist: sie sind vergeben worden, gemeint ist von Gott. Jesus hätte, wie üblich, die göttliche Barmherzigkeit oder Gottes Mitleid mit dem Sünder erwähnen können oder gar müssen. Er hätte Vergebung unter dem Vorbehalt der göttlichen Zustimmung aussprechen müssen. Doch er geht sehr viel weiter, wenn er sagt: Gott hat dir tatsächlich vergeben. *Seine deklaratorische und bedingungslose Vergebungsformel findet sich nirgendwo sonst in der jüdischen Literatur.*[201]

Die Tischgemeinschaft Jesu mit Menschen von zweifelhafter Moral oder Reinheit sind Ausdruck derselben Haltung. Sie hat schockiert. Wer erklärt, Jesus sei «ein Fresser und Säufer, ein Freund von Zöllnern und Sündern» (Lk 7,34), der kritisiert nicht bloss seine genussfreudige Seite, sondern stört sich auch daran, dass er das Ansteckungspotenzial der Sünde und das Erfordernis der Reue ignoriert. Jesus tut das Gegenteil: *Gott vergibt, und Jesus nimmt seinen Platz ein, um genau das zu deklarieren.* Es ist das Bewusstsein dieser Berufung, das ihn sagen lässt: «Ich bin nicht gekommen, Gerechte zu rufen, sondern Sünder» (Mk 2,17). Bekanntlich hat auch der Täufer mit dem Opferritual der Sündenvergebung gebrochen; doch nicht sein blosses Wort, sondern seine Taufe war das Sakrament der Vergebung.

Der Prophet

So erstaunlich es klingen mag, die Formel «Amen, ich sage euch [...]» ist eine sprachliche Erfindung von Jesus. Das mag den Leser, die Leserin der Hebräischen Bibel überraschen, denn sie sind, namentlich im Zusammenhang mit dem Gebet, mit dem Wort *Amen* vertraut. Wenn die Betenden *Amen* sagen, drücken sie ihre Teilnahme am rezitierten Gebet aus und billigen es. Aber eben: *Amen* ist bekannt für seinen responsorialen Gebrauch. Der Apostel Paulus, der sich an die alttestamentliche Praxis hält, setzt *Amen* ein, um Segens- oder Lobpreisformeln zu bekräftigen (Röm 1,25; 9,5; 11,36) oder um einen Wunsch zu betonen (Röm 15,33). Doch der Gebrauch von *Amen* in den Evangelien ist in dreifacher Hinsicht erstaunlich. Erstens ist er häufig: Er findet sich in den verschiedenen Strömungen der synoptischen Überlieferung (Markus, Traditionen

---

201 Theissen/Merz, Der historische Jesus (s. Anm. 8), 459, verweisen auf eine mögliche Ausnahme in Qumran (4QPrNab): «[...] im Gebet des Nabonid heilt ein anonymer Jude [...] den babylonischen König, indem er ihm seine Sünden vergibt.» Doch ist die Übersetzung fragmentarisch und nicht gesichert.

M und L) und bei Johannes.²⁰² Zweitens ist der Gebrauch streng auf die Worte Jesu beschränkt. Drittens ist *Amen* hier nicht zustimmende Antwort, sondern einleitendes Wort. Es bestätigt nicht die Worte eines anderen, sondern hebt das Wort Jesu hervor. Man könnte übersetzen: *Es ist gewiss* (Amen), *weil ich es bin, der es euch sagt.*

Die Sprache der Propheten hingegen zeichnet sich durch die berühmte Botenformel aus: «So spricht der Herr» *(koh 'amar Jhwh);* Jesus hingegen bringt mit seinem «Ich» sein eigenes Wort ein. Joachim Jeremias hat aufgezeigt, dass die Häufigkeit der Formel, ihre übereinstimmende Bezeugung durch sämtliche Traditionsschichten der Evangelien sowie die strikte Beschränkung auf Worte Jesu uns in die – seltene – Lage versetzt, eine sprachliche Neuschöpfung des Nazareners zu erkennen.²⁰³ Mit diesem Ausdruck, einer Art Sprachtick, *hebt Jesus die nicht abgeleitete Autorität seiner eigenen Worte hervor.* Eigenverantwortlich spricht er von Gott.²⁰⁴

Die Botenformel («So spricht der Herr») verweist auf die Propheten. Und meist halten die Menschen Jesus denn auch für einen Propheten (Mk 6,15; 8,28). Nach einem Wunder wird proklamiert: «Ein grosser Prophet ist erweckt worden unter uns [...]» (Lk 7,16). Wie von den alttestamentlichen Propheten wird von ihm ein Zeichen gefordert (Lk 11,29). Bei seinem Einzug in Jerusalem sagen die Leute: «Das ist der Prophet Jesus aus Nazaret in Galiläa» (Mt 21,11). Nach seinem Prozess vor dem Hohen Rat spottet man über ihn: «Weissage [griech. *propheteuo*] uns, Messias: Wer ist es, der dich geschlagen hat?» (Mt 26,68). Vermutlich wurde Jesus vom Hohen Rat wegen Gotteslästerung, also falscher Prophezeiung, verurteilt – doch darauf werden wir im folgenden Kapitel eingehen. Er selbst hatte in eigener Sache vorausgesagt: «Nirgends gilt ein Prophet so wenig wie in seiner Vaterstadt und bei seinen Verwandten und in seiner Familie» (Mk 6,4).

Wir müssen anerkennen, *dass es nicht an Argumenten fehlte, um Jesus mit einem Propheten gleichzusetzen.* Zum einen benutzt er manche dem Prophetentum eigene Sprachformeln: Aussagen über Glück oder Unglück, Vorhersagen. Zum anderen hat Jesus Visionen (Mk 1,10 f.;

---

202 *Amen* sagt Jesus gemäss Markus 13-mal, gemäss matthäischer Tradition 21-mal, gemäss Lukas 3-mal und gemäss Johannes 25-mal. Nicht vorhanden ist der Ausdruck in der Spruchquelle (einzige mögliche Ausnahme: Q 12,37).
203 Jeremias, Neutestamentliche Theologie I (s. Anm. 47), 43 f.
204 Mit dem Ich-Diskurs will Jesus in seiner Hörerschaft eine Verantwortungsethik wecken, so Onuki, Takashi, Jesus. Geschichte und Gegenwart (Biblisch-theologische Studien 82), Neukirchen-Vluyn 2006, 167–170.

Lk 10,18). Nach Art der Propheten führt er Symbolhandlungen durch: sein Einzug in Jerusalem (Mk 11,1–11), die Verfluchung des Feigenbaums (Mk 11,12–14), sein gewalttätiges Handeln im Tempel (Mk 11,15–17) (vgl. S. 211–215). Er sagt, er sei vom heiligen Geist ergriffen, davon zeugt der Taufbericht (Mk 1,10). Jesus war ein Charismatiker, was gerade deshalb erstaunte, weil man glaubte, der in der Vergangenheit den Vätern und den Propheten geschenkte heilige Geist sei in der Gegenwart versiegt; erwartet wurde, er werde am Ende der Zeiten über das Volk Israel ausgegossen (Joel 3,1–5). Ausserdem stellt Jesus sein ganzes Leben und nicht nur seine Worte oder einige Gesten in den Dienst seiner Botschaft; er folgt den Spuren eines Hosea, eines Jeremia oder eines Ezechiel.

Zur Zeit Jesu erwartete Israel die Wiederkehr eines eschatologischen Propheten, mit dem die Endzeit anheben würde. Erwartet wurde die Wiederkehr des Elija oder eines Propheten wie Mose. Dass Jesus der wiederkehrende Elija sei, davon sprachen einige in Mk 6,15 und 8,28; das Auftreten eines Propheten wie Mose hingegen, wie in Dtn 18,15 vorhergesagt, spielt in der Apostelgeschichte eine Rolle (Apg 3,22; 7,37), kaum aber in den Evangelien. Typischerweise *werden diese Erwartungen von Jesus niemals positiv bestätigt*. Er sieht sich eher in der Linie der von Israel abgelehnten Propheten (Lk 13,34). Mehr darüber im folgenden Kapitel, das den Tod Jesu behandelt.

Dennoch schneidet sich Jesus nicht von der prophetischen Tradition ab. Aber er macht deutlich, dass er *mehr ist als ein Prophet*. In einer Schmährede an die Adresse seiner Generation, die zur Beglaubigung seines Status als Prophet ein Zeichen fordert, eifert er sich und erklärt, es werde kein Zeichen geben ausser dem Zeichen des Jona (Lk 11,29). Die ersten Christen haben in diesem Zeichen das Symbol von Tod (Jona im Fischbauch) und Auferstehung (Jona vom Fisch ins Trockene gespien) gesehen. Doch Jesus wollte etwas anderes sagen, das zeigt die Fortsetzung seiner Schmährede: Mit dem Judentum seiner Zeit betrachtet er Jona als das Modell des Predigers der Umkehr:

> Die Königin des Südens wird im Gericht auftreten gegen die Männer dieses Geschlechts und sie verurteilen. Denn sie kam vom Ende der Erde, um Salomos Weisheit zu hören. Die Männer Ninives werden im Gericht auftreten gegen dieses Geschlecht und es verurteilen, denn sie sind dem Ruf des Jona gefolgt und umgekehrt. Hier aber ist mehr als Jona! (Lk 11,31 f.)

Jesus wählt in der Geschichte Israels ein Weisheitsmodell (Salomo) und ein Prophetiemodell (Jona) aus, um daran zu erinnern, dass die Leute dem Ruf folgten und sich bekehrten. Sein Geschlecht aber bekehrt sich nicht, obwohl «hier mehr ist» als Salomo und Jona. *Jesus ist sich bewusst, dass mit ihm eine qualitativ andere und qualitativ überlegene Zeit anbricht.* «Das Gesetz und die Propheten reichen bis zu Johannes; von da an wird das Evangelium vom Reich Gottes verkündigt, und jeder drängt mit Gewalt hinein» (Lk 16,16). Wie auch immer dieses rätselhafte Finale zu verstehen ist (Ermutigung, das Gottesreich zu suchen? Anprangerung von Konkurrenten?), eines ist gewiss: Johannes der Täufer markiert die Trennung zwischen vorher und nachher, und dieses durch Jesus eingeleitete Nachher ist das Kommen des Gottesreichs. Jesus ist mehr als Salomo, mehr als Jona, mehr als Johannes. Wie bezeichnet er sich selbst? Die Texte gehen nicht über «mehr als» hinaus.

Der Bezug auf das Jüngste Gericht, von dem im Wort über Salomo und Jona die Rede ist, findet sich auch im Gleichnis vom Hausbau, das zweifellos Jesus zuzuschreiben ist. Die Spruchquelle hat es an den Schluss der Bergpredigt gesetzt:

> Jeder, der zu mir kommt und meine Worte hört und danach handelt – ich will euch zeigen, wem er gleich ist. Er ist einem Menschen gleich, der, als er ein Haus baute, tief aushob und das Fundament auf Fels legte. Als dann Hochwasser kam, riss die Flut an jenem Haus, und sie vermochte es nicht zu erschüttern, weil es gut gebaut war. Wer aber hört und nicht danach handelt, ist einem Menschen gleich, der ein Haus auf den Erdboden baute, ohne Fundament. Als dann die Flut daran riss, stürzte es sogleich ein; und der Einsturz jenes Hauses war gross. (Lk 6,47–49)

Das Bild von der zerstörerischen Überschwemmung ist eine Metapher für das Jüngste Gericht. *Hier ist sich Jesus seiner Rolle mehr denn je bewusst.* Noch einmal, keine Inanspruchnahme eines Titels, keine Erklärung im Sinn von «ich bin», sondern kraftvolle Selbstsicherheit: Seine Verkündigung zu hören und in die Praxis umzusetzen, das ist die Garantie dafür, beim Jüngsten Gericht von Gott belohnt zu werden. Anders gesagt: *Jesus ist davon überzeugt, dass seine Auslegung des göttlichen Willens die Eingangspforte zum Reich Gottes ist.*

Erstaunliche Zurückhaltung

Wir könnten das bisher Dargelegte wie folgt zusammenfassen: *In seinem Umfeld lässt sich Jesus nach wie vor nicht einordnen.* Von seinen Zeitgenossen wurde er in dem anerkannt, was wir als die drei in der damaligen jüdischen Gesellschaft verfügbaren sozialen Rollen (abgesehen von der Rolle des Priesters) bezeichnen könnten: Heiler, Lehrer und Prophet. Den Gründen, weshalb die Leute Jesus die eine oder die andere dieser Rollen zugewiesen haben, sind wir in den Evangeliumstexten nachgegangen. Und in jedem Fall haben wir festgestellt, dass Jesus sich nicht an die Definition der Rolle hielt: Seine Wunder machen das Reich Gottes in der Gegenwart sichtbar, seine Lehre hält sich nicht an die erlaubten theologischen Standards, sein prophetisches Eingreifen legitimiert sich selbst und behauptet, die Schlüssel zum eschatologischen Gericht zu besitzen. In diesen drei Bereichen manifestiert sich ein «Mehr als», das Jesus bekräftigt, aber nicht definiert. Er stellt sich als der letzte Gesandte Gottes dar, bedient sich aber keines Titels, um seine Autorität zu legitimieren; diese beansprucht er ohne Rechtfertigung: *Ich aber sage euch.* Könnten die christologischen Titel dieses Ungesagte definieren? Nun ist der Moment, diese zu untersuchen – nicht ohne die erstaunliche Zurückhaltung des Nazareners bezüglich dieser Titel im Auge zu behalten und zu erklären.

Es gibt vier christologische Titel: Messias (oder in der Übersetzung ins Griechische: *Christos*), Menschensohn, Herr, Sohn Gottes. Die Bezeichnung «Sohn Davids» ist mit dem Messias verknüpft, von dem allgemein erwartet wurde, er stamme aus dem Geschlecht Davids.

Bezüglich der beiden letztgenannten Titel (Herr und Sohn Gottes) ist das historische Verdikt unwiderruflich: Sie wurden nach Ostern verliehen und in die Biografie von Jesus eingefügt. Sie sind nach der Auferstehung Teil der gläubigen Relektüre des Lebens Jesu durch die Jünger. Wohl sind sie Gegenstand einer anachronistischen Rückprojektion in die Biografie Jesu, doch die Evangelisten Markus, Matthäus und Lukas haben die Ereignisse nicht verfälscht. Was heisst das? Nie legen sie Jesus diese Titel in den Mund und lassen ihn sagen: «Ich bin der Herr / der Sohn Gottes.» Verwendet wird der Titel «Sohn Gottes» von Gott bei Taufe und Verklärung (Mk 1,11; 9,7), von den unreinen Geistern (Mk 3,11; 5,7), dem Erzähler (Mk 1,1) oder vom römischen Hauptmann nach dem Tode Jesu (Mk 15,39). Der Ausdruck «Herr» *(Kyrios)* wiederum, also der Titel Gottes im griechischen Alten Testament, wird den Jüngern in den Mund gelegt und kann auch in einem nicht theologischen Sinn als Höflichkeitsformel verstanden werden; die Aussenstehenden, Gesprächspartner oder Gegner, nennen Jesus «Meister», nie aber «Herr». Am Schluss werde ich auf diese beiden Titel zurückkommen, in der historischen Debatte aber haben sie keinen Platz.

In Betracht zu ziehen sind die beiden folgenden Titel: Messias (Christus) und Menschensohn. Um es vorweg zu nehmen: Keiner stimmt mit dem Bild überein, das wir, gestützt auf seine Worte und Taten, von Jesus skizziert haben. Weshalb finden wir sie dennoch an prominenter Stelle in den synoptischen Evangelien? Das gilt es herauszufinden. Hier jedoch gleich das Resultat dieser Untersuchung: *Dass diese Titel nicht dem Bewusstsein entsprechen, das Jesus vom eigenen Wirken hat, erklärt, weshalb er sich selbst nie offen als Messias oder als Menschensohn bezeichnet.*

Jüdische Messianismen

Heute wissen wir besser als früher, dass wir nicht *von dem* jüdischen Messianismus sprechen sollten, sondern *von den* jüdischen Messianismen. Dass der Begriff «Messias»/«Christus» auf Jesus angewendet wurde, liess uns glauben, es handele sich dabei um einen univoken Sinn des Begriffs. Seit 1980 sind die Forscherinnen und Forscher daran, die extreme Vielfalt des Judentums vor dem Jahr 70 neu zu entdecken. Dank dieser Wiederentdeckung begreifen wir, dass die Hoffnung auf das Kommen eines *maschiach* («Gesalbten») vielschichtig war.[205]

Ein wenig Geschichte: Ursprünglich empfingen der König Israels, der Hohe Priester und zuweilen der Prophet das Sakrament der Salbung.[206] Doch das Aufkommen der eschatologischen Erwartung in Israel, die sich anfänglich in der Hoffnung auf das Kommen Gottes kristallisierte, verknüpfte sich zunehmend mit der Erwartung auf einen Vollstrecker des göttlichen Willens. Dieser war beauftragt, das Heil der Erwählten zu sichern und die Gottlosen zu vernichten. Unter dem Druck des politischen Unglücks in Israel und der römischen Besatzung intensivierte sich im 1. Jahrhundert v. u. Z. diese Erwartung eines Befreiers. Die erste bezeugte Erwähnung des Begriffs *maschiach* in seiner Übersetzung ins griechische *Christos* findet sich in den Psalmen Salomos, verfasst unter dem Eindruck der Eroberung Palästinas durch Pompeius im Jahr 63 v. u. Z. Vom Volksmessianismus lässt sich sagen, dass er *königlich, nationalistisch* und *kriegerisch* zugleich war. So präsentiert er

---

205 Vgl. dazu Guida, Annalisa / Vitelli, Marco (Hg.), Gesù e i messia di Israele. Messianismo giudaico e gli inizi della cristologia (Oi christianoi 4), Trapani 2006; sowie von David Hamidović u. a. (Hg.) die ausgezeichnete Encyclopédie des messianismes juifs dans l'Antiquité (Biblical Tools and Studies 33), Leuven 2017.
206 König: 1 Sam 12,3.5; 1Kön 19,16; Ps 2,2; 18,51; 1Chr 29,22 usw. Hohe Priester: Lev 4,3.5.16; Ex 29,4–37; 1Chr 29,22; Sir 45,15; Dan 9,25 f.; 2Makk 1,10. Prophet: 1Kön 19,16; Ps 105,15; vgl. Jes 61,1.

sich in den um die Zeitenwende entstandenen Schriften: Nebst den Psalmen Salomos sind dies das *Äthiopische Henochbuch,* das *Vierte Buch Esra* und die *Syrische Baruch-Apokalypse*.[207] Nach dem Tod Herodes' des Grossen (4 v. u. Z.) erhoben sich die angeblichen Messiasse und fanatisierten die Menge, bevor sie dann von den römischen Truppen vernichtend geschlagen wurden. Sie wagten es, so Flavius Josephus (*Jüdische Altertümer,* XVII, 10, 6 f.), «sich die Königskrone aufzusetzen» und «den Titel König» zu führen. Hier die Schilderung eines königlichen Messias in den Psalmen des Salomo:

> Der Gottlose hat unser Land von seinen Bewohnern entblösst; Jung und Alt und ihre Kinder zumal haben sie weggenommen. In seinem grimmen Zorn schickte er sie weg bis ins Abendland und die Obersten des Landes [gab er preis] der Verspottung, schonungslos. In [seiner] Barbarei tat der Feind Vermessenes, und sein Herz war ferne von unserem Gott. [...]
> Sieh' darein, o Herr, und lass ihnen erstehen ihren König, den Sohn Davids, zu der Zeit, die du erkoren, Gott, dass er über deinen Knecht Israel regiere. Und gürte ihn mit Kraft, dass er ungerechte Herrscher zerschmettere, Jerusalem reinige von den Heiden, die [es] kläglich zertreten! Weise [und] gerecht treibe er die Sünder weg vom Erbe, zerschlage des Sünders Übermut wie Töpfergefässe. Mit eisernem Stabe zerschmettere er all ihr Wesen. [...]
> Und er hält die Heidenvölker unter seinem Joche, [...] so dass Völker vom Ende der Erde kommen, seine Herrlichkeit zu sehen, bringend als Geschenk ihre erschöpften Söhne, und um zu schauen des Herrn Herrlichkeit, mit der sie Gott verherrlicht hat. Er aber [herrscht als] gerechter König, von Gott unterwiesen, über sie, und in seinen Tagen geschieht kein Unrecht unter ihnen, weil sie alle heilig sind, und ihr König der Gesalbte des Herrn ist.[208]

In dieser klassischen Formulierung des davidisch-königlichen Messianismus lässt sich die politisch-religiöse Verankerung der Hoffnung erkennen: Die durch die Gottlosen befleckte heilige Erde muss befreit werden. Der Messias ist eine idealisierte Machtfigur, von der erwartet wird, dass er die Ungläubigen zerschmettert und eine Erneuerung herbeiführt: das Volk versammeln und Jerusalem reinigen. Seine Kraft ist ambivalent: Weisheit und eiserner Stab. Seine Herrschaft wird die aktuellen Machtverhältnisse auf den Kopf stellen: Die Heiden werden sich vor einem ver-

---

207 Psalmen des Salomo 17 und 18; 1Henoch 48,10; 52,4; 4Esra 7,28; 2Baruch 29,3; 30,1 usw.
208 Psalmen des Salomo 17,11–13.21–24a.30a.31 f. (https://de.wikisource.org/wiki/Die_Psalmen_Salomos [06.10.2021]).

einten und aus der Diaspora zurückgekehrten Israel verneigen. Im *Magnificat* von Maria widerhallt diese mächtige Hoffnung (Lk 1,47–55).

Doch der Erwartungshorizont verschwimmt, sobald weitere zeitgenössische Zeugnisse über die Hoffnung der Endzeit herangezogen werden. Qumran knüpfte an den Ursprung der Salbung an und erwartete drei Messiasse: den Priestermessias, den Königsmessias und den Prophetenmessias. Die Hauptfigur ist der Priestermessias, was damit zu erklären ist, dass sich die Sekte in der Wüste Judäa als eine Gemeinschaft heiliger Priester verstand.[209] Der Autor des *Vierten Buchs Esra* fördert die Erwartung eines Messias, der auf Erden eine vierhundertjährige Herrschaft mit seinen Auserwählten einleitet, bevor die alte Welt zerstört und eine neue Welt kommen wird, aus der das Böse verschwunden ist. Die *Syrische Baruch-Apokalypse* erwartet ebenfalls eine Zwischenherrschaft des Messias: «Dann werden alle jene auferstehen, die, auf ihn hoffend, einst entschlafen sind» (2Baruch 30,1). Im täglich verrichteten Achtzehngebet wird Gott angefleht, nach Jerusalem zurückzukehren und es unter der Aufsicht des «Sprösslings deines Knechtes David» (*Schmone-Esre*, 14f.) wieder aufzubauen. Zahllos sind die Varianten dieses millenaristischen Messianismus. In manchen kommt der Titel *maschiach* nicht einmal vor. Ob die Rückkehr des Elija oder eines Propheten wie Mose, des Patriarchen Henoch oder des Priesters Melchisedek oder auch des Menschensohns erwartet wurde – die Hoffnung war voll der gleichen Verheissungen auf Befreiung und Rückkehr zur einstigen Grösse.[210]

Die Aussage, «die Messiaserwartung sei zu jener Zeit höchst verschwommen gewesen»,[211] ist also nicht falsch – genauso verschwommen

---

209 1QS 9,9–11; CD 12,23; 14,18f.;19,10f.; 20,1. Die Formel «Messias Aarons und Israels» scheint den Vorrang des Priestermessias vor dem Königsmessias in der qumranischen Eschatologie anzuzeigen (1QS 9,11; CD 12,23–13,1; XIV,19; 14,10f.; XX,1 usw.). Vgl. Hamidović, David, Peut-on penser une histoire intellectuelle du premier messianisme juif à partir des manuscrits de Qumrân?, in: ders. (Hg.), Aux origines des messianismes juifs. Actes du colloque international tenu en Sorbonne, à Paris, les 8 et 9 juin 2010 (Supplements to Vetus Testamentum 158), Leiden/Boston 2013, 101–120.

210 Namen und Attribute variieren: Dan 7,13–14 und 1Henoch 90,9–27.37f. (Menschensohn); 1Henoch 90,9–27.37f. (Mann); Testament des Levi 18 (neuer Priester); Testament des Juda 24 (Keim des Höchsten); Oracula Sibyllina 3,49f.286f.652f. (König); Philon, De praemiis et poenis, 95 (Mann); 11Q13 (Melchisedek); 4Q174 Kol III, Frg. 1,10–13 (Spross Davids) usw.

211 Theissen, Gerd, Du Jésus de l'histoire au Fils de Dieu du kérygme. L'apport de l'analyse sociologique des rôles à la compréhension de la christologie du Nouveau Testament, in: Études théologiques et religieuses 83 (2008), 594.

wie heute der Begriff «Befreier». Der jüdische Messianismus kristallisierte sich in einem Ideal des Glücks auf Erden unter dem Schutz eines Wesens göttlichen Ursprungs, was eine radikale Transformation der Welt implizierte.[212] Aufeinander treffen dort ein kämpferischer Messias und ein gewaltfreier Messias, ein die Völker ausrottender Messias und ein universaler Messias, ein interimistischer Messias und ein ewiger Messias. Kaum verwunderlich indes, dass die klassische Version (der königliche, kriegerische und nationalistische Messias) den Volksglauben angeregt hat.

Messias Jesus?

Und wie hält es Jesus? Unschwer lässt sich feststellen, dass er sich nie als Messias bezeichnet; die wenigen Verstösse gegen diese Regel sind nachösterlich und werden nicht ihm zugeschrieben.[213] Die Frage des Täufers («Bist du es, der da kommen soll, oder sollen wir auf einen anderen warten?») wäre sinnlos, wenn sich Jesus klar als Messias bezeichnet hätte. Jesus stimmt auch nicht zu, wenn ihn andere Messias nennen. Einzige Ausnahme: Beim Prozess vor dem Hohen Rat bejaht er die Frage des Hohen Priesters bei Markus und bleibt im Vagen bei Matthäus und Lukas (Mk 14,62; Mt 26,64; Lk 22,70). Anders gesagt: Vielleicht stimmt Jesus der Bezeichnung «Messias» erst zu, nachdem der Entscheid gefallen ist und seine Lage der traditionell von einem Messias erwarteten diametral entgegengesetzt ist.

Seit dem 19. Jahrhundert haben unzählige Kommentatoren aus diesem Schweigen geschlossen, dass der Titel «Messias» Jesus nicht zu Lebzeiten verliehen worden ist, sondern im Anschluss an das Ostergeschehen von seinen Jüngern. Doch diese These ist historisch unhaltbar. Weshalb?

---

212 Soziologische Definition von Henri Desroche: «Der Messianismus ist das gemeinsame Fundament der Doktrinen, die das vollkommene Glück auf Erden versprechen, unter der Leitung einer Person, eines Volkes, einer Partei, einer Volksbewegung [...]», in: Dieu d'hommes. Dictionnaire des messianismes et millénarismes du 1er siècle à nos jours, Paris ²2010, 21.

213 Die Ermahnung, die Jünger zu unterstützen, weil sie «zu Christus» gehören (Mk 9,41), ist nachösterlich und typisch für die nachösterliche Zeit. Die beiden Bezüge auf Christus in Lk 24,26.46 werden dem Auferstandenen in den Mund gelegt. Wenn Jesus vom Messias und von seiner davidischen Herkunft spricht (Mk 12,35–37), schreibt er den Titel nicht sich selbst zu.

Erstes Argument: Nach Ostern verbreitet sich der Titel derart schnell, dass zehn Jahre später die Anhänger von Jesus *christianoi* (Christen) genannt werden und dass *Christos* zu Jesu Eigennamen geworden ist;[214] dass es diesen Titel vor Ostern nicht gab, ist deshalb höchst unwahrscheinlich.

Zweites Argument: Sowohl Anhänger wie Feinde von Jesus nennen ihn «Messias». Petrus nennt ihn «Messias» (Mk 8,29), und der blinde Bartimäus bezeichnet ihn als «Sohn Davids» (Mk 10,47). Jesus wird als «König der Juden» (Mk 15,26) zum Tod verurteilt, und seine Gegner verspotten ihn am Kreuz mit folgenden Worten: «Der Messias, der König Israels, steige jetzt vom Kreuz herab [...]» (Mk 15,32). Wenn sich Freund und Feind in einem Punkt einig sind, kann die historische Wahrheit nicht weit weg sein.

Drittes Argument: In einem Land mit der glühenden Erwartung auf einen einheimischen Befreier ist es mehr als nur denkbar, dass ein Prediger, der das nahe Kommen des Gottesreichs verkündigt, den messianischen Eifer auf sich zieht. Beweis dafür ist der Jubel, mit dem Jesus bei seinem Einzug in Jerusalem empfangen wird (Mk 11,1–10). Eine Kandidatur zum Messias überraschte nicht; das gesamte Interesse richtete sich auf die Zeichen, die diesen Anspruch bestätigen oder nicht.

Kurz, die Vorstellung einer christlichen Erfindung ist ganz und gar auszuschliessen. Im Judentum der damaligen Zeit wird niemand mit der Auferweckung von Toten Messias.

Wie aber lassen sich die Zurückhaltung Jesu vor Ostern und die Übernahme des Titels kurz danach erklären? Hier gilt es, ohne die Sache noch komplizierter zu machen, Kontinuität und Diskontinuität vor und nach Ostern zu verbinden. Kontinuität gibt es, weil Jesus mit der messianischen Erwartung seiner Zeitgenossen konfrontiert wurde – zu seinem Glück, aber auch zu seinem Unglück (das Kreuz). Es gibt Diskontinuität, denn was er nicht gebilligt hat, das haben die Jünger angenommen. Einfach gesagt, Jesus ist zum Etikett «Messias» auf Distanz gegangen, weil dieses eine nationalistische und möglicherweise kriegerische Dimension hatte; Gewaltlosigkeit und Ablehnung einer nationalistischen Engführung stehen im Zentrum seiner Ethik (Mt 5,38–48). *Nach Ostern haben seine Freunde bekräftigt, dass er tatsächlich der von Israel erwartete Befreier*

---

214 Das erste Auftreten der Bezeichnung *christianoi* verortet Apg 11,26 zu Beginn der 40er Jahre in Antiochia. Eine bereits traditionelle Bezeichnung ist *Christos* in Röm 5,8; 14,9.15; 1Kor 8,11 f.; 15,3; 2Kor 5,14; Gal 2,21; 1Thess 5,10. 270-mal verwendet Paulus den Namen *Christos*, 109-mal den Doppelnamen *Iesous Christos* oder *Christos Iesous*.

war, ein Befreier allerdings, der dem im jüdischen Glauben gehegten Ideal in keiner Weise entsprach. Sie haben den für den Glauben Israels unvorstellbaren Begriff des leidenden Messias geschaffen.

Die Figur des leidenden Gottesknechts gemäss Jes 53 ist der jüdischen Hoffnung nicht fremd, wurde aber nie mit der Figur des Messias in Verbindung gebracht; die Christen hingegen werden es tun, um kundzugeben, dass *Jesus die Hoffnung seines Volks zwar teilte, aber ein anderer Messias war.*

Der christliche Messianismus leitet sich folglich vom jüdischen Messianismus ab, aber um den Preis einer völligen Neudefinition. Zu Recht spricht André Lacocque vom Messianismus Jesu als von einem «werdenden Messianismus»,[215] im Wissen darum, dass einzig das Ende seines Lebens klären konnte, wie er seine Berufung verstand. Welch theologischer Kraftakt diese Beanspruchung des Titels «Messias» für einen Menschen war, der wegen Gotteslästerung hingerichtet und unter der schlimmsten aller Folter gestorben war. In Kapitel 10 werden wir versuchen, dieser theologischen Revolution auf den Grund zu gehen. Die rasche Einführung des Titels unter den ersten Christen lässt sich mit der griechisch-römischen Verbreitung des Evangeliums erklären; das beschleunigte die Verwandlung in eine ihrer nationalistischen und gewalttätigen Akzente verlustiggegangene Bezeichnung.

Möglicherweise hat die davidische Abstammung Jesu die Dinge begünstigt. Im 4. Jahrhundert berichtet Eusebius von Cäsarea, zwei Grossneffen von Jesus, Enkel des Judas, die Bauern waren, hätten vor Kaiser Domitian erscheinen müssen; Domitian «fragte jene, ob sie von David abstammen. Sie bestätigten es» (*Kirchengeschichte*, III, 20). Anders als lange gedacht, wäre die Zugehörigkeit Jesu zur Nachkommenschaft Davids folglich nicht das Resultat christlicher Glaubensüberzeugung.

Menschensohn

Mit dem Titel «Menschensohn» sind wir mit einem dem Titel «Messias» genau entgegengesetzten Szenario konfrontiert. 1) In den Evangelien verwendet Jesus, im Gegensatz zu seinen Freunden und Feinden, den Titel «Messias» nicht, den Titel «Menschensohn» hingegen verwendet

---

215 Lacocque, André, Jésus, le juif central. Son temps et son peuple (Lire la Bible 194), Paris 2018, 400.

nur er.²¹⁶ 2) Der Sinn von *maschiach* («gesalbter Befreier») ist klar, der Sinn von *huios tou anthropou* («Menschensohn») hingegen nicht. Bezeichnet der Ausdruck jeden Menschen, irgendeinen Menschen oder jenes himmlische Wesen, dessen Kommen in Dan 7,13 verheissen wird («Ich schaute in den nächtlichen Schauungen, und sieh: Mit den Wolken des Himmels kam einer, der einem Menschen glich [...]»)?

In diesem letzten Sinn taucht der Titel in einer ganz frühen Sentenz auf, von der zwei unabhängige Quellen berichten: Markusevangelium und Spruchquelle. Diese Sentenz ist eines der Worte über den Menschensohn, das am gewissesten auf Jesus zurückgeht:

> Wer sich meiner und meiner Worte schämt in diesem ehebrecherischen und sündigen Geschlecht, dessen wird auch der Menschensohn sich schämen, wenn er kommt in der Herrlichkeit seines Vaters mit den heiligen Engeln. (Mk 8,38)
> Ich sage euch aber: Zu jedem, der sich vor den Menschen zu mir bekennt, wird sich auch der Menschensohn bekennen vor den Engeln Gottes. Wer mich aber verleugnet, der wird verleugnet werden vor den Engeln Gottes. (Lk 12,8f. par Mt 10,32f.)

Hier liegt ein und dieselbe Bekräftigung vor, allerdings in zwei Varianten: Sich zur Botschaft Jesu bekennen oder sie verleugnen wird im eschatologischen Gericht vom Menschensohn beglaubigt werden. Mithin wird die gegenüber Jesus eingenommene Position beim Kommen des Menschensohns über das endgültige Schicksal eines jeden entscheiden. Frage: Sind Jesus und der Menschensohn zwei Personen oder dieselbe Person? Zweifel sind erlaubt, denn in einundfünfzig Fällen, in denen «Menschsohn» bei den Synoptikern zitiert wird, findet sich in siebenunddreissig Fällen in einem anderen Evangelium das «Ich» von Jesus. Anders gesagt, in siebenunddreissig von einundfünfzig Fällen hat die christliche Relektüre «Menschensohn» durch das «Ich» von Jesus ersetzt.²¹⁷ Beispiel: Aus den «um des Menschensohnes willen» Verfolgten

---

216 Ausnahme: Joh 12,34 (aber hier zitiert die Menge Jesus).
217 Jeremias, Joachim, Die älteste Schicht der Menschensohn-Logien, in: Zeitschrift für die neutestamentliche Wissenschaft 58 (1967), 159–172, bes. 159–164. Jeremias hat 25 Fälle aufgeführt, in denen bei den Synoptikern «Menschensohn» durch das «Ich» von Jesus ersetzt worden ist; hinzu kommen 12 Fälle, in denen das Johannesevangelium zwei Versionen eines Jesuswortes enthält, wobei in einer der Titel steht, in der anderen das «Ich». Beispiele: Joh 3,13 und 20,17; 3,14 und 12,32; 5,27 und 5,22; 6,27 und 6,51 usw.

bei Lukas (Lk 6,22) sind bei Matthäus die «um meinetwillen» Verfolgten (Mt 5,11) geworden.

Doch falls es sich um dieselbe Person handelt, weshalb spricht Jesus in der dritten Person von sich selbst? Und falls es sich nicht um dieselbe Person handelt, wie ist das Verhältnis der beiden zueinander?

Wir befinden uns nicht mehr im gleichen Szenario wie zuvor. *Es ist praktisch sicher, dass der Ausdruck «Menschensohn» zum Vokabular von Jesus gehört.* In den Evangelien wird der Ausdruck nur Jesus in den Mund gelegt. Dass er bald, nämlich schon bei Paulus verschwindet, signalisiert, dass eine derart jüdisch geprägte Wendung nicht in die griechisch-römische Welt aufgenommen werden konnte. Ich erinnere daran, dass *maschiach* nur als Eigenname von Jesus überlebt hat: Christus.

Eine Antwort auf die oben gestellten Fragen verlangt, dass geprüft wird, wie häufig der Ausdruck vorkommt. Die einundfünfzig Erwähnungen lassen sich in drei Kategorien unterteilen: a) der *gegenwärtige* Menschensohn («Die Füchse haben Höhlen, und die Vögel des Himmels haben Nester, der Menschensohn aber hat keinen Ort, wo er sein Haupt hinlegen kann» Mt 8,20); b) der *leidende* Menschensohn («Der Menschensohn wird ausgeliefert in die Hände von Menschen, und sie werden ihn töten, und wenn er getötet worden ist, wird er nach drei Tagen auferstehen» (Mk 9,31); der *künftige* Menschensohn («Bist du der Messias, der Sohn des Hochgelobten?», fragt der Hohe Priester vor dem Hohen Rat; und Jesus antwortet: «Ich bin es, und ihr werdet *den Menschensohn* sitzen sehen zur Rechten der Macht und *kommen mit den Wolken des Himmels*» (Mk 14,61 f.). Was zu diesem Thema geschrieben worden ist, füllt ganze Bibliotheken; sämtliche Standpunkte wurden verteidigt, angefangen bei der Idee, Jesus habe nie vom Menschensohn gesprochen (eine zu vernachlässigende Position), bis zur Idee, der Ausdruck stamme von Jesus selbst, und zwar in sämtlichen Kategorien.[218]

Auch die zweite Kategorie, jene des leidenden Menschensohns, ist aus der Diskussion auszuschliessen; alles spricht dafür, dass sie aus der Zeit nach Ostern datiert. Der Begriff Leiden ist der jüdischen Auffassung vom Menschensohn völlig fremd (was kein genügender Grund

---

218 Die These, Jesus habe den Titel «Menschensohn» nie verwendet, stammt von Philipp Vielhauer: «Gottesreich und Menschensohn in der Verkündigung Jesu» sowie «Jesus und der Menschensohn», in: ders., Aufsätze zum Neuen Testament (Theologische Bücherei 31), München 1965, 55–91 resp. 92–140. Vertreten wurde die Zuschreibung des Titels an Jesus (in allen drei Kategorien) von Colpe, Joachim, «ho huios tou anthropou», in: Friedrich, Gerhard (Hg.), Theologisches Wörterbuch zum Neuen Testament VIII, Stuttgart 1969, 403–482, bes. 433–444.

wäre), doch darüber hinaus findet sich der Begriff vor allem in den Ankündigungen von Leiden und Auferstehung, die mit Sicherheit ein Konstrukt des Evangelisten Markus sind (8,31; 9,31; 10,33 f.). Doch gerade nach Ostern konnten die Jünger (wie im Fall des Messias) sagen, dass *Jesus der Menschensohn gewesen war, aber auf andere Weise, das heisst, durch seinen Tod.*

Die erste Kategorie, jene des gegenwärtigen Menschensohns, ist heikler. Hat sich Jesus als Mensch, als Menschensohn oder als irgendein Mensch bezeichnet? Von ihm wird gesagt, er habe keinen Ort, wo er sein Haupt hinlegen könne (Mt 8,20), er wird als Fresser und Säufer betitelt (Mt 11,19), er wird gescholten (Mt 12,32), er hat die Vollmacht, Sünden zu vergeben (Mk 2,10), er ist Herr auch über den Sabbat (Mk 2,28). In all diesen Stellen spricht Jesus von seiner abgelehnten, verhöhnten, bestrittenen Autorität. Anders gesagt, die Verwendung des Ausdrucks dramatisierte die Krise zwischen Jesus und seinen Zeitgenossen. Anders als vielfach suggeriert, entspricht «Menschensohn» hier nicht dem aramäischen *bar nascha,* das jeden Menschen, jeden Menschensohn (gerne mit «man»[219] zu übersetzen) bezeichnet. Denn in allen Erwähnungen des gegenwärtigen Menschensohns lässt sich Jesus nicht ganz allgemein darüber aus, was typisch für jeden Menschen ist, sondern er spricht von sich selbst.[220]

Die Frage taucht wieder auf: Weshalb von einem anderen sprechen, wenn Jesus von sich selbst sprechen will? Um darauf zu antworten, braucht es noch einen weiteren Schritt.

Der Menschensohn und die Wolken des Himmels

Die dritte Kategorie, jene des künftigen Menschensohns, enthält den Schlüssel zu unseren Fragen. Sie ist Ausfluss jener berühmten Vision des Propheten Daniel, der mit den Wolken des Himmels einen kommen sah, «der einem Menschen glich» (Dan 7,13). Es ist eine vergleichende Formulierung. Das himmlische Wesen, das Daniel von Gott kommen

---

219 Die These, «Menschensohn» werde von Jesus als generische Umschreibung und nicht als Titel verwendet, verficht Vermes, Jesus, der Jude (s. Anm. 142), 144–174; ebenfalls Casey, Maurice, The Solution to the «Son of Man» Problem, New York/London 2009.

220 Mit Schröter, Jens, Jesus von Nazaret. Jude aus Galiläa – Retter der Welt (Biblische Gestalten 15), 6., vollst. überarb. und aktualis. Ausgabe, Leipzig 2017, 274–284.

sieht, ist *wie* ein Mensch; vermutlich handelt es sich um eine Kollektivfigur: das von Gott erneuerte Volk Israel. Mit der Zeit wurde diese Formulierung aufgenommen und ihres vergleichenden Modus entledigt, um zu einem eschatologischen Titel zu werden: *der* Menschensohn. Diese Figur messianischen Typs wird im *Äthiopischen Henochbuch* (1Henoch 37–71) und im *Vierten Buch Esra* (4Esra 13) erwähnt. So verwandelte sich an der Schwelle zur christlichen Ära die kollektive Hoffnung Daniels in die Erwartung einer messianischen Figur, eines von Gott gesandten Wesens, das das Weltgericht vollziehen und das Israel der Anfänge wiederherstellen würde. Im Vergleich zum Messias ist die Berufung des Menschensohns klar universal. Nachstehend nun, wie Jesus vom plötzlichen Kommen der Tage des Menschensohns spricht:

> Und wie es war in den Tagen Noahs, so wird es auch sein in den Tagen des Menschensohnes: Sie assen, tranken, heirateten und wurden verheiratet bis zu dem Tag, da Noah in die Arche ging und die Sintflut kam und alle zugrunde richtete. Und es wird sein, wie es war in den Tagen Lots: Sie assen, tranken, kauften, verkauften, pflanzten und bauten. An dem Tag aber, als Lot von Sodom wegging, regnete es Feuer und Schwefel vom Himmel, und alle wurden zugrunde gerichtet. So wird es auch sein an dem Tag, da der Menschensohn sich offenbaren wird. (Lk 17,26–30)

Das Bild schwankt hin und her: Bald scheint der Menschensohn (wie hier) dem Weltgericht vorzustehen, bald ist er Verteidiger oder Ankläger vor dem höchsten Richter (wie in Lk 12,8f.). Wie auch immer. Die Hauptfrage ist: Spricht Jesus von sich selbst oder von einem anderen? Die Worte über den gegenwärtigen Menschensohn sowie die christliche Auslegung der Worte über den leidenden Menschensohn legen den ersten Sinn nahe. Doch bewahren die ältesten Worte – etwa jene, die in Mk 8,38 und Lk 12,8f. zitiert werden – nicht den Sprechmodus von Jesus, den der spätere Zusammenstoss mit seinem «Ich» nicht zum Verschwinden gebracht hat? Auf diese hart diskutierte Frage antworte ich wie folgt: Die frühe Trennung von Jesu «Ich» und der eschatologischen Figur des Menschensohns ist ein Grundstein, den der Historiker nicht ignorieren kann. Wenn Jesus nicht offen erklärte, er sei der künftige Menschensohn, dann deshalb, weil dieses Wesen in der jüdischen Tradition von Gott erwählt ist und von ihm kommt.

Ich will dies erläutern. Es ist viel logischer, dass die Trennung zwischen Jesus und dem Menschensohn historisch zuerst stattfand und die Verschmelzung im Glauben der ersten Christen geschah. Das Umgekehrte ist nicht denkbar. Jesus ist überzeugt, was er auch mehrmals wiederholt, dass der Menschensohn am Tag des Jüngsten Gerichts die Positionierung der Menschen ihm und seiner Lehre gegenüber bestätigen wird.[221] Er bekräftigt mithin ohne Umschweife den ultimativen, eschatologischen Charakter des Beitrags, den er zu erbringen im Begriff ist. Aber er deklariert nicht, «Ich werde der letzte Richter sein», denn eine Selbstbezeichnung liefe auf eine Vorwegnahme der Wahl Gottes hinaus.

Im Judentum konnte ein Mann danach streben, Lehrer zu werden. Um Prophet zu werden, musste man berufen werden. Um als Messias anerkannt zu sein, mussten die Menschen diese Sanktionierung für gültig erklären. Menschensohn aber konnte nur sein, wer von Gott in diese Funktion erhoben wurde. Gott allein konnte Jesus mit dieser Rolle betrauen und dies offenbaren. Jesus hatte die tiefe Hoffnung, dass Gott bald seinen Status als Menschensohn offenbaren werde, während die Jünger der Auffassung waren, Gott habe diesen Status bereits offenbart.[222] Nachdem ihnen offenbart worden war, dass Gott den Gekreuzigten zu sich erhoben hatte, nahmen sie jene Verschmelzung vor, vor der sich der Nazarener gehütet hatte: Jesus ist der erwartete Menschensohn … aber auf andere Weise!

Die Wirkung von Ostern

Doch die Wirkung von Ostern macht hier nicht Halt. Während Jesus das Bewusstsein seiner selbst im Wesentlichen durch Worte und Taten ausdrückte, und es ihm offensichtlich zuwider war, Titel trügerischen Inhalts für sich zu beanspruchen, erfinden die Gläubigen beim Nachdenken über die Auferstehung immer mehr Titel. Der ihm von Freund und Feind verliehene Titel Messias wird um die Dimension des Leidens ergänzt und in Richtung Universalismus umorientiert; er verblasst und wird schliesslich zum Eigennamen. Die rätselhafte Figur des Menschensohns konnte mit Jesus gleichgesetzt werden, weil ihn Gott, so der Glaube seiner Freunde, in den Himmel erhoben hatte. Auch das Korrek-

---

221 Mk 8,38; 9,37; 10,17–22; Mt 5,11 f.; 5,21–48; 11,20–24; Lk 6,47–49; 12,8 f.
222 Theissen, Du Jésus de l'histoire au Fils de Dieu du kérygme (s. Anm. 211), 604. Eine an die Jünger gerichtete Verheissung Jesu vermag diese Erwartung zu bestätigen: «Amen, ich sage euch: Ihr, die ihr mir gefolgt seid, werdet bei der Neuschöpfung, wenn der Menschensohn sich auf den Thron seiner Herrlichkeit setzt, auch auf zwölf Thronen sitzen und die zwölf Stämme Israels richten» (Mt 19,28).

tiv des Leidens wurde ihm angefügt. Aus der heraufbeschworenen oder gar impliziten Christologie wurde eine explizite Christologie.

Andere Titel folgten. Die ersten Christen setzten sich darüber hinweg, dass Jesus es abgelehnt hatte, mit Gott gleichgesetzt zu werden, und gaben ihm den Titel «Herr» *(Kyrios),* der ihm göttliche Autorität verlieh. Der Titel «Sohn Gottes», der bekanntlich zu Lebzeiten Jesu in den Evangelien nur von Gott und den Dämonen ausgesprochen wird, wird ihm nach Ostern ebenfalls verliehen. Aber die synoptischen Evangelien halten sich an den Kalender: Nur der Erzähler (Mk 1,1) und der römische Hauptmann sprechen ihn nach dem Tod Jesu aus (Mk 15,39). Das Johannesevangelium kennt keine derartige Zurückhaltung. Die göttliche Sohnschaft, die mit der Salbung des königlichen Messias einhergeht – in Israel wird der König zum Sohn Gottes gesalbt –, hat anfänglich keine biologische Konnotation. Der Sohn wird als beglaubigter Vertreter des Vaters eingesetzt, als dessen Präsenz *in absentia.* Der auferstandene Gekreuzigte gerät durch den Titel *Kyrios* nicht nur in die göttliche Umlaufbahn; durch den Titel «Sohn Gottes» wird er in einmaliger und exklusiver Nähe zur Gottheit gesehen.

Hätte es damit sein Bewenden, liesse sich folgender Schluss ziehen: Indem die Jünger ihrem Meister Titel andichteten, die er nicht wollte, haben sie ihn letztlich verraten. Wohl gibt es eine Diskrepanz zwischen dem Titel und der Art und Weise, wie Jesus seine Rolle besetzt. Und die Diskrepanz hat sich masslos vergrössert in der (nicht länger funktionalen, sondern ontologischen) Definition dieser Titel in der christlichen Dogmatik mit ihren Spekulationen über die göttliche Natur Christi. Doch was die Nähe zu Gott betrifft, darf die von Jesus beanspruchte Intimität nicht ignoriert werden. Nicht nur nennt er Gott stets «Vater» und nie anders, vielmehr differenziert er, wenn er sich an die Jünger wendet, zwischen «euer Vater» und «mein Vater».[223] Grundsätzlich ist es nicht falsch, wenn Johannes den Auferstandenen sagen lässt: «Ich geh hinauf zu meinem Vater und zu eurem Vater, zu meinem Gott und zu eurem Gott» (Joh 20,17). Übersetzen wir: Die einmalige Gotteserfahrung, die Jesus erlebt hat, hat er mit den Seinen geteilt. Letztlich ist nicht entscheidend, was Jesus über sich selbst dachte, sondern eher das Bewusstsein seiner aussergewöhnlichen Nähe zu Gott, dessen Zeuge er sein wollte.

---

223 Der Evangelist Matthäus hat wiederholt Jesus den Ausdruck «mein Vater» in den Mund gelegt, aber er hat diese Eigenheit des historischen Jesus nicht erfunden (Mt 7,21; 10,32–33; 11,27; 12,50; 15,13; 16,17; 18,10.19.35; 20,23; 25,34; 26,29.39.42.53). Siehe Lk 10,22; 22,29; 24,49. Vgl. Jeremias, Neutestamentliche Theologie I (s. Anm. 47), 175–180.

Kapitel 9
Sterben in Jerusalem

Mit dem Tod Jesu entstehen *innerhalb der westlichen Zivilisation zwei mächtige Strömungen: das Christentum und der Antisemitismus.* Ohne das Kreuz auf Golgota hätte sich die Jesusbewegung nicht als autonome Religion konstituiert. Der Antisemitismus ist zwar keine christliche Erfindung, aber er wäre niemals derart virulent geworden, wären die Juden nicht beschuldigt worden, «den Herrn getötet» zu haben. Das besagt, dass die historische Annäherung an die Verurteilung und den Tod Jesu in hohem Mass von ideologischen Entgleisungen bedroht ist.

Auf der einen Seite neigen die Christen dazu, den jüdischen Prozess gegen Jesus als den Gipfel der Ungerechtigkeit gegenüber einem unschuldigen Angeklagten zu betrachten. Die Evangelienquellen betonen die jüdische Verantwortlichkeit und entlasten die römische Macht von jeder böswilligen Initiative: Von Markus bis Johannes und mehr noch im apokryphen *Petrusevangelium* werden die jüdischen Akteure zunehmend angeschwärzt, während Pontius Pilatus vergeblich für die Unschuld des Nazareners plädiert. Auf der anderen Seite tendieren die jüdischen Gelehrten heute dazu, die gesamte Verantwortung für die Hinrichtung Jesu dem Statthalter Roms zuzuschreiben.[224] Unabdingbar ist hier mehr denn je eine kritische und distanzierte Quellenanalyse.

Nehmen wir die Evangelien zum Ausgangspunkt. Übereinstimmend berichten diese ausführlich über das tragische Ende des Jesus aus Nazaret. Bei seinem Einzug in Jerusalem von der Menge bejubelt, die auf seinem Weg Zweige streut, ruft Jesus schon sehr bald die Feindschaft führender Kreise hervor. Im Tempel greift er brutal ein und treibt Händler und Geldwechsler hinaus. Dann organisiert er ein Abschiedsmahl mit seinen Jüngern und begibt sich zum Gebet auf den Ölberg. Er wird gefangengenommen, ihm wird der Prozess gemacht, der Hohe Rat verurteilt ihn wegen Gotteslästerung zum Tode. Er wird Statthalter Pila-

---

224 Dazu beispielsweise Vermes, Géza, Les énigmes de la Passion. Une histoire qui a changé le monde, Paris 2007. Mehr dazu siehe unten (S. 292–294).

tus ausgeliefert, dieser zögert und ordnet dann die Hinrichtung durch Kreuzigung an. Das Urteil wird unverzüglich vollzogen. Unweit der Stadtmauern wird Jesus am Freitag, den 7. April des Jahres 30, gekreuzigt. Die Evangelien sind einmütig der Meinung, es sei der 14. Nisan, ein Sabbat, gewesen. Gemäss dem jüdischen Mondkalender ist auch der 3. April 33 möglich, aber weniger wahrscheinlich. Zu Recht bemerkt das Johannesevangelium, die Hinrichtung habe am Tag vor dem Passafest stattgefunden.[225]

Die älteste Version des Berichts über die letzten Tage in Jerusalem findet sich im Markusevangelium (Kap. 14 f.); es ist die älteste gesicherte narrative Sequenz der Evangelien. Markus hat eine auf die 40er Jahre zurückgehende Überlieferung aus Jerusalem übernommen, wo sie als liturgischer Träger der Passionsfeier diente.[226] Anzunehmen ist, dass das Pilgern zu den Orten des Geschehens Teil dieser Feier war, was die ungewöhnliche Fülle an für die Prozession nützlichen topografischen Hinweisen erklärt. Jede Etappe Jesu von seiner Unterkunft in Betanien bis zu seinem Tod auf Golgota ist geografisch verortet.

Das Interesse an der Liturgie erklärt, weshalb *die Lektüre der Passionserzählung für den Historiker so frustrierend ist.* Denn diese Episode enthält, obwohl allgemein bekannt, zahlreiche Dunkelzonen. Weshalb zog Jesus hinauf nach Jerusalem? War sein Tod eine Überraschung, oder hat ihn Jesus vorhergesehen oder gar gewollt? War das letzte Mahl mit den Jüngern ein Passamahl? Weshalb verrät Judas seinen Meister? Wer trägt letztlich die Schuld an der Verurteilung Jesu: die jüdischen Autoritäten oder Pontius Pilatus? Wie verlief zu jener Zeit eine Kreuzigung? Was geschah mit den Körpern der Gekreuzigten? Auf diese Fragen geben die Texte keine explizite Antwort. Um die Fakten zu erhellen, ist der Historiker gezwungen, auf das jüdische oder auf das römische Recht zurückzugreifen. Mehr als einmal gebietet es die Ehrlichkeit, Fragen offenzulassen.

---

225 Ich übernehme die johanneische Datierung. Diese legt die Hinrichtung Jesu auf den Tag vor Passa fest, in jenem Jahr ein Sabbattag (Joh 19,14.31). In der synoptischen Datierung fällt der Tod Jesu auf das Passafest, was unwahrscheinlich ist (Mk 14,12). In den Jahren 30 und 33 fallen Sabbat und Passafest auf denselben Tag. Das Jahr 33 ist indes unwahrscheinlicher, da das öffentliche Wirken Jesu anscheinend nicht so lange gedauert hat. Detaillierte Analyse bei Meier, Un certain Juif, Jesus I (s. Anm. 5), 239–255.

226 Trocmé, Étienne, The Passion as Liturgy. A Study in the Origin of the Passion Narratives in the Four Gospels, London 1983.

Warum Jesus nach Jerusalem zieht

Beginnen wir mit dem Anfang: Warum zieht Jesus nach Jerusalem? Es sei klargestellt, dass es nicht das erste Mal ist. Anders als in dem von Markus festgelegten Szenario, an das sich Matthäus und Lukas halten, erwähnt Johannes drei Reisen in die heilige Stadt an Festtagen und nicht bloss eine einzige an Jesu Lebensende.[227] In diesem Punkt muss Johannes richtigliegen. Der Gedanke, Jesus als praktizierender Jude habe nicht an den festlichen Pilgerfahrten nach Jerusalem teilgenommen, ist nicht vernünftig. Albert Schweitzer, der elsässische Theologe, vertrat den Standpunkt, Jesus sei nach Jerusalem gereist, um sich als Sühneopfer anzubieten und durch dieses Leiden das Kommen des Gottesreichs zu beschleunigen; denn in der jüdischen eschatologischen Hoffnung war das Kommen des Reiches von Bedrängnis und Elend begleitet.[228] In den Evangelientexten finden sich kaum Stellen, die diese These stützen. Doch Schweitzer ist zu Recht der Auffassung, dass der Gang in die heilige Stadt für Jesus Teil seiner Expansionsstrategie zur Ankündigung des Gottesreichs war.

Mit dieser Reise waren Risiken verbunden. Für Prediger der Erneuerung war die Stadt gefährlich. Es ist einmal mehr Flavius Josephus, der über die Tragödien derjenigen berichtet, die aufgestanden sind, um das Recht Gottes zu bekräftigen. Diese Tragödien widerfahren den messianischen Anwärtern beim Tod Herodes' des Grossen im Jahr 4 v. u. Z.; Judas dem Galiläer bei seiner Kampagne der Steuerverweigerung im Jahr 6 n. Chr.; den Propheten, die dem leichtgläubigen Volk Hoffnung auf die Wiederholung der Exoduswunder vorgaukeln; dem Ägypter, der die Menschen in die Wüste lockt und von dem in der Apostelgeschichte und bei Flavius Josephus die Rede ist.[229] Alle sind in Jerusalem aufgetreten. Alle sind umgekommen, Opfer der Repressionspolitik des römischen Statthalters. Es bekommt einem nicht, sich in Jerusalem als Prophet zu prä-

---

227 Joh 2,13; 5,1; 12,12.
228 Schweitzer, Geschichte der Leben-Jesu-Forschung II (s. Anm. 138), 444 f.: «Jesus bricht also gegen Ostern nach Jerusalem auf, einzig um dort zu sterben.» Laut Schweitzer wolle Jesus durch sein Leiden das grosse Elend der Endzeit (Mk 13,5–27) auslösen. Seine These teilweise wieder aufgewertet hat Luz, Ulrich, Warum zog Jesus nach Jerusalem?, in: ders., Exegetische Aufsätze (Wissenschaftliche Untersuchungen zum Neuen Testament 357), Tübingen 2016, 115–131.
229 Lukas (Apg 21,38) und Flavius Josephus (Jüdischer Krieg, II, 13, 5; Jüdische Altertümer, XX, 8, 6) berufen sich auf denselben falschen Propheten; sein von den Legionen des Statthalters Felix gewaltsam beendetes Abenteuer kann auf das Jahr 54 n. Chr. datiert werden.

sentieren, und das ist auch Jesus bekannt: «Jerusalem, Jerusalem, die du tötest die Propheten und steinigst, die zu dir gesandt sind! Wie oft habe ich deine Kinder sammeln wollen wie eine Henne ihre Küken unter ihre Flügel, und ihr habt nicht gewollt» (Lk 13,34).

Jesus ist sich bewusst, dass er sich an einen Ort begibt, wo seine Botschaft auf heftigeren Widerstand stossen wird als bisher in Galiläa. Eine Lektion war das Los seines Meisters, Johannes' des Täufers, das zwar in Galiläa und nicht in Judäa besiegelt worden war. Ein Gleichnis, das laut Markus in Jerusalem erzählt wird, gibt den Ton an: die bösen Weinbauern (Mk 12,1–12). Es ist die Geschichte von Weinbauern, denen ein Eigentümer seine Weinberge verpachtet. Als die Zeit gekommen ist, seinen Anteil am Ertrag des Weinbergs einzuholen, schickt er einen Knecht. Dieser wird geschlagen und muss mit leeren Händen zurückkehren. Weitere Knechte erleiden das gleiche Los, einige werden sogar getötet. Dann entsendet der Eigentümer seinen Sohn, und die Pächter beschliessen, ihn zu töten und sich den Weinberg anzueignen. Der Erzähler Jesus bedient sich der traditionellen Metaphern: der Weinberg steht für das Volk Israel, der Eigentümer für Gott, und die Entsendung der Knechte erinnert an die Entsendung der Propheten. Die ersten Christen haben die Fabel zu einer Allegorie der Heilsgeschichte umgearbeitet, indem sie den Sohn mit Jesus gleichsetzten. Doch mindestens der Kern der Geschichte geht auf Jesus zurück.

Eine aus dem Deuteronomium stammende, nach dem Exil im 6. vorchristlichen Jahrhundert entstandene Überlieferung macht aus den Propheten *durchweg die Opfer einer gewaltsamen Ablehnung durch das Volk.*[230] Diese Überlieferung verallgemeinert und schreibt allen Propheten ein

---

230 Das dem deuteronomistischen Geschichtsbild entstammende Motiv hat seine alttestamentlichen Wurzeln in Neh 9,26. Odil Hannes Steck hat dessen Spur in der Literatur des zweiten Tempels und im späteren Judentum erkannt. Das Schema ist unveränderlich: Trotz der ständigen Ermahnungen seines Gottes bleibt Israel verhärtet, lehnt seine Gesandten ab und zieht so das Strafgericht Gottes auf sich. Diese vereinfachende Sicht der heiligen Geschichte durchzog die Botschaft von Bekehrungspredigern, die vor der Zeitenwende während Jahrhunderten durch das Land zogen, um eine Sühnebewegung ins Leben zu rufen. In der Spruchquelle haben die Christen nach Jesus diese Sicht übernommen (Mt 5,11f. par Lk 6,22; Mt 23,29–39 par Lk 11,47–51 und 13,34f.); vgl. Apg 7,52 sowie bei Paulus Röm 11,3; 1Thess 2,15). Vgl. Steck, Odil Hannes, Israel und das gewaltsame Geschick der Propheten. Untersuchungen zur Überlieferung des deuteronomistischen Geschichtsbildes im Alten Testament, Spätjudentum und Urchristentum (Wissenschaftliche Monographien zum Alten und Neuen Testament 23), Neukirchen-Vluyn 1967.

gewaltsames Ende zu, was historisch gesehen nicht zutrifft. Doch sie entsprach im 1. Jahrhundert dem Zeitgeist, und höchst wahrscheinlich hat Jesus sie in seine Geschichte von den bösen Weinbauern einfliessen lassen. Sie taucht auch in der bereits zitierten Klage über Jerusalem auf (Lk 13,34), in den Seligpreisungen der Verfolgten (Mt 5,11 f.) und in einem Weheruf über Pharisäer und Gesetzeslehrer (Lk 11,47–51).

Ein Feuer auf der Erde ...

Wann hat Jesus realisiert, dass diese Gewalt auch über ihn hereinbrechen würde? Anhand der Quellen lässt sich nicht festmachen, wann genau Jesus bewusst wurde, dass er nach dem Einzug in Jerusalem den Tod erleiden würde, wie dies Schweitzer nahelegt. Jede Leserin, jeder Leser der Evangelien erinnert sich an die drei Leidensankündigungen, die die Reise von Galiläa nach Judäa im Markusevangelium gliedern (8,31; 9,31; 10,33 f.). Doch diese Ankündigungen sind von der christlichen Relektüre derart geprägt, dass es nicht sinnvoll ist, sie für die Jesusbiografie heranzuziehen. Nicht ausgeschlossen, dass Markus mit der Wiederholung der Formel einer Vorahnung des Meisters Ausdruck geben will. Doch einmal mehr ist der Wortlaut der drei Ankündigungen ein nachträgliches Konstrukt.

Gleichwohl stehen wir deswegen nicht mit ganz leeren Händen da. Es gibt andere, weniger oft zitierte Worte, die auf eine Gefahr hinweisen.

> Zur selben Stunde kamen einige Pharisäer zu ihm und sagten: Geh weg, zieh fort von hier, denn Herodes will dich töten. Und er sagte zu ihnen: Geht und sagt diesem Fuchs: Gib acht! Ich treibe Dämonen aus und vollbringe Heilungen heute und morgen, und am dritten Tag bin ich am Ziel. Doch heute und morgen und am folgenden Tag muss ich weiterziehen, denn es geht nicht an, dass ein Prophet ausserhalb von Jerusalem umkommt. (Lk 13,31–33)

Dieser Dialog mit den Pharisäern liefert uns wertvolle Informationen.
Erste Information: Für die Pharisäer (und für Jesus?) kommt die Gefahr von Herodes. Gemeint ist Herodes Antipas, Tetrarch von Galiläa, der Johannes den Täufer enthaupten liess (Mk 6,17–29). Dieser Herrscher ist empfindlich, sobald er eine Infragestellung seiner Autorität wittert. Johannes hat dies zum eigenen Nachteil erfahren müssen. Doch von Jesus wird über keine offene Kritik am Machthaber berichtet. Hätte der Erfolg des Nazareners beim Volk genügt, ihn zu beunruhigen, vor allem

auch, da er als ehemaliger Schüler des Täufers bekannt war? Galt die Verkündigung des Gottesreichs und seines nahen Kommens als politisch subversiv? Alles in allem haben die Gerüchte genügt, um den Herrscher zu alarmieren. Einmal in Jerusalem war Jesus seiner Macht entzogen, fiel aber unter die unvergleichlich grausamere des Pontius Pilatus, des Statthalters von Judäa.

Zweite Information: Jesus lässt Herodes ausrichten, sein Wirken als Heiler werde zwei Tage dauern; und er fügt hinzu: «[...] und am dritten Tag bin ich am Ziel». Es wird also ein Ende in Betracht gezogen, das die Christen als Auferstehung «am dritten Tag» interpretierten, was die Formulierung allerdings nicht hergibt. Diese ist zwar biblischen Ursprungs, verweist aber schlicht auf eine nahe Zeit. Die Vollendung seines Lebens, so Jesus, kommt von Gott, und Gott allein wird diesem ein Ende setzen. Über seinen Tod wird Herodes, der schlaue Fuchs, keinerlei Macht haben.

Dritte Information: «[...] denn es geht nicht an, dass ein Prophet ausserhalb von Jerusalem umkommt.» Will Gott den Tod seiner Gesandten? Nein, aber Jesus erwartet ihn aus Erfahrung und weil er die Regel kennt, nämlich, dass die Propheten eines gewaltsamen Todes sterben. Er weiss, dass Jerusalem jene tötet, die in die Stadt gesandt werden (Lk 13,34).

Nur selten eröffnet ein Jesuswort eine Perspektive darauf, wie Jesus seine Zukunft sieht. Hier ein eher rätselhaftes Wort:

> Ich bin gekommen Feuer auf die Erde zu werfen, und wie sehr wünschte ich, es wäre schon entfacht! Aber ich muss eine Taufe empfangen, und wie ist mir bange, bis sie vollzogen ist. (Lk 12,49 f.)

Eine brutale Erklärung: Feuer auf die Erde werfen, das heisst, ein zugleich zerstörerisches und reinigendes Ereignis hervorzurufen. In der Sprache der Bibel verweist das Feuer meist auf ein Gottesurteil, etwa jenes, das Sodom und Gomorra ereilt hat (Gen 19). Jesus ist sich bewusst, dass er durch sein Wirken und seine Worte eine Krise heraufbeschwört, von der er hofft, dass sie bald ausbrechen wird. Seine Botschaft ist nicht beruhigend, polarisiert vielmehr und ruft Zustimmung oder Ablehnung hervor. Für uns ist hier der zweite Teil der Aussage von besonderem Interesse. Die Taufe, um die es hier geht, ist selbstverständlich nicht der Taufritus durch Eintauchen ins Wasser, aber sie hat dessen Symbolwert: eintauchen ins Wasser, verschwinden, sterben, um wiedergeboren zu werden. In Getsemani wird Jesus vom «Kelch» sprechen, von dem er wünscht, er möge an ihm vorübergehen (Mk 14,36) – der Kelch des Leidens und des Todes. Die beiden Deklarationen ergänzen sich. Im Garten am Ölberg, kurz bevor durch seine Gefangennahme alles anders wird, spricht Jesus von seiner Angst vor der nun kommenden Prüfung. Hier kündigt er die Unabwendbarkeit seines Leidens und seiner Ablehnung an. Und diese Aussicht lastet auf seinem Leben.

Was hat es letztlich mit den Gründen auf sich, um derentwillen Jesus nach Jerusalem hinaufgezogen ist? Was der Kontinuität seines Lebenswerks entspricht, das ist die Ankündigung der Nähe des Gottesreichs im Herzen der heiligen Stadt. *Jesus wollte seine tiefste Überzeugung am heiligsten Ort Israels bekanntgeben.* Es ist eine hochriskante Reise. In Galiläa haben seine Verkündigung der Sündenvergebung, seine unverschämte Freiheit in der Gesetzesauslegung, seine Lässigkeit bezüglich der Reinheitsregeln Protest und Widerstand hervorgerufen. Wer eine solche Botschaft lebt, der muss damit rechnen, Feindseligkeiten auf sich zu ziehen. Jesus hat es seinen Jüngern vorhergesagt: «Selig seid ihr, wenn sie euch schmähen und verfolgen und euch das Ärgste nachsagen um meinetwillen und dabei lügen. Freut euch und frohlockt, denn euer Lohn im Himmel ist gross. Denn so haben sie auch die Propheten vor euch verfolgt» (Mt 5,11 f.). Jesus weiss, dass er das, was er seinen Jüngern vorhersagt, zuerst selbst erleiden wird.

Ihn erwartet das fluchbeladene Schicksal der von Gott gesandten und vom Volk abgelehnten Propheten. Er ahnt es. Vielleicht weiss er es sogar. Auf jeden Fall ist er sich seiner Gotteserfahrung und der Dringlichkeit seines Auftrags mehr denn je bewusst. In dieser Stadt, in der sich alles herumspricht, in dieser Stadt, in der nichts der Kontrolle durch die Partei der sadduzäischen Aristokraten und der Überwachung durch die römischen Behörden entgeht, überschlagen sich die Ereignisse schneller als gedacht. Der letzte Aufenthalt Jesu in Jerusalem vor seiner Gefangennahme wird nicht länger als ein oder zwei Wochen dauern.

Eine Ovation und Wortgefechte

Die Überlieferung hat die Ankunft Jesu in Jerusalem überhöht und in einen triumphalen Einzug verwandelt. Zweifellos war alles etwas bescheidener. Von Betanien aus, wo Jesu sich mit seinen Jüngern befindet, bereitet er seinen Einzug vor. Er sendet zwei Jünger aus, die das Fohlen eines seiner Anhänger ausleihen. Das Markusevangelium (11,1–11) situiert das Geschehen eine Woche vor Passa, doch vielleicht passierte es auch früher. Als Jesus ein Stadttor durchschreitet, bejubelt ihn die Menge mit den Worten von Ps 118: «Gepriesen sei, der da kommt im Namen des Herrn.» Nicht sosehr dieser Zuruf ist aussergewöhnlich – jeder Pilger konnte bei seinem Eintritt in den Jerusalemer Tempel mit diesen Worten empfangen werden –, sondern dass auf Jesu Weg Kleider ausgebreitet und Zweige gestreut werden. Im Evangelienbericht klingt offensichtlich eine Prophezeiung aus Sach 9,9 an: «Juble laut, Tochter Zion, jauchze Tochter Jerusalem, sieh, dein König kommt zu dir, gerecht und siegreich ist er, demütig und auf einem Esel reitend, auf einem Fohlen, einem Eselsfohlen» (Sach 9,9).

Hat Jesus seinen Einzug bewusst so inszeniert, dass er der Prophezeiung entspricht, oder haben sich die ersten Christen im Bericht an der prophetischen Ankündigung orientiert? Schwer zu sagen. Historisch fundiert ist, dass Jesus seinen Einzug organisiert hat und dass er die messianische Ovation der Menge nicht abgelehnt hat.

Wir sehen hier einmal mehr die prophetische Ader des Nazareners. Die Propheten Israels liebten Symbolhandlungen, die nicht nur in Gesten eine Wirklichkeit bezeichneten, sondern diese gewissermassen antizipierten. So Jeremia, der zur Zeit der Belagerung Jerusalems durch das babylonische Heer ein Feld im besetzten Gebiet kauft (Jer 32,6–15). *In die heilige Stadt eingetreten, um das unmittelbare Kommen des Gottesreichs zu verkünden, bedeutet Jesus mit dieser Inszenierung, dass die Zeit gekommen ist, sich dazu zu bekehren, weil derjenige, «der da kommt», im Namen des Herrn einzieht.* Eine Präzisierung: Jesus kündigt nicht sich selbst an, sondern er kündigt ein zum Greifen nahes Gottesreich an.

Die Evangelien verorten eine Reihe von Wortgefechten mit den religiösen Behörden in Jerusalem: das Umfeld des Hohen Priesters und die Ältesten, Mitglieder des Hohen Rates (Mk 11–13). Die Kontroverse betrifft die Autorität von Jesus (aus welcher Vollmacht handelt er so, wie er es tut?), über die Auferweckung der Toten (die Sadduzäer glauben nicht daran), über die dem Kaiser geschuldete Steuer (muss sie bezahlt werden?), über den Kern der Tora (welches ist das höchste Gebot?). Jesus wird zu diesen Schlüsselfragen getestet. Das ist nicht neu, aber seine Gesprächspartner in Jerusalem haben mehr Gewicht. Markus hat an dieser Stelle eine Rede Jesu über die Schrecken der Endzeit, die Katastrophe des Weltuntergangs, das Fallen der Sterne platziert – kurz, das kosmische Grauen, das dem Kommen des Menschensohns voraufgeht (Mk 13). Es sind Reden aus apokalyptischen Kreisen, die fieberhaft darauf warten, dass die Ereignisse endlich in Gang kommen. Diese hier zu platzieren, ist der narrativen Wahl des Evangelisten geschuldet. Aber spiegelt die Wahl die Spannung wider, die es damals zwischen Jesus und seinen Jüngern gab? Das wäre nicht erstaunlich. In Jerusalem gewinnt alles an Bedeutung.

Der geschändete Tempel

Ein Zwischenfall beherrscht diese Zeit: der Skandal im Tempel.

> Und als er in den Tempel hineinging, begann er, alle hinauszutreiben, die im Tempel verkauften und kauften. Die Tische der Geldwechsler und die Stände der Taubenverkäufer stiess er um und liess nicht zu, dass man irgendetwas über den Tempelplatz trug. Und er lehrte sie und sprach: *Steht nicht geschrieben: Mein Haus soll Haus des Gebets heissen für alle Völker?* Ihr aber habt es zu einer *Räuberhöhle* gemacht! Und die Hohen Priester und Schriftgelehrten hörten davon und suchten Mittel und Wege, wie sie ihn umbringen könnten. Denn sie fürchteten ihn, weil das ganze Volk überwältigt war von seiner Lehre. Und als es Abend wurde, gingen sie aus der Stadt hinaus. (Mk 11,15–18)

Diese Aktion (die einzige überlieferte gewalttätige Geste Jesu) hat die Leserinnen und Leser aller Epochen irritiert. Die Verlegenheit der Evangelisten angesichts dieser gottlosen Geste ist offenkundig: Markus rechtfertigt diese mit dem Rückgriff auf Jes 56,7 (Bethaus für alle Völker) und Jer 7,11 (Räuberhöhle); Matthäus mildert sie, indem er Wunderheilungen einfügt (Mt 21,14); Lukas reduziert die Episode auf ein Minimum (Lk 19,45–48); Johannes stellt sie an den Anfang seines Evangeliums und verurteilt die Kommerzialisierung des Heiligtums (Joh 2,13–17). Noch heute bleibt die Geste rätselhaft, denn Jesus hat keine autorisierte Auslegung hinterlassen. Die Historiker wissen nicht recht, welchen Sinn sie ihr zuschreiben sollen. Wägen wir die Hypothesen gegeneinander ab.

Als Erster holt der Evangelist Markus zu einer Erklärung aus und verurteilt einen illegalen Handel («Ihr aber habt es [das Haus] zu einer *Räuberhöhle* gemacht»); Johannes bestätigt: «Macht das Haus meines Vaters nicht zur Markthalle.» Diese Lesart hat sich im Titel durchgesetzt, den diese Episode traditionellerweise trägt: die Tempelreinigung. Doch geht es nur darum, gegen den religiösen Kommerz zu protestieren? Einige, so etwa Jacob Neusner, denken an eine Kultreform: Jesus blockiert die auf Händleraktivitäten angewiesene Opferpraxis in der Absicht, einen rein spirituellen Kult zu fördern.[231] Joachim Jeremias sieht im Handeln Jesu einen sozialen Protest gegen die Profite, die die Kaste des

---

231 Neusner, Jacob, Money Changers in the Temple. The Mishna's explanation, in: New Testament Studies 35 (1989), 287–290.

Priesteradels mit dem Handel machte.[232] Grundsätzlicher noch bedeutet diese Geste für Ed P. Sanders die symbolische Zerstörung des Tempels. Sanders stützt sich auf die Erwartung, die die gesamte jüdische Eschatologie seit Micha durchzieht, nämlich dass der Tempel zerstört wird und ein neuer Tempel erscheint, wenn das Ende der Zeiten heranbrechen wird; Jesus habe durch seine bewusst provokative Geste diesen Ausgang beschleunigen wollen.[233]

Es gibt, wie immer, auch einige, die die Historizität des Ereignisses bestreiten;[234] aber wer unter den ersten Christen hätte sich so etwas ausdenken können, zumal sie weiterhin im Tempel beteten (Apg 2,46)? Der Sinn des Ereignisses entgeht uns, ob man es nun aus moralischer, religiöser, gesellschaftlicher oder eschatologischer Sicht betrachtet.

Versuchen wir die Handlung etwas besser zu erfassen.

Klar ist, dass es sich um eine Symbolhandlung nach Art der Propheten handelt. Sie ist von begrenzter Tragweite, sonst hätte die Tempelpolizei eingegriffen. *Wie alle prophetischen Akte symbolisiert auch dieser eine durchzuführende Reform, aber welche?* Das Ereignis findet im Vorhof der Heiden statt, dem allgemein zugänglichen äusseren Tempelvorhof. Hier werden die Opfertiere gekauft, hier wenden sich die Gläubigen an die Geldwechsler, um ihr unreines Geld gegen den in Tyros geprägten Silberdrachmen einzutauschen, der einzigen für die heiligen Opfer zulässigen Währung. Jenen den Weg zu versperren, die mit Lasten beladen den Vorhof durchqueren, musste in diesem Kontext auf jene abzielen, die Geldwechsler und Tierverkäufer belieferten. Kurz, der Vorhof der Heiden hatte die Funktion *einer Schleuse zum Schutz der Heiligkeit des Tempels,* die den Zugang zum Vorhof der Frauen und zum Vorhof der Israeliten (den Männern vorbehalten) regelte.

Signalisiert wurde diese Schutzbarriere durch Warninschriften, die Nichtjuden bei Todesstrafe verboten, diese zu überschreiten, um in die inneren Vorhöfe zu gelangen. Bekannt ist deren Existenz durch Philon von Alexandria und Flavius Josephus; eine der Stelen wurde 1871 zufällig entdeckt.[235] Mit seiner Handlung versucht Jesus zumindest symbolisch,

---

232 Jeremias, Neutestamentliche Theologie I (s. Anm. 47), 145.
233 Sanders, Jesus and Judaism (s. Anm. 141), 61–90.
234 So etwa Becker, Jesus von Nazaret (s. Anm. 86), 407–410.
235 Flavius Josephus, Jüdischer Krieg, V, 5, 2; Jüdische Altertümer, XV, 11, 5; Philon von Alexandria, Legatio ad Gaium, 212. Entdeckt wurde die Stele vom Archäologen Charles Clermont-Ganneau; deren griechische Inschrift lautet wie folgt: «Kein Fremder trete ein in das um das Heiligtum gehende Gitter und Gehege! Wer dabei ergriffen wird, wird sich selbst die Folge zuschreiben müssen, den

das Prozedere zu blockieren, mit dem die jüdischen Gläubigen sich von einer unreinen Welt freimachten, um in die Reinheit des Tempels zu gelangen.

Die Händler beiseitezuschieben, das bedeutet, ein mächtiges und rentables Wirtschaftssystem anzugreifen, von dem der Priesteradel profitierte. Doch wage ich zu bezweifeln, dass dies Jesu wichtigstes Ziel war. Ich kann nicht anders, als diese Geste mit seinem Kampf über die Frage der Reinheit in Beziehung zu stellen: Seiner Meinung nach gilt es nicht, sich vor der Unreinheit des anderen zu schützen, sondern die Reinheit ansteckend zu machen (vgl. S. 145–148). Die Überzeugung, das Reich Gottes sei nahe, impliziert in seinen Augen eine überwältigende Unmittelbarkeit der Gegenwart Gottes in der Welt. Deshalb hat er sich nicht von jenen abgewandt, die von der Tora als unrein erklärt werden (Kranke, Frauen, Besessene, Heiden), sondern hat ihnen die sie inkludierende Gnade Gottes verkündet. *Dieses Inkludieren ist auch auf den Tempel anwendbar: Die Gegenwart Gottes für sein Volk kümmert sich nicht um Schutzbarrieren, die die einen durchlassen und die anderen zurückhalten. Gott ist unterschiedslos für alle gegenwärtig.*

Deshalb ist es für Jesus so dringlich geworden, dieses Weisswaschen einzudämmen, durch das sich Gläubige Reinheit erkaufen, um zu Gott zu gelangen. Jede Vermittlerinstanz, und sei sie Jahrtausende alt, die die Beziehung zu Gott versperrt, gilt es beiseitezuschaffen. In Jerusalem proklamiert der Mann aus Nazaret die inkludierende Gnade Gottes in der heiligsten Glaubensstätte Israels.[236] Nach diesem Skandal ist es nicht verwunderlich, dass die Hohen Priester und die Schriftgelehrten «Mittel und Wege [suchten], wie sie ihn umbringen könnten» (Mk 11,18). Für sie war dies offensichtlich eine Schändung des Tempels und ihrer Macht. Der prophetische Protest des Nazareners stellte sie als Hehler der Heiligkeit Gottes («eine Räuberhöhle») an den Pranger. Nicht dass sie Handel trieben, war ihr Vergehen, sondern dass sie die Heiligkeit Gottes beleidigten, indem sie sie zu ihren Gunsten beschlagnahmten.

Tod.» In: Une stèle du temple de Jérusalem, in: Comptes-rendus des séances de l'Académie des Inscriptions et Belles-Lettres 16 (1872), 170–196, hier 178 (für die Übersetzung des Zitats: https://de.wikipedia.org/wiki/Warninschrift_vom_Herodianischen_Tempel [22.10.2021]).

236 Zur religiösen, politischen, gesellschaftlichen und wirtschaftlichen Rolle des Jerusalemer Tempels vgl. die gesammelten Aufsätze von Charlesworth, James H., Jesus and Temple: Textual and Archaeological Explorations, Minneapolis 2014.

Das letzte Mahl

In der Vorahnung, dass die ausgelöste Feindseligkeit ihm zum Verhängnis werden wird, nimmt Jesus mit den Zwölfen ein letztes Mahl ein. Auch hier schreiben die Evangelien Jesus die Organisation dieses Moments zu: Zwei Jünger sollen sich nach Jerusalem begeben, dort einem Mann mit einem Wasserkrug folgen und sich beim Hausherrn danach erkundigen, wo das Essen stattfinden soll (Mk 14,12–16). Jesus lädt sich also zu einem Sympathisanten der Gruppe ein, die zum bereits erwähnten «dritten Kreis» (vgl. S. 164–166, 168 f.) der Anhänger gehört. Doch Markus und, ihm folgend, dann auch Matthäus und Lukas irren sich, wenn sie von einem Passamahl sprechen.

Das Passamahl wird nämlich im Familienkreis eingenommen, unter dem Vorsitz des Vaters. Es besteht aus bitteren Kräutern, Lamm, ungesäuertem Brot und Wein. Der Ablauf sieht vor, dass mit Bezug auf den Auszug aus Ägypten erklärt wird, weshalb gerade diese Lebensmittel verzehrt werden, sowie das Rezitieren des grossen *Hallels* (Ps 113–116). Nun erwähnt der Bericht über das letzte Mahl weder Kräuter noch Lamm, noch das *Hallel*. Jesus interpretiert lediglich zwei Bestandteile: Brot und Wein. Zudem lässt er nur einen Kelch Wein zirkulieren, aus dem alle trinken – dies im Gegensatz zu dem für den Anlass vorgeschriebenen individuellen Kelch. Unwahrscheinlich ist, dass die Evangelientexte die für das Passamahl unabdingbaren Elemente und dessen Liturgie verschwiegen hätten, denn für sie war klar, *das letzte Mahl Jesu mit seinen Jüngern ist kein Passamahl.*

Hilfe kommt von der Chronologie des vierten Evangeliums, legt es doch das Mahl auf den Tag vor Passa (Joh 13,1). Um genau zu sein: Sie datiert das Mahl auf den Abend vor Passa, den Donnerstagabend. (In der jüdischen Tradition beginnt der Tag bei Sonnenuntergang.) Nach diesem Kalender wurde Jesus am Freitag getötet, dem «Rüsttag», an dem im Tempel die Lämmer für das am Abend stattfindende Passamahl geschlachtet wurden (Joh 19,31). Diese Datierung stimmt mit der Aussage des Paulus überein: «Denn als unser Passalamm ist Christus geopfert worden» (1 Kor 5,7). Das zeitliche Zusammenfallen von Kreuzigung und Opferung der Lämmer im Tempel hat unter den ersten Christen die Bezeichnung von Christus als Osterlamm befördert. Doch weshalb legen die synoptischen Evangelien Jesus die folgenden Worte in den Mund: «Wo ist der Raum, in dem ich mit meinen Jüngern das Passalamm essen kann?» (Mk 14,14; Mt 26,18; Lk 22,11)? Die selbstverständlichste Antwort ist, dass es tatsächlich so geschehen ist. Jesus ist nach Jerusalem hinaufgezogen, um Passa mit seiner «Wahlfamilie», den Zwölfen, zu feiern. Doch die Ereignisse haben sich überschlagen und seinen Untergang herbeigeführt, weshalb er nicht die Zeit hatte, dieses festliche Gemeinschaftsmahl zu feiern.

Was wurde bei diesem Abschiedsmahl gesprochen? Die Erzählung dessen, was die christliche Überlieferung schon sehr früh als Einsetzung des Abendmahls (oder der Eucharistie) bezeichnet hat, ist vom liturgischen Gebrauch derart poliert worden, dass wir davon absehen müssen, die Originalformulierung zu rekonstruieren. Dass es Hinweise auf Jesu Tod gegeben hat, versteht sich von selbst. Dass Jesus seine Worte über dem gebrochenen und zerteilten Brot gesprochen hat und nicht über dem für die Passaliturgie vorgesehenen ganzen runden Brötchen, legt nahe, dass er die Symbolik des Brechens, des zerbrochenen Körpers betonen wollte. Einen einzigen Kelch kreisen lassen, das setzt einen Gemeinschaftsritus ein. Dazu bei Markus und Lukas ein eschatologischer Bezug: «Amen, ich sage euch: Ich werde von der Frucht des Weinstocks nicht mehr trinken bis zu dem Tag, da ich aufs Neue davon trinken werde im Reich Gottes» (Mk 14,25; vgl. Lk 22,18). Gestützt wird dieser durch eine von Paulus zitierte Überlieferung: «Denn sooft ihr dieses Brot esst und den Kelch trinkt, verkündigt ihr den Tod des Herrn, bis dass er kommt» (1Kor 11,26). Dieser eschatologische Bezug signalisiert: *Jesus stellt diesen Abschiedsritus in den Kontext seines nahen Todes und der Naherwartung der von ihm angestrebten Gottesherrschaft.* Folglich wird der Tod, der ihn erwartet, nicht als ein Scheitern seines Kommens verstanden, sondern als Vorspiel auf ein Wiedersehen im Reich Gottes.

Die Überlieferung hat auch registriert, dass Jesus bei diesem Mahl ankündigte, dass sich die Jünger in der Prüfung von ihm abwenden würden, Simon Petrus ihn verleugnen und einer von ihnen ihn verraten würde. In diesem dramatischen Augenblick verbinden sich Klarsicht und Liebe zu seinen Freunden.

Die Gefangennahme war eine jüdische Angelegenheit. Sie fand im Olivenhain ausserhalb der Mauern statt, wohin sich Jesus nach dem Mahl mit seinen Jüngern zurückgezogen hatte, an dem Getsemani, «Ölpresse», genannten Ort. Das Einvernehmen zwischen dem Hohen Priester und Pontius Pilatus, die beide einen Geleittrupp entsandt hätten, entspringt der Einbildung des Johannes und ist historisch nicht haltbar (Joh 18,1–19). Diese Erzählung entspricht einer theologischen Notwendigkeit: Aufzuzeigen, dass sich die ganze Welt verbündet, um den Sohn Gottes gefangenzunehmen. Und noch dazu musste Jesus sein Einverständnis geben, denn die bewaffnete Truppe weicht zurück und fällt zu Boden. So ist es selbstverständlich nicht abgelaufen. Jesus wurde von der Ankunft eines bewaffneten, mit Schwertern und Knüppeln bewehrten

Trupps, den das Umfeld der Hohen Priester und der Ältesten entsandt hatte, überrascht. Die reale oder symbolische Episode vom Kuss des Judas, einem Ritus der Ehrerbietung des Schülers gegenüber seinem Rabbi, bleibt in aller Erinnerung.

Judas: zwischen Verderbtheit und Heroismus

Weshalb hat Judas seinen Meister verraten? Auch auf diese Frage geben die Texte keine Antwort.

Über den Beweggründen des Judas Iskariot (der Beiname verweist auf seinen Herkunftsort: Keriot) schwebt die Aura des Mysteriösen. Die Evangelien ihrerseits malen Judas in immer schwärzeren Farben. Bei Matthäus fragt Judas die Hohen Priester, wie viel sie zu geben bereit sind, wenn er ihnen Jesus ausliefert, und die Antwort lautet: dreissig Silberstücke (Mt 26,15). Eine lächerliche Summe – sie entspricht laut Ex 21,23 dem Wert eines fremden Sklaven. Trotz der bescheidenen Summe wird die Vorstellung vermittelt, Judas habe aus Interesse gehandelt, zur Treuelosigkeit also Gier hinzukommt. Der Evangelist Lukas bringt eine andere Dimension ins Spiel. Vor dem letzten Mahl in Jerusalem «fuhr aber der Satan in Judas mit Namen Iskariot, der zum Kreis der Zwölf gehörte» (Lk 22,3). Hier wird der Verrat durch den Einbruch des Bösen erklärt, dem Judas erlegen sei. Und weil Judas beim letzten Mahl anwesend war, wird er zum Beispiel des Abtrünnig-Werdens inmitten der Anhängerschaft Christi, des Sich-Einlassens auf das Böse inmitten des Glaubens.

Im vierten Evangelium verstärkt sich die Schwarzmalerei: Judas wird zum skrupellosen Schurken. Sehr früh, schon bei der sogenannten Salbung in Betanien, wird er demaskiert (Joh 12,1–8). Maria nahm ein Pfund eines kostbaren Öls, um die Füsse Jesu zu salben und mit ihren Haaren zu trocknen. Bei Matthäus sind die Jünger ob der Geste überrascht, bei Johannes aber zeigt sich nur einer entrüstet, Judas: «Warum hat man dieses Öl nicht für dreihundert Denar verkauft und den Ertrag Armen zugute kommen lassen?» Und der Evangelist kommentiert: «Das sagte er aber nicht, weil ihm die Armen am Herzen lagen, sondern weil er ein Dieb war und als Kassenverwalter Einnahmen auf die Seite schaffte.» Judas ist Verwalter der Kasse der Gruppe, und er ist korrupt. Der Evangelist legt mithin die Verderbtheit des diebischen und gierigen Judas vor die Leidenszeit. In der Szene mit dem letzten Mahl (Joh 13) steht Petrus im Zentrum, aber Judas spielt darin seine Rolle. Das Mahl aber findet statt, «[...] als der Teufel dem Judas

Iskariot, dem Sohn des Simon, schon eingegeben hatte, ihn auszuliefern [...]» (13,2). Doch der Ablauf der Dinge ist befremdlich. Auf die Bitte des Petrus, den Verräter zu nennen, antwortet Jesus, es sei derjenige, dem er den Bissen eintauchen und geben werde; dann überreicht er Judas den Bissen. «Und nachdem er den Bissen genommen hatte, fuhr der Satan in ihn» (13,27).

Wie ist diese «satanische Krönung», wie sie von Kommentatoren bezeichnet wurde, zu verstehen? Die dem vierten Evangelium eigene Theologie gestaltet hier die Erzählung. Auf der einen Seite ist der Tod Jesu das Werk des Bösen, das Werk der Finsternis: Satan sucht nach einem Komplizen und findet ihn in Judas. Auf der anderen Seite ist Jesus nicht der Spielball des Schicksals; er dominiert die Ereignisse, willigt in seinen Tod ein und steuert gar dessen Modalitäten. Judas ist der Mittler des Bösen und zugleich das Instrument einer göttlichen Absicht, die das Kreuz in den Ort des Heils verwandeln wird. «Was du tun willst, tue bald!», so Jesus abschliessend (Joh 13,27). Hier finden sich die Voraussetzungen zu dem, was im *Evangelium des Judas* zu lesen sein wird.

Ein weiterer Schritt wird mit der Beschreibung des Todes oder eher der Tode des Judas vollzogen. Davon werden im Neuen Testament zwei Versionen präsentiert. Laut Mt 27,3–19 bereut Judas («Ich habe gesündigt, unschuldiges Blut habe ich ausgeliefert»); doch unter der Last seiner Schuld bricht er zusammen und erhängt sich. Laut der Apostelgeschichte stirbt Judas bei einem Unfall: Er stürzt, reisst sich den Leib auf, und alle seine Eingeweide quellen heraus (Apg 1,17–20. Dieser abstossende Tod ist das Los der von Gott gestraften grossen Gottlosen.

Jenseits des Neuen Testaments verstärken *apokryphe Schriften die abstossende Dimension der Figur, die zum Inbegriff der den Juden zugeschriebenen Verderbtheit geworden ist.*[237] Das Böse hat frühe Wurzeln: Das Kind, nicht bloss der erwachsene Judas ist Träger der Feindseligkeit gegen Gott. Im *Arabischen Kindheitsevangelium* (4. Jh.) ist Judas ein vom Satan besessener Säugling, «der Jesus beissen wollte, aber nicht konnte». Aber er schlägt die rechte Seite des Jesuskinds, das zu weinen beginnt; genau an dieser Stelle wird die Seite Jesu in der Passionsgeschichte von einer Lanze durchbohrt. In einem koptischen Fragment des *Bartholomäusevangeliums* (5. Jh.) wird Judas von seiner Frau zum Verrat gedrängt, und sie

---

237 Dargestellt wird die Konstruktion der Figur des Judas in der Christenheit des 2. bis 5. Jh. von Klauck, Hans-Josef, Judas – ein Jünger des Herrn (Quaestiones disputatae 111), Freiburg/Basel/Wien 1987, sowie von Burnet, Régis, Les douze apôtres. Histoire de la réception des figures apostoliques dans le christianisme ancien, Turnhout 2014, 107–130.

nimmt das Geld an sich, das ihr Ehemann aus der Armenkasse entwendet. Die Geste des Judas wird zur Reduplikation des Sündenfalls, den die frühe Exegese der Initiative Evas zuschrieb.

Das *Evangelium des Judas,* eine auf ungefähr 150 datierte koptische Schrift, ist die Ausnahme, die die Regel bestätigt. Judas hat den Stand eines von Jesus bevorzugten Jüngers; ihm wird eine esoterische Lehre zuteil, die den Zwölfen vorenthalten wird. Er allein wird in den Rang des «Sterns» erhoben. Jesus beauftragt ihn, «den Menschen zu opfern, der mich trägt». Im Klartext bedeutet dies, dass der spirituelle Heiland Judas bittet, sich seiner fleischlichen Hülle zu entledigen, um die göttliche Essenz in ihm zu befreien, um in den Himmel aufzusteigen. Die hier ausgedrückte gnostische Lesart stammt von einer Gemeinschaft, die sich gegen die von der christlichen Orthodoxie vertretene Vorstellung der Inkarnation wehrt. Auf der Suche nach einer moralischen Unterstützung für ihre Lehre verstösst sie die Zwölf, macht diese lächerlich und erwählt jenen, den das Christentum mehrheitlich anschwärzt.[238] *Judas zur Hauptfigur und zum Empfänger der «wahren» Lehre zu erwählen, bestätigt paradoxerweise das, was seitens des Mehrheitschristentums geschah: Der Verfluchte des orthodoxen Christentums wird zum Idol der Minderheiten auserkoren.* Modell oder Gegenmodell, heroisch oder verderbt, Judas ist zur Geisel der gegensätzlichen Theologien geworden.

Doch kommen wir auf den historischen Judas zurück. Die christliche Legende hat einen weissen Fleck in der Erzählung ausgemalt. Die Motivation ist ausserhalb der von den Texten betriebenen Verunglimpfung zu suchen. Am Ende einer langen Studie meint Hans-Josef Klauck: «Man sollte Judas wie jedem Menschen das Recht zugestehen, sich gegen Jesus zu entscheiden.»[239] Hyam Maccoby hat eine kurzzeitig erfolgreiche These vertreten: Judas sei eine fiktive Person, Produkt eines Antijudaismus, der dem jüdischen Volk die Verantwortung für die Ermordung Jesu zuschieben wolle.[240] Doch dieses Argument widerspricht dem gesunden Menschenverstand. Der Skandal ist nicht, dass Judas ein Jude war (wer unter den Freunden Jesu war es nicht?), sondern dass er einer der Zwölf

---

238 Die Interpretation des Texts und die Bewertung der Figur des Judas ist noch umstritten. Einige Forschende erkennen eine Abwertung der von den Mächten des Bösen manipulierten Figur – eine kaum wahrscheinliche Lesehypothese. Vgl. die Analyse von Dubois, Jean-Daniel, Jésus apocryphe (Jésus et Jésus-Christ 99), Paris 2011, 243–257.
239 Klauck, Judas – ein Jünger des Herrn (s. Anm. 237), 139.
240 Maccoby, Hyam, Judas Ischariot und der Mythos vom jüdischen Übel, Leipzig 2020.

ist, ausgewählt vom Meister selbst. Und diesen Skandal verschleiert keiner der christlichen Texte.

Schlussfolgerung: Entweder belässt man die Geste des Judas geheimnisumwittert, oder man riskiert eine Erklärung. Wer für die Erklärung optiert, *der sollte in Richtung der eschatologischen Botschaft Jesu suchen*. Die messianische Ovation beim Einzug in Jerusalem könnte die Vorstellung bestätigen, dass Jesus vorgab, der Messias zu sein. Hat Judas gedacht, die Gefangennahme Jesu würde den machtvollen Einbruch seiner himmlischen Macht auslösen, an der er teilhaben würde? Oder war er von dem Mangel an Macht des Messianismus-Kandidaten enttäuscht und verriet ihn aus Verdruss? So oder so, es ist ein Zeichen des Respekts gegenüber seiner Tat, nicht bei der moralischen Verunglimpfung der Evangeliumsquellen innezuhalten, sondern ihm eine an den Messianismus Jesu gekoppelte Motivation zuzugestehen. Ob der zelotischen Strömung zugehörig oder nicht, Judas steht jedenfalls mit dieser Bewegung in Zusammenhang.

Vor dem Hohen Rat

Was ist anschliessend passiert? Wurde Jesus vor dem Hohen Rat der Prozess gemacht? Welche Vorwürfe wurden gegen ihn erhoben? War der Hohe Rat berechtigt, ihn zum Tod zu verurteilen? Über diese Fragen wird eine hitzige juristische und historische Debatte geführt. Im Einzelnen auf sie einzugehen, wäre zu langwierig. Deshalb die Zusammenfassung. Was wir über das Funktionieren des Hohen Rates wissen, stammt aus einem Mischna-Traktat: *Sanhedrin*. Der Sanhedrin oder Hohe Rat ist eine Versammlung von einundsiebzig Mitgliedern; ihr gehören Hohe Priester (Angehörige der Familien des Priesteradels), Älteste und Schriftgelehrte an. Doch zwischen diesem Traktat und den Evangelienberichten wurden bis zu siebenundzwanzig Widersprüche festgestellt.[241] Ausgehend vom Markustext zähle ich die offenkundigsten auf.

> Und sie führten Jesus vor den Hohen Priester. Und es kommen alle Hohen Priester, Ältesten und Schriftgelehrten zusammen. Petrus war ihm von weitem gefolgt bis hinein in den Hof des hohepriesterlichen Palastes, und

---

[241] Brown, Raymond E., The Death of the Messiah. From Gethsemane to the Grave. A Commentary on the Passion Narratives in the Four Gospels (The Anchor Bible reference library), 2 Bde., London 1994, 357–371; Blinzler, Josef, Der Prozess Jesu, Regensburg ⁴1969, 184–244.

er sass mit den Gerichtsdienern zusammen und wärmte sich am Feuer. Die Hohen Priester aber und der ganze Hohe Rat suchten nach einer Zeugenaussage gegen Jesus, die ihnen die Möglichkeit gäbe, ihn zu töten, doch sie fanden keine. Zwar traten viele falsche Zeugen auf, doch ihre Aussagen stimmten nicht überein. Und einige traten auf und legten falsches Zeugnis ab und behaupteten: Wir haben ihn sagen hören: Ich werde diesen Tempel, der von Menschenhand gemacht ist, niederreissen und in drei Tagen einen anderen aufbauen, der nicht von Menschenhand gemacht ist. Doch auch darin stimmte ihr Zeugnis nicht überein.
Und der Hohe Priester erhob sich, trat in die Mitte und fragte Jesus: Antwortest du nichts auf das, was diese gegen dich vorbringen? Er aber schwieg und antwortete nichts. Da fragte ihn der Hohe Priester noch einmal, und er sagt zu ihm: Bist du der Messias, der Sohn des Hochgelobten? Da sprach Jesus: Ich bin es, und ihr werdet den Menschensohn sitzen sehen zur Rechten der Macht und kommen mit den Wolken des Himmels. Da zerreisst der Hohe Priester seine Kleider und sagt: Was brauchen wir noch Zeugen? Ihr habt die Lästerung gehört. Was meint ihr? Da fällten sie alle das Urteil, dass er den Tod verdiene. (Mk 14,53–64)

Der Vergleich mit den Vorschriften im *Sanhedrin*-Traktat ergibt fünf gewichtige Unkorrektheiten. 1) Die Prozesse bei schwerwiegenden Straftaten müssen am Tag geführt werden; untersagt sind sie am Sabbat, an Festtagen und am Vorabend dieser Tage. Doch Jesus erscheint am Abend vor Gericht und bei Johannes am Vorabend von Passa. 2) Ein Todesurteil darf nicht am Tag der Anhörung gefällt werden, sondern bei einer Anhörung am folgenden Tag. Jesus aber wird unverzüglich verurteilt. 3) Aufgrund von Widersprüchlichkeiten sollten Zeugenaussagen für nichtig erklärt werden, was hier nicht der Fall ist. 4) Gotteslästerung wird strikt definiert als Verwendung von Gottes Namen, was Jesus nicht tut. 5) Der Hohe Rat tagte, so scheint es, im inneren Vorhof des Tempels und nicht wie hier in der Residenz des Hohen Priesters.[242]

Haben wir es also mit einem tendenziösen oder schlecht belegten Bericht zu tun? Und übrigens, wer hat die Einzelheiten verbreitet, tagt doch der Hohe Rat hinter verschlossener Tür? Hier gilt es, sich vor der Gefahr des Anachronismus auf der Basis eines naiven Quellenvergleichs zu hüten. Die Redaktion der Mischna geht auf das Ende des 2. Jahrhunderts zurück. Die pharisäischen Rabbis, die sie zusammentragen, blicken auf eine Institution zurück, die mit dem Ende des Tempels im Jahr 70 verschwunden ist. Was sie mehr als ein Jahrhundert später beschrei-

---

242 Vgl. *j*Sanhedrin 4,1; 5,2; 7,5.

ben, ähnelt eher dem neuen Hohen Rat von Jamnia, einem Kreis von Gelehrten, die nach der Katastrophe von 70 das Judentum neu definieren wollen. Kurz gesagt, es ist ungewiss, ob die im *Sanhedrin*-Traktat dargestellte Institution zur Zeit Jesu gleich funktioniert hat, selbst wenn wir davon ausgehen können, dass einige der Massnahmen bereits in Kraft waren.

Um alles noch komplizierter zu machen, erwägt Josef Blinzler, der grosse Spezialist für diese Frage, die Möglichkeit eines nach 70 verschwundenen saddzuäischen Strafgesetzbuches, das in der Causa Jesus angewendet worden wäre; doch davon fehlt jede Spur.[243] Oder müssen wir uns ein Ausnahmeverfahren vorstellen? Hier gelangen wir an die Grenzen unserer Kenntnisse über die jüdischen Institutionen vor 70.

Um voranzukommen, gilt es andere Fragen zu stellen.

Erstens: Hatte der Hohe Rat in der römischen Provinz Judäa das Recht, Todesurteile zu fällen? Die Antwort ist klar: Nein. Die Todesstrafe *(ius gladii)* war dem Vertreter der römischen Autorität vorbehalten. Ist es vorstellbar, dass Pontius Pilatus einer jüdischen Versammlung ein Recht übertrug, das er laut römischem Recht nicht einmal an seinen Vertreter delegieren konnte? Im Übrigen sprechen nur Markus und Matthäus von einem Todesurteil durch den Hohen Rat; davon steht weder bei Lukas noch bei Johannes etwas.[244] Sachlich zutreffend formuliert das Johannesevangelium: «Uns ist nicht erlaubt, jemanden hinzurichten» (Joh 18,31).

Zweitens: Nichtjuden ist es bei Todesstrafe verboten, den ihnen untersagten Tempelbereich zu betreten. Setzt dies nicht voraus, dass ein derartiges Recht existiert? Es handelt sich hier um ein von den Römern gewährtes und mit dem Tempel verbundenes ausserordentliches Privileg; ebenso wenig wissen wir, wer das Urteil vollstrecken sollte (Tempelpolizei oder römische Garnison?). Aber genau diese Ausnahme signalisiert, dass die Römer den jüdischen Behörden den Spielraum liessen, die Art der religiösen Vergehen zu definieren; das Erscheinen Jesu vor dem Hohen Rat entspricht einer derartigen Definition.

Drittens: Wann musste Jesus vor den jüdischen Instanzen erscheinen? Trotz ihrer Divergenzen sprechen die vier Evangelien von einem zweimaligen Erscheinen. Matthäus und Markus erwähnen neben einer Vorladung vor den Hohen Priester Kajafas eine Vorladung vor den

---

243 Blinzler, Der Prozess Jesu (s. Anm. 241), 216–244. Aufgenommen wurde seine These von Lacocque, Jésus, le juif central (s. Anm. 215), 446–448.
244 Mk 10,33 und 14,64; Mt 26,66. Zu vergleichen mit Lk 22,71 und Joh 18,19–24.

Hohen Rat bei Nacht und eine Versammlung des Hohen Rates bei Tag (Mk 14,53–15,1; Mt 26,57–27,1). Bei Lukas wird Jesus in der Nacht in das Haus des Hohen Priesters geführt und erscheint am Morgen vor dem Hohen Rat (Lk 22,54–71). Bei Johannes wird Jesus des Nachts von Hannas, dem ehemaligen Hohen Priester verhört, dann von Kajafas; eine Sitzung des Hohen Rates wird nicht erwähnt (Joh 18,13–24).

Unter Berücksichtigung dieser Beobachtungen lässt sich ein plausibles Szenario folgendermassen rekonstruieren:[245] *Der Hohe Rat war nicht befugt, einen Strafprozess einzuleiten, der ein Todesurteil zur Folge hatte; hingegen war er befugt, einen religiösen Prozess abzuhalten im Hinblick auf die Einleitung eines Verfahrens wegen eines Glaubensvergehens. Das hat er getan, wobei das religiöse Vergehen in ein politisches Vergehen verwandelt werden musste, auf das der römische Statthalter nur dann eingehen konnte, wenn der Hohe Rat von ihm ein Todesurteil erwirken wollte.*

Das Erscheinen vor dem Hohen Rat muss am Morgen stattgefunden haben. Jesus hingegen wurde unmittelbar nach seiner nächtlichen Gefangennahme zum Hohen Priester Kajafas geführt (eher nicht zu Hannas); dieser wollte das Verfahren einleiten, um die Sitzung vor dem Hohen Rat unter guten Bedingungen durchzuführen und die Übergabe an Pilatus vorzubereiten. Kajafas wirkte von 18 bis 37 als Hoher Priester, also neunzehn Jahre lang; eine derart lange Amtszeit spricht für aussergewöhnliches diplomatisches Geschick. Kajafas gleicht nicht Ananus, dessen überstürztes Vorgehen bei der Verurteilung von Jakobus, dem Bruder des Herrn, ohne Zustimmung des gesamten Hohen Rates und in Abwesenheit von Präfekt Albinus, ihn 62 sein Amt als Hoher Priester kostete.

Die beiden Spottszenen, in denen Jesus lächerlich gemacht wird, finden nach dem Erscheinen vor Kajafas oder vor dem Hohen Rat statt. Laut Mk 14,65 wird Jesus als Prophet verlacht; nach Abschluss des Prozesses vor Pilatus wird er als König verspottet. Diese Art von Volksbelustigung gibt es in allen Kulturen; man gefiel sich dabei, die Verurteilten zu demütigen. Der verängstigte Simon Petrus verleugnet seinen Meister im Hof des Hohen Priesters.

---

245 Meine Rekonstruktion ist vergleichbar mit derjenigen von Bovon, François, Les derniers jours de Jésus (Essais bibliques 34), Genf ²2004, 43–48. Eine andere Hypothese geht von zwei Sitzungen vor dem Hohen Rat aus, die eine vorher (vorbereitende Sitzung gemäss Joh 11,47–53), die andere am Morgen; vgl. etwa Puig i Tàrrech, Jesus (s. Anm. 44), 552–559, 564–566.

Der religiöse Prozess

Was war das religiöse Verbrechen, dessen sich Jesus in den Augen des Hohen Rates schuldig gemacht hatte? Der Bericht des Markus (14,53–64) dreht sich um zwei Anklagepunkte: eine Bemerkung von Jesus über den Tempel und seine Antwort auf die Frage des Hohen Priesters: «Bist du der Messias, der Sohn des Hochgelobten?». Seltsam ist, dass die Frage der Messianität zu einem Kapitalverbrechen mutierte. Denn falsche Propheten waren um die Zeitenwende keine Seltenheit, aber keiner von ihnen wurde der Gotteslästerung beschuldigt (vgl. S. 81–84).[246]

Im zweiten jüdischen Krieg (132–135) nannte Rabbi Akiba, der grösste Weise jener Zeit, den Anführer der Aufständischen, Simon Bar Kochba, Messias. Das bereute der Rabbi später, doch weder er noch Simon wurden aus der jüdischen Erinnerung getilgt, weil sie sich im Messias getäuscht hatten.

Zur Zeit der Abfassung der Evangelien war die Frage der Messianität zum Hauptkonfliktpunkt zwischen Juden und Christen geworden, doch zu Lebzeiten Jesu hatte sie noch nicht diese Bedeutung erlangt. Übrigens wird die bejahende Antwort von Jesus auf die Frage des Hohen Priesters bei Markus: «Ich bin es», bei Matthäus («Du sagst es») und bei Lukas («Ihr sagt, dass ich es bin») ausweichend und ambivalent.[247] *Matthäus und Lukas sind sich eines Irrtums in Sachen Messianität bewusst: Jesus ist keineswegs Messias in dem von den Anklägern gemeinten nationalistischen und politischen Sinn.* Im Johannesevangelium wurde die Antwort Jesu an Pilatus nicht vor den Hohen Priestern erteilt, aber sie entspricht grundsätzlich dem Standpunkt des Nazareners: «Mein Reich ist nicht von dieser Welt» (Joh 18,36).

In den drei Evangelien bezieht sich Jesus auf die rätselhafte Figur des Menschensohns: «[...] und ihr werdet *den Menschensohn* sitzen sehen zur Rechten der Macht und *kommen mit den Wolken des Himmels*» (Mk 14,62). Diese Deklaration kombiniert zwei alttestamentliche Texte, die den ersten Christen am Herzen lagen: Ps 110,1 und Dan 7,13. Sie weist darauf hin, dass Jesus sich durch die Autorität dessen gedeckt fühlt, der, von Gott gesandt, beim Kommen des Gottesreichs Gericht halten wird. Er, der Menschensohn, wird Jesus rechtfertigen.

---

246 Horsley, Bandits, Prophets & Messiahs (s. Anm. 77).
247 Mt 26,64 (*su eipas*, «Du sagst es») schreibt dem Hohen Priester die Verantwortung für Jesu Antwort zu. Lk 22,70 (*hymeis legete hoti ego eimi*, «Ihr sagt, dass ich es bin») schreibt diese noch klarer den Hohen Priestern zu, aber die Frage lautete: «Du bist also der Sohn Gottes?».

Wenn die Frage der Messianität nicht entscheidend ist, wie steht es dann um die Klage über den Tempel? Bekanntlich konnte die gewalttätige Geste Jesu im Tempel von der jüdischen Aristokratie nur als Angriff auf die Heiligkeit Gottes verstanden werden. Nach diesem Zwischenfall schlägt die Einstellung der Menge in Jerusalem gegenüber dem Nazarener in ihr Gegenteil um: Sie applaudiert ihm nicht mehr, sie bejubelt ihn nicht mehr, wendet sich vielmehr gegen ihn, lässt sich auf die Manipulation der Sadduzäer ein und schreit Pilatus zu: «Kreuzige ihn!».

Mit seiner Attacke auf den Tempel, das Symbol der Identität des auserwählten Volks und Garant der Gegenwart Gottes in Israel, hat Jesus einen höchst sensiblen Punkt des jüdischen Glaubens berührt und eine rote Linie überschritten. Im religiösen Prozess erklären die Zeugen: «Wir haben ihn sagen hören: Ich werde diesen Tempel, der von Menschenhand gemacht ist, niederreissen und in drei Tagen einen anderen aufbauen, der nicht von Menschenhand gemacht ist» (Mk 14,58). Die Gewalt im Tempel wird mithin als destruktive Geste gelesen. Man wüsste gern, weshalb Markus diese Aussage als falsches Zeugnis einstuft (Mk 14,57). Denn ein Jesus zugeschriebenes Wort dieser Art zirkuliert in der christlichen Überlieferung; es findet sich bei Mk 15,29 (aus dem Mund der Gaffer auf Golgota), bei Joh 2,19 und in Apg 6,14, wo es vom Hohen Rat gegen Stephanus, den ersten christlichen Märtyrer, verwendet wird. Johannes bezieht es auf die Auferstehung: Jesus aber «sprach von seinem Leib als dem Tempel» (Joh 2,21). Auf jeden Fall haben es die ersten Christen nicht von sich gewiesen. Vielleicht deutet Markus an, dass Jesus nicht ankündigte, den Tempel selbst zerstören zu wollen, sondern dass er seine eschatologische Zerstörung ankündigte.

Dennoch tauchte am Ende des religiösen Prozesses die Frage der Messianität und nicht die Klage über den Tempel auf, obwohl Letztere entscheidend war. Darin sehe ich einen Hinweis auf die Strategie des Hohen Priesters. *Für diesen geschickten Manipulator musste ein mit dem römischen Recht kompatibles Delikt her, um Jesus dem Statthalter präsentieren zu können.* Was gab es da Besseres als eine Anschuldigung mit messianischem Anspruch, an der die Römer letztlich kein Interesse hatten, ausser sie wäre geeignet, die öffentliche Ordnung zu stören? Deshalb gipfelte das Plädoyer des Kajafas in einer Anschuldigung, die auf religiöser Ebene nicht verwerflich ist, es aber auf politischer Ebene werden könnte.

Flavius Josephus berichtet über den Fall eines anderen Jesus (!), Jesus ben Ananias, der vier Jahre vor dem jüdischen Krieg von 66–70 durch Jerusalem lief und das Unglück der Stadt und des Heiligtums prophezeite.[248] Die jüdischen Magistraten lieferten ihn zur Bestrafung an den Statthalter Roms aus. Präfekt Albinus urteilte, dieser Unglücksprophet sei wahnsinnig und liess ihn geisseln und danach laufen. Die Ähnlichkeit bestätigt die Annahme, dass ein Mensch, der gegen den Tempel lästerte, der Besatzungsmacht übergeben werden konnte. Jesus hingegen wurde von Pilatus nicht als verrückt eingestuft; denn im Gegensatz zu Jesus ben Ananias hatte Jesus aus Nazaret Jünger. Ausserdem war das ihm zur Last gelegte Delikt unvergleichlich gravierender.

Der politische Prozess

Pontius Pilatus war nicht der in den Evangelien beschriebene versöhnliche und unentschlossene Mann, der die römische Macht reinwaschen und die Verantwortung den Juden überantworten wollte. Philon von Alexandria und Flavius Josephus zeichnen das Porträt eines gerissenen, grausamen Anführers, der nicht zögerte, jeden Volksaufruhr zu unterdrücken.[249] Er hat die Brutalität der ängstlichen Politiker. Wie David Flusser feinsinnig zu versteht gibt: «Die Brutalität von Pilatus war nur eine Überkompensation der grundlegenden Schwäche, die ihn kennzeichnete.»[250]

Im Jahr 40 listet der jüdische König Agrippa in einem Brief – er ist in einer Schrift des Philon von Alexandria (*Legatio ad Gaium*, 299–305, bes. 302) erhalten – die Missetaten des Pontius Pilatus auf: «Bestechung, Gewalttat, Räuberei, Misshandlung, Beleidigung, fortwährende Hinrichtungen ohne Urteilsspruch und seine endlosen und unerträglichen Grausamkeiten». Vermutlich eine übertriebene Attacke, doch sie liefert ein genaueres Bild von der Person und ihrer Gewaltbereitschaft. Bei Unruhen gegen die Verwendung eines Teils des Tempelschatzes für den Bau einer Wasserleitung, so Flavius Josephus, schleuste Pilatus Soldaten in Zivil unter die Menge; auf sein Zeichen hin begannen diese, mit Knüppeln auf die Protestierenden einzuschlagen, wobei es viele Tote gab.[251] Der

---

248 Flavius Josephus, Jüdischer Krieg, VI, 5, 3.
249 Philon von Alexandria, Legatio ad Gaium, 299–305; Flavius Josephus, Jüdischer Krieg, II, 9, 2–4; ders., Jüdische Altertümer, XVIII, 3, 1 f.; XVIII, 4, 1 f.; Analyse dieser Texte bei Lémonon, Jean-Pierre, Ponce Pilate, Paris ²2007, 137–159, 189–227.
250 Flusser, David, Jésus, Paris/Tel Aviv 2005, 144.
251 Diese Episode ist bei Flavius Josphus in zwei Versionen überliefert: Jüdischer Krieg, II, 9, 4; Jüdische Altertümer, XVIII, 3, 2.

Evangelist Lukas berichtet über ein Massaker an galiläischen Pilgern; diese wurden getötet, als sie mit ihren Opfertieren unterwegs zum Tempel waren (Lk 13,1). Auch Samaritaner wurden Opfer eines Massakers. Sie schenkten einem Propheten Glauben, der ihnen auf dem Berg Garizin die heiligen Gefässe vorzeigen wollte, die Mose selbst vergraben habe. Auf dem Weg dorthin stellte sich ihnen Pontius Pilatus' Streitmacht in den Weg, und viele wurden erschlagen. Daraufhin wurde Pilatus bei Vitellus, dem Statthalter von Syrien, denunziert; dieser schickte ihn nach Rom, um sich für seine Machenschaften zu rechtfertigen. Diese Unterdrückung der Samaritaner geschah im Jahr 36 und kostete ihn sein Amt (Flavius Josephus, *Jüdische Altertümer*, XVIII, 4, 1 f.).

Die römischen Beamten tagten am Morgen. Unmittelbar nach der Sitzung des Hohen Rates wurde Jesus zu Pilatus überführt. Da das Passafest kurz bevorstand, musste rasch gehandelt werden. Das in den prokuratorischen Provinzen angewendete Gerichtsverfahren ist unter der Bezeichnung *cognitio extra ordinem* bekannt: Der Statthalter tagt allein und fällt ein letztinstanzliches Urteil. Zu Beginn erteilt er den Klägern das Wort, hier also den jüdischen Behörden aus den Reihen der Sadduzäer; eine Beteiligung der Pharisäer wird nicht erwähnt. Pilatus sass in seinem Palast auf dem Richterstuhl (Mt 27,29); die Kläger trugen ihm Taten vor, die aus der Sicht der römischen Besatzungsmacht strafbar waren: Störung der öffentlichen Ordnung, verbunden mit einem messianischen Anspruch.

Gemäss dem Verfahren wurde anschliessend dem Angeklagten das Wort erteilt. Jesus, so scheint es, wandte keine List an, um den Richter zu erweichen, etwa sich in Schwarz kleiden oder eine Bitthaltung einnehmen. Er schwieg, was Pilatus aus der Fassung brachte. Laut Lukas liess Pilatus den Gefangenen nach kurzem Verhör zu Herodes Antipas bringen, der wegen des Festes in Jerusalem war (Lk 23,6–12). Diese Überstellung war möglich, denn Galiläa gehörte zu dessen Machtbereich, doch nichts zwang Pilatus zu dieser Höflichkeitsgeste.

Mit einer ähnlichen historischen Ungewissheit belastet ist die vom Volk geforderte Passaamnestie für den bei einer römischen Razzia festgenommenen Zeloten Barabbas (Mk 15,6–15). Für diesen Brauch fehlt jeder schriftliche Beleg.[252] Im Fall des Prozesses gegen Jesus muss eine

---

252 Ausführliche Untersuchung bei Brown, The Death of the Messiah (s. Anm. 241), 814–820. Der Autor schliesst auf die Gleichzeitigkeit der Verurteilung Jesu und der Freilassung des Barabbas; die Verbindung sei das Produkt der christlichen Überlieferung.

Freilassung geschehen sein, selbst wenn dies nicht bei jedem Passafest der Fall war. Dafür gibt es drei Gründe. Zum einen hatte Pilatus, der als antijüdisch galt, keinen Grund, den Launen der jüdischen Elite stattzugeben, hätte ihn nicht ein Straferlass-Ritus dazu gezwungen.[253] Zum anderen trägt Barabbas den Vornamen Jesus. Dieses in der Überlieferung oft vertuschte Detail liefert uns der griech. Text von Mt 27,16. Schliesslich taucht die Menge im Gericht des Pilatus auf, was dem Wunsch des Hohen Priesters nach diskretem Handeln zuwiderläuft. Diese von den jüdischen Behörden aufgepeitschte *vox populi* konnte vom Statthalter nicht vollkommen ignoriert werden.

Wie das offizielle Ersuchen des Hohen Priesters hat der Druck der Menge sich auf den Entscheid des Pilatus ausgewirkt. Die Episode, wonach dessen Frau die Begnadigung erbittet, ist eine erbauliche christliche Legende (Mt 27,19). Ebenso eine Legende, diesmal mit antijüdischem Anklang, ist die Episode, wonach die Menge rief: «Sein Blut über uns und unsere Kinder!» (Mt 27,25).

Schliesslich verurteilt Pilatus Jesus zum Tode und übergibt ihn den mit der Hinrichtung betrauten Soldaten. Die römischen Juristen formulierten den Urteilsspruch wie folgt: *duci iussit*, «er befahl, dass es ausgeführt werde». Also: «Und Jesus liess er auspeitschen und lieferte ihn dann aus zur Kreuzigung» (Mk 15,15). Zur Information und Abschreckung der Menge steht das Motiv der Verurteilung auf dem *titulus*, der gemäss dem Brauch am Kreuz angebrachten Tafel: «Der König der Juden.» Johannes schreibt, seinem Wunsch entsprechend, das Ereignis allgemein zu verbreiten, die Inschrift sei in drei Sprachen verfasst: Hebräisch, Lateinisch und Griechisch (Joh 19,20). Das Motiv entspricht der vom Statthalter von Judäa zugelassenen Anschuldigung: Sich zum Messias zu erklären, zu dem von Gott bezeichneten König, um über Israel zu herrschen, ist ein Akt des Aufstands. Der Jesus zur Last gelegte Verstoss wird von der Julius Caesar zugeschriebenen *lex Iulia de maiestate* sanktioniert, die Staatsverrat mit dem Tod bestraft. Die Provinzstatthalter machten davon extensiven Gebrauch.

---

253 Die Kritik von Philon und Flavius Josephus als wenig glaubwürdig erachtet Bond, Helen K., Pontius Pilatus in History and Interpretation (Society for New Testament Studies. Monograph Series 100), Cambridge 1998, 25–93. Laut Thomas, Gordon, The Trial. The Life and Inevitable Crucifixion of Jesus, New York 1987, 218–219, kannten die Römer zwei Arten der Freilassung: Amnestie *(abolitio)* und Straferlass *(indulgentia)*.

Auf Golgota

Der Hinrichtung durch Kreuzigung voraus ging die Geisselung. Die Peitschen bestanden aus Lederstreifen, die mit Knochen, Spitzen oder Blei bestückt waren. Flavius Josephus berichtet, der Prophet Jesus ben Ananias, der Weherufe über Jerusalem und den Tempel verbreitet hatte, sei vor den Statthalter geführt worden, «wo er, bis auf die Knochen durch Geisselhiebe zerfleischt, weder um Gnade bat noch Tränen vergoss [...]» (*Jüdischer Krieg*, VI, 5, 3). Ein Verurteilter war nackt, an einen Galgen gefesselt oder zu Boden geworfen. Die Strafe für Jesus war besonders hart oder seine körperliche Konstitution wenig robust oder beides zugleich: Pilatus wunderte sich über die Kürze seines Todeskampfes am Kreuz (Mk 15,44). Anders als allgemein vermutet, verursachte die Geisselung nicht zusätzliches Leiden, sondern verkürzte die Sterbephase der Gemarterten.

Die Tötung durch Kreuzigung war keine römische, sondern eine persische Erfindung.[254] Die von den Römern verhängte Strafe wurde im 1. Jahrhundert v. u. Z. auch im griechischen und gar jüdischen Raum vollzogen. In der Antike wurde diese «äusserste Folter» *(summum supplicium)* verabscheut. Cicero bezeichnet sie als «die schmachvolle und grausame Strafe eines Sklaven» (*Gegen Verres*, II, 5, LXVI [169]). Sie war als langsame und äusserst qualvolle Todesart gedacht – ein Spektakel zur Abschreckung des Volks. Der ans Kreuz geschlagene Mensch starb den Erstickungstod durch Muskelerschlaffung. Die für Kapitalverbrechen, etwa Aufstand, verhängte Kreuzigung war Sklaven und Fremden vorbehalten; römische Bürger waren im Prinzip davon verschont.

Vom Tod Herodes' des Grossen (4 v. u. Z.) bis zum Fall von Massada im Jahr 73 war die Kreuzigung das bevorzugte Repressionsinstrument der Römer in Palästina; verschont wurde niemand. Das bezeugt Flavius Josephus. Statthalter Felix (52–59 n. Chr.) liess den Zelotenführer Eleasar festnehmen und viele seiner Anhänger kreuzigen. Zu Beginn des Aufstands der Juden liess Statthalter Florus (64–66) in Jerusalem dreitausendsechshundert Juden geisseln und kreuzigen, darunter mehrere Angehörige der Oberschicht. Ihren Höhepunkt erreichten die Kreuzigungen während der Belagerung von Jerusalem (täglich

---

254 Zur Tötung durch Kreuzigung vgl. Blinzler, Der Prozess Jesu (s. Anm. 241), 359–362, 375–381; Hengel, Martin, La crucifixion dans l'Antiquité et la folie du message de la croix (Lectio divina 105), Paris 1981, 13–113; Cook, John Granger, Crucifixion in the Mediterranean World (Wissenschaftliche Untersuchungen zum Neuen Testament 327), Tübingen 2014.

fünfhundert!), ausgeführt von den Legionären des Titus.[255] Kurz, wie abscheulich es auch sein mochte, ein Todesurteil durch Kreuzigung war nicht aussergewöhnlich.

Trotz des Ausdrucks «sein Kreuz tragen», trugen die Verurteilten nur den Querbalken *(patibulum)*, den die Henker dann an einen in den Boden gerammten Pfahl schlugen. Die Hinrichtung verlief unterschiedlich, «die Launen und der Sadismus der Henker konnten sich frei entfalten».[256]

Für Jesus führte der kurze Weg von der Residenz des Statthalters (Palast des Herodes auf dem Westhügel Jerusalems) nach Golgota. Doch geschwächt durch die Geisselung musste Jesus von Simon von Kyrene (heute Libyen) unterstützt werden. Dieser kam vom Feld und seine Physis schien den Soldaten geeignet, das *patibulum* für den restlichen Weg zu tragen. Golgota ist eine felsige Bergkuppe, die wegen ihrer Form «Schädelstätte» genannt wird und in einem gewaltigen Steinbruch liegt. Hier wurde später die Grabeskirche errichtet. Fromme Frauen hatten die Gewohnheit, den Verurteilten einen mit Myrrhe gewürzten Wein zu geben (Mk 15,23). Vor der Marter einen betäubenden Trank anzubieten, war eine Geste der Menschlichkeit. Jesus lehnte ab – ein Zeichen seiner Beherrschtheit vor dem Leiden.

Der Verurteilte wurde entkleidet. Das Teilen der Kleider war ein Privileg der vier Soldaten, die das Hinrichtungskommando bildeten. Ein 1968 gefundenes Skelett eines Gekreuzigten in einem Beinhaus im Stadtteil Giv'at ha-Mivtar (Jerusalem) gibt näheren Aufschluss über die Folter.[257] Jesus wurde mit drei Nägeln ans Kreuz geschlagen: einen in jeden Unterarm – und nicht in die Handfläche, wie von den Malern dargestellt – und einen längeren durch die Fersenknochen. Ein unter dem Gesäss platzierter Sitzpflock verhinderte das Zerreissen des Körpers, verlängerte aber das Martyrium. Der Todeskampf konnte lange dauern: Der Gekreuzigte versuchte stets sich hochzuziehen, um sich gegen Verkrampfung und Erstickung zu wehren. Der Absatz für die Füsse ist zwar in der Ikonografie präsent, tritt aber erst im 3. Jahrhundert auf.

Nicht nur der Nazarener wurde gekreuzigt, sondern mit ihm zwei weitere Personen. Diese werden bei Markus (15,27) und Matthäus (27,38) als «Räuber» bezeichnet. Die von Flavius Josephus verwendete Vokabel *lestes* bezeichnet die aufständischen Zeloten; das mag zutreffen, aber

---

255 Flavius Josephus, Jüdischer Krieg, II, 14, 9; V, 11, 1; vgl. II, 13, 2.
256 Hengel, La crucifixion dans l'Antiquité (s. Anm. 254), 39.
257 Beschreibung bei Tzaferis, Vassilios, Jewish Tombs at and near Giv'at ha-Mivtar, Jerusalem, in: Israel Exploration Journal 20 (1970), 18–32.

nicht unbedingt: Es genügte, dass sie die öffentliche Ordnung gravierend gestört hatten, um so bestraft zu werden. Dass die Gekreuzigten verspottet und ausgelacht wurden, ist durchaus plausibel; dass sich die Hohen Priester deswegen vor Ort begeben hätten, ist es weniger.

Die Evangelien verzeichnen sieben Wortmeldungen von Jesus am Kreuz: eine bei Markus und Matthäus, drei bei Lukas, drei bei Johannes.[258] Sie sind theologisch aufgeladen und spiegeln in einer Weise die Interessen der ersten Christen wider, dass ihre Historizität offen bleiben muss. Allerhöchstens lässt sich über das Zitat aus Ps 22 diskutieren, das Markus und Matthäus dem sterbenden Jesus in den Mund legen: *Eloi, eloi, lema sabachtani!,* was heisst: «Mein Gott, mein Gott, warum hast du mich verlassen!» (Mk 15,34; Mt 27,46). Dieser Vers wird auf Aramäisch zitiert, was nahelegt, dass das Zitat nicht aus Markus, sondern aus einer früheren Überlieferung stammt. Genügt das, um es dem Jesus der Geschichte zuzuschreiben? Das Verlegenheitskriterium spricht dafür, doch wäre es nicht unbedingt schockierend gewesen, wenn Jesus die Klage des leidenden Gerechten aufgenommen hätte, die an jenen gerichtet ist, der trotz Verzweiflung und Verlassenheit «sein» Gott bleibt.

Aussergewöhnlich am Tod Jesu war nur, dass er so rasch eintrat, was sogar Pilatus verwunderte. Wenn sich der Himmel verdunkelte und die Erde bebte, so geschah dies im Inneren der wenigen Zeugen. Bedeutet der Tod nicht das Verschwinden Gottes und das Scheitern des Meisters? Der Schrei, mit dem Jesu Todeskampf endet (Mk 15,37), ist eher selten: In der Regel starben die Gekreuzigten den Erstickungstod; das Herz von Jesus setzte vorher aus. Der Lanzenstich auf der linken Seite, der das Herz treffen soll, und über den Johannes (19,31–37) berichtet, ist möglich; Blut und Herzbeutelflüssigkeit sind aus der Wunde ausgetreten. Beim Gekreuzigten von Giv'at ha-Mivtar sind beide Schienbeinknochen und der rechte Wadenknochen gebrochen, was darauf hinweist, dass er die den beiden Mitgekreuzigten vorbehaltene Marter erlitten hat. Jesus war bereits tot, als mit dem Lanzenstich sein Ableben überprüft wurde.

Das Grab

Nach römischem Brauch wurde der Leichnam der Gekreuzigten vor Ort belassen, Tieren und Aasgeiern, und schliesslich in einem Massengrab den Hunden zum Frass vorgeworfen, während die Juden, so Flavius Jose-

---

258 Mk 15,34 par Mt 27,46; Lk 23,34; 23,43; 23,46; Joh 19,26f.; 19,28; 19,30.

phus, «ängstlich besorgt sind, dass sie selbst die Leichen der zum Kreuzestod Verurteilten vor Sonnenuntergang abnehmen und bestatten» (*Jüdischer Krieg,* IV, 5, 2). Kurz vor dem Passafest war die Dringlichkeit noch höher.

Das Ansinnen, den Körper zu begraben, ging von Josef von Arimatäa aus, einem angesehenen Ratsherrn (Markus), einem reichen Mann, der selbst ein Jünger Jesu war (Matthäus), einem guten und gerechten Mann (Lukas). Über ihn zu sagen, er selbst warte auch auf das Reich Gottes (Mk 15,43), macht aus ihm einen Anhänger des dritten Kreises. Die Überlieferung hat die Erinnerung an diesen Mann bewahrt, dessen Einfluss es ermöglichte, bei Pilatus zur Audienz vorgelassen zu werden und um die offizielle Bewilligung zu ersuchen, den Gekreuzigten zu begraben. Weder Waschung des Leibes noch Salbung, nur ein Leintuch, um den nackten Leib zu bedecken. Ein Stein schloss das Grab, um den Leichnam vor den Tieren zu schützen. Dass Jesus in der Nähe der Schädelstätte begraben wurde, wird durch die Archäologie gestützt, deren Grabungen im Umkreis der Grabeskirche mehrere jüdische Gräber aus dem 1. Jahrhundert zutage gefördert haben.

«Für unsere Sünden gestorben?»

Jesus hat seinen gewaltsamen Tod weder gesucht, noch hat er ihn als für seine Berufung unentbehrlich erachtet. Hingegen hat er ihn als unausweichlichen Endpunkt seines Engagements akzeptiert und auf sich genommen. Zu seinen Jüngern sagte er: «Wenn jemand der Erste sein will, dann soll er der Letzte von allen und der Diener aller sein» (Mk 9,35). Sein schändlicher Tod vollendet dieses Wort, stellt er ihn doch im Namen der unendlichen, über den Tod triumphierenden Liebe Gottes in die Reihe der Letzten. Was er gesagt hat, wozu er ermahnt hat, Jesus hat es gelebt.

Heinz Schürmann spricht von der «Proexistenz» Jesu:[259] einer Existenz für die anderen, zugunsten der anderen, im Dienste der anderen, einer Existenz, die den Preis der Liebe für die Sünder bezahlt. *Der Mann aus Nazaret hat seinen Tod als die unausweichliche Vollendung seiner «Proexistenz» erahnt.* Aus dem Ritus des letzten Mahls mit seinen Jüngern ergab sich diese Lesart des kommenden Dramas. Wir verstehen, wie die

---

259 Schürmann, Heinz, Jesu ureigener Tod. Exegetische Besinnungen und Ausblick, Freiburg/Basel/Wien ²1976, 41–63.

ersten Christen von einem *gegebenen Leben* zu einem *hingegebenen Tod* übergegangen sind. Sie bedeuteten damit, dass der Tod nicht nur der Unterbruch des Lebens ist, sondern die Krönung eines geschenkten Lebens. So ist man von der «Proexistenz» Jesu für die Sünder zu der der christlichen Dogmatik so teuren Vorstellung des «für unsere Sünden gestorbenen» Christus gelangt. Das ist die unerwartete Folge des Ereignisses, das Auferstehung Jesu genannt wird. Darauf kommen wir nun zu sprechen.

Dritter Teil
Jesus nach Jesus

Kapitel 10
Auferstanden!

Lange habe ich gezögert. Wo hat dieses Kapitel seinen Platz? Soll es den Abschluss des zweiten Teils dieses Buchs bilden oder eher den Anfang des dritten? Ist die Auferstehung Jesu die Vollendung seines Lebens oder der Anfang des Christentums («Jesus nach Jesus»)? Die Meinungen sind geteilt; dies umso mehr, als über die Historizität des Ostergeschehens hitzig debattiert wird. Ist die Auferstehung Jesu ein geschichtliches Ereignis oder das Ergebnis einer Halluzination der Jünger – oder, schlimmer noch: eine fromme Erfindung? Oder war sein Tod nur ein Scheintod?

Solche Mutmassungen gibt es nicht erst heute. Von Anfang an hat die Auferstehung Probleme bereitet. Der Evangelist Matthäus berichtet, die Hohen Priester hätten die Soldaten bestochen, damit sie das Gerücht verbreiteten, die Jünger hätten des Nachts den Leichnam gestohlen, und kommentiert: «Und so hat sich dieses Gerücht bei den Juden verbreitet und gehalten bis auf den heutigen Tag» (Mt 28,15). Tertullian, der aus Nordafrika stammende lateinische Kirchenvater des 2./3. Jahrhunderts, gibt die zu seiner Zeit zirkulierenden Gerüchte wieder: Ein Gärtner habe den Leichnam beiseitegeschafft, um zu verhindern, dass die Menge der Besucher seinen Salat beschädigen würde (*Über die Schauspiele,* 30, 6). Der Philosoph Celsus, von Origenes im 3. Jahrhundert zitiert, nimmt an, die Vorstellung von der Auferstehung stamme von einem Anhänger, der mit Jesus so vertraut war, dass er seine Trugbilder für real hielt und erklärte, sein Meister lebe noch immer (*Gegen Celsus,* 2, 60). Heute würden wir, in psychologischer Begrifflichkeit, von kollektiver Halluzination sprechen.

Zwei Feststellungen dazu: Zum einen weisen die Berichte über das Erscheinen des Auferstandenen, anders als in der Passionsgeschichte, grosse Unterschiede auf; zum anderen erscheinen diese geheimnisvollen Phänomene nur Gläubigen (Frauen und Jüngern), und es fehlt ein aussenstehender Zeuge, der sie beglaubigen könnte.

Der deutsche Theologe Ernst Troeltsch stellte folgendes Axiom auf: Als historisch gilt, was sich durch Analogie zu bekannten Phänomenen erklären lässt und Resultat einer der Geschichte inhärenten Kausalität ist.[260] Diesen Kriterien entspricht das Ostergeschehen nicht, ist es doch ausserordentlich und unerklärlich. Es gehöre der «metahistorischen» Ordnung an, so Jacques Schlosser.[261] Und Jean Zumstein doppelt nach: «Die Auferstehung Jesu gehört nicht zu dem von der historisch-kritischen Methode erfassten Analysefeld.»[262] Anders gesagt, das Leben von Jesus endet am Kreuz, seine Auferstehung entzieht sich der Geschichte und ist allein Sache des Glaubens. An diesem Punkt beginnen die Historiker sich zu räuspern. Genau darum geht es in unseren Überlegungen. Nach Prüfung der Texte werde ich die Frage beantworten, ob das Leben Jesu am Kreuz endet oder mit der Auferstehung und ob die Osternachricht in den Bereich der Geschichte fällt oder nicht.

Eine Wende

Als Ausgangspunkt dient uns die Grablegung Jesu. Es gibt keinen Grund, an deren Echtheit zu zweifeln. Josef von Arimatäa bittet Pilatus um die Erlaubnis, den Leichnam Jesu mitzunehmen, was ihm gewährt wird. Er hüllt ihn in ein Leintuch und legt ihn unter den Augen von Maria aus Magdala und einer weiteren Maria in ein aus dem Felsen gehauenes Grab (Mk 15,42–46). Zur Zeit des Herodes hatte sich unter den Juden die Praxis der Grablegung in zwei Schritten durchgesetzt: Der Leichnam wurde niedergelegt und dem Zerfall preisgegeben, ein Jahr später dann die Knochen in Erwartung der Auferstehung in ein Beinhaus überführt. Josef führt den ersten Akt aus. Die verängstigten, um ihr Leben bangenden Jünger wiederum verstecken sich. Einige kehren nach Galiläa zurück. Doch als ihnen Berichte von Jüngerinnen zu Ohren kommen, dass Jesus lebe, versammeln sie sich wieder. Die Apostelgeschichte berichtet über die Gruppe der elf Jünger (die Zwölf ohne Judas), die sich vierzig Tage nach der Auferstehung in Jerusalem trifft «zusammen mit den Frauen, mit Maria, der Mutter Jesu, und mit seinen Geschwistern» (Apg 1,14).

---

260 Troeltsch, Ernst, Über historische und dogmatische Methode in der Theologie, in: ders., Zur religiösen Lage. Religionsphilosophie und Ethik (Gesammelte Schriften II), Aalen 1962, 729–753, bes. 729–734.
261 Schlosser, Jésus de Nazareth (s. Anm. 26), 329.
262 Zumstein, Jean, Jésus après Jésus – l'événement pascal et les débuts de la christologie, in: Dettwiler, Andreas (Hg.), Jésus de Nazareth. Études contemporaines (Le monde de la Bible 72), Genf 2017, 238.

Was ist zwischen der Auflösung der Gruppe und ihrer Wiedervereinigung geschehen? Was hat die Freunde Jesu nach der Flucht zur Rückkehr bewogen? *Wer die Texte genau liest, dem bieten sich wenige Anhaltspunkte für den Verdacht der Selbstüberschätzung.* Denn die Osterzeugen sind nicht Personen, die ungeduldig die Rückkehr von Jesus erwarten. Ganz im Gegenteil: Die Evangelien beschreiben sie als verschreckt, schicksalsergeben, sich ängstlich versteckend, dann plötzlich geschockt von der Vision, dass ihr Meister lebt (Mt 28,17; Lk 24,20–24; Joh 20,13.19). Das um 150 verfasste apokryphe *Petrusevangelium* legt Petrus folgende Worte in den Mund: «Ich aber trauerte mit meinen Freunden, und mit durchbohrtem Herz verbargen wir uns, weil wir von ihnen als Verbrecher und als solche, die den Tempel anzünden wollten, verfolgt wurden» (7,26). Den Berichten über das Erscheinen des Auferstandenen gemein ist nicht die Erleichterung, sondern das Erstaunen und die Mühe, daran zu glauben (Mk 16,8; Mt 28,8; Lk 24,11; Joh 20,19).

Wie lässt sich dieser Sinneswandel erklären? Leserinnen und Leser der Evangelien erinnern sich an die dreimalige Ankündigung von Leidenszeit und Auferstehung vor dem Einzug in Jerusalem (Mk 8,31; 9,31; 10,33 f.). Doch diese Vorhersagen sind christlichen Ursprungs und sollen darüber informieren, wie Jesu Leben enden wird. Dass der Meister nach seinem Tod leben würde – das war den Jüngern offensichtlich nicht klar gewesen.

Das einzige Element, das die Weltgeschichte registriert hat, um über diese unerwartete Wende zu berichten, ist ein Phänomen der Vision. Antike Kritiker anerkannten dieses Phänomen, auch wenn sie dessen Gehalt in Zweifel zogen. Weshalb ist hier die Rede von Visionen? Weil die Sprache des Sehens im Zentrum der Auferstehungsberichte steht: Die Frauen haben eine Erscheinung gehabt (Lk 24,23), Maria aus Magdala hat gesehen (Joh 20,18), die Jünger haben gesehen (Joh 20,25, Thomas hat gesehen (Joh 20,29).[263] Das älteste auf uns gekommene christliche Glaubensbekenntnis stammt aus der Jerusalemer Gemeinde und datiert aus dem auf die Auferstehung folgenden Jahrzehnt, also spätestens aus dem Jahr 40. Es wird von Paulus wie folgt zitiert:

[...] dass Christus gestorben ist für unsere Sünden gemäss den Schriften,
dass er begraben wurde,
dass er am dritten Tag auferweckt worden ist gemäss den Schriften
und dass er Kefas erschien und dann den Zwölfen. (1Kor 15,3b–5)

---

263 Lk 24,23.34; Joh 20,18.25.29; vgl. 1Kor 15,5–8.

Die Übersetzung «er erschien» ist eine Annäherung, denn die Verbalform ist singulär. Es handelt sich um das reflexive Verb horao («sehen»), aber im Passiv: *er hat sich sehen lassen*. Bekannt ist diese Form *(ophthe)* aus der Septuaginta, dem griechischen Alten Testament, wo sie sich auf Gott bezieht, der seinem Volk erscheint: «Da erschien der Herr dem Abram und sprach: Deinen Nachkommen will ich dieses Land geben» (Gen 12,7). Philon von Alexandria bestätigt diese Übersetzung: «Darum heisst es nicht, dass der Weise Gott sah, sondern dass ‹Gott› dem Weisen ‹erschien›; war es doch einem Menschen unmöglich, von selbst das wahrhaft seiende Wesen zu begreifen, wenn dieses sich nicht selbst zeigte und offenbarte» (*De Abrahamo*, 17 [§ 80]). Der Gebrauch dieser Verbalform in Bezug auf den Auferstandenen beschwört die Erinnerung an die Offenbarungen in der Hebräischen Bibel herauf: Jesus sehen, das wird mit dem Betrachten Gottes verbunden. Damit wird auch zu verstehen gegeben, dass die Initiative von Christus ausgeht und nicht von den Zeugen; er ist es, der «erscheint», und so jene überrumpelt, die ihn verloren glaubten.

Eine jüdische Glaubensüberzeugung

Das Jerusalemer Glaubensbekenntnis, das Paulus den Korinthern in Erinnerung ruft, ist das älteste Zeugnis der Auferstehung, älter als die Evangelien. Bevor über die Auferstehung Jesu in den Erzählungen berichtet wurde, wurde sie in Glaubensbekenntnissen erwähnt. So liest man im Brief an die Römer: «Denn wenn du [...] in deinem Herzen glaubst, dass Gott ihn von den Toten auferweckt hat, wirst du gerettet werden» (Röm 10,9). Es sind theozentrische Bekenntnisse, das heisst, sie bezeichnen Gott als den Initiator der Auferstehung: Gott hat Jesus auferweckt.[264] Sie verbreiten die Überzeugung, der Tod sei nicht der Endpunkt von Jesu Leben gewesen; nach dessen Hinrichtung habe Gott die Initiative ergriffen.

Erwähnt sei, dass *diese Überzeugung nicht auf dem Bericht über das leere Grab beruht, sondern auf dem jüdischen Glauben an die Auferstehung der Toten*. Die ersten Spuren dieser Glaubensüberzeugung finden sich in den alttestamentlichen Texten, in denen die Macht Gottes nicht an der Grenze zum Tod endet (Dan 12,2; Ez 37,1–14). Nach Abschluss der

---

264 1Thess 4,14; 1Kor 6,14; 15,4; Gal 1,1; Röm 1,4; 4,24; 6,4; 8,11; 10,9; Apg 2,24; 3,15; 4,10; 5,30; Eph 1,20 usw.

Hebräischen Bibel zeichnet sich im Buch der Weisheit, im *Äthiopischen Henochbuch* und im Zweiten Buch der Makkabäer der Glaube an die individuelle, ursprünglich den Märtyrern vorbehaltene Auferstehung von den Toten ab: Gott wird die Gerechten, die für ihren Glauben gestorben sind, nicht verlassen; er wird ihnen jenseits ihres Todes Gerechtigkeit widerfahren lassen und sie wieder zum Leben vor ihm erwecken.[265] Im Volk waren die Pharisäer zur Zeit Jesu die erfolgreichsten Propagandisten des Glaubens an die allgemeine Auferstehung der Gläubigen.

Nicht Neugierde über das Schicksal der Verstorbenen ist der Anstoss für den jüdischen Auferstehungsglauben. Dieser ist vielmehr Ausdruck der Überzeugung, dass *die Gerechtigkeit Gottes im Jenseits siegen wird, auch wenn sich im Diesseits das Böse und das Leiden durchsetzen.*[266] Der Glaube an den Gott, der die Toten auferweckt, stützt sich auf den Glauben an den Schöpfergott. Nach der Stille des Todes wird Gott sein letztes Wort über das Schicksal der Gerechten sprechen. Die Jünger haben diesen Glauben auf Jesus angewendet: Die Kreuzigungsfolter macht aus Jesus nicht einen von Gott Verdammten – dies im Widerspruch zu dem, was im Deuteronomium behauptet wird («Denn ein Gehängter ist von Gott verflucht» Dtn 21,23). Gott hat Partei ergriffen für den Gefolterten, indem er ihn wieder zum Leben erweckte.

Diese Überzeugung gelangte also über Visionen zu den Freunden Jesu. In allen Religionen werden Visionen und Träume als Vermittlung der göttlichen Offenbarung verstanden. Sie bedeuten, dass die empfangene Botschaft nicht Resultat einer Autosuggestion ist, sondern einer von oben übermittelten Offenbarung. Paulus sagt nichts anderes, wenn er ausruft: «Bin ich nicht ein Apostel? Habe ich nicht Jesus, unseren Herrn, gesehen?» (1 Kor 9,1). Und wie die Traumwelt überschreitet die Welt der Vision die Normen der realen Welt. Das lässt sich leicht feststellen, wenn der Auferstandene plötzlich erscheint und wieder verschwindet, wenn er sich inkognito nähert, wenn er durch Mauern geht und durch verschlossene Türen eintritt. *Die Erscheinungsberichte versetzen uns in eine andere Welt, in die Welt der Vision, frei von den Zwängen der empirischen Welt.*

Noch ein weiterer Beweis. Die Erscheinungen des Auferstandenen sind, wie bereits erwähnt, ganz vielfältig. Gemäss Matthäus erscheint Jesus nach seinem Tod in Galiläa, gemäss Lukas in Jerusalem und Umge-

---

265 Weisheit 3,1–9; 5,15–23; 1 Henoch 22; 2 Makk 7,11.14.29.
266 Marguerat, Daniel, Résurrection. Une histoire de vie (Parole en liberté), Bière [4]2015, 13–16.

bung, gemäss Johannes in Jerusalem und Galiläa. Er erscheint Frauen, die den Jüngern darüber berichten (Mt 28,9f.), zwei Jüngern (Lk 24,13–35), Petrus (Lk 24,34), Maria aus Magdala (Joh 20,11–18) oder allen versammelten Jüngern (Mt 28,16–20; Lk 24,36–49; Joh 20,19–29). Bald gibt er sich zu erkennen, bald sendet er sie aus, bald schenkt er den heiligen Geist, bald legt er die Schrift aus. Diese Vielfalt ist für die Kritiker der Auferstehung Indiz für eine traumhafte oder psychotische Fiktion. Im visionären Modus hingegen lässt sie sich schlüssig erklären: Die Vision steht im Einklang mit der subjektiven Welt der Empfängerinnen und Empfänger. Eingeschrieben in deren Inneres, wiederholen sich die Erscheinungen nicht nach demselben Muster; vielmehr sind sie vom Empfangenden geprägt. Eigentlich gleicht keine Vision der anderen.

Doch eine Frage bleibt: Wer empfängt als Erster oder als Erste die Ostervisionen: Petrus (laut 1Kor 15) oder Maria aus Magdala (laut Lk 24 und Joh 20)? Vielleicht hat der Wille, Petrus, den ersten der Jünger, in den Vordergrund zu stellen, im christlichen Mainstream das einer Frau gewährte Osterprivileg verdrängt – einer Frau, die nicht dem Kreis der Zwölf angehörte.

Das offene Grab

Doch was hat es mit der Tradition vom offenen Grab auf sich? Ich spreche lieber vom offenen als vom leeren Grab. Die Symbolik der Erzählung hebt nicht ab auf die Leere des Grabs, sondern darauf, dass der das Grab verschliessende Stein weggerollt war, während der *per definitionem* unreine Leichnam aus der Welt der Lebenden weggeschafft worden war. Die älteste Version dieser Erzählung findet sich im Markusevangelium:

> Als der Sabbat vorüber war, kauften Maria aus Magdala und Maria, die Mutter des Jakobus, und Salome wohlriechende Öle, um hinzugehen und ihn zu salben. Und sehr früh am ersten Tag der Woche kommen sie zum Grab, eben als die Sonne aufging. Und sie sagten zueinander: Wer wird uns den Stein vom Eingang des Grabes wegwälzen? Doch wie sie hinschauen, sehen sie, dass der Stein weggewälzt ist. Er war sehr gross.
> Und sie gingen in das Grab hinein und sahen auf der rechten Seite einen jungen Mann sitzen, der mit einem langen, weissen Gewand bekleidet war; da erschraken sie sehr. Er aber sagt zu ihnen: Erschreckt nicht! Jesus sucht ihr, den Nazarener, den Gekreuzigten. Er ist auferweckt worden, er ist nicht hier. Das ist die Stelle, wo sie ihn hingelegt haben. Doch geht, sagt seinen Jüngern und dem Petrus, dass er euch vorausgeht nach Galiläa. Dort werdet ihr ihn sehen, wie er euch gesagt hat. Da gingen sie hinaus und flohen weg

vom Grab, denn sie waren starr vor Angst und Entsetzen. Und sie sagten niemandem etwas, denn sie fürchteten sich. (Mk 16,1–8)

Mit diesem Bericht endet der ursprüngliche Markustext.[267] Er ist durchsetzt von Unwahrscheinlichkeiten: Wie gedenken die Frauen, die zum Grab gehen, um den Leichnam zu salben, ins Grab zu gelangen? Weshalb wurde der Leichnam nicht sofort gesalbt, da die Tora die Durchführung von Bestattungsriten am Sabbat gestattet? Und ausserdem, wer will einen Körper salben, der nach zwei Tagen Hitze bereits zu zerfallen beginnt?

So stellen sich denn gravierende Fragen zur Historizität des Berichtes. Irritierend ist, dass in den von Paulus zitierten frühen Glaubensbekenntnissen kein Grab erwähnt wird. Auffallend ist zudem, dass jeder Hinweis auf eine frühe Verehrung des Jesusgrabs in Jerusalem fehlt; die aktuelle Lokalisierung des Heiligen Grabs geht auf Kaiser Konstantin und dessen Mutter Helena zurück, also auf das 4. Jahrhundert (der Ort ist möglich, aber nicht zwingend). Bemerkenswert ist auch, dass im Zentrum des Textes über das offene Grab das Glaubensbekenntnis «er ist auferweckt worden, er ist nicht hier» steht. Alle diese Fakten zusammen lassen meiner Meinung nach nur eine Schlussfolgerung zu: *Die Tradition des offenen Grabs ist weder der Ausgangspunkt noch die Voraussetzung für den Glauben an die Auferstehung Jesu.* Das Umgekehrte ist der Fall: Der Auferstehungsglaube hat diese zweite Tradition hervorgebracht, die nie als Beweis für die Auferstehung herangezogen wurde. Denn an und für sich besagt das Fehlen des Körpers gar nichts; dieses Fehlen ist, ausgehend vom Auferstehungsglauben, durch die engelgleiche Gestalt zu deuten.

Die Tradition vom offenen Grab findet sich bei Markus und ist von Matthäus, Lukas und sogar von Johannes ohne grössere Veränderung übernommen worden,[268] daraus können wir schliessen, dass es sich um eine frühe, im 1. Jahrhundert massgebliche Tradition handelt. Was bringt sie Neues? Mit ihr sollte die Auslegung, der gewaltsame Tod Jesu sei die göttliche Bestrafung eines Gotteslästerers, widerlegt werden. *Wenn das Grab wundersamerweise offen war, dann bedeutet das, dass Gott am Werk*

---

267 Das sogenannte lange Ende (Mk 16,9–20) stammt aus der syrischen Christenheit und datiert aus der Mitte des 2. Jh.; es ist eine Kompilation der Auferstehungserzählungen aus Matthäus, Lukas, Johannes und der Apostelgeschichte. Vgl. Hug, Joseph, La finale de l'évangile de Marc (Mc 16,9–20) (Études bibliques), Paris 1978.
268 Mt 28,1–8; Lk 24,1–12; Joh 20,1–10.

war, um die Erinnerung an Jesus wiederherzustellen. Ausserdem liess sich so differenzieren zwischen der Auferstehung und den Geschichten über die Entführung illustrer Figuren in den Himmel, von denen es in der jüdischen Geschichte und in der griechisch-römischen Literatur nur so wimmelt:[269] Jesus ist wirklich gestorben (ohne mitten im Leben entführt zu werden) und sein Körper ist auferstanden (nicht nur seine Seele).

Der Gang der Ereignisse

Rekapitulieren wir das Szenario, das sich nach dem Tod Jesu abzeichnet:
In der Gruppe der Jünger haben Verurteilung und Hinrichtung Jesu Panik hervorgerufen. Viele verstecken sich, einige fliehen nach Galiläa. Nur einige Frauen wagen es, dem Todeskampf ihres Meisters aus der Ferne zuzusehen. Kurz nach dem Tod Jesu und dessen Grablegung durch Josef von Arimatäa werden einigen Jüngerinnen und Jüngern Visionen zuteil, denen eines gemeinsam ist: Jesus lebt. Diese Visionen ereignen sich dort, wo sich diese Personen befinden: in Jerusalem oder in Galiläa. Vielleicht war Maria aus Magdala die erste Empfängerin, aber schon sehr früh setzte sich die Tradition von Petrus als dem Protozeugen durch. Er hat die Jünger wieder um sich geschart, was zu kollektiven Visionen führte. «Danach erschien er mehr als fünfhundert Brüdern auf einmal», präzisiert Paulus (1 Kor 15,6).

Die Überzeugung, Jesus sei nicht endgültig in den Tod geglitten, wurde dann mit der Legende vom offenen Grab verknüpft – und so die physische Realität der Osterauferstehung betont. Einige Forschende sind der Auffassung, diese Tradition sei nach der Entdeckung eines leeren

---

269 Antike Texte berichten über die Himmelfahrt griechischer Helden, römischer Kaiser oder auch führender Männer Israels. Unterschiedlich ist, wie das geschieht: Rauben der Seele (Abraham, Mose); Entführung in den Himmel (Henoch, Elija, Esra, Baruch; Romulus, Herakles, Alexander der Grosse); Rückkehr in den Himmel nach einer Erscheinung (Engel oder Götter). Die Römer nutzen das Motiv, um ihre Kaiser zu vergöttlichen, während der jüdische Glaube darin die Rehabilitierung des Gerechten durch Gott sieht. Die prototypischen Modelle sind jüdischerseits die Entrückung des Elija (2 Kön 2); römischerseits die Himmelfahrt von Romulus, dem ersten König von Rom (Titus Livius, Römische Geschichte I, 16). Im antiken Rom tritt mit der julischen Dynastie die Apotheose der Kaiser oder *consecratio* (Übergang vom profanen Raum in den heiligen Raum) auf den Plan. Literaturhinweise: Marguerat, Daniel, Les Actes des apôtres (1–12) (Commentaire du Nouveau Testament 5a), Genf ²2015, 45 f.

Grabs unweit von Golgota durch einige Frauen entstanden;[270] eine mögliche, aber gewagte Hypothese. *Jedenfalls haben diese Visionen die Gruppe der Freunde von Jesus wieder zusammengeführt; für sie hatte sich der Anspruch des Nazareners bestätigt, im Namen Gottes zu handeln.*

Nicht aus den Augen verliere ich die beiden zu Beginn aufgeworfenen Fragen, nämlich wie das Leben Jesu geendet hat und ob die Auferstehung Geschichte ist oder nicht. Doch vor ihrer Beantwortung braucht es noch einen weiteren Schritt.

Das «Ja» Gottes

Die Unterschiedlichkeit der Auferstehungsberichte in den Evangelien lässt Fragen offen. Jeder Evangelist hat die Ostererzählung auf seine Art geprägt, hat in sie jene theologischen Themen verwoben, die ihm am Herzen lagen.

Die Ostererzählungen dienen dazu, *die in den ersten Gemeinden anerkannten Autoritäten zu legitimieren*. Lukas hebt die Rolle von Petrus als dem Protozeugen hervor (Lk 24,34), während Johannes den Fokus auf den Jünger legt, den Jesus lieb hatte (Joh 20,1–10). Schon das archaische Jerusalemer Credo stellt Kefas/Petrus in den Vordergrund (1Kor 15,5). Aus diesem Glaubensbekenntnis sind die Frauen verschwunden, weniger unter antifeministischem Druck als durch die Fokussierung auf die grossen repräsentativen Figuren des Urchristentums: Petrus, die Zwölf und Jakobus. Im apokryphen *Hebräerevangelium* erscheint Jesus dem Jakobus, Bruder des Herrn, Legitimationsfigur des Judenchristentums und Leiter der Jerusalemer Gemeinde.[271]

Die Auferstehungsberichte dienen auch dazu, die direkt nach Ostern einsetzende *christliche Missionstätigkeit zu verankern:* Der Missionsauftrag

---

270 Theissen/Merz, Der historische Jesus (s. Anm. 8), 439; Schröter/Jacobi, Jesus Handbuch (s. Anm. 5), 496 (Christine Jacobi).
271 Die dem *Hebräerevangelium* zugeschriebene Textstelle wird von Hieronymus zitiert: «Als aber der Herr dem Diener des Priesters das feine Baumwolltuch überreicht hatte, ging er zu Jakobus und erschien ihm […]. Er nahm das Brot, segnete es, brach es und gab es Jakobus dem Gerechten und sprach zu ihm: ‹Mein Bruder, iss dein Brot, denn der Menschensohn ist von den Schlafenden auferstanden›»; Hieronymus, De viris illustribus / Berühmte Männer. Mit umfassender Werkstudie hg., übers. und kommentiert von Claudia Barthold, Mühlheim/Mosel 2011, II, c. 2, 12 f. (S. 163).

wird vom Auferstandenen erteilt. Berühmt ist das Ende des Matthäusevangeliums wegen seiner Aussendungsworte: «Geht nun hin und macht alle Völker zu Jüngern: Tauft sie auf den Namen des Vaters und des Sohnes und des heiligen Geistes, und lehrt sie alles halten, was ich euch geboten habe» (Mt 28,19f.). Ähnliche Aussendungsworte finden sich in Lk 24,47f., Joh 20,21 und Apg 1,8.

Die schon früh angezweifelten Osterberichte werden *von einer Apologetik der Auferstehung durchdrungen*. Noch nicht vorhanden ist diese im Markusevangelium, das mit dem Bericht über das offene Grab endet (Mk 16,1–8). Sie schleicht sich ein bei Matthäus und bringt das falsche Gerücht vom Raub des Leichnams durch die Jünger auf (Mt 28,12–15). Sie bricht auf bei Lukas, der die Körperlichkeit des Auferstandenen heftig verteidigt; das geht so weit, dass er ihn vor den Jüngern essen lässt, um zu beweisen, dass er kein blosser Geist ist (Lk 24,36–43). Bei Johannes prägt sie die Geschichte vom ungläubigen Thomas und seinem Ansinnen, die Wundmale des Gekreuzigten zu berühren (Joh 20,24–29).

Doch noch ist das Wesentliche nicht gesagt. Ob Markus, Matthäus, Lukas oder Johannes, alle Evangelisten haben ein Ziel, wenn sie die ihnen überlieferte Ostertradition erneut lesen: *die Identität von Gekreuzigtem und Auferstandenem zu beweisen*. Den Höhepunkt dieser gemeinsamen Absicht der vier Evangelisten bildet die johanneische Geschichte vom ungläubigen Thomas, der die Foltermale am Körper des Auferstandenen sehen und berühren will. Doch bereits bei Matthäus (28,5f.) und Lukas (24,5–7) widerhallt die an die Frauen gerichtete Erklärung der engelgleichen Gestalt: «Jesus sucht ihr, den Nazarener, den Gekreuzigten. Er ist auferweckt worden, er ist nicht hier» (Mk 16,6). Es geht nicht nur darum, die Ostererscheinung zu benennen, sondern grundlegender darum, Kontinuität zwischen dem Jesus vor Ostern und dem Christus nach dem Tod herzustellen. Anders gesagt, es geht darum, deutlich zu machen, dass der gewaltsame Tod des Nazareners nicht der Abschluss seines Lebens ist. Gott hat die Initiative an sich gerissen und verleiht der Jesusgeschichte eine Zukunft.

Der Osterglaube ist also eine theologische Interpretation des Kreuzes. Mit den Ostervisionen stellt sich bei den Jüngerinnen und Jüngern eine neue Sichtweise ein, die ihr Verständnis von Jesu Tod stark verändert hat: Nein, das Kreuz ist nicht das Scheitern des Propheten aus Galiläa; Gott hat ihn rehabilitiert, indem er ihn an seine Seite gesetzt hat. Das «Nein», das die Jerusalemer Autoritäten Jesus entgegensetzten, ist nicht unwiderruflich, vielmehr wird es übertroffen vom «Ja» Gottes. Gott hat denjenigen rehabilitiert, der in der Geschichte der Verlierer zu sein schien.

Um es in eine Formel zu fassen: Der Glaube an die Auferstehung ist als «die erste Deutung von Jesu Tod»[272] zu begreifen.

Jesus nach Jesus

Nun wende ich mich den zu Beginn des Kapitels gestellten Fragen zu. Die erste: Ist die Auferstehung Teil des Lebens des Nazareners oder eröffnet sie die Nach-Jesus-Zeit, das heisst den christlichen Glauben? Im Anschluss an Rudolf Bultmann sprachen viele Theologen vom «Ostergraben», wodurch Jesus seinen Status wechselt: Der Verkünder des Gottesreichs wird Gegenstand der christlichen Verkündigung. Während Jesus dazu aufrief, an Gott zu glauben, begannen die Christen nach Ostern, an Jesus zu glauben. Ist die Sache also nach Ostern abgeglitten, um nicht zu sagen: entglitten? Alfred Loisy hatte Erfolg mit seinem 1902 geprägten Slogan: «Jesus kündete das Reich Gottes an, gekommen ist die Kirche.»[273] Trennt uns also ein Graben vom Leben und Werk des Nazareners, das nichts zu tun hat mit dem, was die Christen aus ihm gemacht haben? Ist Christus ein trügerischer Avatar des Manns aus Nazaret?

Der Wandel zwischen vor und nach Ostern ist nicht zu leugnen. Weil die visionären Auferstehungserfahrungen die Sichtweise der Jüngerinnen und Jünger über den Tod ihres Meisters verändern, beginnen diese, das gesamte Wirken Jesu neu zu lesen: Sein schändlicher Tod widerlegt nicht sein Leben und Werk, vielmehr ist er der Höhepunkt seines Engagements. Damit werden seine Botschaft und sein Handeln für gültig erklärt, weil von Gott gutgeheissen. Aus diesem Grund habe ich schliesslich dieses Kapitel zur Auferstehung im Teil «Jesus nach Jesus» platziert: *Ostern ist eine theologische Relektüre von Leben und Tod Jesu unter dem Siegel der Zustimmung Gottes.* Es gibt sehr wohl ein «Vorher» und ein «Nachher».

Aber der Systemwechsel ist weder eine Osterwende noch ein Ostergraben, denn es besteht Kontinuität zwischen dem Leben des Nazareners und dem Osterglauben seiner Jünger. Ostern stülpt nicht ein christliches Dogma über das Leben eines armen ermordeten Manns, sondern führt

---

272 Zumstein, Jésus après Jésus (s. Anm. 262), 239.
273 Loisy, Alfred, L'évangile et l'église, Bellevue ³1904, 155. Im Gegensatz zum Gebrauch, der von diesem Slogan gemacht wurde, hat Loisy die Institutionalisierung des Christentums nach Jesus gerechtfertigt: Mit der Gemeinde «wurde die Form des Evangeliums erweitert; diese unverändert zu belassen war unmöglich, sobald der Auftrag Jesu durch die Passion abgeschlossen war» (ebd.).

zu einem neuen Verständnis dieses Manns. Anders gesagt, *Ostern stellt sehr wohl den Anfang eines «Nach-Jesus» dar, aber die Aussage, dieses Nachher habe mit dem Vorher nichts zu tun, ist schlicht falsch*. Die Kontinuität zwischen dem Vorher und dem Nachher liegt im Leben der Jüngerinnen und Jünger mit ihrem Meister. Das sieht Jens Schröter ganz richtig: «Es gibt also eine personale Kontinuität zwischen der vor- und der nachösterlichen Zeit: Die Erfahrungen, die die Nachfolgerinnen und Nachfolger Jesu während seiner irdischen Wirksamkeit gemacht haben, stellen die Grundlage für die Ostererfahrungen dar, die demnach ohne einen Anhalt am Wirken Jesu nicht verständlich zu machen sind.»[274]

Dank diesen Ausführungen begreifen wir, weshalb der Auferstandene nur seinen Freundinnen und Freunden, nicht aber der Allgemeinheit erscheint, der er das bringen soll, was einige den «Beweis seiner Göttlichkeit» nennen würden. Gerade das mit Jesus Erlebte ist die notwendige Voraussetzung für dieses neue Verständnis seines Wirkens; es macht aus Jesus keinen Gott, sondern besiegelt die göttliche Billigung seines Kommens. Deshalb hüten sich die Evangelien im Neuen Testament davor, den Auferstandenen Nichtgläubigen erscheinen zu lassen.

Ist ein weiterer Schritt möglich? Wenn das mit Jesus Erlebte als Interpretationsschlüssel für die Ostererscheinungen dient, lässt sich dann in diesem Erlebten ein bestimmtes Element isolieren, anhand dessen sich diese Visionen begreifen lassen? Ist ein Wort oder eine Geste besonders erhellend? In meinen Augen ist kein Zweifel möglich: Was dazu führte, dass die Freunde Jesu dessen Erscheinungen nicht als Besuch eines Gespenstes begriffen haben, ist *seine Botschaft über das Reich Gottes*. Erinnern wir uns daran, dass die Originalität von Jesus darin bestanden hatte, dass er ein kommendes, aber bereits in der Gegenwart aufscheinendes Gottesreich proklamiert hatte. Im Volksglauben des Judentums des 1. Jahrhunderts aber wird das Gottesreich die Auferstehung der Gerechten bringen. Dass Jesus ins Leben zurückgekehrt ist, ist der Beweis für die Gegenwart dieses Reiches. Sein schändlicher Tod schien sein Scheitern zu besiegeln, seine Rückkehr ins Leben hingegen bestätigt das Herzstück seiner Botschaft: Das Reich Gottes «ist mitten unter euch» (Lk 17,21).

Die Bedeutung des *fundamentum* von Jesu Verkündigung wird hier bestätigt durch das, was das absolute Novum des Christentums ist: Die Verbindung zwischen der Auferstehung Jesu und der Auferstehung der Gläubigen in der Endzeit. Um das Jahr 54 formuliert Paulus

---

274 Schröter, Jesus von Nazaret (s. Anm. 220), 328 f.

die ihm aus der früheren Tradition bekannte Verbindung im Ersten Brief an die Korinther: «Gott hat den Herrn auferweckt, und er wird auch uns auferwecken durch seine Kraft» (1Kor 6,14). Es fällt nicht schwer, darin die Dualität des Gottesreichs zu erkennen: das bereits *gegenwärtige* (Auferstehung Jesu) und das *kommende* Reich (allgemeine Auferstehung der Toten).

Der österliche Koeffizient

Nirgends im Neuen Testament wird die Auferstehung beschrieben, weniger vorsichtig ist das *Petrusevangelium*. Als Erstes beschreibt es das Phänomen der Auferstehung und setzt es unter den Augen der völlig verblüfften Soldaten in Szene.

> [...] und sie sahen, wie sich die Himmel öffneten und zwei Männer von dort in gleissendem Licht herabstiegen und sich dem Grab näherten. [...] und als sie erläuterten, was sie gesehen hatten, da sahen sie wiederum, dass drei Männer aus dem Grab heraustraten, die beiden den einen stützten und ein Kreuz ihnen folgte und, während der Kopf der beiden bis zum Himmel reichte, überstieg derjenige aber des von ihnen an der Hand Geführten die Himmel. Und sie hörten eine Stimme aus den Himmeln: «Hast du den Entschlafenen verkündet?» Und vom Kreuz wurde die Antwort vernommen: «Ja.» (9.36,10.[39–42])[275]

Wir befinden uns hier in einer völlig anderen theologischen Welt, in der die Realität der Auferstehung bewiesen und deren kosmische Dimension durch das Eingreifen von Wesen, die vom Himmel kommen, bezeugt werden muss. Dieses theologische Märchen ist nur der Anfang. Es folgt ein jahrtausendelanges falsches Verständnis der Osterereignisse – hergeleitet von der Mystik der Visionen, um als Trugbilder auf die reale Welt projiziert zu werden. Wahr ist, dass die kanonischen Evangelien einen, allerdings vorsichtigen Schritt in diese Richtung taten: Markus spricht vom entzweigerissenen Vorhang im Tempel (15,38); Matthäus berichtet, nach dem Tod Jesu habe die Erde gebebt, die Gräber hätten sich aufgetan und die Leiber vieler entschlafener Heiliger seien auferweckt worden (Mt 27,51–53). Auf die Narration zurückzugreifen,

---

275 Markschies/Schröter, Antike christliche Apokryphen I/1 (s. Anm. 5), 683–695, hier 693 f.

um eine sinnhafte Wahrheit auszusprechen, das ist ein für die jüdische Tradition typisches Vorgehen; die apokryphen Schriften werden sich dessen im Übermass bedienen.

Doch bleiben wir bei der Nüchternheit des Neuen Testaments. Die Relektüre des gesamten Lebens Jesu zeigt, dass die Osterberichte nichts anderes tun, als ihm eine Zukunft zu geben. Wenn Jesu Tod etwas anderes als persönliches Scheitern ist und wenn der Gekreuzigte (genau er!) von Gott rehabilitiert wird, dann ist es unerlässlich, dessen zu gedenken, was er gesagt und getan hat, denn seinem Handeln wohnte Gott inne. *In den Augen seiner Freunde steuert Ostern keine Offenbarung bei, die dem fremd wäre, was Jesus war – Ostern enthüllt vielmehr, was er war, ohne dass dies umfassend anerkannt worden wäre.* Für die Jüngerinnen und Jünger und für die auf sie folgenden Gläubigen offenbart die Auferstehung, dass Jesus nicht bloss der Nachfolger der Propheten oder ein besonders begabter Heiler oder ein Rabbi mit scharfer exegetischer Kompetenz war, sondern mehr als all dies. Es gilt, Jesu gesamtes Leben, auch seinen Tod, ausgehend von der Auferstehung zu überdenken.

Im Gedächtnis der ersten Christen wird Ostern wie der Koeffizient in der Mathematik wirken, der den Wert sämtlicher Werte einer Gleichung bestimmt. Ich würde von *österlichem Koeffizient* sprechen. Die Christen werden sich seiner bedienen und damit die ganze Erzählung von Jesu Leben durchtränken.

Der österliche Koeffizient wird sich erstens in der Auffassung über die *Erhöhung Jesu* konkretisieren. Man wird sagen, dass Jesus «in den Himmel aufgenommen wurde» (Apg 1,11), dass Gott ihn «in den Himmeln zu seiner Rechten setzte» (Eph 1,20), dass Jesus «die Himmel durchschritten hat» (Hebr 4,14), dass Gott «ihn zu seiner Rechten erhöht und zum Fürsten und Retter gemacht» hat (Apg 5,31). Diese Sprache der Erhöhung ist eine andere Art, Ostern zu sagen. Nur Lukas fasst die Erhöhung Jesu mit der Himmelfahrtserzählung als Narration, in der Jesus von einer Wolke aufgenommen wird (Apg 1,9). Der österliche Koeffizient kommt zweitens darin zum Ausdruck, dass Jesu *Titel* zugeschrieben werden, die die göttliche Billigung seines Werks formulieren: Herr, Sohn Gottes. Darauf habe ich bereits hingewiesen (S. 202 f.). Die Bezeichnung «Herr» *(Kyrios)* ist in der Hebräischen Bibel Gott vorbehalten, wird aber auf Jesus übertragen, um die auf ihn übergegangene göttliche Autorität auszudrücken. Die Bezeichnung «Sohn Gottes» signalisiert die äusserste und einzigartige Nähe von Gott und Jesus; dieses Band wird im Neuen Testament nicht in biologischen, sondern eher in rechtlichen Begriffen gedacht: Der Sohn ist der beglaubigte Vertreter des Vaters, er ist sein Sprecher, seine Stimme, seine Hand.

Diese Titel werden in die Biografie Jesu rückprojiziert; dort wird der Nazarener als Herr und Sohn Gottes bezeichnet. Zudem wird man sie rückblickend in einem «Vor-Jesus» verwurzeln. Man geht zurück zu Kindheit, Geburt, Empfängnis, wobei der Engel Jesus den «Sohn des Höchsten» nennt (Lk 1,32). Das vierte Evangelium geht noch weiter zurück und macht aus Jesus die Inkarnation des göttlichen Wortes, durch das Gott die Welt schuf (Joh 1,1–18). Auch diese retrospektiven Lesarten sind eine Wirkung von Ostern: Das «Nachher», die Zeit nach Jesu Tod, wird in ein mythisches Vorher projiziert. *Was über seinen Ursprung gesagt wird, ist letztlich nichts anderes als eine Projektion dessen, was nachher offenbart wurde.* Hier wird das Terrain bereitet für die Debatte über die Menschheit und die Gottheit Jesu, die im Neuen Testament nicht vorkommt, sich aber in der apokryphen Tradition anbahnt (dazu mehr im nächsten Kapitel) und im 3. und 4. Jahrhundert wüten wird.

Nun wende ich mich der zweiten zu Beginn des Kapitels gestellten Frage zu.

Paranormalität

Die zweite zu Beginn des Kapitels gestellte Frage lautete: Ist die Auferstehung Jesu ein geschichtliches Ereignis oder ist sie als ein metahistorisches oder suprahistorisches Ereignis zu betrachten? Liegt sie innerhalb der Geschichte oder ausserhalb der Geschichte? Hüten wir uns in diesem Punkt wie in Bezug auf den sogenannten «Ostergraben» vor einem einfach gestrickten Urteil.

Vorab: Ja, das Ereignis der Auferstehung Jesu entzieht sich dem Analysefeld des Historikers. Wie könnte es anders sein, besetzt dieses Ereignis doch einen Raum, der sich *per definitionem* dem menschlichen Wissen verschliesst, nämlich die Zeit nach dem Tod?[276] Bezüglich des Todes stösst das menschliche Wissen an eine Grenze, denn es verfügt über kein Mittel, keine Strategie zur Überwindung der Grenze des Todes. *Was die Zeit nach dem Tod betrifft, liegt im Bereich des Glaubens, ausschliesslich im Bereich des Glaubens.* Wenn die Frauen am Grab vorgeben, sie hätten den Gekreuzigten lebend gesehen, geben sie nicht ein Wissen weiter, sondern ein Zeugnis, eine der Erfahrungsordnung zugehörige Überzeugung.

Doch – und hier gilt es allzu einfache Erklärungen zurückzuweisen – nicht alles entzieht sich der Einsicht des Historikers. In seiner Unter-

---

276 Dunn, Christianity in the Making I (s. Anm. 13), 825.

suchung registriert er nämlich zwei Fakten: 1) Zerstreuung und Flucht der Jünger nach dem Tod des Meisters; 2) relativ rasche Wiedervereinigung des Kreises der elf Jünger sowie einiger weiterer Anhänger in Jerusalem, bezeugt in der Apostelgeschichte (Apg 1). Nimmt der Historiker diese beiden Fakten zur Kenntnis, ist er gezwungen, sie miteinander zu verknüpfen. Wie lässt sich ein derart plötzlicher und unerwarteter Umschwung erklären? Drei Lösungen bieten sich an: Die psychologische Theorie spricht von einem Mechanismus der Selbstüberzeugung; wir haben gesehen, dass die Texte dieser Erklärung widerstehen. Die Theorie der Falsifizierung (Raub des Leichnams oder absichtliche Täuschung) wird in den Texten erwähnt, bleibt aber willkürlich. Die Evangelien bieten einen dritten Weg an: Die visionäre Erfahrung, durch die die Transzendenz in die Geschichte einbricht. Diese Theorie ist, genauso wie die beiden anderen, objektiv nicht zu verifizieren.

Hier scheiden sich die Geister. Die Gläubigen optieren für die dritte Theorie. Und mit den Charles-Ferdinand Ramuz zugeschriebenen Worten über die Genesis, werden sie sagen: «Es ist keine Erklärung, aber es ist die einzige.»[277]

---

277 Diese Ramuz zugeschriebenen Worte sind nicht ganz korrekt. In einem seiner Romane legt Charles-Ferdinand Ramuz einem seiner Protagonisten die folgenden Worte in den Mund: «Das ist eine Erklärung. Was willst du? – Es ist sogar die einzige Erklärung.» In: Adam und Eva. Roman, Übers. v. Werner J. Guggenheim, Zürich 1943, 84. Den Hinweis verdanke ich Literaturprofessorin Doris Jakubec von der Universität Lausanne.

Kapitel 11
Der apokryphe Jesus

Was ist in den ersten Jahrhunderten in der christlichen Überlieferung aus Jesus geworden?

Wer das Neue Testament liest, kennt den Exorzisten Jesus des Markus, den Gesetzesgelehrten des Matthäus, den mitfühlenden Philosophen des Lukas und den souveränen Jesus des Johannes. Diese von der alten Kirche ausgewählten Christusbilder stammen alle aus dem 1. Jahrhundert. Wie steht es um die folgenden Jahrhunderte, als die Produktion der Jesusbilder der Mehrheitskirche entgleitet? Zwischen dem 2. und 4. Jahrhundert gleicht Jesu Werdegang einem Feuerwerk, das Bilder in unendlich vielfältigen Formen und Farben aufleuchten lässt. Diese Konstruktionen der Figur Jesus bleiben beinahe unbekannt, denn sie stammen aus lange verborgenen, lange vernachlässigten Schriften, die auf Deutsch erst rund hundert Jahre zugänglich sind: die Apokryphen.[278]

Kennen Sie den Jesus, der lachend vor dem Kreuz steht, an dem Simon von Kyrene an seiner Stelle irrtümlich gekreuzigt wurde *(Zweite Abhandlung des Grossen Seth)*? Oder das Kind, wundersam von einer Jungfrau geboren, die ebenfalls wundersam geboren worden war *(Protevangelium des Jakobus)*? Oder das hochbegabte Kind, das aus Lehm zwölf Sperlinge formt und sie zum Fliegen bringt *(Kindheitserzählung des Thomas)*? Oder den Jesus, der ein himmlisches Gefährt steuert, das die Seelen vor den göttlichen Richter führt *(Manichäisches Psalmbuch)*? Oder auch den Jesus, der mit seinen Jüngern tanzt *(Johannesakten)*? Oder Christus, der glorreich in die Unterwelt hinabsteigt, um Adam und die Propheten zu befreien und sie ins Paradies zu führen *(Höllenfahrt*

---

278 Zahlreiche dieser apokryphen Texte sind heute auf Deutsch zugänglich in der von Edgar Hennecke 1904 begründeten Ausgabe *Neutestamentliche Apokryphen in deutscher Übersetzung*; später übernahm Wilhelm Schneemelcher die Bearbeitung und Neuausgabe dieser Texte. Weiterführung der Edition: Markschies, Christoph / Schröter, Jens (Hg.), Antike christliche Apokryphen in deutscher Übersetzung I/1 und I/2: Evangelien und Verwandtes (s. Anm. 5). Zahlreiche der hier zitierten Texte stammen aus dieser Reihe.

Christi)? Haben Sie den Brief Jesu an Fürst Abgar gelesen *(Eusebius von Cäsarea)*?[279]

Eine Überfülle an Literatur

Während langer Zeit wurde angenommen, die alte Christenheit sei eine Einheit gewesen und die Spaltungen hätten erst im 11. Jahrhundert mit dem Grossen Schisma zwischen Ost- und Westkirche begonnen. Doch die Einheit der alten Christenheit ist eine Chimäre, konstruiert von Irenäus von Lyon im 2. Jahrhundert und einhundertfünfzig Jahre später von Eusebius von Cäsarea zementiert. *Seit ihren Anfängen war die Christenheit eine plurale Christenheit.* Es gab eine Zeit, die bis etwa zum Jahr 150 andauerte, da kannte die christliche Kirche weder kanonische Texte noch apokryphe Texte, sondern verschiedene Evangelien, die in verschiedenen Gemeinden gelesen wurden. Mehr oder weniger gesichert ist die Existenz von etwa fünfzehn Evangelien, die von den Christen des 2. Jahrhunderts gelesen wurden. Die Lage ändert sich im 3. Jahrhundert; jetzt liest die Mehrheit der Christen nur noch die vier Evangelien, die in den Kanon des Neuen Testaments aufgenommen werden sollen. Die anderen Evangelien existieren noch immer, gelten in der Mehrheitskirche aber als unvollkommene oder gar lügnerische Zeugnisse. Sie alimentieren den Glauben von Gruppen, die zunehmend als minoritär oder dissident gelten.

Im Gegensatz zum Islam, der aus einer Wiedervereinigung von Glaubensüberzeugungen entstanden ist, ist das Christentum in seinen Anfängen eine Abspaltung vom Judentum, dessen Ausdrucksformen sich in verschiedenen Kulturen festgesetzt haben. Die Inkulturation des christlichen Glaubens war vielfältig. Das hat Régis Burnet in eine treffende Formel gefasst: Man glaubte, die alte Kirche sei ein Kontinent, doch in Wirklichkeit war sie ein Archipel mit entsprechend *archipelartigem Schrifttum*.[280] Mit der Erforschung der ausserkanonischen Literatur erkunden wir diesen Archipel und entdecken seine unglaubliche Fülle.

Die Entdeckung der Qumran-Texte 1947 hat unser Wissen über das alte Judentum grundlegend verändert. Und Ähnliches gilt für unsere

---

279 Zweite Abhandlung des Grossen Seth 56, 4–19; Protevangelium des Jakobus 4; Kindheitserzählung des Thomas 2; Manichäisches Psalmbuch, Psalm der Wanderer 9 und Ausgangspsalmen; Johannesakten 94–96; Pilatusakten 21–25; Eusebius von Cäsarea, Kirchengeschichte, I, 13, 10.
280 Burnet, Régis, Les apocryphes. Témoins pluriels d'une Église plurielle (Parole en liberté), Bière 2016, 12.

Auffassung vom Christentum der ersten Jahrhunderte, als 1950 ägyptische Bauern mehr als fünfzig Traktate der koptischen Nag-Hammadi-Bibliothek, nahe Luxor, ausgruben. Ins helle Licht gerückt wurde die Lehre der dissidenten gnostischen Christen, die zuvor vornehmlich durch die Widerlegung der Kirchenväter bekannt gewesen war. In seiner *Kirchengeschichte* berichtet Eusebius von Cäsarea über Papias, den Bischof von Hierapolis (die genauen Lebensdaten sind unklar, ca. 65–130), der in seinen Schriften erklärt: «Denn ich war der Ansicht, dass aus Büchern geschöpfte Berichte für mich nicht denselben Wert haben können wie die Worte frischer, noch lebender Stimmen» (III, 39, 4). Neben den bereits zirkulierenden Evangelien berichtet Papias also von Überlieferungen, die durch die «lebenden Stimmen» der mündlichen Überlieferung vermittelt wurden. Diese je nach unterschiedlicher Spiritualität reinterpretierten Überlieferungen finden ihren Niederschlag in den ausserkanonischen Schriften. So wurde im Lauf der ersten Jahrhunderte ein blühendes christliches Schrifttum zusammengetragen.

Der Reichtum der Nag-Hammadi-Bibliothek lässt erahnen, mit welchem Eifer diese Schriften kopiert, gelesen und vorgelesen wurden und so den Glauben der Anhänger beförderten. Die Schriften dokumentieren Glauben, Gebete, Praktiken und Interessen von heute untergegangenen Gemeinden, die meist am Rande der Grosskirche lebten, die bereits ab dem 3. Jahrhundert ihre Orthodoxie entwarf.

Vor dem 19. Jahrhundert sind diese Texte nicht ins Blickfeld der Forschenden geraten, aber sie haben den Volksglauben genährt und sind dort noch heute präsent: Ochs und Esel der Krippe von Betlehem, das Schweisstuch Veronikas mit dem Abdruck von Christi Antlitz, der Abstieg Jesu in die Hölle, die Evangelisierung Indiens, der schändliche Tod des Pontius Pilatus ... all dies stammt aus christlichen Apokryphen. Der Besuch einer byzantinischen Kirche zeigt, wie stark diese Literatur Maler und Mosaizisten inspirierte.

Der Titel «Der apokryphe Jesus» signalisiert, dass wir uns innerhalb des ausserkanonischen Archipels auf die apokryphen Schriften beschränken, das heisst auf jene Schriften, die eine sichtbare Verbindung zu den kanonischen Texten haben (indem sie diese entfalten, nachahmen oder ergänzen). Jegliche Verallgemeinerung verbietet sich, denn von ihrem literarischen Genre und ihrer Theologie her sind sie verschieden. Einige stehen den kanonischen Evangelien nahe, einige sind diesen diametral entgegengesetzt. Einige reihen konzise Sentenzen aneinander, andere verlieren sich in phantastischen Erzählungen. Unter ihnen finden sich Evangelien, Apostelakten, Logien-Sammlungen, Briefe, Apokalypsen.

Einige waren Bestseller (das *Protevangelium des Jakobus* ist in neun Sprachen bekannt), andere, stärker esoterisch geprägte Schriften sind mehr oder weniger geheim geblieben. Meist, aber nicht immer haben diese Schriften Leerstellen in den Evangelien gefüllt, das heisst Zonen, die in der Narration der Evangelien kaum thematisiert wurden: Geburt und Kindheit Jesu einerseits, Dialoge mit dem Auferstandenen andererseits. *Es ist, als wollten diese Schriften nicht in einen offenen Wettstreit mit den kanonischen Evangelien treten, sich vielmehr in die «Leerstellen» der Narration einschleichen, um sie mit neuen Dimensionen zu bereichern.*

Wir konzentrieren uns hier auf jene Schriften, aus denen ein erkennbares Jesusbild hervorgeht, und auf sechs Interessenszentren: *Sakralisierung der Mutter; erzählte Kindheit; Jesus, der Jude; Ist er am Kreuz gestorben?; von Karfreitag bis Ostern; Weisheit für Eingeweihte.*

Die Sakralisierung der Mutter

Das *Protevangelium des Jakobus* ist das älteste bekannte Apokryphon, das sich mit den Eltern Jesu und mit Jesu Geburt befasst. Entstanden ist es um das Jahr 150 innerhalb einer judenchristlichen Strömung. Im 16. Jahrhundert erhielt die Schrift den Namen «Protevangelium», weil darin erzählt wird, was sich «vor» dem Evangelium ereignet hat. Der ursprüngliche Titel lautet «Geburt der Maria» / «Geburt der heiligen Gottesgebärerin Maria». Dem liegt eine doppelte Absicht zugrunde: die Heiligkeit Jesu auf seine Mutter zurückzuführen und die jungfräuliche Geburt zu «beweisen». Daneben bietet es eine Erklärung für die Präsenz von Geschwistern in Jesu Familie. Es war ein weitverbreiteter Text, der in mehr als einhundertfünfzig griechischen Manuskripten auf uns gekommen ist; noch dazu gibt es unzählige Übersetzungen.

Maria wird darin als ein Kind von absoluter Reinheit beschrieben, das bis zu seiner Pubertät im Jerusalemer Tempel erzogen wird. Sie ist das Kind eines Wunders, geboren von der unfruchtbaren Anna; doch Gott hat Annas Gebete erhört und ihr und Joachim ein Kind gewährt. Als Maria zwölf Jahre alt ist, beschliessen die Tempelpriester, sie zu verheiraten und übergeben sie einem älteren Witwer, Josef, der sie schützen soll. Die Entdeckung ihrer Schwangerschaft schockiert den Hohen Priester und erzürnt Josef; doch Josef und Maria gehen von jeder Sünde reingewaschen aus dieser Prüfung hervor. Auf dem Weg nach Betlehem kommt die Zeit der Geburt, und Maria bringt ihr Kind in einer einsamen Höhle zur Welt, assistiert von einer hebräischen Hebamme. Diese begegnet Salome, die nicht an die jungfräuliche Geburt Jesu glaubt: «So wahr der Herr, mein Gott lebt, wenn ich nicht meinen Finger hineinlege und ihren Zustand untersuche, werde ich nicht glauben, dass eine Jungfrau geboren hat.»

> Und die Hebamme ging hinein und sagte: «Maria, lege dich bereit, denn ein nicht geringer Streit besteht um dich.» Und als Maria dieses hörte, legte sie sich bereit. Nun steckte Salome den eigenen Finger in ihr Geschlecht. Da schrie Salome auf und sagte: «Wehe über meinen Frevel und meinen Unglauben, denn ich habe den lebendigen Gott versucht. Und, siehe, meine Hand fällt (verbrannt) durch Feuer von mir ab!» (*Protevangelium des Jakobus* 20,1)[281]

Von Salome angefleht, gewährt ihr Gott die Heilung ihrer Hand in dem Moment, da sie das Kind in die Arme nimmt. Wir sehen, aus welchen Quellen der Text schöpft: Er bedient sich bei den Kindheitsevangelien von Lukas und Matthäus, und durchsetzt sie mit Motiven aus der Hebräischen Bibel. Zu Recht spricht Édouard Cothenet von einem «christlichen Midrasch»:[282] Der Rahmen des Tempels evoziert die Kindheit Samuels (1 Sam 1f.), und die Unfruchtbarkeit Annas erinnert an diejenige Saras, der Frau von Abraham (Gen 18). Doch in dieser erzählerischen Umarbeitung erfährt der Text von Matthäus und Lukas eine grundlegende Neuinterpretation: Es ist der Übergang von einer jungfräulichen Zeugung zu einer jungfräulichen *Geburt*. Nach der Geburt bleibt Maria Jungfrau. Und diese Jungfräulichkeit *post partum* erhält ihre Glaubwürdigkeit durch die Bestrafung der ungläubigen Salome. Die Absicht, die in jüdischen Kreisen zirkulierenden Zweifel an der Zeugung Jesu durch den heiligen Geist zu zerstreuen, ist offenkundig. Den nach wie vor vorhandenen Zweifeln innerhalb des Judentums werden wir uns im nächsten Kapitel zuwenden. (vgl. S. 287–290).

Sehr geschickt ist es, aus Josef einen Witwer mit Kindern zu machen. So lässt sich die Vorstellung, Jesus habe Blutsgeschwister gehabt, ent-

---

281 Markschies/Schröter, Antike christliche Apokryphen I/2 (s. Anm. 5), 903–929, hier 925f.
282 Cothenet, Édouard, Le Protévangile de Jacques. Origine, genre et signification d'un premier midrash chrétien sur la nativité de Marie, in: Haase, Wolfgang (Hg.), Aufstieg und Niedergang der römischen Welt (ANRW) / Rise and Decline of the Roman World: Geschichte und Kultur Roms im Spiegel der neueren Forschung. Teil II: Principat. 25.6: Religion (Vorkonstantinisches Christentum: Leben und Umwelt Jesu; Neues Testament [Kanonische Schriften und Apokryphen], Schluss), Berlin 1988, 4252–4269, bes. 4259–4263.

kräften, und zugleich werden die Angaben in den Evangelien über seine Verwandtschaft respektiert. Demnach handelte es sich um Halbgeschwister … In gewissen christlichen Kreisen wird diese Kompromisslösung noch immer hochgehalten.

Seine aussergewöhnliche Popularität verdankt das *Protevangelium des Jakobus* der Tatsache, dass es die erste literarische Basis zur Entfaltung der Mariologie bietet. Es macht aus Maria, dem Mädchen im Tempel, eine Nonne *avant la lettre,* die Speisen aus der Hand eines Engels empfängt (8,1). Sie und nicht Jesus ist die Hauptprotagonistin der Erzählung, auch wenn es letztlich darum geht, die Untadeligkeit der Herkunft des göttlichen Kindes zu sichern. Die Mutter zu erhöhen bedeutet, den Sohn zu glorifizieren.

Diese Sakralisierung der Mutter betrifft nicht nur die Geburt von Maria, sondern auch deren Ableben. Die *Dormitio Mariae (Entschlafung Mariens)* des Pseudo-Johannes aus dem 5. Jahrhundert berichtet über den Tod der Jungfrau, bewacht von den Engeln Gottes. Dieser Text enthält jene Szene, die auf allen orthodoxen Ikonen der Dormitio dargestellt wird: Im Moment ihres Ablebens empfängt Jesus die Seele seiner Mutter, symbolisiert durch die Gestalt eines kleinen Kindes. Die Erzählung endet mit der Überführung von Marias Leichnam ins Paradies. In anderen Texten (etwa der *Auffahrt Mariens*) wird Marias Leib auf einer Wolke in den Himmel getragen. Wie im Fall ihrer Geburt (wunderbar wie die Geburt Jesu) wird in der Aufnahme ihres Leibes in den Himmel die Himmelfahrt ihres Sohns nachgeahmt.

Die erzählte Kindheit

Die kanonischen Evangelien schweigen sich aus über die Kindheit Jesu. Darüber zu berichten, ist deshalb sehr verlockend. Mehrere Texte überbieten sich mit Wundergeschichten über das Leben des Kindes Jesus: die *Kindheitserzählung des Thomas* aus dem 3. Jahrhundert sowie zwei Texte aus dem 5. Jahrhundert, das *Pseudo-Matthäusevangelium* und das *Arabische Kindheitsevangelium.*

Auf der Flucht der heiligen Familie nach Ägypten lauern viele Schwierigkeiten und Gefahren, doch jedes Mal werden Josef und Maria vom Kind gerettet. Als sie zur Rast Schutz in einer Höhle suchen, werden sie von einer Vielzahl von Drachen attackiert. «Da erhob sich der Herr, der noch nicht zwei Jahre alt war, stellte sich auf seine Füsse und stand vor ihnen [den Drachen]. Jene Drachen aber beten ihn an, und als sie ihn angebetet hatten, zogen sie fort» (*Pseudo-Matthäusevangelium*

18,1).²⁸³ Schon als Kleinkind stellt sich Jesus den Mächten des Bösen entgegen und besiegt sie. Ein weiteres Wunder veranschaulicht seine Fürsorge für die Mutter:

> Es geschah aber danach, am dritten Tag ihrer Reise, dass Maria durch die grosse Glut der Sonne in der Wüste erschöpft wurde, und als sie eine Palme sah, sich unter deren Schatten ein wenig ausruhen wollte. Und eilends führte Joseph sie zur Palme und liess sie vom Maultier herabsteigen. Und als sich Maria niedergesetzt hatte, blickte sie zum Blätterwerk der Palme und sah sie voller Früchte und sprach: «O wenn es doch geschehen könnte, dass ich etwas von diesen Früchten der Palme geniessen könnte.» Und Joseph sprach zu ihr: «Ich wundere mich, dass du dies sagst, obwohl du doch die grosse Höhe dieser Palme siehst.» [...] Da rief der kleine Jesus, der auf dem Schoss seiner jungfräulichen Mutter sass, der Palme zu und sprach: «Neige dich, Baum, und erfrische meine Mutter mit deinen Früchten.» Sofort aber auf sein Wort hin neigte die Palme ihre Spitze bis zu den Füssen Mariens, und alle sammelten von ihr die Früchte, die sie hatte, und wurden dadurch erfrischt. (*Pseudo-Matthäusevangelium* 20,1 f.)²⁸⁴

Das *Pseudo-Matthäusevangelium* projiziert zwei Bilder in die Kindheit: Jesus den Exorzisten und Jesus, der dank der Brotvermehrung die Menge ernährt. In anderen Texten wird gezeigt, wie Jesus einen Dämon austreibt, eine Aussätzige heilt, den in ein Maultier verwandelten Mann von seinem Fluch erlöst, seinen Bruder Jakobus von einem Schlangenbiss heilt, Wasser in einem Tuch trägt, weil der Krug zerbrochen ist, einen Spielkameraden auferweckt usw.²⁸⁵ Die Botschaft ist klar: *Von Geburt an besitzt Jesus jene übernatürlichen Kräfte, die er während seines gesamten Lebens gezeigt hat – und noch mehr.* Der Volksglaube hat sich dieser narrativen Theologie bedient und wollte so der Vorstellung entgegenwirken, der Herr habe seine Kräfte durch sich selbst erworben.

Andere Geschichten sind irritierender. Sie zeigen die Taten eines jähzornigen und rachsüchtigen kleinen Jesus. Eines Tages war er mit seinem Vater unterwegs, da lief ein Kind vorbei und stiess ihn an seine Schulter. «Jesus wurde ärgerlich und sagte zu ihm: ‹Du sollst auf deinem Weg nicht weitergehen!› Und sofort fiel es hin und starb» (*Kindheitser-*

---

283 Markschies/Schröter, Antike christliche Apokryphen I/2 (s. Anm. 5), 983–1002, hier 999.
284 A. a. O., 1000.
285 Arabisches Kindheitsevangelium, 10–21, in: Markschies/Schröter, Antike christliche Apokryphen I/2 (s. Anm. 5), 963–982; Kindheitserzählung des Thomas, 9–16, in: a. a. O., 930–959.

zählung *des Thomas* 4,1). Interessant ist die Fortsetzung. Einige, die das Drama gesehen hatten, wunderten sich, die Eltern des Verstorbenen aber gingen zu Josef und schalten ihn. Da rief Josef Jesus beiseite und machte ihm Vorhaltungen. Jesus aber erwiderte, die Eltern des verstorbenen Kindes «werden ihre Strafe davontragen». Wütend zupfte ihn Josef gehörig am Ohr. Ein Lehrer namens Zachaeus aber hatte die Szene beobachtet und schlug Josef einige Tage danach vor, seinen Sohn zu sich zu nehmen, und ihn zu lehren, «alle älteren Menschen zu grüssen und sie zu ehren wie (die eigenen) Grossväter und Väter und die Gleichaltrigen freundlich zu behandeln». Antwort von Jesus: «Diese Worte, die du [der Lehrer Zakkai] gesprochen hast, und diese Namen – ich bin ihnen fremd. Ich bin nämlich ausserhalb von euch und wohne (doch) mitten unter euch» (a. a. O., 5 f.).

Wir sollten nicht vorschnell über diese Kindheitsevangelien urteilen und schliessen, sie würden Unsinn erzählen. Einmal mehr, *eine Theologie durchdringt diese naiven Erzählungen, eine Inkarnationstheologie: Jesus ist Gott auf Erden.* Das Kind, das aus Lehm Vögel formt und sie lebendig macht, ist die Ikone des Schöpfergottes. Der launische Knabe ist wie Gott, den der Mensch, wenn ihm sein Leben lieb ist, nicht erzürnen sollte. Doch das göttliche Kind lebt in der Welt, ohne von dieser Welt zu sein – in Anlehnung an das Johannesevangelium. Zweifelsohne wird in dieser Inkarnationsvision die Menschlichkeit des Nazareners in den Hintergrund gedrängt. Nicht die übernatürliche Macht, über Leben und Tod zu gebieten, muss das göttliche Kind lernen, sondern das Wissen der Menschen erwerben. So berichtet die *Kindheitserzählung des Thomas* in berührenden Worten, wie der achtjährige Jesus seinen Vater bittet, ihn dessen Zimmermannshandwerk zu lehren; aber wenn er das hochbegabte Kind Lehrern übergibt, die es Griechisch lehren sollen, dann erweisen sich diese als unwissender als der Schüler …

Aus diesen apokryphen Texten lesen wir den Willen heraus, *die Kindheit Jesu in das familiäre, schulische und soziale Umfeld von Nazaret in Galiläa einzubetten.* Aus dem Reisebericht des Pilgers von Piacenza (*Antonini Placentini Itinerarium,* um 570) lernen wir, dass diese Erzählungen in Nazaret konkrete Wirkung zeitigten: Den Pilgern wurde das (vermeintliche) Schulzeugnis von Jesus, aber auch ein Balken gezeigt, auf dem Jesus und seine Spielkameraden gesessen hatten.[286]

---

286 *Antonini Placentini Itinerarium* ist die Chronik eines Pilgers aus Piacenza, der um 570 in das Heilige Land reiste.

Der Jude Jesus

In Kapitel 1 haben wir bereits über die judenchristlichen Evangelien gesprochen (vgl. S. 38f.). Sie stammen aus jener stark mit Israel verbundenen Strömung der Christenheit, die über Jahrhunderte hinweg daran festhielt, das Christentum sei ein Zweig des Judentums. Mit der Zeit sank die Bedeutung dieser im 1. Jahrhundert tonangebenden Strömung im syropalästinischen Raum, um dort im 5. Jahrhundert ganz zu erlöschen. Bis ins 8. Jahrhundert überlebten Gruppen von Ebioniten (auch Ebionäer) und Elkesaiten aramäischer Sprache.[287] Vom Judentum wie von der Grosskirche wurden diese Gemeinden abgelehnt. Ihr Niedergang erklärt, weshalb diese Evangelien bis auf wenige Fragmente verschwunden sind. Es sind dies Zitate der Kirchenväter: Clemens von Alexandria, Origenes, Epiphanius von Salamis, Hieronymus. Aus dem *Nazoräerevangelium* sind dreiundzwanzig, aus dem *Hebräerevangelium* sieben und aus dem *Ebionäerevangelium* ebenfalls sieben Zitate oder Anspielungen bekannt. Vielleicht handelt es sich bei den beiden erstgenannten Evangelien um dieselbe Schrift, aber wir wissen zu wenig, um das zu bestätigen.[288]

Die Fragmente thematisieren die Taufe Jesu, die Berufung der Jünger, die Heilungstätigkeit oder die Morallehre. Das *Hebräerevangelium* berichtet, der Auferstandene sei Jakobus, dem Bruder des Herrn, erschienen und habe ihm Brot und Wein gegeben.[289] An dieser apokryphen Episode lässt sich das Bedürfnis ablesen, die Legitimität des Jakobus zu festigen, indem er in den Kreis der zwölf Apostel integriert wird. Ihn hat denn auch das Judenchristentum zur Leaderfigur und zum Garanten seiner Tradition erhoben. Innerhalb der apokryphen christlichen Literatur stehen die judenchristlichen Schriften dem Lebensumfeld Jesu und seinen Jüngern geografisch und soziologisch am nächsten.

Anhand der vorhandenen Fragmente lässt sich die Lehre der Gemeinden, in denen sie zirkulierten, nicht rekonstruieren, aber sie sagen darüber so viel, dass sich das Bild eines stark judaisierten Jesus abzeichnet – dem Matthäus- und dem Johannesevangelium nicht unähnlich. Ein um

---

287 Vgl. dazu die historische Abhandlung von Mimouni, Simon Claude, Le judéo-christianisme ancien. Essais historiques, Paris 1998.
288 Die These, es handele sich um zwei Evangelien vertritt Mimouni, Les fragments évangéliques judéo-chrétiens «apocryphisés» (s. Anm. 23); zum Forschungsstand: 13–19.
289 Frg. 6, zit. von Hieronymus, De viris illustribus / Berühmte Männer (s. Anm. 271), II, c. 2, 12f. (S. 163).

200 datierter und erstmals 1935 publizierter Papyrus eröffnet uns glücklicherweise einen direkten Zugang zu einem aus dieser Strömung stammenden Text: der Papyrus Egerton 2 (ergänzt durch den Papyrus Köln VI 255). Nachstehend der Anfang:

> Jesus sagte (?)] den Gesetzeskundig[en: Bestraft jed]en, der behilflich ist [beim Handeln gegen das Ges]etz und nicht mich. De[nn we]nn … … er d]as Gesetz befolgt, wie er [es?] tut. Zu den] Obersten des Volkes wand[te er sich], sagte dieses Wort: Erforscht d]ie Schriften, in denen ihr meint, Le]ben zu haben. Diese [sin]d es, die Zeug]nis ablegen von mir. Meint nich[t, dass] ich gekommen bin, anz[u]klagen euch] bei meinem V(at)er. Es gi[b]t einen, der eu]ch anklagt, Mo(se), auf den ihr] Hoffnung gesetzt habt.[290]

Nach diesem Wortwechsel versuchen die Obersten des Volks sich Jesu zu bemächtigen, um ihn zu steinigen, aber er entgeht ihnen, «weil noch nicht geko[mmen war die Stunde seiner Ausliefe[rung». Toratreue und Auseinandersetzungen über die Schriftauslegung sind sichere Indizien für eine Debatte innerhalb des Judentums, wobei das Judenchristentum eine messianische Lektüre der Hebräischen Bibel verteidigt. Das *Ebionäerevangelium* scheint eigene Wege zu gehen, wenn es für vegetarische Ernährung eintritt und den göttlichen Charakter der Messianität Jesu zurückweist. *Bei diesen Kontroversen geht es darum, die Schriftkonformität der Lehre Jesu, anders gesagt, sein vollkommenes Judesein zu bezeugen.*

Nach der Sakralisierung der Mutter, den Kindheitsevangelien und dem Beweis dafür, dass Jesus ein Jude war, wenden wir uns dem vierten Zentrum des Interesses zu. Damit tauchen wir in eine völlig andere spirituelle Atmosphäre ein: Hier geht es um die Frage, wer am Kreuz gestorben ist.

Ist Jesus am Kreuz gestorben?

Ob es möglich ist, dass der Sohn Gottes am Kreuz gestorben ist – diese Frage treibt die Kirche seit ihren Anfängen um. Schon die kanonischen Evangelien beantworten diese Frage, wenn sie betonen, dass das Kreuz in den Heilsplan Gottes für die Menschen eingeschrieben sei.[291] Doch im

---

290 Markschies/Schröter, Antike christliche Apokryphen I/1 (s. Anm. 5), 360–365, zit. 362 f. (Frg. 1 verso, Zeilen 1–14).
291 Mk 8,31; Mt 26,39; Lk 2,34 f.; 24,25–27; Joh 19,28–30; Apg 2,22–24; 13,27–31; Röm 3,25 f.; 5,6–8; 1Kor 1,18–25; Gal 4,4 f. usw.

Lauf der Zeit wurde die Frage drängender: *Ein «Gott», der leidet und stirbt, schien undenkbar.* Die theologische Strömung, die sich bemüht, Gott vom Leiden zu trennen, hat die sogenannte doketische Christologie hervorgebracht. Der vom griechischen Verb *dokein* (scheinen) hergeleitete Begriff bedeutet, dass der Leidensmann nur eine Scheingestalt war, eine falsche Erscheinung des Gottessohns.

Schon im 1. Jahrhundert ist der Doketismus in zahlreiche christliche Kreise eingeflossen, seine Brutstätte aber ist die gnostische Strömung, die wir dank der grossartigen Entdeckung der koptischen Nag-Hammadi-Bibliothek kennen. Was wir «gnostische Strömung» nennen, ist ein komplexes Gebilde von Gemeinden mit einer sowohl philosophischen als auch mystischen Spiritualität. Was ist die Gnosis? Sie entspringt dem Gefühl, der Welt fremd zu sein. Jean-Pierre Mahé und Paul-Hubert Poirier, die Herausgeber des Bandes *Écrits gnostiques* der Bibliothèque de la Pléiade, definieren sie wie folgt: «Das irdische Leben ist Verfall: Man wird gegen seinen Willen hineingeworfen; man wird etwas anderes, als man ursprünglich war; diese Entfremdung ist eine Art Gefangenschaft, aus der man freigekauft werden muss. In diese Welt der Zeugung hineingeboren zu werden, führt zwangsläufig zum Tod, es sei denn, man hätte sich erneuert. Die treibende Kraft dieser Erlösung ist in erster Linie die Gnosis, zusammen mit dem Taufbad.»[292] Die Gnostiker leben in der Sehnsucht nach einem Urzustand göttlicher Natur, den es mit Erkenntnisritualen zurückzuerlangen gilt. Diese erlösende Erkenntnis (auf Griechisch: *gnosis*) ist den Initiierten vorbehalten; ausgelegt wird sie in oft schwer verständlichen Texten über die Erschaffung der Welt, den Ursprung des Bösen, die himmlischen Gefilde und ihre engelgleichen Geschöpfe sowie die Geheimnisse des menschlichen Körpers. Die gnostischen Schriften liefern eine Relektüre der zentralen Ereignisse im Leben Christi – *ausgehend vom fundamentalen Dualismus von Himmel und Erde; dieser richtet die Vorstellung von einem sich in der Welt inkarnierenden Gott zugrunde.*

Die *Johannesakten* datieren aus der zweiten Hälfte des 2. Jahrhunderts. Dort findet sich in Kapitel 94–102 eine doketische Relektüre der Passionsgeschichte. Jesus wird beschrieben, wie er vor seiner Gefangennahme vor seinen Jüngern tanzt und einen Hymnus zu Ehren des Vater anstimmt, worauf die Jünger mit Amen respondieren (94–96). Der Apostel Johannes kann nicht mitansehen, wie Jesus gefangengenommen wird, er leidet und flieht auf den Ölberg.

---

292 Mahé/Poirier, Écrits gnostiques (s. Anm. 186), XVf.

> Und als er [Jesus] am Freitag zur sechsten Tagesstunde (am Kreuz) aufgehängt wurde, trat Finsternis auf der ganzen Erde ein. Und es stand mein Herr mitten in der Höhle, erleuchtete mich und sagte: «Johannes, für die Menge unten in Jerusalem werde ich gekreuzigt und mit Lanzen und mit Rohren gestossen und mit Essig und Galle getränkt. Mit dir aber rede ich, und was ich rede, höre! Ich habe es dir eingegeben, auf diesen Berg zu gehen, damit du hörst, was ein Jünger vom Meister lernen muss und ein Mensch von Gott.» Und da er das gesagt hatte, zeigte er mir ein zu fester Form gewordenes Lichtkreuz [...]. (*Johannesakten*, 97 f.)[293]

Dieses Lichtkreuz, das wahre Kreuz, dessen Offenbarung dem initiierten Gnostiker vorbehalten ist, «ist nicht das hölzerne Kreuz, das du sehen wirst, wenn du von hier hinuntergehst» (*Johannesakten*, 99). «Auch bin ich nicht der am Kreuz», offenbart Christus (ebd.).

Beide Motive, die Esoterik der Erkenntnis und die Trennung von Erlöser und Kreuz, finden sich auch in der *Koptisch-gnostischen Apokalypse des Petrus,* einer relativ späten gnostischen Schrift aus dem beginnenden 3. Jahrhundert.

> Und als ich dies gesagt hatte, sprach der Erlöser: «Ich habe dir gesagt, dass sie blind und taub sind. So vernimm jetzt, was dir im Geheimen gesagt wird, und bewahre es. Du darfst es nicht den Söhnen dieses Äons sagen! Denn in diesen Äonen wirst du gelästert werden, wo man unwissend über dich ist. Du wirst aber gepriesen werden, wo Erkenntnis ist.» [...]
> «Denn jener, den sie angenagelt haben, ist der Erstgeborene und das Haus der Dämonen und der Steinkrug, in dem sie wohnen, ‹der Mensch› des Elohim, ‹der Mensch› des Kreuzes, der unter dem Gesetz ist. Der aber, der nahe bei ihm steht, ist der lebendige Erlöser, der zuvor in ihm war, der ergriffen und (doch wieder) freigelassen wurde und (nun) (schaden)froh dasteht, weil [er] sieht, dass die, die ihm Übles angetan haben, untereinander zerspalten sind.» (*Koptisch-gnostische Apokalypse des Petrus*, 73,11–23; 82,21–34)[294]

Der Dualismus, auf dem die gnostische Lehre fusst, tritt in diesem Auszug klarer zutage. Die Ablehnung dieses «Äons», der von den Archonten (höchsten Beamten) des Bösen dominierten irdischen Welt, führt zur Ablehnung des Schöpfergottes, des biblischen Gottes (Elohim). Die

---

293 Schneemelcher, Wilhelm, Neutestamentliche Apokryphen II: Apostolisches, Apokalypsen und Verwandtes, Tübingen ⁶1997, 138–190, hier 169.
294 A. a. O., 633–643, hier 639 und 643.

Kreuzigung Jesu steht im Zusammenhang mit dem jüdischen Gesetz, was korrekt ist; aber in einer spektakulären Umkehrung der neutestamentlichen Fakten wird sie der Welt des Bösen zugeordnet und kann theologisch nicht rehabilitiert werden. Kein erlösender Sinn kann ihr zugeschrieben werden. Der göttliche Erlöser ist aus dem dem Leiden ausgelieferten menschlichen Körper «freigelassen» worden. Eine der Erklärungen ist, dass in Wirklichkeit irrtümlicherweise Simon aus Kyrene, der gezwungen worden war, das Kreuz des erschöpften Jesus zu tragen (Mk 15,21), an dessen Stelle gekreuzigt worden sei. Im Zusammenhang mit Basilides, einem um 160 verstorbenen Meister der Gnosis, fasst Irenäus von Lyon diese Theorie in seinem Traktat *Gegen die Häresien / Contra Haereses* zusammen:

> Aber er [Christus] hat nicht gelitten, sondern ein gewisser Simon von Kyrene, den man zwang, für ihn das Kreuz zu tragen. Dieser wurde irrtümlich und unwissentlich gekreuzigt, nachdem er von ihm verwandelt war, so dass er für Jesus gehalten wurde. Jesus aber nahm die Gestalt des Simon an und lachte sie aus, indem er dabeistand. (*Gegen die Häresien*, I, 24, 4)

Für die Gnostiker ist der Gedanke, der Erlöser sei am Kreuz gestorben, typisch für das Unwissen und den Irrtum der Christen der Mehrheitskirche. Bewundernswert ist, wie subtil die Gnosis, gestützt auf eine Episode im Evangelium, deren Bedeutung umkehrt. Dieselbe Sinnverdrehung geschieht auch im Fall der Verleugnung des Petrus. Die *Koptisch-gnostische Apokalypse des Petrus* thematisiert die dreimalige Verleugnung des Apostels (72,3 f.), stellt aber den Sinn auf den Kopf: Es gilt, die Figur des gekreuzigten Jesus zu verleugnen, um den wahren Erlöser zu erkennen. Und Irenäus von Lyon weiter zur Theorie des Basilides: «Wer also noch den Gekreuzigten bekennt, der ist ein Sklave und unter der Gewalt jener, welche die Körperwelt gemacht haben; die andern aber sind ihrer Macht ledig, sie wissen, wie es der ungezeugte Vater geordnet hat» (*Gegen die Häresien*, I, 24, 4).

Es ist das genaue Gegenteil der paulinischen Theologie, die auf das Bekenntnis des Gekreuzigten fokussiert. Wir können uns also unschwer vorstellen, wie erbittert der Konflikt zwischen der Grosskirche, deren Wortführer Irenäus war, und den gnostischen Christen war, die mit einem Wissen prahlten, das der gewöhnlichen Christenheit verwehrt war. Welcher Sinn dem Kreuz beizumessen sei – darüber beschimpften sich beide Parteien gegenseitig als Häretiker. Dazu nochmals Irenäus: «Nicht viele können diese Erkenntnis haben, sondern nur einer aus tausend, zwei aus zehntausend. Juden seien sie nicht mehr, Christen noch nicht. Ihre Geheimnisse brauche man nicht zu verkünden, sondern könne sie schweigend im Verborgenen bewahren» (*Gegen die Häresien*, I, 24, 6). Ihre Ablehnung des biblischen Gottes führt faktisch zu einer antijüdischen Position. Anders als die Gnostiker hat die alte Kirche an der Autorität des Alten Testaments, am Faktum der Inkarnation und an der erlösenden Funktion des Kreuzes festgehalten.

Zwischen Karfreitag und Ostern

Das fünfte Zentrum des Interesses apokrypher Schriften setzt auf den Glauben an die Höllenfahrt Christi zwischen Tod und Auferstehung. Die Quelle dieses Glaubens liegt im Neuen Testament: Im Ersten Brief des Petrus steht, Jesus sei «zu den Geistern im Gefängnis hinabgefahren» (1 Petr 3,19). Die gefangenen Geister sind die in der Hölle gefangenen Seelen. Die Zeit zwischen Karfreitag und Ostern wurde in der ausserkanonischen Literatur erforscht; dieses Schrifttum bündeln die Spezialisten unter dem Titel «Pilatus-Zyklus».[295] Verbunden sind diese Texte mit der Figur des Statthalters von Judäa, dessen Entscheidung für die Verurteilung Jesu ausschlaggebend war. Der wichtige Platz, den ihm das Johannesevangelium einräumt (Joh 18,28–19,16), ist das Vorzeichen für die Fülle von christlichen Legenden, die sich in den folgenden Jahrhunderten um ihn ranken werden.

In der orientalischen Christenheit entstehen Pontius Pilatus wohlgesonnene Legenden, die den Juden die Verantwortung für den Tod Jesu zuschieben. Der *Bericht des Pilatus* baut ein Motiv aus dem Matthäusevangelium (Mt 27,51–53)[296] aus und beschreibt die übernatürlichen Erscheinungen, die die Auferstehung ankündigten: Engelserscheinungen, Erdbeben, Auferweckung der Toten und Zerstörung der «Synagogen, die gegen Jesus Partei ergriffen hatten». Im *Brief des Herodes an Pilatus* fleht Herodes den zum Christentum bekehrten Pilatus an, für seinen Seelenfrieden zu beten. Die *Auslieferung des Pilatus* macht aus ihm einen christ-

---

295 Die Bezeichnung ist insofern umstritten, als der Pilatus-Zyklus literarisch heterogene Schriften umfasst, deren Abfassung sich über ein Jahrtausend erstreckt. Vgl. dazu die Überlegungen von Jean-Daniel Dubois in: Geoltrain, Pierre / Kaestli, Jean-Daniel (Hg.), Écrits apocryhes chrétiens II (Bibliothèque de la Pléiade 516), Paris 2005, 243–245.

296 Mt 27,51–53 legte diese Manifestation auf den Zeitpunkt von Jesu Tod, auch um dessen Dramatik zu unterstreichen; hier indes werden sie in den Dienst der Auferstehung gestellt.

lichen Märtyrer: Er wird vom Kaiser verurteilt und enthauptet, aber ein Engel hebt seinen Kopf auf. Im *Martyrium des Pilatus* erleidet er eine zweifache Kreuzigung, einmal durch die Juden, einmal durch Kaiser Tiberius.

Die abendländische Christenheit zeichnet ein nuancierteres Bild von Pilatus. Im *Brief des Pilatus an Kaiser Claudius* rechtfertigt sich Pilatus und schiebt die Schuld den Juden zu. Seine Aussagen beruhen auf dem, was bereits bei Mt 28,12–15 steht, und lassen eine Art christlichen Midrasch ablaufen:

> Sie [die Führer der Priesterschaft] aber kreuzigten ihn und stellten Wächter an sein Grab, damit sie bezeugen könnten, ob er von den Toten auferstünde. Er aber stand am dritten Tage, während meine Soldaten Wache hielten, wieder auf. Die Juden aber liessen sich in ihrer Schlechtigkeit so weit fortreissen, dass sie meinen Soldaten Geld gaben, nur damit sie sagten: «Als wir schliefen, kamen seine Schüler bei Nacht und raubten seinen Leichnam.» (*Brief des Pilatus an Kaiser Claudius*)[297]

Im *Tod des Pilatus* wird dessen Porträt schwärzer. Es ist die Rede von seiner Verurteilung durch Kaiser Tiberius, seinem Suizid und seinem schändlichen Ende, wird er doch in den Tiber geworfen. Doch sein Leichnam verursachte derartige Katastrophen, dass er herausgefischt und in die Schweiz überstellt wurde, und zwar – hier sind sich die Textversionen uneinig – entweder «nach Lausanne» oder auf den Gipfel des Pilatus bei Luzern.[298]

Das bekannteste Apokryphon zu Pilatus ist das *Nikodemusevangelium*, auch *Pilatusakten* genannt. Die schwer zu datierende Schrift (4. Jh.?) genoss wie das *Protevangelium des Jakobus* immense Bekanntheit und war Ausgangsstoff für Theaterstücke wie auch Inspiration für Dantes *Göttliche Komödie*. Im Mittelalter wurde es wie ein fünftes Evangelium gelesen, bevor es dann nach seiner Verurteilung im 16. Jahrhundert in Vergessenheit geriet. Auf uns gekommen sind mehr als fünfhundert Manuskripte in vielfältigen Versionen. Von diesem Evangelium können wir sagen, es sei ein «Propagandatext»,[299] der sich

---

297 Die sonstige Pilatusliteratur, in: Markschies/Schröter, Antike christliche Apokryphen I/1 (s. Anm. 5), 262–279, hier 263 f.
298 Geoltrain/Kaestli (Hg.), Écrit apocryhes chrétiens II (s. Anm. 295), 413.
299 L'Évangile de Nicodème ou Les Actes faits sous Ponce Pilate (recension latine A) suivi de La lettre de Pilate à l'empereur Claude. Introduction et notes par Rémi Gounelle et Zbigniew Izydorczyk (Apocryphes 9), Turnhout 1997, 19 f.

auf die kanonischen Evangelien stützte, um deren Wert und Geschichtlichkeit zu verteidigen. Das gilt insbesondere für den ersten Teil (Kap. 1–11), der den Prozess Jesu thematisiert, und den zweiten Teil (Kap. 12–16), der die Geschichte des Josef von Arimatäa erzählt. In all diesen Kapiteln wird über die Geburt Jesu ohne Sünde, seine Heilungen, seine Lehre, seinen Kreuzestod, seine Himmelfahrt berichtet und gegen Kritiker verteidigt. Der bekannteste Textabschnitt findet sich in den Kapiteln 17–27 mit der Höllenfahrt Christi.[300] Die Hölle wird als unterirdischer Wohnraum der Seelen und als Ort der Bestrafung der bösen Seelen aufgefasst. Dort hält der Auferstandene einen triumphalen Einzug.

> Da erscholl wieder die Stimme: «Öffnet die Tore!» Als Hades die Stimme zum zweiten Mal hörte, verhielt er sich wie ein Ahnungsloser und fragte: «*Wer ist dieser König der Herrlichkeit?*» Die Engel des Herrn erwiderten: «*Ein mächtiger und gewaltiger Herr, ein Herr, machtvoll im Kriege!*» Und zugleich mit diesem Bescheid wurden die ehernen Tore zerschlagen und die eisernen Riegel zerbrochen und die gefesselten Toten alle von ihren Banden gelöst und wir mit ihnen. Und es zog ein der König der Herrlichkeit wie ein Mensch, und alle dunklen Winkel des Hades wurden erhellt. (*Höllenfahrt Christi* 5./21,3)[301]

Christus tritt den Tod mit Füssen; er bemächtigt sich des Satans und überantwortet ihn der Hölle bis zu seiner Wiederkunft am Jüngsten Tag. Dann richtet er Adam auf, segnet ihn und führt alle Propheten und Heiligen ins Paradies. Der letzte Ankömmling ist der gute Schächer, der Übeltäter, der mit Jesus gekreuzigt wurde und dem dieser versprochen hatte: «Heute noch wirst du mit mir im Paradies sein» (Lk 23,43). Hinter dieser farbigen Schilderung erkennen wir den Willen, *eine theologische Wahrheit narrativ umzusetzen:* Durch seinen Tod gewährt Jesus der ganzen Menschheit Erlösung und tilgt die mit Adam verbundene Sünde (Röm 5,12–21). Diese Veranschaulichung der Macht Jesu, selbst die Verstorbenen von ihren Sünden zu erlösen, erklärt den Erfolg dieses Apokryphons bis ins Spätmittelalter.

---

300 Die Entstehung dieses Teils wird aufgrund seiner Sprache eher in das 6. Jh. datiert. Vgl. Nikodemusevangelium, Pilatusakten und Höllenfahrt Christi (Einleitung), in: Markschies/Schröter, Antike christliche Apokryphen I/1 (s. Anm. 5), 231–240.

301 A. a. O., 257–261, hier 259.

Doch, um genau zu sein: Die älteste Inszenierung der Höllenfahrt Christi steht in den *Fragen des Bartholomaeus*.[302] Die Schrift basiert auf einer auf das 2. Jahrhundert zurückgehenden Überlieferung. Und hier findet der Abstieg in die Hölle nicht zum Zeitpunkt der Auferstehung, sondern der Kreuzigung statt. Seinem Jünger Bartholomäus, der erklärt: «Und als die Finsternis kam, schaute ich hin und sah, dass du vom Kreuz verschwunden warst [...]», antwortet Jesus: «Als ich also vom Kreuz verschwand, da stieg ich hinab zum Hades, um Adam und alle um ihn herum heraufzuführen, gemäss der Bitte des Erzengels Michael» (*Fragen des Bartholomaeus*, 1, 6–9). Es folgt eine pittoreske Schilderung der Unterwelt, die erschüttert zur Kenntnis nimmt, dass «ein Gott hierher gekommen» ist (1, 11) und der auferstandene Adam auf den Händen der Engel in den Himmel getragen wird (1, 21 f.).

Neben dem Pilatus-Zyklus, aber ebenfalls daran interessiert, die Auferstehung Jesu zu kommentieren, gibt es einen kurzen Auszug aus dem *Petrusevangelium*, von dem die Kirchenväter seit dem 3. Jahrhundert sprechen, der aber erst 1886 von einem französischen Archäologen wiederentdeckt wurde: Die sechzig gefundenen Verse sind dem Ende des verlorenen Evangeliums zuzuordnen und berichten über Kreuzigung und Auferstehung. Vermutlich wurde der Text um 150 innerhalb des syrischen Judenchristentums verfasst. Aufmerksamkeit erregt er wegen seiner frühen Entstehungszeit. Einige nehmen irrtümlicherweise an, er beruhe auf einer noch älteren Überlieferung als das Markusevangelium.[303] Interesse weckt er auch, weil er als Erster das tut, vor dem sich die kanonischen Evangelien hüteten: das Phänomen der Auferstehung zu *beschreiben*. Unter den Augen der verblüfften Wachen steigt der Auferstandene aus dem Grab, gestützt von zwei aus dem Himmel herabgestiegenen Gestalten: Und sie sahen, dass «die beiden den einen stützten und ein Kreuz ihnen folgte und, während der Kopf der beiden bis zum Himmel reichte, überstieg derjenige aber des von ihnen an der Hand Geführten die Himmel (10, 39 f. vgl. auch S. 249). Diese eigenartige Vision steht

---

302 Fragen des Bartholomaeus, in: Markschies/Schröter, Antike christliche Apokryphen I/1 (s. Anm. 5), 702–850; zit. nach der Übersetzung Wilmart/Tisserant. Ich folge der Datierung von Jean-Daniel Kaestli, obwohl die Schrift selbst eher aus dem 4. Jh. stammt. Vgl. Kaestli, Jean-Daniel / Cherix, Pierre, L'Évangile de Barthélemy. D'après deux écrits apocryphes (Apokryphes. Collection de poche AELAC), Turnhout/Paris 1993, 60–65; zur Geschichte des Glaubens an die Höllenfahrt Christi: 135–142.

303 So etwa Crossan, The Cross that Spoke (s. Anm. 20); Koester, Ancient Christian Gospels (s. Anm. 18), 216–239.

in der Folge des Johannesevangeliums, in dem das Kreuz und die Erhöhung Christi zusammenfallen. Hier ist der Auferstandene bereits in die himmlischen Gefilde eingegangen und die beiden stützenden engelgleichen Gestalten bedeuten, dass das Heraustreten aus dem Tod das Werk Gottes ist. Dass sich das Schauspiel unter den Augen von Ungläubigen ereignet, soll die Geschichtlichkeit der Auferstehung beglaubigen.

Eine Weisheit für Eingeweihte

Das sechste und letzte Zentrum des Interesses – es entfaltet sich im Wesentlichen in der orientalischen Christenheit – befasst sich mit Jesus als dem Initiator einer den Eingeweihten vorbehaltenen Weisheit. Seine Botschaft wird umgestaltet, um *eine innere Frömmigkeit von oft hohem intellektuellen Gehalt* zu befördern. Hinter diesen Schriften müssen wir uns Konventikel von Gläubigen vorstellen, die Meditation und mystische Suche kombinieren. Eine ganze Reihe von Evangelien ist mit dieser Strömung verbunden. Meist (aber nicht immer) inszenieren sie einen Dialog zwischen dem Auferstandenen und bestimmten auserwählten Jüngern, denen Christus seine Offenbarungen anvertraut.

Das bekannteste dieser Evangelien ist das koptische *Thomasevangelium*. Seine Entstehungszeit (um 150), die Möglichkeit, dass es sich auf noch ältere Überlieferungen stützt, und seine Nähe zu den Synoptikern machen es zum besterforschten Evangelium der Apokryphen. Schon die ersten Verse sind programmatisch:

> Dies sind die verborgenen Worte, die der lebendige Jesus sagte, und Didymos Judas Thomas schrieb sie auf. Und er sprach: «Wer die Deutung dieser Worte findet, wird den Tod nicht schmecken.» Jesus spricht: «Wer sucht, soll nicht aufhören zu suchen, bis er findet. Und wenn er findet, wird er bestürzt sein. Und wenn er bestürzt ist, wird er erstaunt sein. Und er wird König sein über das All.» (*Thomasevangelium*, Incipit–2)[304]

Dieses Evangelium präsentiert sich mithin als die Transkription der geheimen Worte Jesu des Lebendigen; unter diesem Namen spricht der ewige Sohn Gottes. Weshalb sind es die geheimen, verborgenen Worte? Folgen wir Jean-Daniel Kaestli: «Was verborgen ist, ist ihr Sinn. Neben

---

304 Markschies/Schröter, Antike christliche Apokryphen I/1 (s. Anm. 5), 483–522, hier 507.

einem offenkundigen, unmittelbar wahrnehmbaren Sinn haben die Worte Jesu einen tieferen, esoterischen Sinn, der sich erst um den Preis einer Suche, einer Interpretationsanstrengung offenbart.»[305] Die Leserin, der Leser ist eingeladen zur Suche nach dem verborgenen Sinn. Den Tod nicht zu schmecken, also die Ewigkeit des Gottesreichs zu erlangen – das ist die Belohnung dafür. Zu dieser Erkenntnis zu kommen heisst, das Heil zu erlangen. Wahrzunehmen ist hier der Kern der gnostischen Spiritualität, obwohl das *Thomasevangelium* sich noch nicht den weiten kosmologischen Spekulationen der späteren Gnosis hingibt.

Ein Viertel der hundertvierzehn Logien des Textes stimmt überein mit Worten, die aus den kanonischen Evangelien bekannt sind. So etwa «Selig sind die Armen, denn euer ist das Himmelreich» (*Logion* 54; Lk 6,20) oder «Wer sucht, wird finden. [Wer anklopft] – ihm wird geöffnet werden» (*Logion* 94; Mt 7,7f.). Für die Hälfte der Logien gibt es eine Teilparallele in den kanonischen Evangelien, allerdings um den Preis einer starken Umdeutung; das gilt etwa für das Gleichnis von dem in einem Acker vergrabenen Schatz: Das Feld geht von einem Besitzer zum andern und der neue Eigentümer findet den Schatz, und «begann Geld zu geben gegen Zins, wem er wollte» (*Logion* 109; vgl. Mt 13,44); hier ist die Weisheit der Schatz. Ein letztes Viertel der Logien ist ganz neu und stark gnostisch geprägt; so etwa: «Wehe dem Fleisch, das an der Seele hängt. Wehe der Seele, die am Fleische hängt» (*Logion* 112). *Das Interesse an der Biografie von Jesus ist verschwunden; was bleibt, ist die Anziehungskraft einer Ewigkeit verheissenden Lehre.* Die Entstehungszeit der von Thomas versammelten Überlieferungen ist umstritten. Einige vertreten die Auffassung, dass dieses Evangelium die in Matthäus, Lukas und, in geringem Mass, in Markus festgehaltene Lehre Jesu neu liest und neu interpretiert, andere (und ich zähle dazu) sind der Meinung, dass es eine selbstständige Überlieferung ist, die die Überlieferung von Jesus gesammelt hat, bevor diese in die später kanonisch gewordenen Evangelien eingeflossen ist.[306] Das *Thomasevangelium* enthält einige Worte, die dem historischen Jesus zugeschrieben werden können (vgl. S. 34–36), aber auf jeden Fall wurden die meisten später neu interpretiert.

Wie wirkt sich das auf das Verständnis der Figur Jesus aus?

---

305 Kaestli, Jean-Daniel / Marguerat, Daniel (Hg.), Le mystère apocryphe. Introduction à une littérature méconnue (Essais bibliques 26), Genf ²2007, 83.

306 In den Fussstapfen anderer vertritt Meier, Un certain Juif, Jesus I (s. Anm. 5), 83–99, die These von der Abhängigkeit der kanonischen Evangelien. Für die Autonomiethese argumentiert Helmut Koester: Apocryphal and Canonical Gospels, in: Harvard Theological Revue 73 (1980), 105–130, bes. 112–119.

Das Königreich, ein im *Thomasevangelium* oft zitierter Begriff, ist zur ewigen, ausserzeitlichen Wirklichkeit geworden, «und die Menschen sehen es nicht» (*Logion* 113). Das Reich fällt zusammen mit der göttlichen Welt des Lichts, aus der die Spirituellen gekommen sind, dazu bestimmt, nach ihrem Tod in diese Welt zurückzukehren. Das Königreich in einem transzendenten Jenseits zu verorten – das ist der Botschaft Jesu diametral entgegengesetzt, mit seiner Erwartung eines Gottesreichs, das im Dickicht der Geschichte bereits wahrnehmbar ist und dessen künftige Entfaltung verheissen ist. Der gnostische Dualismus zeigt sich in der Abneigung gegen diese Welt: «Jesus spricht: ‹Wer die Welt erkannt hat, hat eine Leiche gefunden. Und wer die(se) Leiche gefunden hat, dessen ist die Welt nicht würdig›» (*Logion* 56). Die Abwertung der irdischen Welt ist derart radikal, dass sie mit einem Kadaver gleichgesetzt wird, mit einer leblosen Wirklichkeit, die die Erwählten nicht mehr zu ihren Anhängern zählen kann.

Was die Identität Jesu betrifft – diese ist zu einem unaussprechlichen Geheimnis geworden. Auf die Frage «Wem gleiche ich?», denkt Petrus an einen gerechten Engel, Matthäus an einen weisen Philosophen, Thomas aber sagt: «Lehrer, mein Mund ‹vermag› es ganz und gar nicht zu ertragen zu sagen, wem du gleichst» (*Logion* 13,4). Wie andere christliche Gemeinden die Frage nach der Identität Jesu beantworten, wird hier als ungenügend erklärt. Thomas, Inbegriff des wahren Jüngers, gibt die richtige Antwort: Im Angesicht Jesu ist Schweigen geboten. Denn in ihm *spricht die Ewigkeit*. Die Idee der Inkarnation hat sich verflüchtigt: Wie könnte Gott eine dem Verderben geweihte Welt bewohnen?

Das *Thomasevangelium* bleibt, wie bereits gesagt, an der Schwelle der gnostischen Spiritualität. Andere Schriften hingegen erliegen ihr vollends. Die Nag-Hammadi-Bibliothek hat sie uns bekannt gemacht: *Evangelium der Maria, Philippusevangelium, Sophia Jesu Christi / Weisheit Jesu Christi, Dialog des Erlösers, Buch der Geheimnisse des Johannes* usw. Mit der Publikation des Kodex Tchacos 2006 ist uns auch der Text des *Judasevangeliums* bekannt. Nachstehend gehe ich kurz auf drei Schriften ein, in denen sich die Weisheit für Initiierte machtvoll entfaltet.

Vom *Evangelium der Maria* (2. Jh.) besitzen wir lediglich zwei Fragmente. Der Text beginnt mit einem Dialog zwischen dem Auferstandenen und seinen Jüngern über die Materie und die Sünde der Welt. In dieser Schrift spielt Maria aus Magdala eine herausragende Rolle (vgl. S. 174 f.): «Was euch verborgen ist, werde ich euch verkündigen» (10,8). Ihre Lehre befasst sich mit dem Aufsteigen der Seele in die himmlischen Gefilde nach dem Tod und der Überwindung der vielen Barrieren, um dorthin zu gelangen. Maria tröstet die Jünger, die traurig sind über den

Weggang Jesu; Andreas und Petrus aber sind ihr feindlich gesinnt und bestreiten, dass Christus eine Frau privat gelehrt habe.

Der *Dialog des Erlösers* (3. Jh.) ist eine Initiation in die Selbsterkenntnis: «Der Erlöser [sagte]: ‹Die Leuchte [des] Leibes ist der Verstand›» (125,8). Durch Erkenntnis wird die Seele mit einem Licht erleuchtet, das sogar den Leib verklärt. Beschrieben wird auch der Weg der Seele in den Himmel; er endet in der Brautkammer, wo die Seele sich mit dem göttlichen Bräutigam vereint. Christus ist Initiator und Modell dieser Weisheit. Dank ihr lernt der Mensch, der aus dem göttlichen *pleroma* (Fülle Gottes) stammt und in den Zerfall der Welt geworfen wird, wie er in seine himmlische Heimat gelangen kann. Er ist aufgerufen zu einem Leben in Askese, denn die Existenz in dieser Welt ist den himmlischen Mächten und ihren Leidenschaften unterworfen. Der Mensch muss sich von Zorn und Neid befreien. Maria aus Magdala, «eine Frau, die vollständig verstanden hatte» (139,53), hat auch in diesem Text einen zentralen Platz. In seiner Weisheitssuche wird der Gnostiker als Einsiedler bezeichnet, und zwar mit der Vokabel *monachos,* im Deutschen dann «Mönch». Entstehen wird das Mönchtum allerdings zwei Jahrhunderte später in Ägypten.[307]

Im Mittelpunkt des *Judasevangeliums,* auf das Irenäus von Lyon anspielte, ohne es gelesen zu haben, steht der Apostel, den die kanonischen Evangelien verteufelt haben, der aber hier Empfänger von Offenbarungen Jesu über die künftige Welt ist. Sein Verrat wird nicht gebrandmarkt, sondern wird zur Bedingung, die es Jesus ermöglicht, sich seiner fleischlichen Hülle zu entledigen, um seine Identität als Erlöser zu offenbaren. Die Frage, ob Judas in diesem schwerverständlichen Text rehabilitiert oder von den Mächten des Bösen manipuliert wird, ist heute umstritten.[308]

---

[307] Zur Geschichte des Begriffs von den griechischen Papyri über die Septuaginta und die koptische Literatur bis zu seiner Wiederaufnahme durch die christlichen Asketen des 4. Jh. vgl. Morard, Françoise-E., Monachos, Moine. Histoire du terme grec jusqu'au 4ᵉ siècle, in: Freiburger Zeitschrift für Philosophie und Theologie 20 (1973), 332–411.

[308] Kontrovers diskutiert wird unter den Gnostizisten die Einschätzung der Person Judas in diesem Evangelium: privilegierter Jünger und Helfer Jesu oder von den Mächten des Bösen manipulierte Marionette? Vgl. die Analyse von Dubois, Jésus apocryphe (s. Anm. 238), 243–257.

Eine uneinheitliche Rezeption

Wie steht es abschliessend um die Kohärenz zwischen dem Juden Jesus, der über die Tora diskutiert, und dem Steuermann des himmlischen Seelengefährts, zwischen dem genialen Kind und dem Besucher der Hölle, zwischen dem Gesprächspartner des Pontius Pilatus und dem gnostischen Jesus, dessen Tod ausgeblendet wird? Alle diese Strömungen haben sich vom «Ereignis Jesus» inspirieren lassen und arbeiten mit einer Dimension, die ihre Bedürfnisse und ihre Kultur befriedigt. Klar zutage treten die Vielfalt des Christentums seit seinen Anfängen und seine Fähigkeit zur Inkulturation.

Wer sich auf die Suche nach Kohärenz macht, wird unterscheiden zwischen inklusiven und exklusiven Lesarten. Die inklusiven Lesarten *(Sakralisierung der Mutter, erzählte Kindheit, der Jude Jesus, zwischen Karfreitag und Ostern)* wollen die kanonischen Evangelien ergänzen, indem sie deren Leerstellen in ihren Berichten nutzen. Die exklusiven Lesarten *(Ist Jesus am Kreuz gestorben?, Weisheit für Eingeweihte)* überlagern die kanonischen Evangelien, indem sie die Passionsgeschichte oder die Inkarnation verfälschen. Zwischen Inklusion und Bruch eröffnet die beeindruckende Vielfalt des Christentums der ersten Jahrhunderte einen Weg, der chaotisch bleibt, und zwar trotz der Konzilsbeschlüsse des 4. und 5. Jahrhunderts, die Orthodoxie von Häresie trennen sollten.

Die Wahrheit Jesu lässt sich nicht in eine Formel einschliessen.

Kapitel 12
Jesus aus der Sicht des Judentums

Die jüdische Rezeption der Figur Jesus nachzuzeichnen bedeutet, sich mit einer Leidensgeschichte auseinanderzusetzen: *einem Religionskrieg*. Anfänglich (1. Jh.) war es eine Debatte zwischen Juden; bereits damals wurde sie hart geführt. Vom 2. bis zum 19. Jahrhundert waren die Beziehungen zwischen Judentum und Christentum von Verachtung, Angst und Hass beeinflusst. Diese dunkle Geschichte hat die Art, wie Juden im Lauf der Jahrhunderte über Jesus sprachen, geprägt. Um ein historisch ausgeglichenes Urteil zu fällen, müsste man den jüdischen Worten über Jesus die lange Liste der christlichen Verurteilungen, die den Juden auferlegten Verbote, die Pogrome gegenüberstellen. Dieses wechselseitige Klima des Hasses zwischen zwei Religionen erklärt das Schweigen, das Unausgesprochene und die grimmigen Worte jüdischerseits. Erst nach der Mitte des 20. Jahrhunderts hat der Schrecken allmählich dem Dialog Platz gemacht.

Drei Perioden lassen sich unterscheiden. Die erste erstreckt sich vom 2. bis zum 8. Jahrhundert: die Zeit der Geringschätzung, dokumentiert in der rabbinischen Literatur. Die zweite Periode: die bleiernen Jahrhunderte (9. bis 19. Jh.). Die dritte Periode: das Tauwetter im Lauf des 20. Jahrhunderts.

Das Schweigen der Rabbiner

Um es vorwegzunehmen: Eine Hoffnung muss gedämpft werden, die Hoffnung nämlich, aus der rabbinischen Literatur historische Informationen aus erster Hand über Jesus aus Nazaret schöpfen zu können. Unvorsichtige Forschende haben es versucht. Aber welcher Grad an historischer Zuverlässigkeit kommt einem rabbinischen Wort aus dem 5. oder 7. Jahrhundert zu, selbst wenn es eine ältere Tradition weitergibt und neu deutet? Die Worte der Weisen des Talmuds lassen uns teilhaben an der jüdischen Rezeption der Figur Jesus, genauer, an der jüdischen Reaktion auf die christliche Verkündigung.

Zuerst eine kurze Erinnerung. Aus dem 1. Jahrhundert unserer Zeit ist eine einzige jüdische Stimme zu Jesus erhalten, jene von Flavius Josephus, dessen Zeugnis uns in Kapitel 1 begegnet ist. Weder in den Qumran-Texten noch bei Philon von Alexandria ist vom Nazarener die Rede. Die älteste Sammlung rabbinischer Worte ist die Mischna, ein um 200 bis 250 von Rabbi Jehuda ha-Nasi zusammengetragenes Ensemble religiöser Vorschriften. Es enthält die Meinungen der Rabbiner der sogenannten «tannaitischen» Zeit. Entstanden sind zwei Kommentare der Mischna: der erste, der Jerusalemer Talmud entstammt dem palästinischen Judentum um das Jahr 400. Der zweite, imposantere, ist der Babylonische Talmud; lange wurde er auf das Ende des 5., wenn nicht gar des 8. Jahrhunderts datiert.[309] Beide Talmude sind das Werk der *Amoräer*. Neben diesen beiden umfassenden Darstellungen jüdischer Gelehrsamkeit gibt es die Tosefta, eine um 250–300 entstandene Ergänzung der Mischna. Hinzu kommen die Schriftkommentare *Midraschim* und *Targumim*.

Doch in dieser vielfältigen Literatur *finden wir nur eine ganz geringe Anzahl Erwähnungen von Jesus*. Pinchas Lapide schätzt, dass es sich um fünfzehn der fünfzehntausend Seiten des Talmuds handelt.[310] Ein Tropfen im Meer des rabbinischen Schrifttums. Doch diese Zahl ist unter Talmudspezialisten höchst umstritten. Denn Jesus wird zuweilen ausdrücklich genannt (Jeschu ha-Notsri), aber man entdeckt ihn auch hinter Pseudonymen: Ben Panthera (Sohn von Panthera), Bileam, Ben Stada oder gar Peloni (was «eine gewisse Person» bedeutet).[311] Es sind dies weniger Decknamen als vielmehr Sätze, die ursprünglich andere Personen erwähnten und dann Jesus zugeschrieben wurden. Zu Recht postuliert Thierry Murcia ein Phänomen von Relektüre und Zuschreibung an Jesus in der Überlieferung der Worte von Weisen. Als Beweis soll gelten, dass die Gleichsetzung dieser Personen mit Jesus in den späten Schichten des Babylonischen Talmuds viel eindeutiger ist als im Jerusalemer Talmud.[312]

---

309 Vgl. etwa Strack, Hermann L., Einleitung in Talmud und Midrasch (Beck'sche Elementarbücher), 7., völlig neu bearb. Aufl. von Günter Stemberger, München 1982, 185–188.
310 Lapide, Pinchas, Der Jude Jesus. Thesen eines Juden, Antworten eines Christen, Zürich 1979.
311 Eine Liste der direkten oder indirekten Bezeichnungen für Jesus im Talmud findet sich bei Schäfer, Jesus im Talmud (s. Anm. 35), 264–276.
312 Murcia, Thierry, Jésus dans le Talmud et la littérature rabbinique ancienne, Turnhout 2014, passim (319–664).

Doch warum wird Jesus so selten erwähnt? Und warum diese Pseudonyme?

Es mag verschiedene Gründe für diese Verdrängung geben, zudem ist uns die Geschichte der Zusammenstellung des Talmuds kaum bekannt. Der erste Grund hat mit der *internen* Zensur zu tun: Vom Feind wird nicht gesprochen. Der zweite Grund liegt an der *externen,* das heisst christlichen *Zensur:* Es war gefährlich, Jesus zu kritisieren. Zum Zeitpunkt, da der Talmud gedruckt wurde, musste er denn auch auf Drängen der Kirche von den Jesus gewidmeten Stellen gesäubert werden. Um diese Stellen wiederzufinden, müssen wir mithin auf die Handschriften zurückgreifen. Der dritte Grund ist ein historischer: Dass Jesus in den ersten beiden Jahrhunderten (Mischna) nicht erwähnt wird, hat damit zu tun, dass die Rabbiner sich auf die schwierige Aufgabe konzentrierten, das infolge der beiden Jüdischen Kriege (67–73 und 132–135) zerschlagene Judentum wieder aufzubauen. Dringlich war es, die Lebensregeln zu kodifizieren. Jesus taucht in ihren Aussagen erst in dem Moment auf, da das Christentum mächtiger wird und die jüdische Identität bedroht. Zu diesem Zeitpunkt, wir befinden uns bereits im 3. Jahrhundert, setzte die Polemik ein. Und sie war heftig.

Ein Rabbi auf Abwegen

Das späte Auftreten Jesu im Talmud erklärt, dass *die Rabbiner eher auf das Christentum in ihrem Umfeld reagierten, als auf ein den Evangelien entnommenes Jesusbild.* Um das zu zeigen, reicht ein einziges Beispiel. Im Traktat *Sanhedrin* des Babylonischen Talmuds wird die Geschichte von Rabbi Jehoschua ben Perachja und seinem Schüler Jeschu ha-Notsri (Jesus der Nazarener) erzählt. Jehoschua und sein Schüler flüchten nach Alexandria, um den religiösen Verfolgungen von Alexander Jannäus (103–76 v. u. Z.) zu entgehen. Unterwegs machen sie Halt in einer Herberge, um sich auszuruhen. Die Geschichte operiert mit einer Verwechslung: Der hebräische Begriff *akhsania* bedeutet sowohl Herberge als auch Wirt/Wirtin. Jehoschua bedient sich des ersten, Jeschu des zweiten Sinns. Das klingt dann so:

> Dort wurde Jehoschua ben Perachja sehr viel Ehrung erwiesen. Er sagte: «Wie schön ist diese Herberge *[akhsania]*!» Jeschu ha-Notsri entgegnete: «Meister, die Augen der Gastwirtin *[akhsania]* sind matt.» Da sprach er zu ihm: «Bösewicht, damit befassest du dich!» Alsdann brachte er vierhundert Shofarstösse hervor und tat ihn in den Bann. Hierauf kam Jeschu wieder-

holt zu Jehoschua ben Perachja und bat ihn, ihn wieder aufzunehmen; dieser aber beachtete ihn nicht. Eines Tages war Jehoschua ben Perachja gerade beim Semalesen, als Jeschu mit derselben Bitte abermals vor ihn trat. Jehoschua ben Perachja wollte ihn nunmehr aufnehmen und winkte ihm mit der Hand; jener aber glaubte, er weise ihn wieder ab. Da ging er fort, stellte einen Ziegelstein hin und betete ihn an. [...] Und der Meister sagte: «Jesus hat Zauberei getrieben und Israel verführt und abtrünnig gemacht.» (*b*Sanhedrin, 107b)[313]

Von dieser seltsamen Geschichte sei als Erstes der offensichtliche Anachronismus hervorgehoben: Jesus wird im 2. Jahrhundert v. u. Z. verortet. Die Rabbiner verstehen sich nicht als Historiker; sie bedienen sich der Figur Jesus, um das Christentum gegenüber dem Judentum zu positionieren. Diese Erzählung ist in Wirklichkeit eine kleine Allegorie über den Bruch zwischen Juden und Christen. Was wird dazu gesagt? Drei Dinge: Jesus ist der Schüler eines Rabbi; der Bruch geschieht durch ein Missverständnis; als Folge davon entfernt sich Jesus und gibt sich der Idolatrie hin. Was die Verwechslung anbelangt, sei die Ironie in Bezug auf eine Religion vermerkt, die sich mit Äusserlichkeiten beschäftigt, in diesem Fall mit der Ästhetik der Gastwirtin ... Einen Ziegelstein anzubeten ist typisch für die Verehrung eines Götzenbildes – für Israel das schlimmste religiöse Verbrechen. Vorgeschlagen wurde die Deutung, hier handele es sich um die Anbetung des Kreuzes in den Kirchen des 4. oder 5. Jahrhunderts. Interessant ist der Vorschlag von Daniel Boyarin, darin eine Anspielung auf den Ikonenkult zu sehen.[314] Auf jeden Fall tritt hier der grundlegende religiöse Einwand des Judentums gegen das Christentum zutage; Letzteres zerstöre den Monotheismus, indem es einem Menschen, Jesus, einen göttlichen Status verleiht. «Wenn zu dir ein Mensch spricht: ‹Gott bin ich›, so lügt er» (*j*Ta'anit, 65b).[315]

In fine am erstaunlichsten ist der Jesus verliehene Status: Schüler eines Rabbi. Es handelt sich hier, wenn ich richtig sehe, um einen beständigen Zug im rabbinischen Bild von Jeschu: Er wird den Weisen Israels gleichgesetzt. Jesus wird gewissermassen rabbinisiert: Er folgt einem

---

313 Übersetzung v. Elisabeth Mainberger-Ruh; Die dt. Übersetzung von Lazarus Goldschmidt (1929) übersetzt *akhsania* im Gegensatz zur franz. und engl. Übersetzung beide Male mit «Gastwirtin»; vgl. Goldschmidt, Lazarus (Hg.), Der Babylonische Talmud VII, Berlin/Leipzig/Den Haag 1933, 119.
314 Boyarin, Daniel, Mourir pour Dieu. L'invention du martyre aux origines du judaïsme et du christianisme, Paris 2004, 153, Anm. 10.
315 Worte von Rabbi Abbahu aus der Amoräerzeit, verstorben zu Beginn des 4. Jh.

Meister oder, in anderen Textstellen, er lehrt seine Schüler (der Talmud spricht ihm fünf zu). Aber diese Rabbinisierung ist gerade deshalb so ausgeprägt, weil sie als Träger einer wiederkehrenden Anschuldigung dient: *Jesus ist ein auf Abwege geratener Rabbi*. «Er hat Zauberei getrieben und Israel verführt und abtrünnig gemacht»; zum einen durch seine Verkündigung, zum anderen durch seine an Hexerei gemahnenden Zaubertricks. Die gegen den Nazarener erhobene Anschuldigung, er treibe im Namen Beelzebuls Dämonen aus (Mk 3,22), findet hier ihr fernes Echo. Der Vorwurf der Zauberei liest sich in den Ausführungen, die Origenes (3. Jh.) jenem Juden zuschreibt, der Celsus als Informant diente (*Gegen Celsus*, 1,6; 1,28). Der Vorwurf gegen Jesus gilt weniger der Zauberei an sich (die Rabbiner griffen gelegentlich darauf zurück), als der Tatsache, dass er so Israel abtrünnig machte.

Der Vorwurf, er sei ein fehlgeleiteter Rabbi, taucht im Talmud in verschiedenen Varianten auf. In *b*Berakot 17b steht die Warnung: «[...] dass wir keinen Sohn oder Schüler haben mögen, der seine Speise öffentlich anbrennen lässt, wie beispielsweise Jesus der Nazarener.» Zur Bestätigung dessen, was zuvor über Zensur gesagt worden ist, sei darauf verwiesen, dass in mehreren Texteditionen der Schluss «wie Jeschu ha-Notsri» getilgt wurde.[316] Wie ist die Wendung, «seine Speise anbrennen lassen», zu verstehen? Die Deutung der bei den Rabbinern beliebten metaphorischen Sprache ist nie ganz gesichert. Einige sehen darin eine sexuelle Konnotation, wahrscheinlicher aber ist die Anspielung auf die Lehre.[317] In der semitischen Kultur sind kulinarische Metaphern oft mit Lehrworten verbunden. So schreibt Paulus den Korinthern: «Milch gab ich euch zu trinken, nicht feste Speise; denn die konntet ihr noch nicht vertragen» (1Kor 3,2). Und im Evangelium: «Ihr seid das Salz der Erde. Wenn aber das Salz fade wird, womit soll man dann salzen?» (Mt 5,13). «Seine Speise anbrennen lassen», bedeutet mithin, verfälschtes Denken zu verbreiten. Mehr noch, diese verdorbene Lehre wurde «öffentlich» verbreitet – die Sünde lässt sich nicht wiedergutmachen und verdirbt jene, die der Lehre Jesu folgen.

Wird hier die Tatsache ins Spiel gebracht, dass Jesus, anders als die Rabbis seiner Zeit, das Volk lehrte und nicht nur den Kreis seiner Schü-

---

316 Vorhanden ist der Schluss in der Oxforder Handschrift, eliminiert wurde er in den Manuskripten von Paris, Florenz, München, Soncino und Wilna. Vgl. Schäfer, Jesus im Talmud (s. Anm. 35), 267 f.
317 Vertreten wird die sexuelle Lesart von Schäfer, Jesus im Talmud (s. Anm. 35), 66. Postuliert wird der Bezug auf die Lehre unter anderem von Murcia, Jésus dans le Talmud et la littérature rabbinique ancienne (s. Anm. 312), 554–564.

ler? Wahrscheinlich geht es eher um die Verbreitung der christlichen Botschaft im Römischen Reich in den späteren Jahrhunderten.

Die ewige Strafe des Jeschu

Ein weiterer Text geht in die gleiche Richtung: *b*Gittin 57a. Diese Fabel berichtet von Onkelos, dem Neffen von Kaiser Titus. Onkelos, der sich zum Judentum bekehren will, lässt durch Totenbeschwörung erst Titus, dann Bileam und schliesslich Jeschu erscheinen. Hier sein Dialog mit Jeschu:

> Hierauf liess er [Onkelos] Jesus durch Nekromantie erscheinen und fragte ihn, wer in jener Welt am geachtetsten sei. Dieser erwiderte: Jisraél. – Soll man sich ihnen anschliessen? Dieser erwiderte: Suche ihr Bestes und nicht ihr Böses; wer an ihnen rührt, rührt an seinen Augapfel. Sodann fragte er ihn: Womit wirst du gerichtet? Dieser erwiderte: Mit siedendem Kote. Der Meister sagte nämlich: Wer über Worte der Weisen spottet, wird mit siedendem Kote gerichtet.

Jeschu führt die Liste der Feinde Israels an: Titus ist der Oberbefehlshaber der römischen Legionen, verantwortlich für die Eroberung Jerusalems im Jahr 70 und die Zerstörung des Tempels; Bileam ist der Wahrsager, dem der Moabiterkönig bei der Eroberung Kanaans befiehlt, Israel zu verfluchen, der aber dieses Mandat in einen Segen verwandelt (Num 22–24) – doch in der jüdischen Tradition wie im Neuen Testament bleibt Bileam das Muster des unheilbringenden Sehers (aus diesem Grund wird er im Talmud zu einem Avatar von Jesus).[318] Das Verbrechen des Jeschu wird mit der härtesten Strafe geahndet. Hervorzuheben ist, dass Jeschu dieser ewigen Strafe zustimmt und sie mit dem Wort eines Meisters rechtfertigt: Wer über die Worte der Weisen spottet, verdient die ultimative Strafe. Einmal mehr wird das Abweichen von seiner Lehre sanktioniert.

Die Strafe des «siedenden Kots» ist im Talmud mit Jeschu verbunden. Nach der einhelligen Meinung der Spezialisten scheint diese ewige Folter ihm allein vorbehalten zu sein – sie ist für ihn erfunden worden.[319] Die Botschaft ist klar: Nicht nur ist Jesus nicht von den Toten auferstan-

---

318 Num 31,8.16; Dtn 23,5 f.; Jos 13,22; 24,9 f.; Neh 13,2; 2Petr 2,15; Jud 11; Offb 2,14.
319 Schäfer, Jesus im Talmud (s. Anm. 35), 167–189.

den, vielmehr erleidet er in der Hölle eine ewige Strafe, ohne Hoffnung auf Erlösung. Der unreine *mamzer* verrottet in Unrat und Dreck.

Den Konflikt zwischen jüdischen Heilern und judenchristlichen Heilern veranschaulicht eine Erzählung, die viermal vorkommt. Ich zitiere sie in der Version des Jerusalem Targum:

> Er [Rabbi Jehoschua ben Levi] hatte einen Enkel, der (etwas Gefährliches) verschluckt hatte. Jemand *(chad)* kam und flüsterte über ihm im Namen Jesu, Sohn des Pandera, und er wurde geheilt. Als er [der Magier] fortging, sagte er [Rabbi Jehoschua] zu ihm: Was hast du über ihm gesprochen? Er antwortete: Dieses und jenes Wort. Er [Rabbi Jehoschua] sagte zu ihm [dem Magier]: Wieviel (besser) wäre es für ihn gewesen, wenn er gestorben wäre, ohne dieses Wort zu hören! Und so geschah es mit ihm: wie ein Versehen *(schegaga)*, das ein Machthaber zu begehen pflegt. (Qoh R 10, 5) (*j*Schabbat 14,4, fol. 14d)[320]

Vom Heiler erwartete Rabbi Jehoschua, dieser würde ihm sagen, welchen Toravers er zitiert hatte, um seinen Enkel zu heilen, doch er sagte: «Dieses und jenes Wort» – was ein anonymer Hinweis auf ein Jesuswort war. Die Moral der Geschichte aus dem Kohelet («wie ein Versehen, das ein Machthaber zu begehen pflegt») ist unklar: Bezieht sich das Versehen auf die wundertätige Kraft, die Gott dem Heiler versehentlich verliehen hat, oder auf den Wunsch, der Enkel möge sterben?[321] Im ersten Fall geht die wundertätige Kraft des judenchristlichen Heilers aus einem göttlichen Fehler hervor, im zweiten Fall ist es der Wunsch des Grossvaters, der seinen Enkel getötet hat. Wie dem auch sei, der Text zeugt von einem Zusammenleben von rabbinischen Juden und christlichen Juden, dank dem Erstere im Notfall Letztere zu Hilfe rufen. Aber die Rabbinerworte sind eine Warnung: *Der Rückgriff auf den verfluchten Namen des Jeschu ist zu verbieten.* In einer anderen Version derselben Episode wird Rabbi Eleasar von einer Schlange gebissen, aber Rabbi Jischmael verbietet ihm, sich im Namen des Jeschu ben Pantera heilen zu lassen. Eleasar übertritt das Verbot und stirbt (*t*Hullin 2,22 f.).

---

320 Zit. nach Schäfer a. a. O., 123.
321 Erste Lesart: Schäfer a. a. O., 126. Zweite Lesart: Kalmin, Richard, Christians and Heretics in Rabbinic Literature of Late Antiquity, in: Harvard Theological Review 87/2 (1994), 155–169, hier 161.

«Er hat Israel abtrünnig gemacht»

Wenn es um das Bild Jesu im Talmud geht, dann wird am häufigsten die von mir in Kapitel 1 bereits erwähnte Textstelle im Traktat *b*Sanhedrin 43a zitiert. Nachstehend nun die ganze Passage:

> Am Vorabend des Pesahfestes henkte man Jesu. Vierzig Tage vorher hatte der Herold ausgerufen: Er wird zur Steinigung hinausgeführt, weil er Zauberei getrieben und Jisraél verführt und abtrünnig gemacht hat; wer etwas zu seiner Verteidigung zu sagen hat, der komme und bringe es vor. Da aber nichts zu seiner Verteidigung vorgebracht wurde, so henkte man ihn am Vorabend des Pesahfestes!? Ulla erwiderte: Glaubst du denn, dass für ihn überhaupt eine Verteidigung anzustreben war, er war ja ein Verführer und der Allbarmherzige sagt: *du sollst seiner nicht schonen, und seine Schuld nicht verheimlichen* [Dtn 13,9], vielmehr war es bei Jesus anders, da er der Regierung nahe stand.

Die Textstelle präsentiert sich als eine zeitgleich zur Mischna entstandene *Baraita* (mündliche Überlieferung), aber sie könnte einige Jahrhunderte später entstanden sein. Wir haben bereits darauf hingewiesen, dass die Rabbiner nicht Geschichte schreiben wollten. Aber wie lassen sich diese Unterschiede zur Evangeliumsversion der Passionsgeschichte erklären? Auch wenn die rabbinischen Deklarationen über Jesus auf früheren Worten fussen, bestätigt die Kluft, wie stark diese Deklarationen als theologische Fiktionen umgestaltet werden, mit dem Ziel, das Christentum gegenüber dem Judentum zu positionieren. Das Vorgehen des Herolds, der vierzig Tage lang (eine symbolische Periode) dazu aufruft, den Verführer Israels zu verteidigen, entspricht dem jüdischen Gesetz; dass er damit scheitert, signalisiert, dass das Vergehen Jesu unentschuldbar und erwiesen war.

So verteidigten sich die Rabbiner gegen die Anschuldigung seitens der Christen, der Prozess sei willkürlich und ungerecht. Vor allem aber forderten sie für Israel die Verantwortung für den Tod Jesu ein und signalisierten so, dass sie nicht zulassen konnten, dass ein Unbeschnittener (Pontius Pilatus) mit einer Kreuzigung eine innerjüdische Angelegenheit geregelt hatte. Jesus wurde gesteinigt und dann gekreuzigt, womit sein Verbrechen als Gotteslästerung eingestuft war. Dazu Flavius Josephus: «Wer Gott lästert, soll gesteinigt, einen Tag lang aufgehängt und dann ehrlos und schimpflich begraben werden» (*Jüdische Altertümer*, IV, 8, 6). Auch wenn die Weisen genau wissen, dass Jesus am Kreuz gestorben ist, *beherrscht der theologische Sinn die Fiktion*. Doch sei auch erwähnt, dass in einigen wenigen Texten des Neuen Testaments und Qumrans die Formulierung «ans Holz hängen» verwendet wird, um von der Kreuzigung zu sprechen.[322] Es gilt zu bekräftigen: Jesus wurde bestraft, wie Gotteslästerer und Götzendiener bestraft werden.

Rabbi Ulla lebte um das Jahr 300. Mit seiner Intervention will er die Legitimität des Todesurteils stärken und verschärft es noch mit der Bemerkung, dass Jesus der Regierung nahe stand (andere Übersetzungen sprechen vom «Reich»). Was hat es auf sich mit diesem Hinweis auf das Reich? Gemeint ist zweifellos das Römische Reich. In seinem monumentalen Werk *The Death of the Messiah* zeigt sich Raymond E. Brown unschlüssig: «Vielleicht hat diese Anspielung auf die Kreuzigung (eine mit den Römern assoziierte Strafe) zum Talmudkommentar über die Beteiligung der Heiden geführt – es sei denn, wir hätten einfach eine nach 325 entstandene jüdische Gleichsetzung von Christentum und römischer Macht vor uns.»[323] Mit anderen Worten, entweder handelt es sich um einen Bezug darauf, dass die Hinrichtung Jesu eine römische Angelegenheit war, oder es ist eine Einschätzung der Kollusion zwischen Christentum und römischer politischer Macht. Tatsache ist, dass das «Reich» im 4. Jahrhundert christlich war und dem Judentum der Status der *religio licita* streitig gemacht wurde. Es ist mithin verlockend, für diese Aktualisierung der Worte der Weisen bezüglich des politischen Status der Christenheit im Römischen Reich zu optieren, der mit einer Schwächung des Judentums einhergeht. Dem Christentum wird nicht nur religiöse Häresie *(minut)* vorgeworfen, sondern Komplizenschaft mit der politischen Macht.

Echos aus den Evangelien?

Nun wenden wir uns der Frage zu, ob in den Worten der Weisen über Jesus *Kenntnisse über die Evangeliumsschriften* zu finden sind. Bis hierher genügte in den zitierten Textstellen ein Kontakt mit der christlichen Verkündigung, um die dem Nazarener zugeschriebenen Charakterzüge zu erklären. Aussichtsreicher sind zwei weitere Textstellen.

Ein Text aus *b*Shabbat weckt unser Interesse. Er ironisiert eine für die Juden unangenehme Situation, nämlich dass sich jüdische Frauen, die sich scheiden lassen wollten, an christliche Richter wandten, weil

---

322 Gal 3,13; Apg 5,30; 10,39; 4Qp169 3 f., Kol. i, 7 f.; 11Q19 64, 8–12.
323 Brown, The Death of the Messiah I (s. Anm. 241), 376 f., hier 377.

diese Frauen und Männer gleichberechtigt behandelten. Der in Szene gesetzte Philosoph ist Christ.

> Imma Schalom war das Weib des Rabbi Elieser und die Schwester des Rabban Gamaliel. In ihrer Nachbarschaft lebte ein Philosoph, der dafür bekannt war, dass er niemals eine Bestechung annahm. Da gedachten sie ihren Scherz mit ihm zu treiben; sie ging zu ihm, brachte ihm eine Lampe aus Gold und sprach: Ich möchte, dass man mir vom Familienvermögen ein Erbteil gebe. Da sprach er zu ihnen: So teilet! Da sprach er (Rabban Gamaliel) zu ihm: Bei uns ist geschrieben: Wo ein Sohn ist, nicht erbe die Tochter. Da sagte er: Seit dem Tage, da ihr aus eurem Lande vertrieben wurdet, ward die Lehre Moses von euch genommen und das Evangelium gegeben, in dem geschrieben ist: Sohn und Tochter erben gleicherweise. Am folgenden Tage brachte ihm jener (Rabban Gamaliel) einen libyschen Esel. Da sprach er zu ihnen: Ich habe den Schluss des Buchs angesehen und da ist geschrieben: Ich bin nicht gekommen, um von der Lehre Moses etwas wegzunehmen, und nicht, um zur Lehre Moses etwas hinzuzufügen; in ihr aber steht geschrieben: Wo ein Sohn ist, nicht erbe die Tochter. Da sprach sie (Imma Schalom) zu ihm: Lasse dein Licht leuchten gleich der «Lampe». Sprach zu ihr Rabban Gamaliel: Ein Esel kam und zertrat die Lampe. (*b*Shabbat 116a–b)[324]

Es ist eine bissige Satire, versetzt sie doch die christliche Position in Widerspruch zu sich selbst. In einem ersten Schritt fordert der christliche Philosoph zur Trennung des Familienvermögens nach der Scheidung der Eheleute auf. Das Geschenk der goldenen Lampe hat sich ausgezahlt. Als Rabban Gamaliel darauf hinweist, gemäss jüdischem Brauch werde die Tochter zu Gunsten des Sohns enterbt, erwidert der Philosoph, an die Stelle des jüdischen Gesetzes sei das «Evangelium» getreten und dieses sehe die Teilung zu gleichen Teilen vor. Ein noch kostbareres Geschenk (der libysche Esel) bringt ihn dazu, seinen Standpunkt zu ändern, denn am Schluss des Evangeliums stehe geschrieben: «Ich bin nicht gekommen, um von der Lehre Moses etwas wegzunehmen, und nicht, um zur Lehre Moses etwas hinzuzufügen.» Damit wird das mosaische Gesetz wieder gültig. Der Schlusskommentar von Rabban Gamaliel lässt schmunzeln und deckt die Käuflichkeit des Philosophen auf: «Ein Esel kam und zertrat die Lampe.»

Der Ausdruck, der hier mit «Evangelium» übersetzt wird, ist *avon gillajon*, was soviel heisst wie «Sündenrolle». Es ist dies eine gängige

---

324 Zit. nach Klausner, Jesus von Nazareth (s. Anm. 160), 53.

Bezeichnung für das Evangelium im Talmud. Die dem Evangelium zugeschriebene Formulierung erinnert sogleich an Mt 5,17f.: «Meint nicht, ich sei gekommen, das Gesetz oder die Propheten aufzulösen. Nicht um aufzulösen, bin ich gekommen, sondern um zu erfüllen. Denn, amen, ich sage euch: Bis Himmel und Erde vergehen, soll vom Gesetz nicht ein einziges Jota oder ein einziges Häkchen vergehen, bis alles geschieht.» Diese entschiedene Bekräftigung der Gültigkeit der Tora ist dem ersten Evangelium eigen; sie stammt aus der matthäischen Christenheit, die in enger Beziehung zum Synagogenjudentum steht und sich bemüht, eine grundlegende Kontinuität zwischen der Lehre Jesu (der das Gesetz neu interpretiert, ohne es aufzuheben) und der mosaischen Tradition zu verteidigen. Sie einfach so dem historischen Jesus zuzuschreiben ist schwierig, aber das ist nicht die Frage: Diese Bestätigung steht im ersten Evangelium, und den Rabbinern ist sie offensichtlich bekannt.

Für Dan Jaffé hätten «wir es hier mit einem einmaligen Phänomen zu tun, nämlich der quasi wortwörtlichen Übertragung eines Evangeliumsverses in den Babylonischen Talmud».[325] Unbestreitbar ist der Bezug auf die matthäische Position über die Beibehaltung der Tora in der christlichen Ordnung. Doch unentscheidbar bleibt die Eruierung der Quelle: Erinnerung an eine Lektüre? Zitat aus einer Sammlung von Jesusworten? Echo der christlichen Verkündigung? Wiederaufnahme eines christlichen Propagandaarguments gegen das Judentum? Wie dem auch sei, die rabbinische Satire trägt der Argumentation der Christen Rechnung, richtet sie aber gegen diese: Wenn sie die Geltung der Tora verteidigen, dann sollten sie konsequent mit sich selbst sein! Ist Jesus kein neuer Gesetzgeber, sondern bestätigt er nur das mosaische Gesetz, dann ist die christliche Propaganda desavouiert.

Die letzte, eigenartigere Passage, die ich aus dem Talmud zitiere, ist in drei Versionen auf uns gekommen. Sie ist geradezu anstössig. Es handelt sich um einen Dialog zwischen zwei Rabbis, Rabbi Elieser und Rabbi Akiba. Beide lebten zwischen dem 1. und 2. Jahrhundert. Rabbi Elieser wird wegen *minut* (Häresie) verhaftet und Rabbi Akiba besucht ihn. Er sagt ihm:

> Hat vielleicht einer von den Sectirern (Minim) [Christen] etwas vor dir gesprochen, was dir gefiel? Beim Himmel! versetzte er [Rabbi Elieser], du erinnerst mich an etwas. Einmal ging ich die Strasse nach Sepphoris hinauf, da kam ein Mann Namens Jacobus aus Kephar Sechanja zu mir und

---

325 Jaffé, Dan, Le judaïsme et l'avènement du christianisme. Orthodoxie et hétérodoxie dans la littérature talmudique, Ier–IIe siècles, Paris 2005, 321.

sagte mir etwas von einem gewissen N. N. (Jesus) und das gefiel mir. Er sprach nämlich zu mir: In eurem Gesetze (Deut. 23, 18) steht geschrieben: Du sollst nicht den Lohn einer Buhlerin noch den Preis eines Hundes in das Haus des Ewigen, deines Gottes bringen. Was sind diese? Ich antwortete: Sie sind verboten. Allerdings zum Opfern, versetzte er, nicht aber doch zum Vernichten. Was soll damit geschehen? fragte ich. Man kann sie zu Bädern und Aborten verwenden. [...] So hat N. N. gelehrt: Vom Unrath kommen jene Erträge und zum Unrath gehen sie wieder, denn so will der Prophet Micha (vergl. 1, 7) es gehalten wissen, sie sollen zu Nachtstühlen für die Menge verwendet werden. [«[...] denn mit Hurenlohn hat Samaria das angesammelt, und zu Hurenlohn wird es wieder werden!» Mi 1,7] (*Kohelet Rabba* 1,8)[326]

Laut Joachim Jeremias bietet dieses Wort «keine alte Überlieferung, sondern ist erfunden, um Jesus zu diskreditieren».[327]

Doch die These, das Wort sei authentisch, hat gute Argumente für sich. Die Anekdote inszeniert einen bekannten Rabbi, Elieser, dessen Sympathien für die Christen bekannt sind und der im Jahr 95 wegen Häresie mit dem Bann belegt wurde. Es ist historisch plausibel, dass er einem Jünger Jesu begegnet ist und dass der Gegenstand ihrer Diskussion die Interessen der Weisen war. Es ist ein biblisches Prinzip: Für ein Opfer kann Geld aus Prostitution nicht angenommen werden. Doch das Jesus zugeschriebene Argument ist kasuistischer Art: Dass der Dirnenlohn nicht, wie in Deuteronomium vorgeschrieben, ganz verboten, sondern von Gott für einen derart restriktiven Gebrauch (Latrinen!) bewilligt war, ist an den Haaren herbeigezogen. Jesu Rhetorik in Sachen Toraauslegung ist, wie wir gesehen haben, sehr viel radikaler; zur Legitimierung stützt sie sich nur selten auf die Schrift, hier auf einen Vers aus Micha. Erst in den spätesten Schichten der Überlieferung, insbesondere der matthäischen Überlieferung, entlehnt Jesu Deutung den den Rabbinern eigenen Stil der *Halacha*.[328]

---

326 Der Midrasch Kohelet. Deutsch-Hebräische Ausgabe. Zum ersten Mal ins Deutsche übertragen von Dr. Aug. Wünsche, Leipzig 1880. ND: Mit Zufügung des hebräischen Textes zusammengestellt von Krupp, Michael, Ein Karem/Jerusalem, Lee Achim Sefarim 2013, 14. Varianten: *t*Hullin 2,24; *b*Avoda sara 16b–17a. Textvergleich bei Mimouni, Simon Claude, Les chrétiens d'origine juive dans l'Antiquité (Présences du judaïsme), Paris 2004, 111–118.

327 Jeremias, Joachim, Unbekannte Jesusworte, 3., unter Mitwirkung von Otfried Hofius völlig neu bearb. Aufl., Gütersloh 1963, 35.

328 Die *Halacha* ist der rechtliche Teil der Überlieferung. Um die matthäische Halacha zu erkennen, vergleiche man Mt 12,1–8 und Mk 2,23–28; Mt 12,9–14 und

Einmal mehr entzieht sich uns die jahrhundertelange Geschichte der Entfaltung der rabbinischen Überlieferung und belässt uns in Ungewissheit. Überliefert uns diese Erzählung ein authentisches, den Evangelien unbekanntes Jesuswort? Wenn ja, wäre es das einzige ausserhalb der christlichen Tradition durch den Talmud überlieferte Jesuswort ... Eine höchst unwahrscheinliche Hypothese. Davon ausgehend, gibt es zwei Möglichkeiten: Entweder ist die Kontroverse authentisch und berichtet uns, was die Rabbiner über die judenchristliche Verkündigung vernommen haben. Oder es handelt sich um eine *Scheinkontroverse,* die ein Jesuswort ins Lächerliche ziehen will. Welches Wort? «Amen, ich sage euch: Die Zöllner und Dirnen kommen vor euch ins Reich Gottes» (Mt 21,31). Dann wäre das schockierende Wort des Nazareners von den Weisen missbraucht worden, um als anstössige Aussage zur Unterstützung von Dirnen zu enden.

Die Bezeichnung «Sohn des Pandera [oder Pantera]» bezieht sich auf den Ruf des Bastards *(mamzer),* der Jesus anhaftet. Zu lesen ist sie im Talmud, treibt aber ihre Blüten in den *Toledot Jeschu.* Dort finden wir sie wieder. Ihre häufige Wiederkehr rührt von ihrer Wirkung: Als Sohn der Maria und ihres Geliebten, also unrein geboren, kann Jeschu nicht der Messias, Sohn des Davids, noch weniger der Sohn Gottes sein.

Die bleiernen Jahrhunderte

Die Zeitspanne vom 9. bis zum 19. Jahrhundert, ja bis Mitte des 20. Jahrhunderts kann als bleierne Zeit bezeichnet werden. Es ist die Zeit der triumphierenden Christenheit, der Kreuzzüge, der Verbannung der Juden in Ghettos. Jahrhunderte blühender jüdischer Kultur (in Spanien unter arabischer Herrschaft oder im Osmanischen Reich) wechseln ab mit Phasen der Repression; dazu gehört die Vertreibung der Juden aus Spanien im Jahr 1492. Bereits 1242 werden Talmudverbrennungen organisiert. Aus den Talmudtexten wird ab 1263 der Name Jesu oder werden für die christliche Lehre als schockierend beurteilte Passagen getilgt. Im 8. Jahrhundert wird der Babylonische Talmud abgeschlossen. Bis zu jenem Zeitpunkt dokumentierte der (danach zensierte) Talmud die Haltung des rabbinischen Judentums gegenüber Jesus. Ab dem 9. Jahrhundert informiert uns eine andere Schrift darüber, wie das Judentum Jesus

---

Mk 3,1–6; Mt 19,1–9.16–26 und Mk 10,1–12.17–27.

wahrnimmt: *Sefer Toledot Jeschu* («Buch der Lebensgeschichte Jesu»), auch als «Geschichte der Mutter und ihres Sohnes» bezeichnet.

Bezeugt wird die Existenz dieser in Westeuropa auf Hebräisch und Jiddisch verfassten Volksliteratur erstmals 830 durch Agobard, Erzbischof von Lyon. Mithin ist das Werk im 9. Jahrhundert erstmals schriftlich fixiert worden, doch die mündlichen Überlieferungen, aus denen es schöpft, gehen teilweise bis auf das 2. Jahrhundert zurück. Was die Überlieferung des *mamzers* Jesus betrifft, so geht sie sogar auf das 1. Jahrhundert zurück, wie wir bereits gesehen haben (S. 49 f.). Es handelt sich um *eine Parodie der Evangelien* mit dem Ziel, Episoden aus dem Leben Jesu in einem für die jüdische Sache positiven Sinn neu zu interpretieren. In der polemischen Relektüre hauptsächlich aufs Korn genommen werden die Geschichte der Geburt Jesu und die Leidensgeschichte.[329] Dieses Gegenevangelium enthält polemisch reinterpretierte Evangeliumserzählungen, Talmuddialoge und von christlichen Apokryphen inspirierte Volkslegenden. Beabsichtigt ist damit ganz offensichtlich eine Replik auf christliche Propaganda.

Joseph Klausner kommentiert wie folgt: «Die Juden, die sich an ihren mächtigen Feinden nicht durch Taten rächen konnten, rächten sich an ihnen durch Wort und Schrift. So vermehrten sich die Märchen und Legenden, die von Hass und Feindschaft und oft von beissendem und stechendem Spott über das Christentum und seinen Gründer erfüllt waren.»[330]

Diese zuweilen verbotene, halb klandestine Widerstandsliteratur ist in mehreren Varianten auf uns gekommen.[331] Dazu nochmals Joseph

---

329 Zur Geschichte der Überlieferung vgl. Schäfer, Peter, Jüdische Polemik gegen Jesus und das Christentum. Die Entstehung eines jüdischen Gegenevangeliums, München 2017; Alexander, Philip S., Narrative and Counter-Narrative. The Jewish Antigospel (The *Toledot Yeshu*) and the Christian Gospels, in: Baron, Lori u. a. (Hg.), The Ways that Often Parted. Essays in Honor of Joel Marcus (Early Christianity and its Literature 24), Atlanta 2018, 377–401.

330 Klausner, Jesus von Nazareth (s. Anm. 160), 66.

331 Text mehrerer *Toledot-Jeschu*-Fassungen und deutsche Übersetzung der Manuskripte Strassburg, Vindobona [Wien], Adler sowie einiger Textfragmente bei Krauss, Samuel, Das Leben Jesu nach jüdischen Quellen, Berlin 1902. Französische Übersetzung von fünf Fassungen (Vindobona, Strassburg, Wagenseil, Huldreich, Kairoer Geniza) bei Osier, Jean-Pierre, L'Évangile du ghetto, Paris 1984. Text und deutsche Übersetzung einer 1932 entdeckten Fassung bei: Schlichting, Günter, Ein jüdisches Leben Jesu. Die verschollene Toledot-Jeschu-Fassung Tam ū-mūʿād. Einleitung, Text, Übersetzung, Kommentar, Motivsynopse, Bibliographie (Wissenschaftliche Untersuchungen zum Neuen Testament 24), Tübingen 1982.

Klausner 1922: «Unsere Mütter kannten seinen Inhalt vom Hörensagen und übermittelten ihn ihren Kindern, natürlich mit allen möglichen Änderungen, Auslassungen und Zusätzen.»[332] Erst spät, nämlich im beginnenden 20. Jahrhundert, hat diese Literatur das Interesse der Gelehrten geweckt.[333] Die verschiedenen handschriftlichen Versionen folgen einem gemeinsamen Szenario, das sich wie folgt zusammenfassen lässt.

> Ein gewisser Jochanan [Josef], ein Torakundiger und Gottesfürchtiger, verlobt sich mit Mirjam aus Betlehem [Maria], einem sittsamen und reinen Mädchen. Doch hatte Mirjam auch ben Pandera gefallen; dieser gab sich als Jochanan aus und kam zu ihr in der Zeit ihrer Menstruation. Nach vergeblichem Widerstand gab sie sich ihm hin. Mirjam wurde schwanger, und da Jochanan wusste, dass das Kind nicht von ihm stammte, floh er nach Babylon. Mirjam gebar einen Sohn, den sie nach dem Bruder ihrer Mutter Jehoschua nannte. Nachdem er vom rechten Weg abgekommen war, wurde sein Name zu Jeschu abgekürzt. Der Bursche studierte die Tora, wurde aber schon bald seinen Lehrern gegenüber frech. Da erklärten ihn die Weisen zum Bastard *(mamzer)* und zum unrein gezeugten Kind.
> Jeschu floh nach Jerusalem und lernte im Tempel den «unaussprechbaren Namen». In Betlehem sammelte er einige junge Männer um sich und behauptete, er sei der Messias und Gottessohn. Um die Richtigkeit seiner Aussagen zu beweisen, heilte er einen Lahmen und einen Aussätzigen durch die Macht des «unaussprechbaren Namens». Der Zauberei angeklagt und vor die Königin Helene gebracht, die in Israel regierte, auferweckte er einen Toten, was alle erstaunte. Jeschu zog nach Obergaliläa, vollbrachte dort zahlreiche Wunder und zog viele Menschen an. Die Weisen Israels beschlossen darauf hin, Jehuda [Judas] Iskariot den «unaussprechbaren Namen» zu lehren, um mit seinem Meister in Wettstreit treten zu können. Und so geschah es. Auf Geheiss der Königin gefangengenommen, wurde er von seinen Jüngern befreit, worauf er sich nach Ägypten begab, um Zauberstücke zu erlernen.
> Nach Jerusalem zurückgekehrt, wurde Jeschu von Jehuda verraten; damit die Weisen Israels ihn erkennen konnten, kniete er vor ihn nieder. Am Vorabend des Sabbat hängten sie Jesus an einem Kohlstengel [gross wie eine

---

332 Klausner, Jesus von Nazareth (s. Anm. 160), 58.
333 Erste wissenschaftliche Analyse der *Toledot Jeschu:* Krauss, Das Leben Jesu nach jüdischen Quellen (s. Anm. 331). Zum Stand der Forschung: Schäfer, Peter u. a. (Hg.), Toledot Yeshu («The Life Story of Jesus») Revisited (Texts and Studies in Ancient Judaism 143), Tübingen 2011; Barbu, Daniel / Deutsch, Yaacov (Hg.), *Toledot Yeshu* in Context. The Jewish «Life of Jesus» in Ancient, Medieval, and Modern History (Texts and Studies in Ancient Judaism 182), Tübingen 2020.

Palme] auf. Er wurde begraben, aber Jehuda, der Gärtner holte den Leichnam aus dem Grab und versteckte ihn in seinem Garten. Als die Jünger Jeschu zum Grab kamen und keinen Leichnam fanden, verkündeten sie der Königin, Jeschu sei auferstanden. Da wollte die Königin die Weisen Israels bestrafen, weil sie an den Gesalbten Gottes Hand angelegt hätten. Doch mithilfe des heiligen Geistes fanden die Weisen den Leichnam im Garten des Jehuda und schleppten ihn zum Beweis zur Königin.

Die Jünger des Jeschu flohen und zerstreuten sich unter alle Völker. Unter ihnen gab es zwölf Apostel, welche die Juden schwer bedrängten. Simon Kefas [Petrus] beschwor die Jünger, den Juden nicht mehr zu schaden. Er gab sich als Anhänger Jeschus aus, zog sich von der Welt zurück und lebte in einem für ihn erbauten Turm [eine Anspielung auf die Kirche des Petrus in Rom], wo er nach seinem Tod begraben wurde.[334]

Die *Toledot* sind nicht Fiktion im eigentlichen Sinn, sondern ein Gegenevangelium, das die Aussagen der christlichen Erzählung untergräbt, ohne sie zu verwerfen. Die Episoden aus dem Leben Jesu sind einfach zu erkennen: die irreguläre Geburt (aber nicht jungfräulich), der Jesus verliehene Name (aber nicht von Gott), die in Lk 2 erzählte Diskussion mit den Weisen (aber als Frechheit qualifiziert), die Anschuldigung der Zauberei (aber bestätigt), der Aufenthalt in Ägypten (aber um die Magie zu lernen), die Entdeckung des leeren Grabs (aber der Leichnam war gestohlen) usw. Anders als die Textstellen im Talmud setzen die *Toledot Jeschu* hohe Kenntnis der Evangelien voraus. Sie sind, zum Gebrauch der jüdischen Bevölkerung, *ein wahres Handbuch zur Dekonstruktion der christlichen Verkündigung.*

Ich zitiere einen Auszug aus den *Toledot* (Handschrift Huldreich), um den Grad der Subtilität der Parodie darzulegen. Jesus und seine Jünger sind in eine Herberge gekommen, um dort zu essen und zu schlafen, um dann ihres Weges zu gehen.

Sie zogen von dannen und begegneten einer Frau mit einem Wasserkrug auf der Schulter. «Gib uns zu trinken», sagte Jeschu, «und ich werde dich in einer Weise segnen, dass es deiner Stadt nicht mehr an Wasser mangeln wird.» «Dummkopf! Wenn du ein Wundertäter bist», so die Frau, «warum tust du dir nicht selbst ein Wunder, um Wasser zu finden?» «Man hat gesagt: ‹Und mit Tränen mische ich meinen Trank› [Ps 102,10].» Sie zogen ihres Weges, kraftlos, hungrig und bekümmert. ««Ich aber kasteie mich mit

---

334 Diese Kurzfassung basiert auf der Darstellung des Inhalts der *Toledot Jeschu* bei Klausner, Jesus von Nazareth (s. Anm. 160), 59–62.

Fasten› [Ps 35,13], hat man von mir gesagt», sprach Jeschu. Da begegneten ihnen Männer aus Kiriathaim, und Jeschu bat sie um Brot. Einer der beiden erwiderte: «Wenn du vor mir tanzt, werde ich dir nicht nur Brot, sondern meinen Esel und mein Eselsfüllen geben!» Jeschu tanzte vor ihm, und man gab ihm Esel, Brot und Eselsfüllen. «Über mich, sagte er, hat man gesagt: ‹Dann wird sich die Jungfrau beim Reihentanz freuen› [Jer 31,13], meine Mutter war Jungfrau, als ich geboren wurde, und nun freue ich mich am Tanzen; nun habe ich einen Esel, denn man hat von mir gesagt: ‹demütig und auf einem Esel reitend›» [Sach 9,9].

Rasch folgen die umgestalteten Evangeliumsepisoden aufeinander. Die Begegnung mit der Frau mit dem Wasserkrug bezieht sich auf den Dialog Jesu mit der Samaritanerin (Joh 4). Die Bitte um Brot und der Vorschlag, vor dem Mann zu tanzen, um es zu erhalten, sind eine Persiflage der Versuchung (Mt 4). Das Eselsfohlen, das Jesus reitet, ist das Eselsfohlen beim messianischen Einzug in Jerusalem (Mt 21,5 zitiert Sach 9,9!). Jedes Mal desavouiert die Erklärung der Episode die Evangeliumsversion und gestaltet sie zum Nachteil Jesu um.

Die lange Geschichte der *Toledot* zeigt, welch vitales Bedürfnis das Judentum hatte, dem ideologischen Druck des Christentums zu widerstehen, mit dem es sich konfrontiert sah. Die letzte Ausgabe der *Toledot* auf Jiddisch erschien 1922. Amos Funkenstein spricht von einer «magnetischen» Beziehung von Abstossung und Faszination zwischen Juden und Christen im Lauf der Jahrhunderte.[335] *Den anderen zu parodieren heisst, ihn zu brauchen, um sich selbst zu definieren.* Über die Jahrhunderte hinweg haben sich christliche und jüdische Identitäten mehr als sie dachten in einer Mischung aus Antagonismus und wechselseitiger Abhängigkeit entwickelt.

---

335 Zit. nach Goldish, Matt, The Salvation of Jesus and Jewish Messiahs, in: Stahl, Neta (Hg.), Jesus Among the Jews. Representation and Thought, London 2012, 106–118, hier 106. Im gleichen Sinn: Gager, John G. u. a., L'éthique et/de l'autre: Le christianisme à travers le regard polémique des *Toledot Yeshu*, in: Berthelot, Katell u. a. (Hg.), L'identité à travers l'éthique. Nouvelles perspectives sur la formation des identités collectives dans le monde gréco-romain (Bibliothèque de l'École des Hautes Études. Sciences religieuses 168), Turnhout 2015, 73–90.

Tauwetter

Was ich Tauwetter nenne, ist *das Aufgeben von festgefahrenen Positionen von Juden und Christen mit dem Ziel, einen nicht ideologisch verfestigten Dialog zu eröffnen*. Christlicherseits setzt sich die Vorstellung, Jesus sei ein Jude, erst in den 1970er Jahren durch, obwohl bereits Ernest Renan (1863) sich bemüht hatte, den Nazarener im geografischen und sozialen Kontext seiner Zeit zu verorten. Jüdischerseits beginnen Historiker, sich Jesus aus Nazaret wieder anzueignen, indem sie ihr Talmudwissen einsetzen, um Jesu Zugehörigkeit zur Welt des jüdischen Denkens geltend zu machen. Im 19. Jahrhundert sah Joseph Salvador (1838) Jesus als jemanden, der den prophetischen Geist weiterführt, aber er lastet ihm sein übertriebenes Interesse für das spirituelle Leben auf Kosten der irdischen Angelegenheiten an. Heinrich Graetz (ab 1853) zeichnet den messianischen Eifer im Judäa des 1. Jahrhunderts nach und verweist auf die herausragende Rolle der Essener, die «die messianische Epoche am besten repräsentierten und die nur danach trachteten, mit ihrem asketischen Leben das Kommen des Himmelreichs zu befördern»; ihre bekanntesten Schüler waren Johannes der Täufer und Jesus aus Nazaret.[336] Radikal verändert hat sich der Ton zwischen den Aussagen in den *Toledot Jeschu* und dem Respekt von Graetz vor Jesus, den er mit Jehuda ha-Nasi, dem Redaktor der Mischna, vergleicht.

Doch die eigentliche Wende geschieht mit dem Werk von Joseph Klausner. Wir haben uns bereits mit den Arbeiten dieses Historikers des jüdischen Volks befasst, der 1922 als Erster ein Leben Jesu auf Hebräisch publiziert hat. In seiner Einführung legt er seine Absicht dar: «Wenn es mir gelingt, dem hebräischen Leser ein richtiges Bild des *historischen* Jesus zu geben, ein Bild, das sich sowohl von der Darstellung der christlichen wie auch von der der jüdischen Theologie unterscheidet, das möglichst objektiv und wissenschaftlich bleiben und das zugleich eine Vorstellung von einer dem Judentum gleichermassen verwandten und fremden Lehre [...] geben wird [...] – wenn mir dies gelingt, dann darf ich

---

336 Salvador, Joseph, Jésus-Christ et sa doctrine, 2 Bde., Paris 1838; Graetz, Heinrich, Sinaï et Golgotha ou les origines du judaïsme et du christianisme suivi d'un examen critique des évangiles anciens et modernes, Paris 1867, 283; Zit. von Graetz, Michael, Les lectures juives de Jésus au XIXe siècle, in: Marguerat, Daniel u. a. (Hg.), Jésus de Nazareth (s. Anm. 21), 490–493. Auf deutsch siehe: Graetz, Heinrich, Geschichte der Juden vom Tode Juda Makkabi's bis zum Untergang des jüdischen Staates, 3., verbesserte und stark vermehrte Aufl., Leipzig 1878.

das Bewusstsein haben, in der Geschichte Israels ein leeres Blatt gefüllt zu haben, das bisher fast nur von Christen beschrieben worden ist.»[337]

Klausners Grundgedanke ist, dass Jesus aus dem Judentum geboren ist und dass er in seinen radikalen Äusserungen «jüdischer [war] als die Juden, jüdischer als Simon ben Schetach und selbst als Hillel».[338] Jesus ist «für das jüdische Volk *ein Lehrer hoher Sittlichkeit und ein Gleichnisredner ersten Ranges*».[339] Seine von pharisäischem Geist geprägte Sittenlehre ist sein grösstes Vermächtnis an die Nachwelt. Und doch hat ihn das jüdische Volk abgelehnt. Was Jesu Denken kontaminiert hat, was ihn den Weg der Weisen verlassen liess, das nennt Klausner «eine sonderbare und sogar gefährliche Schwärmerei».[340] Darunter versteht er das Imaginäre des Gottesreichs und die Radikalität der ethischen Vorschriften des Nazareners.

Daher, so Klausners Schlussfolgerung, *musste* ihn das Judentum ablehnen. Er erklärt: «Diese Lehre führte, obwohl sie vom Geiste des prophetischen und z. T. auch von dem des pharisäischen Judentums beeinflusst war, einerseits zur Verneinung aller praktischen und religiösen jüdischen Lebensnotwendigkeiten, und steigerte andererseits das geistige Judentum zu einem solchen Extrem, dass es geradezu in seinen eigenen Gegensatz dialektisch umschlug. So ersteht vor uns das merkwürdige Bild: das Judentum brachte das Christentum in seiner ursprünglichen Form (als Lehre Jesu) zur Welt, aber es verstiess seinen Sohn, als dieser die Mutter in einer tödlichen Umarmung ersticken wollte.»[341] Eine dramatische Formulierung: Jesus, der neue Judas, wollte dem Judentum den Todesstoss versetzen ...

Klausner, der brillante Kopf, hat die Nichtrückführbarkeit Jesu in das alte Judentum herausgearbeitet. Aber trotz seines Strebens nach «Objektivität» ist zu erkennen, dass der jüdische Historiker dem theologischen Verdikt des Talmuds zustimmt: Jesus ist ein Rabbi, der auf Abwege geraten ist. Klausner stimmt auch den Talmudgelehrten zu, wenn er die jüdische Entscheidung, Jesus zu eliminieren, rechtfertigt. Mit dieser Position steht er mehr oder weniger alleine da: Die meisten jüdischen Historiker nach ihm werden die Verantwortung für die Verurteilung des Nazareners den Römern anlasten oder zumindest die jüdische Verantwortung auf die Römer abwälzen.

---

337 Klausner, Jesus von Nazareth (s. Anm. 160), 10.
338 A.a.O., 520.
339 A.a.O., 573.
340 A.a.O., 523.
341 Ebd.

Zahlreiche jüdische Historiker haben einige Jahrzehnte später den von Klausner eröffneten Weg weiterverfolgt. *Von nun an wird Jesus vom Judentum beansprucht, doch weder als Gottessohn noch als Messias, sondern als Sohn Israels.* Schalom Ben-Chorin und David Flusser sehen in ihm einen pharisäischen Rabbi, dessen ethischer Diskurs auf die Liebe fokussiert. Shmuel Safrai und Géza Vermes bringen ihn mit dem frommen Kreis der Chassidim und den charismatischen galiläischen Heilern in Verbindung. Nach Israel Knohl kopiert der leidende Messianismus von Jesus den Qumran-Messianismus. Jacob Neusner untersucht die Toraauslegung von Jesus, lehnt aber die Idee ab, das mosaische Judentum des 1. Jahrhunderts habe einen Reformer gebraucht. Für Guy Stroumsa hat das Judentum dem Christentum den vollkommenen Propheten geschenkt.[342] Die Diskussion, denn inzwischen findet die Diskussion statt, ist eröffnet.

Diesen Historikern ist es gelungen, die Figur Jesus von den Jahrhunderten der Verfolgung zu trennen, in denen die Christen das Bild Christi instrumentalisierten, um das Judentum zu desavouieren. Gegen den Jesus der Kirche kehren sie zum Jesus der Geschichte zurück. In den Worten von Harry Austryn Wolfson: «Jesus wird nicht die Juden retten, aber die Juden werden Jesus retten, indem sie ihn für sich beanspruchen.»[343]

---

342 Ben-Chorin, Schalom, Bruder Jesus. Der Nazarener in jüdischer Sicht, München 1967; Flusser, Jesus in Selbstzeugnissen und Bilddokumenten (s. Anm. 117); Safrai, Shmuel, Jésus et le mouvement des hassidim, in: Proceedings of the Tenth World Congress of Jewish Studies (August 16–24, 1989), Jerusalem 1990, 1–8; Vermes, Géza, Jesus, der Jude (s. Anm. 142); Knohl, Israel, Der vergessene Messias. Der Mann, der Jesu Vorbild war, München 2001; Neusner, Jacob, Ein Rabbi spricht mit Jesus. Ein jüdisch-christlicher Dialog, Freiburg 2007; Stroumsa, Guy, Das Ende des Opferkults. Die religiösen Mutationen der Spätantike, Berlin 2011; Vgl. Jaffé, Dan, Jésus sous la plume des historiens juifs du XXe siècle. Approche historique, perspectives historiographiques, analyses méthodologiques (Patrimoines judaïsme), Paris 2009.

343 Zit. von Harvey, Warren Zev, Harry Austryn Wolfson on the Jews' reclamation of Jesus, in: Stahl, Jesus Among the Jews (s. Anm. 335), 152–158, hier 156.

Kapitel 13
Jesus im Islam

Die Rezeption Jesu im Islam hat Probleme aufgeworfen. Die Lektüre des Koran erweckt einen zweifachen Eindruck. Einerseits ist Jesus dort eine prägende Figur. Er wird nicht sehr oft genannt (nur 39 der über 6000 Verse sprechen von ihm und Maria),[344] aber seine Rolle und seine Würde sind bemerkenswert. Jesus, wundersam von Maria geboren, gilt als sündlos, als eminente Gestalt unter den Propheten, als Messias, Geist und Wort Gottes: «Siehe, Christus Jesus, Marias Sohn, ist der Gesandte Gottes und sein Wort, das er an Maria richtete, und ist Geist von ihm» (Sure 4,171).[345] Andererseits verneint der Koran die göttliche Natur Jesu energisch: «Christus, Marias Sohn, ist nichts als ein Gesandter [...]» (5,75). «Ungläubig sind, die sagen: ‹Siehe, Gott ist Christus, Marias Sohn›» (5,72). Im Koran wirft die Figur Jesu Christi eine grundlegende theologische Frage auf: Lässt sich, neben Allah, ein weiteres göttliches Wesen denken?

Um dies zu verstehen, stellen wir den Kontext her.

Seit Jesus aus Nazaret sind sechs Jahrhunderte vergangen. Historikerinnen und Historiker sind sich einig, dass der Islam in einer Zeit und an einem Ort entsteht, wo die Figur Jesus wohlbekannt ist. Das vorislamische Arabien, das Arabien des 7. Jahrhunderts, also zur Zeit Mohammeds, ist ein religiöser Schnittpunkt, wo Judentum, Christentum, Zoroastrismus und Kulte der Arabischen Halbinsel nebeneinander existieren. Für das Christentum etwa ist es eine Blütezeit für verschiedene Denominationen, die nebeneinander existieren und sich bekämpfen: judenchristliche, gnostische und Täufergemeinden. Der Islam entsteht aus der Wiederaufnahme von Elementen, die für das Judentum und das Christentum konstitutiv sind, aber auch aus einer Reaktion auf

---
344 Diese im ganzen Koran verstreuten Verse konzentrieren sich auf die Suren 3, 5 und 19.
345 Hier wird der Koran nach der Übersetzung von Hartmut Bobzin zitiert: Der Koran. Aus dem Arabischen neu übertragen und erläutert von Hartmut Bobzin unter Mitarbeit von Katharina Bobzin, München ²2010.

eben diese religiösen Traditionen. Die biblische Welt – Altes und Neues Testament sowie parabiblische Schriften – ist in der Koranliteratur präsent. In dieser Hinsicht ist es richtig, *den Koran als ein Aufbewahrungsort schon existierender religiöser Traditionen und eine eigenständige Syntheseanstrengung zu betrachten* und nicht so sehr als das Resultat einer Spontanzeugung.

Ein radikaler Monotheismus

Der Islam entsteht aus der Bekräftigung der *Einzigkeit Allahs* gegen jede konkurrierende Gottheit. Diese Wahrheit, die man als Gründungsdogma des Islam bezeichnen könnte, wird über die gesamten hundertvierzehn Koransuren hinweg immer und immer wieder wiederholt.

Dem jüdischen Monotheismus gegenüber stellte die Negation jeder anderen Gottheit kein Problem dar; hingegen musste sie gegenüber den arabischen Polytheismen und gegenüber dem Christentum verteidigt werden. Für das Judentum wie für den Islam ist die Idee einer göttlichen Sohnschaft undenkbar. «Wenn zu dir ein Mensch spricht: ‹Gott bin ich›, so lügt er», steht im Talmud (jTa'anit, 65b). Ebenso kategorisch ist der Koran: «Kein Gott ist ausser *einem* Gott! Und wenn sie nicht mit dem aufhören, was sie sagen, so wird die Leugner unter ihnen schmerzhafte Strafe treffen» (5,73). Die hier anvisierten «sie» sind in erster Linie die Christen. «Denn siehe, Gott ist *ein* Gott; fern sei es, dass er einen Sohn habe» (4,171). «Sprich: ‹Er ist Gott, der Eine, Gott, der Beständige, er zeugte nicht und wurde nicht gezeugt, und keiner ist ihm ebenbürtig›» (112,1–4).

Doch mit welchem Christentum, oder eher, mit welchen Christentümern, gerät der radikale Monotheismus Mohammeds direkt in Konflikt? Das Christentum, das die Gottheit Jesu am stärksten bekräftigt, wird Monophysitismus genannt und ist im Orient seit dem 5. Jahrhundert aktiv. Es vertrat die Auffassung, Christus habe eine einzige (und nicht eine menschliche und eine göttliche) Natur und in ihm habe sich die göttliche und die menschliche Natur vereinigt. Diese Christologie steht dem gnostischen Denken nahe, das uns die Nag-Hammadi-Bibliothek zur Kenntnis gebracht hat und von dem wir bereits gesagt haben, sein Bild vom göttlichen Retter stelle die Inkarnation infrage (vgl. S. 270–273).

In seinem Widerstand gegen jegliches Abgleiten in den Polytheismus musste Mohammed die christliche Auffassung von der Trinität, die Gott in drei Personen denkt, zurückweisen. Tatsächlich öffnete die christliche

Anbetung der Trinität die Flanke für die Anschuldigung des Tritheismus. Ein Koranvers macht das deutlich:

> Und damals, als Gott sprach:
> «O Jesus, Sohn Marias, hast du den Menschen denn gesagt:
> ‹Nehmt mich und meine Mutter zu Göttern neben Gott›?»
> Er sprach: «Gepriesen seist du!
> Mir steht nicht zu, dass ich etwas sage, wozu ich nicht berechtigt bin.
> Und hätte ich es gesagt, so weisst du es [...].» (5,116)

Der koranische Jesus weist die Vorstellung zurück, er stehe am Ursprung der trinitarischen Theologie. Doch seltsamerweise besteht die aufscheinende Trinität aus Gott, Jesus und Maria. Die Ersetzung des heiligen Geistes durch Maria entspricht der Bedeutung, die der Marienkult insbesondere in der orientalischen Christenheit gewonnen hat, und zwar in der Folge des Konzils von Ephesos, das Maria zur *Theotokos*, zur «Gottesgebärerin» erklärte. Mohammed beurteilt die Christenheit, die er vor Augen hat: Jesus und Maria anzubeten macht diese Religion von seinem Standpunkt aus zum Tritheismus.

Bekannt ist, dass die christologischen Debatten des 4. Jahrhunderts (Nizäa 325; Konstantinopel 381) und des 5. Jahrhunderts (Ephesos 431; Chalcedon 451) zu den zwei Naturen Christi und zur göttlichen Konsubstantialität von Gott und Sohn Entscheide gefällt haben. Diese Konzilsbeschlüsse legten die Mehrheitsdoktrin fest, aber die Christenheit blieb gespalten, namentlich zwischen Nestorianern (die die menschliche Natur Jesu höher bewerten) und Monophysiten (die die göttliche Natur höher bewerten). Kurz, Mohammed hatte ein Christentum vor Augen, das so oder so an die Gottheit Jesu Christi glaubte, aber das Thema weiterhin kontrovers diskutierte. Ausserdem war die Marienfrömmigkeit derart stark, dass man glauben konnte, Maria sei in den Rang einer Gottheit erhoben worden. Der radikale Monotheismus Mohammeds aber musste jede Nachbarschaft zum einen Gott ablehnen. Hier liegt die Sünde des «falschen» Glaubens der Christen: «Siehe, Gott vergibt nicht, dass ihm etwas beigesellt wird» (4,48; vgl. 19,35).

Mohammeds Biografen sprechen von seinen Kontakten zu den Syrischen Kirchen, namentlich von seinen Gesprächen in Bosra (Syrien) mit dem Mönch Bahira, der für ihn die Rolle des Initiators spielte. Die Informationen über Jesus im Koran schöpfen, wie wir sehen werden, eher aus den apokryphen Evangelien denn aus den kanonischen Schriften. Die Kenntnis des christlichen Glaubens, die Mohammed unter Beweis stellt, ist stark von Randgruppen geprägt. Doch sollten wir uns nicht Geheim-

oder Dissidentengrüppchen vorstellen, war doch damals die Respektierung der kanonischen Schriften nicht derart strikt. Dass jede Erklärung zur Person Jesus fehlt, signalisiert jedenfalls, dass die christliche Verkündigung bekannt war.

Eine vielstimmige Überlieferung

Wenden wir uns kurz den islamischen Schriften zu, bevor wir genauer auf deren Rezeption der Figur Jesus eingehen. Die muslimische Überlieferung bekennt, dass der Engel Gabriel *(Djibril)* Mohammed den Korantext diktierte. Ein wissenschaftlicher Zugang indes macht die literarische und theologische Heterogenität dieses Corpus deutlich: Die einhundertvierzehn Suren sind eine Kompilation von unterschiedlichen und zuweilen widersprüchlichen Worten. Wiederholungen, Themenwechsel und abrupte Tonwechsel bezeugen, dass der Koran *ein umfangreiches Mosaik von Sentenzen* ist und nicht so sehr eine monolithische Lehrabhandlung. Die Anordnung dieser Sentenzen entzieht sich unserer Logik, es sei denn, dass mit Ausnahme einiger Suren die langen den kürzeren vorangehen. Trotz der Einförmigkeit seines Gelehrtenstils ist der Koran nicht weniger vielfältig als das Neue Testament. Diese Vielstimmigkeit lässt eher an mehrere Autoren denn an einen einzigen Autor denken.

Mehr noch, die historische Kritik erkennt im Ursprung der Suren zwei aufeinanderfolgende Schichten. Zwischen seiner Geburt um 570 und seinem Tod im Jahr 632 n.Chr. lebte Mohammed in Mekka; mit seinen Gefährten zog er sich in die fünfhundert Kilometer entfernte Oase Yatrib zurück, so der frühere Name von Medina; es ist der Ort dieses Exils *(Hidschra)* im Jahr 622, der traditionell als Beginn der muslimischen Zeitrechnung gilt. Ab dem 10. Jahrhundert hat die islamische Überlieferung zwischen den sechsundachtzig mekkanischen und den achtundzwanzig medinensischen Suren unterschieden. Der deutsche Orientalist Theodor Nöldeke (1836–1930) hat Kriterien zur Unterscheidung der Suren erarbeitet, und zwar gemäss deren Stil, den Beziehungen zwischen Mohammed und seinen Gegnern und den Regeln, die die Riten und das Leben der Gemeinschaft strukturieren.[346] In Medina verhärtete sich die Polemik gegen Juden und Christen, während das Rechts-

---

346 Nöldeke, Theodor, Geschichte des Qorāns I. Über den Ursprung des Qorāns, Göttingen 1860 [Nachdr. der 2. Aufl. von Leipzig, Hildesheim 2013].

system erweitert wurde. Da historische Zeugnisse zu dieser Zeit fehlen, gibt es keine festgelegte Zuteilung der Suren zu Mekka und Medina.

Es sei daran erinnert, dass der Koran, den wir heute lesen, nicht der Koran Mohammeds ist, sondern eine erst durch den 656 verstorbenen dritten Kalifen, Utman ibn Affan, verbindlich fixierte Textsammlung.

Um das Bild zu vervollständigen, sei erwähnt, dass neben dem Koran ein bedeutendes Schrifttum entstanden ist: die *Sīra*, die Biografie des Propheten, sowie die *Hadithe*, die Überlieferungen der Worte und Handlungen des Propheten. Seit dem 8. Jahrhundert werden die *Hadithe* gesammelt; in der Folge nahm deren Zahl rasch zu, um schliesslich eine unüberschaubare Sammlung zu bilden. *Hadithe* sind eine Art Korankommentar, der seine Rätsel und Unklarheiten beleuchtet. In diesen Aussprüchen und Erzählungen finden sich viele Jesus zugeschriebene Worte; einige stehen den Evangelien nahe, andere sind althergebrachte Weisheiten. Sie belegen, wie zuvor Mohammed, die Kenntnis der Evangeliumsschriften.[347]

Im Koran lassen sich die Bezüge auf Jesus in vier Gruppen einteilen: 1) Geburt und Kindheit; 2) Tod; 3) Lehre und Wunder; 4) Erklärungen zu seinem Auftrag, seinem Platz unter den Propheten, seiner Natur, seinem Status Gott gegenüber. Nacheinander werden wir uns diesen vier Gruppen zuwenden.

Geburt und Kindheit

Im Koran finden sich zwei Erzählungen zur Geburt Jesu. Die erste findet sich in Sure 3 mit dem Titel «Das Haus 'Imran»; es ist die Geschichte der Verkündigung (3,42–47). Zuvor wird in den Versen 35–41 die Geburt Marias (Maryam) erzählt, die von 'Imran abstammt und von ihrer Mutter Gott anvertraut wird. Maria lebt fromm im Tempel und erhält ihre Speise tagtäglich von Gott. Zacharias, ihr Onkel, bittet Gott, er möge ihm Nachkommen gewähren, obwohl seine Frau unfruchtbar ist. Während seines Gebets im Tempel kündigen ihm Engel die Geburt Johannes' des Täufers an. Darauf folgt die Ankündigung an Maria:

---

347 Eine Sammlung und Übersetzung von mehr als 300 *Hadithen* findet sich bei Khalidi, Tarif, Der muslimische Jesus. Aussprüche Jesu in der arabischen Literatur, Düsseldorf 2002. Vgl. auch Khoury, Adel Theodor, Der Hadīth. Urkunde der islamischen Tradition, 5 Bde., Gütersloh 2008–2011; Markschies/Schröter, Antike christliche Apokryphen I/1 (s. Anm. 5), 193–208.

> Damals, als die Engel sprachen: «O Maria!
> Siehe, Gott verkündet dir ein Wort von sich.
> Sein Name sei: ‹Christus Jesus, Sohn der Maria›.
> Er soll im Diesseits und im Jenseits angesehen sein
> und einer von den Nahestehenden
> – zu den Menschen wird er sprechen
> in der Wiege und als reifer Mann –
> und einer von den Rechtschaffenen.»
> Sie sprach: «Mein Herr, wie soll ich denn ein Kind empfangen,
> wo mich ein menschliches Wesen nie berührt?»
> Er sprach: «So ist Gott. Er erschafft, was er will!
> Beschliesst er eine Sache, so spricht er nur zu ihr:
> ‹Sei!› Und dann ist sie.» (3,45–47)

Wer das Lukasevangelium kennt, wird unschwer das Szenario von Lukas mit den beiden Ankündigungen erkennen: Ankündigung der Geburt Johannes' des Täufers an dessen Vater Zacharias, dann Ankündigung der Geburt Jesu an Maria und der Dialog mit dem Engel. Doch diese Erzählung wird verknüpft mit der Geburt Marias und ihrer Kindheit im Tempel – Entlehnungen aus dem *Protevangelium des Jakobus* (5–10).

Sure 19 mit dem Titel «Maria» nimmt den Faden wieder auf und erzählt die Geburt Jesu (19,16–34). Josef, der Vater, ist abwesend. Allein zieht sich Maria zurück «an einen weit entfernten Ort» (19,22), was an den einsamen Ort im *Protevangelium des Jakobus* (17,3) erinnert. Sie bringt das Kind am Fuss einer Dattelpalme zur Welt, und das Kind spricht, um sie zu trösten. Da ereignet sich das bekannte Palmwunder: «Rüttle den Stamm der Dattelpalme – hin zu dir, damit sie frische Früchte auf dich fallen lasse! Dann iss und trink, und sei guten Mutes!» (19,25 f.). Diese Episode ist die Übertragung einer Wundererzählung im *Pseudo-Matthäusevangelium* 20,1 f. (4. Jh.); aber das apokryphe Evangelium verlegt das Ereignis in die Zeit der Flucht von Maria und Josef nach Ägypten (vgl. S. 258 f.). Eine direkte literarische Abhängigkeit zwischen den beiden apokryphen Schriften scheint ausgeschlossen. Der Koran verwebt die Erzählung nach Art des Midrasch, paraphrasierend, anknüpfend an mündlich tradierte Episoden, in denen sich, was normal ist, kanonische und apokryphe Motive vermischen.

Nebenbei sei erwähnt, dass es ein einziges Zeugnis für eine Kombination aus dem *Protevangelium des Jakobus* und dem Palmwunder aus dem *Pseudo-Matthäusevangelium* gibt: das Dattelpalmen-Mosaik in der Maria geweihten Kathisma-Kirche, einer byzantinischen Kirche, deren Ruinen in den 1990er Jahren freigelegt wurden. In der Mitte der achteckigen, zwischen Jerusalem und Betlehem gelegenen Kirche befand sich einst ein Stein, der traditionell die Stelle markierte, wo sich Maria auf der Flucht nach Ägypten angeblich ausgeruht hat.[348] Diese frühe Kombination von Traditionen innerhalb der palästinischen Christenheit ist ein Indiz für die Quelle, von der sich der Korantext inspirieren liess.

Im *Arabischen Kindheitsevangelium* (6. Jh.) wird bezeugt, dass das Kind bereits in der Krippe gesprochen habe: «[...] dass Jesus, als er in der Wiege lag, zu Maria, seiner Mutter, sprach: ‹Ich bin Jesus, Sohn Gottes, das Wort, das du geboren hast, so wie es dir der Engel Gabriel verkündet hatte [...]›» (1,1). Im Koran liest sich dann diese Erklärung wie folgt:

> Er sprach: «Siehe, ich bin der Knecht Gottes!
> Er gab mir das Buch und machte mich zum Propheten.
> Er verlieh mir Segen, wo immer ich auch war,
> und trug mir das Gebet auf und die Armensteuer,
> solange ich am Leben bin.
> Und Ehrerbietung gegen meine Mutter!
> Er machte mich zu keinem unglückseligen Gewaltmensch!
> Und Friede über mich am Tag, da ich geboren ward,
> am Tag, an dem ich sterben werde,
> und am Tag, da ich zum Leben werde auferweckt!» (19,30–33)

Während im *Arabischen Kindheitsevangelium* «Sohn Gottes» steht, kommentiert der Koran: «Es steht Gott nicht an, einen Sohn anzunehmen [...]!» (19,35). Unschwer, sich vorzustellen, wie diese Wundergeschichten im 7. Jahrhundert die Volksfrömmigkeit bereicherten. Doch Mohammed formuliert die Geburt Jesu neu und unterwirft sie dem Kanon seiner Theologie: Der Sohn Marias wird vaterlos geboren und ist nicht der Sohn Gottes.

Die Figur der Maria hingegen wird verehrt: Gott «erwählte dich vor allen Frauen in der Welt» (3,42). Im Koran ist Maria die einzige namentlich genannte Frau, häufiger noch genannt als Jesus (34-mal, Jesus hingegen nur 25-mal). Von Geburt an tröstet Jesus diese Frau, die ohne Ehemann geboren hat. Der Vater ist völlig ausgelöscht. Bleibt nur Maria, *die weibliche Ikone der Unterwerfung unter Gott*, die muslimische Gläubige schlechthin.

---

348 Dye, Guillaume, La figure de Jésus dans le Coran, in: Jésus. Une encyclopédie contemporaine. Paris 2017, 350. Siehe auch Jünger, Brigitte, Auf Marias Spuren wandeln, www.deutschlandfunkkultur.de/ueberreste-der-kathisma-kirche-in-israel-auf-marias-spuren-100.html (31.03.2022).

Als Maria nach der Geburt Jesu in ihre Familie zurückkehrt, wird sie mit Vorwürfen überhäuft: «O Maria, da hast du etwas Unerhörtes getan! O Schwester Aarons, dein Vater war kein schlechter Mann und deine Mutter keine Dirne» (19,27 f.). Nebenbei sei auf den Anachronismus hingewiesen, der aus Maria die Schwester Aarons, des Bruders von Mose macht. Laut den Kommentatoren handelt es sich um einen anderen Aaron oder aber sie verstehen «Schwester» im Sinne von Nachkommenschaft.[349] Doch kommen wir auf die Entrüstung der Familie zurück. Welches ist die Maria unterschwellig vorgeworfene Monstrosität? Im Text bleibt sie unausgesprochen, aber unschwer zu erahnen: Es ist der Verdacht auf unrechtmässige Liebschaften, entstanden aus der unehelichen Geburt Jesu. Wir stossen hier wieder auf den *mamzer*, den Bastard, von dem die jüdischen Schriften sprechen (vgl. S. 47–49, 287–291).

Tabari, ein muslimischer Kommentator an der Wende vom 9. zum 10. Jahrhundert, bricht das Schweigen des Koran und bringt Josef ins Spiel. Er schreibt: «Die Juden geben vor, Gabriel habe nicht in dieses Geschehen eingegriffen, sondern Josef der Zimmermann habe Maria beigewohnt und Jesus sei ein uneheliches Kind.»[350] Selbstverständlich werden Jesus und seine Mutter von jedem Verdacht reingewaschen. Zweimal bekräftigt der Koran bezüglich der wundersamen Geburt Jesu: «Beschliesst er [Gott] eine Sache, so spricht er nur zu ihr: ‹Sei!› Und dann ist sie» (3,47; 19,35). Das Kind in Marias Bauch ist das Werk des Schöpfers. Wie Adam *wird Jesus ohne irdischen Vater geboren und geht unmittelbar aus der Schöpfungsmacht Gottes hervor.*

Doch, einmal mehr, Jesus ist nur der Sohn Marias.

Im Koran heisst Jesus 'Isā ibn Maryam, Issa, Sohn der Maria. Dort wird er am häufigsten als «Sohn der Maria» bezeichnet, was seine nicht hintergehbare Menschlichkeit unterstreicht.

Ein Scheintod

Ein weiterer Punkt, der im Koran im Zusammenhang mit Jesus oft thematisiert wird, ist dessen Tod. Oben haben wir die Deklaration in Sure 19 gelesen: «Und Friede über mich am Tag, da ich geboren ward, am Tag, an dem ich sterben werde, und am Tag, da ich zum Leben werde auf-

---

349 Vgl. die Website: www.maison-islam.com/articles/?p=371 (27.12.2021).
350 Tabari, Chronique I. Traduction de Hermann Zotenberg, Paris 1867, 539 f. Diesen Hinweis verdanke ich Mordillat, Gérard / Prieur, Jérôme, Jésus selon Mahomet, Paris 2015, 103.

erweckt!» (19,33). Es ist nicht der einzige Passus, der vom Tod Jesu spricht. Doch scheint er im Widerspruch zu eine Stelle in Sure 4 zu stehen, wo gegen Jesus polemisiert wird:

> [...] und weil sie [die Buchbesitzer] ungläubig waren und Maria ungeheuerlich verleumdeten
> und weil sie sprachen: «Wir haben Christus Jesus,
> den Sohn Marias, den Gesandten Gottes, getötet!»
> Aber sie haben ihn nicht getötet und haben ihn auch nicht gekreuzigt.
> Sondern es kam ihnen nur so vor.
> Siehe, jene, die darüber uneins sind,
> sind wahrlich über ihn im Zweifel.
> Kein Wissen haben sie darüber, nur der Vermutung folgen sie.
> Sie haben ihn nicht getötet, mit Gewissheit nicht,
> vielmehr hat Gott ihn hin zu sich erhoben. (4,156–158)

Die ungeheuerliche Verleumdung Marias ist das in jüdischen Kreisen zirkulierende Gerücht von ihrer Untreue oder von ihrer Vergewaltigung; damit soll die Geburt Jesu erklärt werden. Noch überraschender aber sind die nächsten Verse. Den Juden, die erklären, «Wir haben Christus Jesus [...] getötet», wird erwidert, sie hätten ihn nicht getötet, sie hätten ihn nicht gekreuzigt: «Sondern es kam ihnen nur so vor.» Wie ist diese vollkommen rätselhafte Behauptung zu verstehen? Die Übersetzung der arabischen Formulierung *wa-lākin shubbiha lahum* ist umstritten. Sie bedeutet «ähnlich machen», «als ähnlich ansehen». Max Henning übersetzt: «sondern einen ihm ähnlichen».[351] Das Wort *shubbiha* bezeichnet eine Illusion, eine Täuschung. Die Juden denken, sie hätten den Messias gekreuzigt, aber sie waren Opfer einer Täuschung. Der syrische Mönch Johannes Damaskenos, der am Übergang vom 7. zum 8. Jahrhundert lebte, berichtet, was er über diesen Vers gehört hat. Mohammed sagt, so schreibt Johannes Damaskenos, «[...] dass die Juden frevelten und ihn [Jesus] kreuzigen wollten, dass sie ‹aber nur› ein Schattenbild von ihm zu fassen bekamen und kreuzigten [...]» *(Über die Häresien, Kapitel 100).*[352]

---

351 Der Koran. Aus dem Arabischen übertragen und mit einer Einleitung versehen von Max Henning, Leipzig 1901 (diese später um eine Einleitung und Anmerkungen der Islamwissenschaftlerin Annemarie Schimmel ergänzte Edition wurde 2015 letztmals neu aufgelegt).

352 Glei, Reinhold F. / Khoury, Adel Theodor (Hg.), Schriften zum Islam. Johannes Damaskenos und Theodor Abū Qurra. Kommentierte griechisch-deutsche Text-

Der Tod Jesu gilt mithin als *Scheinhandlung*. Fachr ad-Dīn ar-Rāzī, ein persischer Theologe und Philosoph des 12. Jahrhunderts, ordnet die islamischen Auslegungen dieses Verses zwei Kategorien zu. Für die einen hat Gott die Juden hintergangen, indem er vor ihren Augen einen Doppelgänger erscheinen liess. Für die anderen befahl Jesus selbst einem seiner Jünger, ihm zu gleichen und sich für Jesus auszugeben, um an dessen Stelle gekreuzigt zu werden; Judas war der für diese Aufgabe prädestinierte Kandidat.[353] Wer mit den gnostischen Evangelien vertraut ist, erkennt sogleich ein bekanntes Motiv. Für die Anhänger einer doketischen Christologie war die Vorstellung eines leidenden göttlichen Retters undenkbar. Deshalb wurde die Theorie vom Ersatzopfer erfunden: Ein anderer ist anstelle von Jesus gestorben, beispielsweise Simon von Kyrene (vgl. S. 265). Dass diese Theorie den Hintergrund für den Koranvers bildet, steht ausser Zweifel: Jesus ist nicht getötet worden, «[...] vielmehr hat Gott ihn hin zu sich erhoben» (4,158). Jesus wurde in den Himmel gehoben – dies gilt hier als Beweis dafür, dass Gott ihm den Tod erspart habe; die Juden und sogar die Christen täuschen sich, wenn sie behaupten, er sei gekreuzigt worden.

Aber wie lässt sich erklären, dass eine Jesus vergöttlichende doketische Theorie von einem Islam wiederaufgenommen worden ist, der umgekehrt die göttliche Natur des «Propheten Jesus» verwirft? Folgende Lösung bietet sich an: Mohammed hat die Vorstellung aufgegriffen, ohne deren theologische Beweggründe zu teilen. Die Natur Jesu steht nicht zur Debatte (der Sohn Marias ist menschlich, nichts als menschlich). Hingegen gefährdet die Behauptung, Gott habe seinen Gesandten sterben lassen, die Souveränität Gottes. Undenkbar ist, dass die Juden die Macht gehabt hätten, Jesus zu töten: *Gott allein kommt der Entscheid zu, Jesus töten zu lassen.*

Leugnet der Koran den Tod Jesu? Für eine Antwort muss man sich durch nicht miteinander verknüpfte Behauptungen hindurchschlägen. Ein bereits zitierter Vers scheint ihn zuzulassen; dort sagt Jesus: «Und Friede über mich am Tag, da ich geboren ward, am Tag, an dem ich sterben werde, und am Tag, da ich zum Leben werde auferweckt!» (19,33). Am Ende der Zeiten wird er auferstehen. Ein anderer Passus hingegen sagt ganz eindeutig: «Und sie [die Kinder Israels] schmiedeten Ränke,

---

ausgabe (Corpus Islamo-Christianum, Series Graeca 3), Würzburg/Altenberge 1995, 74/75–82/83, hier 75.

353 Eine Zusammenstellung einiger Kommentare zu diesem Vers findet sich bei Arnaldez, Roger, Jésus. Fils de Marie, prophète de l'islam (Jésus et Jésus-Christ 13), Paris 1980, 191–204.

und auch Gott schmiedete Ränke. Gott ist der beste Ränkeschmieder. Damals, als Gott sprach: ‹Jesus, siehe, ich will dich zu mir nehmen und dich zu mir erhöhen und dich von denen, die ungläubig sind, reinigen [...]» (3,54 f.). Werden die beiden Stellen einander gegenübergestellt, so erscheint der Kreuzestod Jesu wie eine von einem ränkeschmiedenden Gott arrangierte Scheinhandlung, um die Juden zu täuschen und seinen Propheten zu befreien, indem er ihn zu sich nimmt. Ein anderer ist an seiner Stelle gestorben. Gott hat Jesus erhöht. Er hat seinen Propheten nicht in den Händen der Juden belassen.

Es könnte also durchaus sein, wie Guillaume Dye nahelegt, dass es im bereits zitierten Koranvers über den Tod Jesu (4,157) um eine antijüdische und nicht so sehr um eine antichristliche Polemik geht.[354] Denn die Juden sind regelmässig die Zielscheibe der Attacken des Koran: Trotz der unwiderlegbaren «Beweise» Gottes glaubten sie nicht an Jesus, verleumdeten seine Mutter und beschuldigten ihren Sohn der Zauberei (2,87.253; 3,86; 5,110; 43,63; 61,6).

Lehre und Wunder

Nach Geburt, Kindheit und Tod erwähnt eine dritte Gruppe von Koranversen Lehre und Wunder Jesu.

Mit Blick auf seine *Lehre* wird Jesus erst einmal in eine Reihe von inspirierten Propheten gestellt. «Wir offenbarten Abraham und Ismael und Isaak und Jakob; den Stämmen, Jesus, Hiob, Jona, Aaron, Salomo. David gaben wir den Psalter» (4,163). Jesus ist ein Glied in einer Kette von Gesandten Gottes; diese Kette beginnt mit Abraham und geht, via die Propheten, weiter bis Mohammed, in dem sie ihre Vollendung findet. Göttlicher Auftrag der Propheten ist es, Verkünder froher Botschaft zu sein und Warner, «damit die Menschen keinen Vorwand hätten gegen Gott, nachdem Gesandte kamen» (4,165).

Hier unterstreicht der Koran die Kontinuität und Beständigkeit der göttlichen Botschaft. Jesus ist gesandt worden, um die Tora zu bestätigen. «In ihren [der Propheten] Spuren liessen wir Jesus folgen, Marias Sohn; er bestätigte, was ihm vorlag vom Gesetz» (5,46). Doch dieses Hervorheben der Gleichheit der Botschaft dient der antijüdischen Polemik, haben doch die Juden in dieser Hinsicht betrogen. Sie haben die ihnen überlieferte Tora nicht respektiert, ja sie haben sie verfälscht: «Da setzten

---

354 Dye, La figure de Jésus dans le Coran (s. Anm. 348), 354.

die, welche frevelten, ein Wort an seine Stelle, das nicht dem entsprach, was ihnen gesagt war» (2,59; 7,162). Der Vorwurf des Frevels wird wiederholt, aber kaum konkretisiert; immerhin wird vermerkt, was ihr Vergehen war: Sie nahmen Wucherzinsen und verzehrten unrechtmässig das Vermögen der Menschen (4,160f.).

Doch Jesus hebt sich von der Kette der Propheten insofern ab, als er den Rang des «Gotteswortes» hat: «Siehe, Christus Jesus, Marias Sohn, ist der Gesandte Gottes und sein Wort, das er an Maria richtete, und ist Geist von ihm» (4,171). Bei der Verkündigung sagt der Engelsbote: «O Maria! Siehe, Gott verkündet dir ein Wort von sich» (3,45). Jesus kann insofern Wort Gottes sein, als der Engel bestätigt, dass Gott ihn «das Gesetz und auch das Evangelium» lehren wird (3,48). Im koranischen Verständnis ist das Evangelium nicht mit den christlichen Schriften zu verwechseln; es ist eine allgemeine Bezeichnung für die von Gott empfangene und von Jesus den Menschen überlieferte Offenbarung.

Zum Inhalt dieses Evangeliums sagt der Koran kaum etwas. «Er [Gott] verlieh mir Segen, wo immer ich auch war, und trug mir das Gebet auf und die Armensteuer, solange ich am Leben bin. Und Ehrerbietung gegen meine Mutter! Er machte mich zu keinem unglückseligen Gewaltmensch» (19,31f.). Der Koran ist wenig gesprächig, die islamische Überlieferung hingegen wird mehr darüber sagen und zahlreiche *Hadithe* wie folgt beginnen lassen: «Jesus hat gesagt» oder «Gott hat Jesus offenbart».[355]

Einige *Hadithe* nehmen Worte des Alten Testaments auf:

> Es wurde Jesus offenbart: «Ein Land ist verflucht, wenn seine Herrscher kleine Jungen sind.» (24)[356]

Dieses Wort könnte eine Sentenz der orientalischen Weisheit wiedergeben, doch es hat einen Vorläufer in Koh 10,16: «Weh dir, du Land, dessen König ein Knabe ist [...].»

---

355 Im Folgenden werden die *Hadithe* zitiert nach Khalidi, Der muslimische Jesus (s. Anm. 347); vgl. auch Khoury, Adel Theodor, Der *Hadīth*. Urkunde der islamischen Tradition IV. Traumgesichte und Gleichnisse; Vorzüge besonderer Personen; Vorzüge der Propheten; Jesus Christus, Gütersloh 2010.
356 *Hadith* 24 ist von Muhammad ibn Sa'd (9. Jh.) überliefert.

Andere *Hadithe* sind zweifellos von Evangeliumsworten inspiriert:

> Jesus sagte: «Wer in dieser Welt barmherzig ist, wird in der nächsten Welt Erbarmen finden.» (155)
> Jesus sagte: «Wenn einer von euch einen Fasttag hat, dann lasst ihn sich seinen Kopf und seinen Bart einfetten und seine Lippen abwischen, damit die Leute nicht merken, dass er fastet. Wenn er mit der rechten Hand gibt, lasst es ihn mit der linken Hand verstecken. Wenn er betet, lasst ihn den Türvorhang herunterziehen, denn Gott teilt Lob zu, wie er es ist, der den Lebensunterhalt zuteilt.» (4)
> Jesus sagte: «Warum kommt ihr wie Mönche gekleidet zu mir, obwohl eure Herzen die Herzen von Wölfen und räuberischen Lebewesen sind? Tragt die Kleider von Königen, aber kasteit eure Herzen mit der Furcht vor Gott.» (216)
> Jesus sagte: «Sammelt euch Schätze im Himmel, denn das Herz eines Menschen ist da, wo sein Schatz ist.» (33)[357]

Der erste *Hadith* gibt die Aufforderung zur Barmherzigkeit wieder, gepaart mit der Verheissung, dass Gott seinerseits barmherzig sein wird (Mt 5,7; Lk 6,36). Der zweite resümiert die Katechese über Fasten und Beten sowie die Polemik gegen die Heuchler, die ihre Frömmigkeit zur Schau stellen (Mt 6,1–8), in der Ermahnung: «Wenn du aber Almosen gibst, lass deinen Linke nicht wissen, was deine Rechte tut [...]» (Mt 6,3). Der dritte *Hadith* lässt sich von der Warnung vor den als Wölfe verkleideten Propheten inspirieren (Mt 7,15). Der vierte *Hadith* kopiert Mt 6,21: «Denn wo dein Schatz ist, da ist auch dein Herz.»

Für andere Sentenzen würde man vergeblich nach einer Vorlage in den Evangelien suchen. Vielmehr entsprechen sie eher einem Lehrsatz der orientalischen Weisheit.

> Gott offenbarte Jesus: «Wenn Müssiggänger lachen, streich dir den Spiessglanz [Kajal, Khol] der Traurigkeit auf die Augen.» (261)
> Jesus sagte: «Oh Israeliten, esst nicht über die Massen, denn wer über die Massen isst, schläft auch über die Massen, und wer über die Massen schläft, betet wenig, und wer wenig betet, ist bei den Nachlässigen verzeichnet.» (266)
> Christus sagte: «Fleisch, das Fleisch isst? Was für eine widerwärtige Tat!» (176)[358]

---

357 *Hadith* 155 ist von Abu al-Hasan al-ʿAmir (10. Jh.) überliefert; *Hadith* 4 von ʿAbdallah ibn al-Mubarak (8. Jh.); *Hadith* 216 von Abu Hamid al-Ghazali (11./12. Jh.); *Hadith* 33 von Ahmad ibn Hanbal (9. Jh.).

358 *Hadith* 261 ist von Abu al-Qasim ibnʿAsakir überliefert (12. Jh.); *Hadith* 266 von Abu al-Husayn Warram ibn Abi Firas (12./13. Jh.); *Hadith* 176 von Al-Raghib al-Isfahani (11. Jh.).

Letztlich ist die Moral, die aus einer Vielzahl von *Hadithen* hervorgeht, eine Moral der Askese und der Entbehrung. Zahlreich sind die Speisevorschriften. Die islamische Überlieferung entlehnt den Evangelien, was ihr passt, und fügt hinzu, was ihren Bedürfnissen entspricht.

Die *Wunder* wiederum werden im Koran kurz thematisiert. Die Heilung von Blinden und Aussätzigen und die Auferweckung der Toten wurden, so die Präzisierung, «mit Erlaubnis Gottes» vollbracht (3,49; 5,110). Dort findet sich auch das Wunder der vom Kind Jesus aus Lehm geformten und zum Leben erweckten Vögel (3,49, 5,110) – eine Episode aus der *Kindheitserzählung des Thomas* 2,1–4). Wie in der apokryphen Erzählung wird dieses Wunder als Nachahmung des schöpferischen Handelns Gottes gedeutet; ausserdem wird das arabische Verb *khalaqa* (erschaffen) ausschliesslich im Zusammenhang mit Gott verwendet. Unterstrichen wird die jüdische Anzweiflung der Wunder Jesu: «Damals, als ich die Kinder Israel von dir fernhielt, als du mit den Beweisen zu ihnen kamst, da sprachen die Ungläubigen unter ihnen: ‹Das ist doch nichts als klarer Zauber!›» (5,110).

Der koranische Jesus und sein Auftrag

Wir haben bereits skizziert, wie sich der Koran gegenüber der Funktion Jesu, seinem Status gegenüber Gott und seinem Platz unter den Propheten positioniert. Der koranische Jesus wird verehrt als Messias *(masīh)*, Gesandter Gottes *(rasūl)*, Prophet *(nabī)*, Diener Gottes *('abd)*.[359] Doch jede andere Bezeichnung, die ihn mit Gott vereinen könnte, wird als Lüge gebrandmarkt. Dazu Tarif Khalidi in seinem Werk *Der muslimische Jesus:* «Die Behauptung, der Koran sei geradezu besessen von dem Gespenst des Polytheismus, ist keine Übertreibung.»[360] Seine Überlegungen führen uns zurück zu der zu Beginn dieses Kapitels geäusserten Ambivalenz: Jesus ist ein unerlässliches Glied in der Kette der Gesandten Gottes, doch sein Status wird umgestaltet, um aus ihm den Vorläufer Mohammeds zu machen. Um es in eine Formel zu fassen: *Jesus wird zum Propheten des Islam umformatiert.* Man könnte von einer minimalistischen Christologie sprechen, die neu definiert wird, und zwar ausgehend vom Kommen eines Propheten, der die Offenbarung Gottes überragt und zur Vollendung bringt.

---

359 Vgl. 3,48; 4,171 f.; 5,72; 19,30; 5,111.
360 Khalidi, Der muslimische Jesus (s. Anm. 347), 19.

Eigenartig ist, dass der Koran mit Jesus genau so verfährt, wie die Christen mit Johannes dem Täufer. Dieser war der geistige Lehrer Jesu und wurde von der Evangeliumsüberlieferung in den Vorläufer verwandelt: «[...] der aber nach mir kommt, ist stärker als ich; mir steht es nicht zu, ihm die Schuhe zu tragen» (Mt 3,11). Und was spricht der koranische Jesus: «Ihr Kinder Israel, siehe, ich bin von Gott zu euch gesandt, um zu bestätigen, was mir schon vorliegt vom Gesetz, und einen Gesandten anzukündigen, der nach mir kommt und dessen Name *Ahmad* ist!» (61,6). Nur hier findet sich im Koran der Name Ahmad; er bedeutet «der Hochgelobte», «der Gepriesene». Die islamische Tradition ist sich darin einig, dass damit Mohammed bezeichnet wird. Islamische Forschende haben diese Vorhersage mit der Deklaration Jesu in Joh 14,16f. in Verbindung gebracht: «Und ich werde den Vater bitten, und er wird euch einen anderen zum Fürsprecher geben, der für immer bei euch bleiben soll: den Geist der Wahrheit [...].» Der «Fürsprecher» (Tröster) – die Bezeichnung für den heiligen Geist, den der Auferstandene seiner Kirche senden wird – wird als versteckter Hinweis auf das Kommen Mohammeds interpretiert; das griechische *parakletos* wird dann als *periklutos* (der Berühmte) gelesen.

Jesus ist der Prophet, den Gott «den Leuten der Schrift», «den Buchbesitzern» sendet. Mit den beiden Begriffen bezeichnet der Koran Juden und Christen. Diese werden immer wieder angeherrscht und aufgefordert, sich der wahren Offenbarung zu unterwerfen. Mohammed will denn auch keineswegs eine neue Religion begründen; Allah hat ihm nicht eine neue Religion, sondern die *wahre* Religion überliefert. Der Islam repräsentiert die wahre Offenbarung, von der die Juden und vor allem die Christen nie hätten abweichen sollen. Der Islam folgt der «Glaubensweise Abrahams, eines wahren Gläubigen. Er gehörte nicht zu den Beigesellern» (2,135). «Abraham war weder Jude noch Christ; sondern er war ein wahrer Gläubiger, ein Gottergebener. Und er war keiner von den Beigesellern» (3,67). Deshalb kann der Islam das Erbe Israels wie auch das Erbe des Christentums für sich beanspruchen, unter dem Vorbehalt allerdings, nur das auszuwählen, was Gott schon immer gesagt hat. Gegenüber den «Buchbesitzern» stellt sich der Islam als Inhaber einer unverfälschten Offenbarung dar.

Jesus ist tatsächlich *eine polarisierende Figur für «die Buchbesitzer»*: Die Juden lehnen ihn ab, die Christen machen sich ein falsches Bild von ihm. Die Juden werden kritisiert, zum einen weil sie die Tora verfälscht hätten, zum anderen weil sie nicht an Jesus geglaubt, aber dessen Mutter verleumdet hätten. Die Christen werden aufgefordert, ihre «Extravaganzen» aufzugeben; diese bestehen darin, Jesus mit dem

Glauben an die Trinität eine göttliche Natur zuzuschreiben. Der christliche Unglaube integriert Jesus in die göttliche Sphäre und lässt sich so in die Irre leiten.

> Ihr Buchbesitzer! Geht nicht zu weit in eurer Religion,
> und sagt nur die Wahrheit über Gott!
> Siehe, Christus Jesus, Marias Sohn, ist der Gesandte Gottes
> und sein Wort, das er an Maria richtete,
> und ist Geist von ihm.
> So glaubt an Gott und seine Gesandten
> und sagt nicht: «Drei!»
> Hört auf damit, es wäre für euch besser. (4,171)
> Siehe, wer Gott etwas beigesellt,
> dem wird Gott den Paradiesesgarten verwehren,
> und sein Zufluchtsort wird das Höllenfeuer sein.
> Die Frevler haben keine Helfer.
> Ungläubig sind, die sagen:
> «Siehe, Gott ist der Dritte von dreien.» (5,72 f.)

Kurz, für den Koran ist Jesus der Messias (in Übereinstimmung mit den Christen und gegen die Juden); aber er ist weder göttlich noch auferstanden (mit den Juden und gegen die Christen).

Der vom Koran vernachlässigte gnostische Weg wiederum kann sich in der Sufi-Mystik entfalten. Die Figur Jesus, eng verbunden mit der Figur der Maria, die sich dem göttlichen Odem öffnete, steht für die spirituelle Geburt, die dazu bestimmt ist, sich in jedem Wesen zu vollenden. Sie nimmt im Werk von Ibn ʿArabi (12./13. Jh.) einen zentralen Platz ein; dort gilt Jesus als «Siegel der Heiligkeit». Das (apokryphe christliche) Motiv des Lichtkreuzes wird in der ismailischen Gnosis wiederaufgenommen; für diese Gnosis ist der wahre Messias nicht in dieser Welt zu suchen, sondern in den Tiefen des Bewusstseins. Anders als im Christentum, in dem die Orthodoxie die Gnosis zunehmend marginalisiert hat, hat das Fehlen eines zentralen dogmatischen Lehramts im Islam eine Fülle von gnostischen Spiritualitäten begünstigt. Ganz besonders entfaltet haben sie sich in der iranischen Mystik.[361]

---

[361] Corbin, Henri, En islam iranien. Aspects spirituels et philosophiques, 4 Bde., Paris 1991.

«Und hätte ich es gesagt, so weisst du es»

Kehren wir zum Koran zurück. Der Sieg der wahren Religion, gemeint ist der Sieg des Islam, wird am Ende der Welt verkündet werden, und dieses Ende wird mit dem zweiten Kommen Jesu zusammenfallen. Zu dieser Thematik sind die Texte lakonisch: «Siehe, er [Jesus] ist – fürwahr – ein ‹Wissen› über ‹die Stunde›. Zweifelt daher nicht an ihr, und folgt mir! Das ist ein gerader Weg» (43,61). In Übereinstimmung mit den synoptischen Evangelien ist «die Stunde» die Stunde der Parusie, der Wiederkunft Christi auf Erden.[362] Die *Hadithe* hingegen sind viel expliziter. Jesus wird wiederkommen, um die Lebenden und die Toten zu richten, den Antichristen *(Dajjāl)* zu töten und den Islam als Universalreligion zu errichten.[363] Mohammed scheint keine Rolle zu spielen – ausser dem Triumph Jesu beizuwohnen.

Jesus ist der einzige Prophet, der sich von Glaubensüberzeugungen distanziert, die seine Jünger angeblich von ihm empfangen haben. Das gilt in erster Linie für seine göttliche Natur. Die Antwort, die Jesus Gott auf die entsprechende Frage gibt, habe ich bereits zitiert: «Und damals, als Gott sprach: ‹O Jesus, Sohn Marias, hast du den Menschen denn gesagt: „Nehmt mich und meine Mutter zu den Göttern neben Gott"?› Er sprach: ‹Gepriesen seist du! Mir steht nicht zu, dass ich etwas sage, wozu ich nicht berechtigt bin. Und hätte ich es gesagt, so weisst du es [...]» (5,116).

Der Koran, so könnte man sagen, legt nicht Jesus *nach* Jesus dar. Vielmehr korrigiert er das Evangelium und postuliert Jesus *gegen* Jesus. Die Verkündigung des Gottesreichs wird ausgeblendet, der Kreuzestod geleugnet, die Auferstehung ans Ende der Zeiten verlegt, die göttliche Sohnschaft eher abgelehnt denn gedeutet. Genau genommen korrigiert der Koran in diesem letzten Punkt nicht so sehr den Jesus der Geschichte, sondern eher einen Jesus, den Mohammed als von der orientalischen Christenheit des 7. Jahrhunderts übertrieben vergöttlicht betrachtet.

---

362 Mk 13,32; Mt 24,44.50; 25,23; Lk 12,39f.
363 (L')Imam Suyûtî, Le retour de Jésus. À la fin du temps selon la tradition musulmane (Al Mahdi et Antéchrist), Paris 2000.

Nachwort

Der Historiker, und sei er noch so skeptisch, muss eingestehen: Das Leben von Jeschu, dem galiläischen Juden, hat die Welt verändert. Einige werden einwenden: Aber war Jesus mehr als ein lokaler Prediger, ein schwärmerischer Heiler, dessen Ambitionen – in Jerusalem zu brillieren – von höchster Stelle neutralisiert wurden? In diesem Buch wollte ich zeigen, dass diese minimalistische Lesart der historischen Prüfung nicht standhält. Einzig der «Jesus-Effekt», das heisst die Wirkung seiner Persönlichkeit auf seine Zeitgenossen, erklärt, dass sich sein Andenken bei seinen Anhängerinnen und Anhängern derart stark festgesetzt hat.

Im ersten Teil hat die Untersuchung der dokumentarischen Quellen gezeigt, dass die uns zugänglichen Informationen über ihn zeitlich aussergewöhnlich weit zurückreichen und aussergewöhnlich zahlreich sind. Der Mythos vom imaginären Jesus ist eine intellektuelle Täuschung. Hingegen hat die christliche Einbildungskraft gleich Feuer gefangen, als es darum ging, seine Geburt und seine Kindheit zu beschreiben. Das Geheimnis seiner Herkunft versetzte Jesus in die prekäre Lage eines unehelichen Kindes (*mamzer*), das ausserhalb einer durch die Tora legalisierten Verbindung zur Welt gekommen ist. Diese Situation wirft ein Schlaglicht auf seine Ehelosigkeit und die Aufmerksamkeit, die er Menschen am Rande der Gesellschaft entgegenbrachte (denen er sich selbst zugehörig fühlte). Dass das vaterlose Kind Gott nur mit dem Namen Vater anrief, erstaunt ebenfalls kaum. Der Glaube Jesu hat die Unsicherheit seines Status verklärt. Im Alter von dreissig Jahren hat eine Begegnung sein Leben auf den Kopf gestellt – die Begegnung mit Johannes dem Täufer, dem bärtigen Propheten am Jordan. In einer mystischen Vision wird Jesus bei der Taufe seine Berufung offenbart. Johannes' Aufruf zur Umkehr bringt Jesus dazu, sich ihm anzuschliessen; Jesus wird sein Schüler und tauft in seinem Kreis. Nach der Gefangennahme seines geistigen Mentors beginnt Jesus sein Werk der Verkündigung, wobei er zahlreiche Themen des Johannes aufnimmt, aber dessen Gottesbild umkehrt: vom Gott des Zorns zum Gott der bedingungslosen Annahme.

Der zweite Teil des Buchs ist dem Leben des Nazareners bis zu seinem Tod gewidmet. Seine Heilungspraktiken machten ihn im Volk populär; vor allem aber, und dies ist entscheidend, betrachtet Jesus seine Wunder als ein In-Gang-Setzen des Gottesreichs auf Erden. Jesus der Heiler trägt den Sieg Gottes über das Böse in den Leib des Menschen ein. Denn in einer zu seiner Zeit einmaligen Weise sieht der Nazarener, wie sich um ihn herum die Gegenwart des Gottesreichs konkretisiert. Die Quelle dieser Gegenwart des Gottesreichs findet sich nicht in einer theologischen Auffassung von Jesus, sondern in seiner Lebenserfahrung. Die von ihm häufig verwendeten Gleichnisse sind folglich nicht mit Moralgeschichtchen zu verwechseln; ihre Funktion ist es, das Reich Gottes zu visualisieren und dessen Spuren in der Welt zu entschlüsseln; so können Hörerinnen und Hörer dasselbe erfahren wie Jesus. Die Gleichnisse sind die Gebrauchsanweisung für das Reich Gottes.

Jesus, der Poet des Gottesreichs, war auch ein Weisheitslehrer. Seine Lehre sprengt die von den Rabbis gebilligten vernünftigen Normen und führt einen Ausnahmezustand zugunsten der Bedürfnisse des anderen ein. Beeindruckend ist, dass für ihn der Kompromiss keine Option mehr ist. Ähnliches gilt für seine wahrhaft revolutionäre Neudefinition der Reinheit: Er zeigt sich mit jenen, die von der Moral verdammt werden, denn von ihnen droht keine Ansteckung. Die Mahlzeiten Jesu, die Empörung hervorriefen, sind der Ort geteilter Heiligkeit. Jesus umgibt sich mit einem inneren Kreis von Gefährten, die das künftige Israel vorwegnehmen; aber zur weitergefassten Gruppe seiner Anhänger gehören auch Jüngerinnen, die in der Überlieferung teilweise in Vergessenheit geraten sind.

Wie sah Jesus seine Berufung? Wer war er in seinen eigenen Augen? Aufgrund einer aufmerksamen Textlektüre lässt sich sagen: Es ist fast sicher, dass Jesus den Titel «Menschensohn» verwendet hat – nicht um sich mit diesem göttlichen Gesandten gleichzusetzen (dieser Entscheid liegt bei Gott allein), sondern weil er erwartete, dass Gott sein Handeln beim Jüngsten Gericht für gültig erklären würde. Die Menschen haben ihn als Propheten empfangen, er aber handelt als einer, der «weit mehr ist als ein Prophet». Er war sich seiner einzigartigen Rolle als Offenbarer Gottes bewusst. Das Volk erklärte ihn zum Messias; er aber hat diesen mit Gewalt und Nationalismus behafteten Titel nicht für sich beansprucht. Nach seinem Tod haben die Jünger anerkannt, dass er der Messias war, aber auf andere Art, nämlich durch Treue bis in den Tod. So trat denn der bisher unbekannte Titel eines leidenden Messias auf. Nach Ostern wurde er Herr und Sohn Gottes genannt. Jesus selbst hat nicht *gesagt*, wer er war, vielmehr hat er *getan*, was er war.

Nach einem religiösen und anschliessend politischen Prozess ist er in Jerusalem gestorben. Die Gründe für seine Verurteilung sind nicht evident. Wurde er als Gotteslästerer verurteilt, weil er sich als Messias bezeichnet habe? Unwahrscheinlich. Das Delikt der Messianität war in jener Epoche kein Kapitalverbrechen. Angeführt wurde es, um Statthalter Pontius Pilatus, der jegliche öffentlichen Unruhen sogleich im Keim erstickte, ein politisch gültiges Motiv zu bieten. Das eigentliche Vergehen war die grobe Beleidigung des Tempels durch die gewalttätige Geste Jesu, mit der er den Handel für den Opferkult blockierte. Diese Geste war Teil der Logik der Neudefinition von Reinheit: Die Gegenwart Gottes in seinem Volk kümmert sich nicht um Schutzbarrieren, die die einen ausschliessen und die anderen durchlassen. Gott ist gegenwärtig für jede und jeden, ohne jede Diskriminierung.

Der dritte Teil des Buchs befasst sich mit dem Schicksal des Jesus aus Nazaret. Wie wurde er verstanden, aufgenommen, interpretiert? Die erste Deutung von Jesu Leben und Tod war der Glaube an seine Auferstehung. Durch visionäre Erfahrungen, ein Phänomen paranormalen Typs, kamen seine Freundinnen und Freunde unerwartet zur Überzeugung, Gott solidarisiere sich mit dem ans Holz gehängten Mann. Ostern macht den Nazarener nicht zu einem Gott. Und der Gedanke, dieses «nach» Jesus habe mit dem «vor» Jesus nichts zu tun, ist falsch: Ostern bringt keine Offenbarung, die dem, was Jesus war, fremd wäre; vielmehr besiegelt Ostern die göttliche Anerkennung dessen, was er zu Lebzeiten gewesen ist.

Nachgezeichnet wird anschliessend die Rezeption Jesu in den drei grossen monotheistischen Religionen: Christentum, Judentum, Islam. Im Christentum stellen die ausserkanonischen Evangelien eine blühende Literaturlandschaft dar. Sie entstammen abtrünnigen christlichen Strömungen; einige davon beerben die nicht in die kanonischen Evangelien aufgenommenen Überlieferungen, doch zumeist beglaubigen sie ihre Lehre mit theologischer Fiktion. Mit ganz unterschiedlichen Absichten: die Mutter sakralisieren, die Kindheit Jesu erzählen, sein Judesein aufzeigen, ihm den Tod ersparen oder eine Weisheit für Initiierte entfalten. Diese Schriften sind Zeugen der unglaublichen Vielfalt des Christentums und seiner Fähigkeit, auf der Basis einer gemeinsamen Matrix vielfältige kulturelle Synthesen hervorzubringen.

Die jüdische Rezeption Jesu enthüllt die erschütternde Geschichte des Hasses zwischen Christentum und Judentum im Lauf der Jahrhunderte. Dieses düstere Schicksal hat die Art und Weise geprägt, wie die dem Antisemitismus ausgelieferten Juden ihre religiöse Identität verteidigt haben. Vom 2. bis zum 8. Jahrhundert sprechen die Rabbiner kaum von Jeschu oder sie bezeichnen ihn als einen Rabbi auf Abwegen. Vom 9. bis zur Mitte des 20. Jahrhunderts können wir von einer bleiernen Zeit sprechen: Der Talmud wird von den Christen zensiert; die Evangeliumsparodie der *Toledot Jeschu* zirkuliert, zuweilen unter der Hand. Das Tauwetter beginnt erst nach der Shoah, um 1970, als die jüdischen Gelehrten beginnen, sich für den Nazarener zu interessieren und ihre Talmudkenntnisse in die Lektüre der Evangelien einfliessen zu lassen.

Die Rezeption Jesu im Islam war problematisch: Wie kann man sich neben Allah ein anderes göttliches Wesen vorstellen? Der Islam entsteht im 7. Jahrhundert in Arabien, wo die Figur Jesus allgemein bekannt war. Aber Mohammed beurteilt das Christentum nach dem, was er vor Augen hat: die Verehrung der Trinität gilt ihm als Tritheismus. Der von ihm verteidigte radikale Monotheismus akzeptiert Jesus als Propheten, ja als grossen Propheten, leugnet aber, dass Jesus Sohn Gottes sein könnte. Das Erbe der abtrünnigen orientalischen Christenheiten scheint in den islamischen Erzählungen über die Kindheit Jesu auf, wo es von Entlehnungen aus den apokryphen Evangelien nur so wimmelt. Sein Kreuzestod wird als Scheinhandlung interpretiert – nach Art des gnostischen Christentums, aber aus ganz anderen Gründen. Letztlich wird Jesus zu einem Propheten des Islam umformatiert, einem Vorläufer Mohammeds.

Die extreme Vielfalt der Rezeption Jesu in den drei Monotheismen ist schwindelerregend. Was bleibt vom Nazarener im Prisma von drei Religionen, die einander ausschliessen? Ich für meinen Teil halte zwei Überzeugungen fest. Zum einen ist Jesus das gemeinsame Gut der drei monotheistischen Religionen. Diese Figur zu teilen – das ist der Königsweg des interreligiösen Dialogs. Zum anderen lässt sich die Wahrheit Jesu nicht in eine Formel einschliessen. Auf den Jesus der Geschichte zurückzukommen, das ist und bleibt eine permanente Aufgabe.

Jesus – unfassbar.

Dank

Möglich geworden ist diese Publikation, weil mich zahlreiche Personen in meiner Arbeit unterstützt haben. Da sind einmal die unzähligen Forscherinnen und Forscher, die mich an ihren Untersuchungen, Hypothesen, Analysen, Fragestellungen, Zweifeln haben teilhaben lassen – und die ich nicht zitiert habe aus Angst, dem Text Leichtigkeit und Lesbarkeit zu nehmen. Ihnen allen möchte ich hier meinen Dank aussprechen. Manche von ihnen werden sich im Literaturverzeichnis am Ende des Buchs wiederfinden. Mein Schreiben begleitet haben jene, die bereit waren, die ersten Textversionen zu lesen und Verbesserungen vorzuschlagen. Marie-France Berthoud, Irene Kernen und Madiana Roy haben den gesamten Text Schritt für Schritt gelesen und so dessen Entstehung eng begleitet.

Raphael Aubert und Elisabeth Robert haben die ersten beiden Kapitel gelesen, Jean-Daniel Dubais und Jean-Daniel Kaestli Kapitel 11. Simon Claude Mimouni hat Kapitel 12 gegengelesen, Shafique Keshavjee Kapitel 13. Sie alle haben viel Zeit in die Überprüfung meines Textes investiert – dafür ist ihnen mein Dank gewiss.

Das *Institut Romand des sciences bibliques* der Universität Lausanne schliesslich hat mir die nötigen IT-Ressourcen und die einschlägigen Werke zur Verfügung gestellt – ein Angebot, von dem ich ausgiebig Gebrauch gemacht habe. Dass ich für meine Arbeit so viele Jahre auf die geballte Kompetenz so vieler zählen konnte, erfüllt mich mit Stolz und Dankbarkeit.

Literatur

Achtzehngebet (www.hagalil.com/judentum/gebet/amida.htm [25.05.2021]).
Alexander, Philip S., Narrative and Counter-Narrative. The Jewish Antigospel (The *Toledot Yeshu*) and the Christian Gospels, in: Baron, Lori u. a. (Hg.), The Ways that Often Parted. Essays in Honor of Joel Marcus (Early Christianity and its Literature 24), Atlanta 2018, 377–401.
Amsler, Frédéric, L'Évangile inconnu. La source des paroles de Jésus (Essais bibliques 30), Genf ²2006.
Amsler, Samuel, Les Actes des prophètes (Essais bibliques 9), Genf 1985.
Arnaldez, Roger, Jésus. Fils de Marie, prophète de l'islam (Jésus et Jésus-Christ 13), Paris 1980.
Aslan, Reza, Zelot. Jesus von Nazaret und seine Zeit, Reinbek bei Hamburg 2013.
Barbu, Daniel / Deutsch, Yaacov (Hg.), *Toledot Yeshu* in Context. The Jewish «Life of Jesus» in Ancient, Medieval, and Modern History (Texts and Studies in Ancient Judaism 182), Tübingen 2020.
Bardet, Serge, Le *Testimonium Flavianum*, Paris 2002.
Bartolf, Christian, Tolstoi – Gandhi, Berlin 1993.
Bauer, Bruno, Kritik der Evangelien und Geschichte ihres Ursprungs, Aalen 1983
Becker, Jürgen, Johannes der Täufer und Jesus von Nazareth (Biblische Studien 63), Neukirchen-Vluyn 1972.
Ders., Jesus von Nazaret, Berlin 1996.
Ben-Chorin, Schalom, Bruder Jesus. Der Nazarener in jüdischer Sicht, München 1967.
Bendemann, Reinhard v., Die Heilungen Jesu und die antike Medizin, in: Early Christianity 5 (2014), 273–312.
Berger, Klaus, Die Gesetzesauslegung Jesu. Ihr historischer Hintergrund im Judentum und im Alten Testament I: Markus und Parallelen (Wissenschaftliche Monographien zum Alten und Neuen Testament 40), Neukirchen-Vluyn 1972
Ders., Jesus als Pharisäer und frühe Christen als Pharisäer, in: Novum Testamentum 30 (1988), 231–262.
Blinzler, Josef, Der Prozess Jesu, Regensburg ⁴1969.
Bloch, Marc, Apologie der Geschichtswissenschaft oder der Beruf des Historikers. Aus dem Französischen von Wolfram Bayer, Stuttgart 2002.

Bond, Helen K., Pontius Pilatus in History and Interpretation (Society for New Testament Studies. Monograph Series 100), Cambridge 1998.
Borg, Marcus J., Jesus. A New Vision. Spirit, Culture, and the Life of Discipleship, San Francisco 1987.
Ders., Meeting Jesus Again for the First Time. The Historical Jesus and the Heart of Contemporary Faith, San Francisco 1994.
Bornkamm, Günther, Jesus von Nazareth, Stuttgart ¹⁴1988.
Bovon, François, Les derniers jours de Jésus (Essais bibliques 34), Genf ²2004.
Ders. / Geoltrain, Pierre (Hg.), Écrits apocryhes chrétiens I (Bibliothèque de la Pléiade 442), Paris 1997.
Boyarin, Daniel, Mourir pour Dieu. L'invention du martyre aux origines du judaïsme et du christianisme, Paris 2004.
Brown, Raymond E., The Birth of the Messiah. A Commentary on the Infancy Narratives in the Gospels of Matthew and Luke (The Anchor Bible reference library), London ²1993.
Ders., The Death of the Messiah. From Gethsemane to the Grave. A Commentary on the Passion Narratives in the Four Gospels (The Anchor Bible reference library), 2 Bde., London 1994.
Burnet, Régis, Marie-Madeleine. De la pécheresse repentie à l'épouse de Jésus (Lire la Bible 140), Paris 2004.
Ders., Les douze apôtres. Histoire de la réception des figures apostoliques dans le christianisme ancien, Turnhout 2014.
Ders., Les apocryphes. Témoins pluriels d'une Église plurielle (Parole en liberté), Bière 2016.
Camponovo, Odo, Königtum, Königsherrschaft und Reich Gottes in den frühjüdischen Schriften (Orbis Biblicus et Orientalis 58), Fribourg/Göttingen 1984.
Cannuyer, Christian / Vialle, Catherine (Hg.), Les naissances merveilleuses en Orient. Jacques Vermeylen (1942–2014) in memoriam (Acta orientalia belgica 28), Brüssel 2015.
Charlesworth, James H. (Hg.), Jesus and Archaeology, Grand Rapids 2006.
Ders., The Historical Jesus. An Essential Guide, Nashville 2008.
Ders., Jesus and Temple: Textual and Archaeological Explorations, Minneapolis 2014.
Ders. u. a., Jésus et les nouvelles découvertes de l'archéologie, Paris 2006
Casey, Maurice, The Solution to the «Son of Man» Problem, New York/London 2009.
Chilton, Bruce, Rabbi Jesus. An Intimate Biography, New York 2000.
Ders., Jésus, le mamzer (Mt 1.18), in: New Testament Studies 47 (2001), 222–227.
Claussen, Carsten / Frey, Jörg, Jesus und die Archäologie Galiläas (Biblisch-Theologische Studien 87), Neukirchen-Vluyn 2008.
Clermont-Ganneau, Charles, Une stèle du temple de Jérusalem, in: Comptes-rendus des séances de l'Académie des Inscriptions et Belles-Lettres 16 (1872), 170–196.
Colpe, Joachim, «ho huios tou anthropou», in: Friedrich, Gerhard (Hg.), Theologisches Wörterbuch zum Neuen Testament VIII, Stuttgart 1969, 403–482.

Cook, John Granger, Crucifixion in the Mediterranean World (Wissenschaftliche Untersuchungen zum Neuen Testament 327), Tübingen 2014.

Corbin, Henri, En islam iranien. Aspects spirituels et philosophiques, 4 Bde., Paris 1991.

Cothenet, Édouard, Le Protévangile de Jacques. Origine, genre et signification d'un premier midrash chrétien sur la nativité de Marie, in: Haase, Wolfgang (Hg.), Aufstieg und Niedergang der römischen Welt (ANRW) / Rise and Decline of the Roman World: Geschichte und Kultur Roms im Spiegel der neueren Forschung. Teil II: Principat. 25.6: Religion (Vorkonstantinisches Christentum: Leben und Umwelt Jesu; Neues Testament [Kanonische Schriften und Apokryphen], Schluss), Berlin 1988, 4252–4269.

Cotter, Wendy, Miracles in Greco-Roman Antiquity. A Sourcebook for the Study of New Testament Miracle Stories, London 1999.

Crossan, John Dominic, The Cross that Spoke. The Origins of the Passion Narrative, San Francisco 1988.

Ders., The Historical Jesus. The Life of a Mediterranean Peasant, San Francisco 1991.

Ders., Jesus. A Revolutionary Biography, New York 1994.

Davies, William D. / Allison, Dale C., The Gospel According to Saint Matthew I. A Critical and Exegetical Commentary, Edinburgh 1988.

Desroche, Henri, Dieu d'hommes: Dictionnaire des messianismes et millénarismes du 1er siècle à nos jours, Paris ^{2}2010.

Dubois, Jean-Daniel, Jésus apocryphe (Jésus et Jésus-Christ 99), Paris 2011.

Dunn, James D.G., Christianity in the Making I. Jesus remembered, Grand Rapids 2003.

Dye, Guillaume, La figure de Jésus dans le Coran, in: Jésus. Une encyclopédie contemporaine. Paris 2017.

Ehrman, Bart D., Les christianismes disparus, Paris 2003.

Ders., Did Jesus Exist? The Historical Argument for Jesus of Nazareth, New York 2013.

Evans, Craig A., Exorcisms and the Kingdom. Inaugurating the Kingdom of God and Defeating the Kingdom of Satan, in: Bock, Darell L. / Webb, Robert L. (Hg.), Key Events in the Life of the Historical Jesus (Wissenschaftliche Untersuchungen zum Neuen Testament 247). Tübingen 2009, 151–179.

Fabris, Rinaldo, Gesù il «Nazareno». Indagine storica, Assisi 2011.

Fitzmyer, Joseph A., The Gospel According to Luke I–XI (Anchor Bible 28), New York 1983.

Flavius Josephus, Jüdische Altertümer. Übers. und mit Einl. und Anm. versehen von Heinrich Clementz, Wiesbaden ^{7}1987.

Ders., Geschichte des jüdischen Krieges. Übers. und mit Einl. und Anm. versehen von Heinrich Clementz, Wiesbaden ^{12}1999.

Ders., Aus meinem Leben *(Vita)*. Kritische Ausgabe, Übers. u. Kommentar v. Folker Segert / Heinz Schreckenberg / Manuel Vogel, Tübingen ^{2}2011.

Flusser, David, Jesus in Selbstzeugnissen und Bilddokumenten, Reinbek bei Hamburg 1968.

Ders., Die rabbinischen Gleichnisse und der Gleichniserzähler Jesus. 1. Teil: Das Wesen der Gleichnisse (Judaica et Christiana 4), Bern 1981.

Ders., Jésus, Paris/Tel Aviv 2005.

Freyne, Sean, Jesus. A Jewish Galilean, London 2004.

Gäbel, Georg, Mehr Hoffnung wagen (Vom Senfkorn) – Mk 4,30–32 (Q 13,18 f. / Mt 13,31 f. / Lk 13,18 f. / EvThom 20), in: Zimmermann, Ruben (Hg.), Kompendium der Gleichnisse Jesu, Gütersloh ²2015, 327–336.

Gager, John G. u.a., L'éthique et/de l'autre: Le christianisme à travers le regard polémique des *Toledot Yeshu*, in: Berthelot, Katell u.a. (Hg.), L'identité à travers l'éthique. Nouvelles perspectives sur la formation des identités collectives dans le monde gréco-romain (Bibliothèque de l'École des Hautes Études. Sciences religieuses 168), Turnhout 2015, 73–90.

Geoltrain, Pierre / Kaestli, Jean-Daniel (Hg.), Écrits apocryhes chrétiens II (Bibliothèque de la Pléiade 516), Paris 2005.

Glei, Reinhold F. / Khoury, Adel Theodor (Hg.), Schriften zum Islam. Johannes Damaskenos und Theodor Abū Qurra. Kommentierte griechisch-deutsche Textausgabe (Corpus Islamo-Christianum, Series Graeca 3), Würzburg/Altenberge 1995.

Gemünden, Petra v., Vegetationsmetaphorik im Neuen Testament und seiner Umwelt. Eine Bildfelduntersuchung (Novum Testamentum et Orbis Antiquus 18), Fribourg/Göttingen 1993.

Dies., La gestion de la colère et de l'agression dans l'Antiquité et dans le Sermon sur la montagne, in: Hénoch 25 (2003), 19–45.

Goldish, Matt, The Salvation of Jesus and Jewish Messiahs, in: Stahl, Neta (Hg.), Jesus Among the Jews. Representation and Thought, London 2012, 106–118.

Goldschmidt, Lazarus (Hg.), Der Babylonische Talmud VII, Berlin/Leipzig/Den Haag 1933.

Gounelle, Rémi / Izydorczyk, Zbigniew, L'Évangile de Nicodème ou Les Actes faits sous Ponce Pilate (recension latine A) suivi de La lettre de Pilate à l'empereur Claude. Introduction et notes par Rémi Gounelle et Zbigniew Izydorczyk (Apocryphes 9), Turnhout 1997.

Graetz, Heinrich, Sinaï et Golgotha ou les origines du judaïsme et du christianisme suivi d'un examen critique des évangiles anciens et modernes, Paris 1867 [dt.: Graetz, Heinrich, Geschichte der Juden vom Tode Juda Makkabi's bis zum Untergang des jüdischen Staates, 3., verbesserte und stark vermehrte Aufl., Leipzig 1878].

Ders., Geschichte der Juden vom Tode Juda Makkabi's bis zum Untergang des jüdischen Staates, 3., verbesserte und stark vermehrte Aufl., Leipzig 1878.

Graetz, Michael, Les lectures juives de Jésus au XIXe siècle, in: Marguerat, Daniel u.a. (Hg.), Jésus de Nazareth. Nouvelles approches d'une énigme (Le monde de la Bible 38), Genf ²2003, 490–493.

Grappe, Christian, Le Royaume de Dieu. Avant, avec et après Jésus (Le monde de la Bible 42), Genf 2001.

Ders., Jésus exorciste à la lumière des pratiques et des attentes de son temps, in: Revue biblique 110 (2003), 178–196.

Guida, Annalisa / Vitelli, Marco (Hg.), Gesù e i messia di Israele. Messianismo giudaico e gli inizi della cristologia (Oi christianoi 4), Trapani 2006.

Hamidović, David, Peut-on penser une histoire intellectuelle du premier messianisme juif à partir des manuscrits de Qumrân?, in: ders. (Hg.), Aux origines des messianismes juifs. Actes du colloque international tenu en Sorbonne, à Paris, les 8 et 9 juin 2010 (Supplements to Vetus Testamentum 158), Leiden/Boston 2013, 101–120.

Ders. u. a. (Hg.), Encyclopédie des messianismes juifs dans l'Antiquité (Biblical Tools and Studies 33), Leuven 2017.

Harnack, Adolf v., Das Wesen des Christentums. Hg. v. Claus-Dieter Osthövener, Tübingen ³2012, 35.

Harnisch, Wolfgang, Die Gleichniserzählungen Jesu. Eine hermeneutische Einführung (UTB 1343), Göttingen ³2001.

Harvey, Warren Zev, Harry Austryn Wolfson on the Jews' reclamation of Jesus, in: Stahl, Neta (Hg.), Jesus Among the Jews. Representation and Thought, London 2012, 152–158.

Hengel, Martin, La crucifixion dans l'Antiquité et la folie du message de la croix (Lectio divina 105), Paris 1981.

Hieke, Thomas, Logienquelle – Spruchquelle, www.bibelwissenschaft.de/stichwort/51967/ (19.02.2022).

Hieronymus, De viris illustribus / Berühmte Männer. Mit umfassender Werkstudie hg., übers. und kommentiert von Claudia Barthold, Mülheim/Mosel 2011.

Hölscher, Michael, Qumran, Höhle 4. Von Orten und Texten, https://grammata.hypotheses.org/1367 (03.06.2021).

Hoffmann, Paul / Heil, Christoph (Hg.), Die Spruchquelle Q. Studienausgabe, Griechisch und Deutsch, Darmstadt/Leuven ⁴2013 [fünfte, aktualisierte Auflage für 2024 in Planung].

Holtzmann, Heinrich J., Die synoptischen Evangelien, Leipzig 1863.

Horsley, Richard A., Jesus and the Spiral of Violence. Jewish Resistance in Roman Palestine, San Francisco 1987.

Ders., Sociology and the Jesus Movement, New York 1989

Ders., Bandits, Prophets and Messiahs. Popular Movements in the Time of Jesus, Harrisburg ²1999.

Hug, Joseph, La finale de l'évangile de Marc (Mc 16,9–20) (Études bibliques), Paris 1978.

Iamblichos, Pythagoras. Legende, Lehre, Lebensgestaltung. Griechisch und Deutsch. Hg., übers. u. eingel. v. Michael von Albrecht, Zürich/Stuttgart 1963.

(L')Imam Suyûtî, Le retour de Jésus. À la fin du temps selon la tradition musulmane (Al Mahdi et Antéchrist), Paris 2000.

Jaffé, Dan, Le judaïsme et l'avènement du christianisme. Orthodoxie et hétérodoxie dans la littérature talmudique, Ier–IIe siècles, Paris 2005.

Ders., Une ancienne dénomination talmudique de Jésus, in: Theologische Zeitschrift 64 (2008), 258–270.

Ders., Jésus sous la plume des historiens juifs du XXe siècle. Approche historique, perspectives historiographiques, analyses méthodologiques (Patrimoines judaïsme), Paris 2009.

Jeremias, Joachim, Jerusalem zur Zeit Jesu. Kulturgeschichtliche Untersuchung zur neutestamentlichen Zeitgeschichte, 3. überarb. Aufl., Göttingen 1962, 351–380.

Ders., Die Gleichnisse Jesu (Kleine Vandenhoeck-Reihe 1500), Göttingen [11]1996.

Ders., Unbekannte Jesusworte, 3., unter Mitwirkung von Otfried Hofius völlig neu bearb. Aufl., Gütersloh 1963.

Ders., Die älteste Schicht der Menschensohn-Logien, in: Zeitschrift für die neutestamentliche Wissenschaft 58 (1967), 159–172.

Ders., Neutestamentliche Theologie I. Die Verkündigung Jesu, Gütersloh 1971.

Jülicher, Adolf, Die Gleichnisreden Jesu I, Darmstadt 1976.

Jünger, Brigitte, Auf Marias Spuren wandeln, www.deutschlandfunkkultur.de/ueberreste-der-kathisma-kirche-in-israel-auf-marias-spuren-100.html (31.03.2022).

Kaestli, Jean-Daniel / Cherix, Pierre, L'Évangile de Barthélemy. D'après deux écrits apocryphes (Apokryphes. Collection de poche AELAC), Turnhout/Paris 1993.

Ders. / Marguerat, Daniel (Hg.), Le mystère apocryphe. Introduction à une littérature méconnue (Essais bibliques 26), Genf [2]2007.

Kalmin, Richard, Christians and Heretics in Rabbinic Literature of Late Antiquity, in: Harvard Theological Review 87/2 (1994), 155–169.

Käsemann, Ernst, Das Problem des historischen Jesus, in: ders., Exegetische Versuche und Besinnungen I, Göttingen [4]1965.

Khalidi, Tarif, Der muslimische Jesus. Aussprüche Jesu in der arabischen Literatur, Düsseldorf 2002.

Khoury, Adel Theodor, Der Ḥadīth. Urkunde der islamischen Tradition, 5 Bde., Gütersloh 2008–2011.

Klausner, Joseph, Jesus von Nazareth. Seine Zeit, sein Leben und seine Lehre, 3. erweiterte Aufl., Jerusalem 1952.

Klauck, Hans-Josef, Judas – ein Jünger des Herrn (Quaestiones disputatae 111), Freiburg/Basel/Wien 1987.

Klee, Paul, Schöpferische Konfession, in: Tribüne der Kunst und der Zeit. Eine Schriftensammlung 8, Hg. v. Kasimir Edschmid, Berlin 1920, 28–40.

Klein, Günter, Die zwölf Apostel. Ursprung und Gehalt einer Idee (Forschungen zur Religion und Literatur des Alten und Neuen Testaments NF 59), Göttingen 1961.

Knohl, Israel, Der vergessene Messias. Der Mann, der Jesu Vorbild war, München 2001.

Koester, Helmut, Apocryphal and Canonical Gospels, in: Harvard Theological Revue 73 (1980), 105–130.
Ders., Ancient Christian Gospels. Their History and Development, London/Philadelphia 1990.
Ders. / Bovon, François, Genèse de l'écriture chrétienne (Mémoires premières 2), Turnholt 1991.
Der Koran. Aus dem Arabischen neu übertragen und erläutert von Hartmut Bobzin unter Mitarbeit von Katharina Bobzin, München ²2010.
Der Koran. Aus dem Arabischen übertragen und mit einer Einleitung versehen von Max Henning, Leipzig 1901.
Krauss, Samuel, Das Leben Jesu nach jüdischen Quellen, Berlin 1902.
Lacocque, André, Jésus, le juif central. Son temps et son peuple (Lire la Bible 194), Paris 2018.
La Maisonneuve, Dominique de, Paraboles rabbiniques (Supplément Cahiers Évangile 50), Paris 1984.
Lapide, Pinchas, Der Jude Jesus. Thesen eines Juden, Antworten eines Christen, Zürich 1979.
Légasse, Simon, Naissance du baptême (Lectio divina 153), Paris 1993.
Lémonon, Jean-Pierre, Ponce Pilate, Ivry ²2007.
Lincoln, Andrew T., Born of a Virgin? Reconceiving Jesus in the Bible, Tradition, and Theology, Grand Rapids 2013.
Loisy, Alfred, L'évangile et l'église, Bellevue ³1904.
Luz, Ulrich, Warum zog Jesus nach Jerusalem?, in: ders., Exegetische Aufsätze (Wissenschaftliche Untersuchungen zum Neuen Testament 357), Tübingen 2016, 115–131.
Maccoby, Hyam, Judas Ischariot und der Mythos vom jüdischen Übel, Leipzig 2020.
Mahé, Jean-Pierre / Poirier, Paul-Hubert (Hg.), Écrits gnostiques. La bibliothèque de Nag Hammadi (Bibliothèque de la Pléiade 538), Paris 2007.
Maier, Johann, Die Qumran-Essener. Die Texte vom Toten Meer I: Die Texte der Höhlen 1–3 und 5–11 (UTB für Wissenschaft 1862), München 1995.
Marguerat, Daniel, Jésus et la Loi dans la mémoire des premiers chrétiens, in: ders. / Zumstein, Jean (Hg.), La mémoire et le temps. Mélanges offerts à Pierre Bonnard (Le monde de la Bible 23), Genf 1991, 55–74.
Ders., Le Jugement dans l'Évangile de Matthieu (Le monde de la Bible 6), Genf ²1995.
Ders., Pourquoi s'interesser à la Source? Histoire de la recherche et questions ouvertes, in: Dettwiler, Andreas / Marguerat, Daniel (Hg.), La Source des paroles de Jésus (Q). Aux origines du christianisme (Le monde de la Bible 62), Genf 2008, 19–49.
Ders., Résurrection. Une histoire de vie (Parole en liberté), Bière ⁴2015.
Ders., Les Actes des apôtres (1–12) (Commentaire du Nouveau Testament 5a), Genf ²2015.

Markschies, Christoph / Schröter, Jens (Hg.), Antike christliche Apokryphen in deutscher Übersetzung. I. Band, Evangelien und Verwandtes, Tübingen ⁷2012.
Meerson, Michael / Schäfer, Peter, Toledot Yeshu. The Life Story of Jesus, Two Volumes and Database (Texts and Studies in Ancient Judaism 159), Tübingen 2014.
Meier, John P., Un certain Juif, Jesus. Les données de l'histoire (Lectio divina), 5 Bde., Paris 2004–2018, trägt im Original den Titel «A Marginal Jew. Rethinking the Historical Jesus», 5 Bde, New York 1991–2016.
Merz, Annette, Les miracles de Jésus et leur signification, in: Dettwiler, Andreas (Hg.), Jésus de Nazareth. Études contemporaines (Le monde de la Bible 72), Genf 2017, 173–194.
Mézange, Christophe, Les Sicaires et les Zélotes. La révolte juive au tournant de notre ère, Paris 2003.
Michaud, Jean-Paul, Jésus de l'histoire et écrits apocryphes chrétiens, in: Gagné, André / Racine, Jean-François (Hg.), En marge du canon. Études sur les écrits apocryphes juifs et chrétiens, Paris 2012, 33–84.
Der Midrasch Kohelet. Deutsch-Hebräische Ausgabe. Zum ersten Mal ins Deutsche übertragen von Dr. Aug. Wünsche, Leipzig 1880. ND: Mit Zufügung des hebräischen Textes zusammengestellt von Krupp, Michael, Ein Karem/Jerusalem, Lee Achim Sefarim 2013.
Mimouni, Simon Claude, Le judéo-christianisme ancien. Essais historiques, Paris 1998.
Ders., Les chrétiens d'origine juive dans l'Antiquité (Présences du judaïsme), Paris 2004
Ders., Les fragments évangéliques judéo-chrétiens «apocryphisés». Recherches et perspectives (Cahiers de la Revue biblique 66), Paris 2006.
Ders., Le judaïsme ancien du VIe siècle avant notre ère au IIIe siècle de notre ère. Des prêtres aux rabbins (Nouvelle Clio), Paris 2012.
Ders., Jacques le Juste, frère de Jésus de Nazareth, et l'histoire de la communauté nazoréenne/chrétienne de Jérusalem du Ier au IVe siècle, Paris 2015.
Morard, Françoise-E., Monachos, Moine. Histoire du terme grec jusqu'au 4e siècle, in: Freiburger Zeitschrift für Philosophie und Theologie 20 (1973), 332–411.
Mordillat, Gérard / Prieur, Jérôme, Jésus selon Mahomet, Paris 2015.
Morenz, Siegfried, Die Geschichte von Joseph dem Zimmermann. Übers., erl. und untersucht v. S. Morenz (Texte und Untersuchungen zur Geschichte der altchristlichen Literatur 56), Berlin 1951.
Murcia, Thierry, Jésus dans le Talmud et la littérature rabbinique ancienne, Turnhout 2014.
Ders., Marie appelée la Magdaléenne. Entre traditions et histoire: 1er–VIIIe siècle, Aix-en-Provence 2017.
Nathan, Tobie, La folie des autres, Paris ²2001.
Ders. / Stengers, Isabelle, Médecins et sorciers, 2. überarb. Aufl., Paris 2012.

Neusner, Jacob, Pharisaic Law in New Testament Times, in: Union Seminary Quarterly Review 26 (1971), 331–340.
Ders., Le judaïsme à l'aube du christianisme (Lire la Bible 71), Paris 1986.
Ders. , Money Changers in the Temple. The Mishna's explanation, in: New Testament Studies 35 (1989), 287–290.
Ders., Ein Rabbi spricht mit Jesus. Ein jüdisch-christlicher Dialog, Freiburg 2007.
Nitsch, Franz, Über eine Reihe talmudischer und patristischer Täuschungen, welche sich an den mißverstandenen Spottnamen Ben-Pandira geknüpft, in: Theologische Studien und Kritiken 13 (1840) 115–120.
Nöldeke, Theodor, Geschichte des Qorāns I. Über den Ursprung des Qorāns, Göttingen 1860 [Nachdr. der 2. Aufl. von Leipzig, Hildesheim 2013].
Norelli, Enrico, Le Papyrus Egerton 2 et sa localisation dans la tradition sur Jésus. Nouvelle examen du fragment 1, in: Marguerat, Daniel u. a. (Hg.), Jésus de Nazareth. Nouvelles approches d'une énigme (Le monde de la Bible 38), Genf ²2003, 397–435.
Ders., La Naissance du christianisme. Commen tout a commencé, Montrouge 2015.
Ders., Jésus en relation – des adeptes, des alliés et des adversaires, in: Dettwiler, Andreas (Hg.), Jésus de Nazareth. Études contemporaines (Le monde de la Bible 72), Genf 2017, 100 f.
Onfray, Michel, Niedergang. Aufstieg und Fall der abendländischen Kultur – von Jesus bis Bin Laden. Aus dem Französischen von Stephanie Singh und Enrico Heinemann, München 2018.
Onuki, Takashi, Jesus. Geschichte und Gegenwart (Biblisch-theologische Studien 82), Neukirchen-Vluyn 2006.
Osier, Jean-Pierre, L'Évangile du ghetto, Paris 1984.
Paulus, Heinrich E. G., Das Leben Jesu als Grundlage einer reinen Geschichte des Urchristentums, Heidelberg 1828.
Perrot, Charles, Jésus et l'histoire (Jésus et Jésus-Christ 11), Paris ²1993.
Pesce, Marco, The Beginning of the Historical Research on Jesus in the Modern Age, in: Hodge Johnson, Caroline u. a. (Hg.), The One Who Sows Bountifully. Essays in Honor of Stanley K. Stowers (Brown Judaic Studies 356), Atlanta 2013, 77–88.
Piper, John, ‹Love your enemies›. Jesus' love command in the synoptic gospels and in the early Christian paraenesis. A history of the tradition and interpretation of its uses (Society for New Testament Studies. Monograph Series 38), Cambridge 1979.
Polaschegg, Andrea / Weidner, Daniel (Hg.), Das Buch in den Büchern. Wechselwirkungen von Bibel und Literatur, München 2012.
Porter, Stanley E., The Criteria for Authenticity in Historical Jesus Research. Discussion and New Proposals, Sheffield 2000.
Price, Robert M., The Christ-Myth Theory and Its Problems, Cranford (NJ) 2011.
Psalmen des Salomo, 17,11–13.21–24a.30a.31 f. (https://de.wikisource.org/wiki/Die_Psalmen_Salomos [06.10.2021]).

Puig i Tàrrech, Armand, Jesus. Eine Biographie, Paderborn 2011.
Quintilianus, Institutionis oratoriae libri XII, Ausbildung des Redners. Zwölf Bücher, Hg. u. übers. v. H. Rahn. 2 Bde., Darmstadt 1972 u. 1975.
Rad, Gerhard v., Weisheit in Israel. Mit einem Anhang neu hg. v. Bernd Janowski, 4. durchgesehene und erweiterte Aufl., Neukirchen-Vluyn 2013.
Ramuz, Charles-Ferdinand, Adam und Eva. Roman, Übers. v. Werner J. Guggenheim, Zürich 1943.
Rau, Eckhard, Reden in Vollmacht. Hintergrund, Form und Anliegen der Gleichnisse Jesu (Forschungen zur Religion und Literatur des Alten und Neuen Testaments 149), Göttingen 1990.
Renan, Ernest, Das Leben Jesu, 3. Aufl., vermehrt mit neuen Vorreden des Verfassers und einem Anhang nach den letzten Ausgaben des Originals, Leipzig/Paris 1870 [franz.: Vie de Jésus (Folio Classique 618), Paris 1974].
Ders., Examen de conscience philosophique, in: Revue des deux Mondes 94 (1889), 721–737.
Robinson, James M. u. a. (Hg.), The Critical Edition of Q, Minneapolis/Leuven 2000.
Ricoeur, Paul, Die lebendige Metapher. Mit einem Vorwort zur deutschen Ausgabe. Aus dem Französischen von Rainer Rochlitz, München 1986.
Safrai, Shmuel, Education and the Study of the Torah, in: ders. / Stern, M. (Hg.), The Jewish People in the First Century II. Historical Geography, Political History, Social, Cultural and Religious Life and Institutions (Compendia Rerum Iudaicarum ad Novum Testamentum), Assen ²1987, 945–970.
Ders., Jésus et le mouvement des hassidim, in: Proceedings of the Tenth World Congress of Jewish Studies (August 16–24, 1989), Jerusalem 1990, 1–8.
Sanders, Ed P., Paul and Palestinian Judaism. A Comparison of Patterns of Religion, Philadelphia 1977 (dt: Paulus und das palästinische Judentum. Ein Vergleich zweier Religionsstrukturen, Göttingen 1985).
Ders., Jesus and Judaism, London 1985.
Schaberg, Jane, The Illegitimacy of Jesus. A Feminist Theological Interpretation of the Infancy Narratives, San Francisco 1987.
Schäfer, Peter, Jesus im Talmud, Tübingen ³2017, 29–46.
Ders. u. a. (Hg.), Toledot Yeshu («The Life Story of Jesus») Revisited (Texts and Studies in Ancient Judaism 143), Tübingen 2011.
Ders., Jüdische Polemik gegen Jesus und das Christentum. Die Entstehung eines jüdischen Gegenevangeliums, München 2017.
Salvador, Joseph, Jésus-Christ et sa doctrine, 2 Bde., Paris 1838.
Schlichting, Günter, Ein jüdisches Leben Jesu. Die verschollene Toledot-Jeschu-Fassung Tam ū-mūʿād. Einleitung, Text, Übersetzung, Kommentar, Motivsynopse, Bibliographie (Wissenschaftliche Untersuchungen zum Neuen Testament 24), Tübingen 1982.
Schlosser, Jacques, Jésus de Nazareth, Paris ²2002.
Schmeller, Thomas, Réflexions socio-historiques sur les porteurs de la tradition et les destinataires de Q, in: Dettwiler, Andreas / Marguerat, Daniel (Hg.), La

Source des paroles de Jésus (Q). Aux origines du christianisme (Le monde de la Bible 62), Genf 2008, 149–171.

Schneemelcher, Wilhelm, Neutestamentliche Apokryphen II: Apostolisches, Apokalypsen und Verwandtes, Tübingen ⁶1997.

Schröter, Jens, Jesus von Nazaret. Jude aus Galiläa – Retter der Welt (Biblische Gestalten 15), 6., vollst. überarb. und aktualis. Ausgabe, Leipzig 2017, 274–284.

Ders. / Jacobi, Christine (Hg.), Jesus Handbuch, Tübingen 2017.

Schürmann, Heinz, Jesu ureigener Tod. Exegetische Besinnungen und Ausblick, Freiburg/Basel/Wien ²1976.

Schweitzer, Albert, Geschichte der Leben-Jesu-Forschung. 2 Bde., München 1966.

Ders., Die Mystik des Apostels Paulus, Tübingen ²1954.

Smith, Morton, Jesus the Magician, San Francisco 1978 [dt.: Jesus der Magier, München 1981].

Steck, Odil Hannes, Israel und das gewaltsame Geschick der Propheten. Untersuchungen zur Überlieferung des deuteronomistischen Geschichtsbildes im Alten Testament, Spätjudentum und Urchristentum (Wissenschaftliche Monographien zum Alten und Neuen Testament 23), Neukirchen-Vluyn 1967.

Strack, Hermann L., Einleitung in Talmud und Midrasch (Beck'sche Elementarbücher), 7., völlig neu bearb. Aufl. von Günter Stemberger, München 1982.

Ders. / Billerbeck, Paul, Kommentar zum Neuen Testament aus Talmud und Midrasch I, München ⁵1969.

Strauss, David F., Das Leben Jesu, kritisch bearbeitet. 2 Bde., Tübingen 1835–1836.

Stroumsa, Guy, Das Ende des Opferkults. Die religiösen Mutationen der Spätantike, Berlin 2011.

Tabari, Chronique I. Traduction de Hermann Zotenberg, Paris 1867.

Theissen, Gerd, Urchristliche Wundergeschichten. Ein Beitrag zur formgeschichtlichen Erforschung der synoptischen Evangelien (Studien zum Neuen Testament 8), Gütersloh ⁶1990.

Ders., Soziologie der Jesusbewegung Ein Beitrag zur Entstehungsgeschichte des Urchristentums, München 1977.

Ders., Gruppenmessianismus. Überlegungen zum Ursprung der Kirche im Jüngerkreis Jesu, in: Jahrbuch für biblische Theologie 7 (1992), 101–123.

Ders. / Merz, Annette, Der historische Jesus. Ein Lehrbuch, Göttingen ⁴2011.

Ders. / Winter, Dagmar, Die Kriterienfrage in der Jesusforschung: vom Differenzkriterium zum Plausibilitätskriterium (Novum Testamentum et Orbis Antiquus 34), Fribourg/Göttingen 1997.

Ders., Jésus et la crise sociale de son temps, in: Marguerat, Daniel u. a. (Hg.), Jésus de Nazareth. Nouvelles approches d'une énigme (Le monde de la Bible 38), Genf ²2003.

Ders., Die Jesusbewegung. Sozialgeschichte einer Revolution der Werte, Gütersloh 2004.

Ders., Du Jésus de l'histoire au Fils de Dieu du kérygme. L'apport de l'analyse sociologique des rôles à la compréhension de la christologie du Nouveau Testament, in: Études théologiques et religieuses 83 (2008), 575–604.

Thoma, Clemens / Lauer, Simon, Die Gleichnisse der Rabbinen. Erster Teil: Pesiqta deRav Kahana (PesK) (Judaica et Christiana 10), Bern 1986.

Thomas, Gordon, The Trial. The Life and Inevitable Crucifixion of Jesus, New York 1987.

Trocmé, Étienne, The Passion as Liturgy. A Study in the Origin of the Passion Narratives in the Four Gospels, London 1983.

Troeltsch, Ernst, Über historische und dogmatische Methode in der Theologie, in: ders., Zur religiösen Lage. Religionsphilosophie und Ethik (Gesammelte Schriften II), Aalen 1962, 729–753.

Tuckett, Christopher M., Q and the History of Early Christianity. Studies on Q, Edinburgh 1996.

Tzaferis, Vassilios, Jewish Tombs at and near Giv'at ha-Mivtar, Jerusalem, in: Israel Exploration Journal 20 (1970), 18–32.

Vermes, Géza, The Changing Faces of Jesus, London 2000.

Ders., Jesus, der Jude. Ein Historiker liest die Evangelien, Neukirchen-Vluyn 1993 [Jesus the Jew. A Historian's Reading of the Gospels. With a Preface by Stefan C. Reif, London 2001].

Ders., Les énigmes de la Passion. Une histoire qui a changé le monde, Paris 2007.

Vielhauer, Philipp, «Gottesreich und Menschensohn in der Verkündigung Jesu», in: ders., Aufsätze zum Neuen Testament (Theologische Bücherei 31), München 1965, 55–91.

Ders., «Jesus und der Menschensohn», in: ders., Aufsätze zum Neuen Testament (Theologische Bücherei 31), München 1965, 92–140.

Voltaire, Neunter Brief: Über die Juden, in: ders., Werke II. Kritische und Satirische Schriften (ungekürzte Lizenzausgabe Ex Libris Zürich), München 1970, 416–422.

Webb, Robert L., John the Baptizer and Prophet (Journal for the Study of the New Testament. Supplement series 62), Sheffield 1991.

Weder, Hans, Die Gleichnisse Jesu als Metaphern (Forschungen zur Religion des Alten und Neuen Testaments 120), Göttingen ^{2}1980.

Weiss, Johannes, Die Predigt Jesu vom Reiche Gottes (1892), Göttingen ^{3}1964.

Wells, George A., Did Jesus Exist?, Amherst (NY) 1975.

Zimmermann, Ruben (Hg.), Kompendium der Gleichnisse Jesu, Gütersloh ^{2}2015.

Zumstein, Jean, L'Évangile selon saint Jean (Commentaire du Nouveau Testament 4a), Genf 2014.

Ders., Jésus après Jésus – l'événement pascal et les débuts de la christologie, in: Dettwiler, Andreas (Hg.), Jésus de Nazareth. Études contemporaines (Le monde de la Bible 72), Genf 2017.